教育部人文社会科学重点研究基地重大课题项目
（项目号：11JJD790034）资助

陕西师范大学一流学科建设基金资助

陕西师范大学西北历史环境与经济社会发展研究院学术文库

稳定中的艰难与变迁
——六百年西北城镇与市场研究

Difficulties and Changes in Stability:
Development of Cities and Markets of Northwestern China in the Past Six Hundred Years

刘景纯 等◎著

中国社会科学出版社

图书在版编目（CIP）数据

稳定中的艰难与变迁：600年西北城镇与市场研究／刘景纯等著．
—北京：中国社会科学出版社，2019.1
ISBN 978-7-5203-3965-0

Ⅰ.①稳⋯　Ⅱ.①刘⋯　Ⅲ.①区域经济—经济史—研究—西北地区②社会发展史—研究—西北地区　Ⅳ.①F129②K294

中国版本图书馆CIP数据核字（2019）第010962号

出 版 人	赵剑英
责任编辑	张　林
特约编辑	张冬梅
责任校对	李　莉
责任印制	戴　宽

出　　版	中国社会科学出版社
社　　址	北京鼓楼西大街甲158号
邮　　编	100720
网　　址	http://www.csspw.cn
发 行 部	010-84083685
门 市 部	010-84029450
经　　销	新华书店及其他书店

印刷装订	北京君升印刷有限公司
版　　次	2019年1月第1版
印　　次	2019年1月第1次印刷

开　　本	710×1000　1/16
印　　张	20.75
字　　数	330千字
定　　价	88.00元

凡购买中国社会科学出版社图书，如有质量问题请与本社营销中心联系调换
电话：010-84083683
版权所有　侵权必究

目　录

第一章　绪论 ………………………………………………………（1）
　一　西北地区政区沿革大略 …………………………………（1）
　二　西北地区社会进程的基本轨迹 …………………………（9）
　三　经济生活方式的结构性差异 ……………………………（16）
　四　城镇发展与市场发育的基本概念 ………………………（17）

第二章　陕西城镇发展与市场发育的区域特征 ……………（26）
　一　城镇发展及其区域特征 …………………………………（26）
　二　市场发育及其区域特征 …………………………………（54）

第三章　甘肃城镇发展与市场发育的区域特征 ……………（76）
　一　城镇发展及其区域特征 …………………………………（76）
　二　市场发育及其区域特征 …………………………………（101）

第四章　宁夏、青海城镇发展与市场发育的区域特征 ……（120）
　一　城镇发展及其区域特征 …………………………………（120）
　二　市场发育及其区域特征 …………………………………（136）

第五章　新疆城镇发展与市场发育的区域特征 ……………（150）
　一　城镇发展及其区域特征 …………………………………（151）
　二　市场发育及其特点 ………………………………………（171）

第六章 晚清时期西北城镇与市场发展的转型性特征 …………（192）
    一　域外力量驱动下西北城镇与市场的发展 …………………（192）
    二　晚清新政与西北城镇、市场的新变革 ……………………（200）

第七章 西北鸦片种植与城镇、市场的畸形变化 ………………（206）
    一　鸦片的种植与分布 …………………………………………（207）
    二　鸦片种植区城镇的畸形变化 ………………………………（218）

第八章 同治"回变"与陕甘城镇、市场的衰变 ………………（225）
    一　"回变"过程中的人口损耗 ………………………………（225）
    二　城镇与市场的衰变 …………………………………………（234）
    三　物质文明与文化遗产的劫难 ………………………………（240）

第九章 抗战时期城镇与市场的特殊发展 ………………………（255）
    一　抗战前城镇与市场的缓慢发展 ……………………………（255）
    二　抗战时期城镇与市场的特殊发展 …………………………（269）

第十章 陕甘宁边区城镇与市场的发展 …………………………（281）
    一　抗战前"陕甘宁边区"范围内的城镇和市场的新发展 ……（283）
    二　边区政府成立后的经济改善和城镇的新发展 ……………（288）
    三　陕甘宁边区市场的发展 ……………………………………（292）

参考资料 ……………………………………………………………（306）

后记 …………………………………………………………………（327）

第一章

绪 论

"西北地区"是现行行政区划体制下陕西、甘肃、青海省和宁夏回族自治区、新疆维吾尔自治区西北五省区的总称。本区拥有土地面积310万平方公里，占全国总面积的32%以上，其中耕地面积1.8亿亩，占全国耕地面积的18%，天然草场17亿亩，可利用草场15亿亩，占全国可利用草场的近一半。全国有五大牧区，新疆、青海和甘肃就占了其中的三个。[①] 因此该地区是我国重要的农牧业生产区和现代农牧业经济待开发区。长期以来，西北地区地广人稀，少数民族众多，社会经济发展水平总体上比较落后。而在长期的历史发展过程中，西北地区政治、经济和社会状况又经历了较为复杂的演变，这些都不同程度的直接或间接地影响着当地社会经济的总体进程。

一 西北地区政区沿革大略

六百年来，具体到中国历史运动的过程中，是从明代开始的。明代对我国西北地区并没有完全行使主权。嘉峪关以西，包括今新疆维吾尔自治区大部，实际上都在明政权的实际控辖以外；嘉峪关以东，包括陕西布政使司和诸军镇卫所，是明政权实际控辖的领地。在此范围以内，明政府实行行省（承宣布政使司）和卫所两种军民管理体制。

---

① 何炼成、韦苇：《大西北开发与中国的工业化与现代化》，《陕西经贸学院学报》2000年第2期。

（一）陕西布政使司

陕西布政使司是明朝建立后，于洪武九年（1376）合并元朝陕西行省、甘肃行省主要所辖地区而设立的一个省级行政单位。下设西安、凤翔、汉中、延安、庆阳、平凉、巩昌、临洮8个府，21个属州，95个县。① 其具体分布如表1—1所示。

表1—1　　　　明代陕西布政使司所辖府州县分布

府　名	属州	辖　县	合　计
西安府	西安府	长安、咸宁、咸阳、泾阳、兴平、临潼、渭南、蓝田、鄠县、盩厔、高陵、富平、三原、醴泉	14县
	华州	华阴、蒲城	2县
	商州	商南、洛南、山阳、镇安	4县
	同州	朝邑、郃阳、韩城、澄城、白水	5县
	耀州	同官	1县
	乾州	武功、永寿	2县
	邠州	淳化、三水、长武	3县
凤翔府	凤翔府	凤翔、岐山、宝鸡、扶风、郿县、汧阳、麟游	7县
	陇州		
汉中府	汉中府	南郑、褒城、城固、洋县、西乡、凤县	6县
	宁羌州	沔县、略阳	2县
	兴安州	平利、石泉、洵阳、汉阴、白河、紫阳	6县
延安府	延安府	肤施、安塞、甘泉、安定、保安、宜川、延川、延长、清涧	9县
	鄜州	洛川、中部、宜君	3县
	绥德州	米脂	1县
	葭州	吴堡、神木、府谷	3县
庆阳府	庆阳府	安化、合水、环县	3县
	宁州	真宁	1县

---

① （清）顾祖禹：《读史方舆纪要》卷52《陕西一》，贺次君、施和金点校，中华书局2005年版，第2453页。

续表

府　名	属州	辖县	合计
平凉府	平凉府	平凉、崇信、华亭、镇原	4县
	泾州	灵台	1县
	静宁州	庄浪、隆德	2县
	固原州		
巩昌府	巩昌府	陇西、安定、会宁、通渭、漳县、宁远、伏羌、西和、成县	9县
	秦州	秦安、清水、礼县	3县
	阶州	文县	1县
	徽州	两当	1县
临洮府	临洮府	狄道、渭源	2县
	兰州	金县	1县
	河州		

资料来源：据《读史方舆纪要》卷52《陕西一》制作。

这八府之地基本上包括了今陕西榆林地区以南的陕西省全部、宁夏回族自治区固原以南，以及甘肃省兰州以东、以南的广大地区。

（二）沿边军镇与卫所

陕西布政司所辖地区以外的边疆地带，明朝设立军镇和卫所，即实行军事卫所体制进行驻防、经营和管理。这主要分布在八府以外、嘉峪关以东的陕、甘、宁、青部分地区。镇级建制有甘肃镇（陕西行都司所在，治甘州）、宁夏镇（治宁夏）、固原镇（治固原）、延绥镇（初治绥德，成化七年移治榆林）4个。甘肃镇管辖15卫所，分别是：甘州左、中、右、前、后五卫，山丹、永昌、凉州、镇番、庄浪、西宁、肃州七卫，镇夷、古浪、高台三千户所。地域范围，包括今古浪县以西到嘉峪关以东的甘肃省部分和青海省大部分地区。宁夏镇管辖诸卫前后略有变化，弘治时期为宁夏卫、宁夏前卫和宁夏左、右二屯卫等四卫，到正德二年（1507），杨一清奏改宁夏东路为宁夏后卫，实为五卫之地。辖地约包括固原以北今宁夏北部地区。延绥镇管辖四卫，即延安卫、绥德卫、榆林卫和庆阳卫。辖地包括陕西延安府、甘肃庆阳府及其以北诸地，是军卫和民籍人员共居的地区，所辖府县参见表1—1相关部分。固原镇，在陕西四镇中建置较晚,约于弘治十四、十五年(1501—1502)设立,随后又将陇南河州卫、岷州卫和洮州卫三卫纳入其管辖之下,所辖诸卫除南部三卫外,在北部尚有固原卫、静宁卫、兰州卫,二者合计有六卫之地。这些地区军卫与民人共处,情形与延绥镇略为相似。

(三)间接统治区和化外之地

包括嘉峪关、西宁卫以西今甘肃部分地方和新疆广大地区。明朝建立以前,这里分属于元朝和东察合台汗国(治阿里麻里,今新疆霍城县境内)统治。其中元朝直接统治的区域,包括阿尔泰山东部,向南经罗布泊以西、昆仑山脉东麓以东地区,元朝在此设有沙州路(今敦煌)和元帅府等地方行政机构。东察合台汗国则占据这一线以西地区。元末明初,东察合台汗国向东扩展,到明朝前期,实际上直接控制到了吐鲁番地区,明人称为"别失巴里(今吉木萨尔的破城子)"、"亦里八里(今伊宁市)"或"养夷"。① 永乐十一年(1412)明使臣陈诚说,"究其故疆,东连哈密,西至撒马尔罕,……北与瓦剌相接,南至于阗、阿端"。② 在东察合台汗国和明朝嘉峪关之间,是旧元统治结束以后所遗的一些部族。明朝在此设立羁縻卫所,由当地部族自我管理。这些部族卫所在政治上向明朝纳贡,并受明朝政府总体上的政治保护。这些卫所有:安定、阿端、罕东、曲先、沙州、赤斤蒙古、哈密七卫。而在此以西的东察合台汗国在15世纪以后战火连年,四分五裂,其中不少部族长期与明朝有贡使往来。这些部族大约包括两部分:(1)元后裔或亲族。如别失巴里王、故元高昌王、岐王等;(2)当地回回、维吾尔部族。如故元安定王、哈梅里王兀纳失里、畏兀儿番囚、撒马尔罕、哈烈、失剌思、俺的干、俺都淮、土鲁番、火州、柳城、哈儿、迭里迷、沙鹿海牙、赛蓝、渴石、于阗、崖儿城、盐泽、达什干、卜花儿等。③

清王朝建立以后,有两件重大的事项改变了西北地区行政区划的重新

---

① 刘迎胜:《明与帖木儿王朝关系史研究·序》,中华书局2006年版,第2页。

② (明)陈诚:《西域番国志》,杨建新主编《古西行记选注》,宁夏人民出版社1996年版,第291页。

③ 参见田卫疆编《〈明实录〉新疆资料辑录》,新疆人民出版社2002年版。

设置和调整。这两件事项：一是随着乾隆时期对新疆地区的征服，今新疆地区已经完全纳入大清王朝的版图；二是随着蒙古等部的归附和被统一，陕甘境内原明朝时期承袭下来的军镇体制，自雍正初年以来逐渐转化为府州县体制。在这种背景下，西北地区的行政区划为适应新的政治和社会管理需要，进行了新的划分、设置和调整。（1）新置甘肃省。在明代，今甘肃省部分府州县属于陕西布政使司（俗称省）管辖（见前文），当时设有左右两个布政使，清初因明制，两布政使驻西安府。康熙二年（1663），将右布政使司移驻巩昌府（今陇西县），领临洮、巩昌、平凉、庆阳四府之地。康熙五年（1666），改为甘肃布政使司，移治兰州。雍正二年（1724），撤销陕西行都司建制，与此相应原来诸卫所改为府州县建制。此后经过一些其他短暂的设置和变动后，甘肃省实际上管辖九府六直隶州。九府是：兰州、巩昌、平凉、庆阳、宁夏、甘州、凉州、西宁、镇西府（今巴里坤）。六直隶州是：泾州直隶州、秦州直隶州、阶州直隶州、肃州直隶州、安西直隶州（今安西县）、迪化直隶州（今乌鲁木齐）。其管辖范围包括今甘肃省、宁夏回族自治区全部，新疆维吾尔自治区一部分和青海省大部，是当时西北地区乃至全国最大的省份。（2）陕西省因旧延绥镇卫所的府州县化，新建了榆林府和绥德直隶州等府州县，至乾隆时期实际所辖七府五直隶州，即：西安府、延安府、凤翔府、汉中府、榆林府、兴安府、同州府，商州直隶州、乾州直隶州、邠州直隶州、鄜州直隶州、绥德直隶州。[①] 其中关中区三府二直隶州，陕北区二府二直隶州，陕南区二府一直隶州。（3）新疆天山南北大部分地方设立军府体制进行管防，这一体制至清末平定回民起义以后改为新疆省，和内地在形式上一致了。所谓军府制度，据曾问吾先生说："天山南北内属之后，其统治之主要政策，将国防与民事分而为二：国防之权操于朝廷，派遣将军大臣以行使之，有各种防兵分驻要地，隶于将军大臣，是之谓军府制度。民事之治，少数地方设州县，大部分区域任命蒙古王公伯克以处理之，是之谓怀柔政策。"[②] 军府于乾隆二十七年（1762）始设于伊犁，设总统伊犁等处

[①] 参见《大清一统志》卷226《陕西统部》、卷251《甘肃统部》，上海古籍出版社2005年版。

[②] 曾问吾：《中国经营西域史》，（上海）商务印书馆1936年版，第264页。

将军一员，驻伊犁惠远城，其职权：节制南北两路驻防官兵，抚绥属部，监督外藩，是统治新疆的最高官员。其下设参赞大臣、领队大臣、办事大臣等。（a）与军府统治并行的地方管理体制是扎萨克制度。扎萨克，是蒙古语"执政官"的意思，是清朝朝廷册封蒙古族和满族人等以汗、亲王、郡王、贝勒、贝子等爵位和官职，并用以统治所辖地方的一种地方少数民族王公世袭制度。主要实行于哈密、吐鲁番、土尔扈特、和硕特等部，其王公、贝勒、贝子、台吉由朝廷册封并世袭，管辖其所封地内的土地、人民，对于国家无赋税、徭役关系。这其中，吐鲁番回民承种官田，须纳地租，是为例外。（b）伯克制度。所谓伯克，是回部对官吏的称呼。诸回部被统一以后，清朝政府在南疆喀喇沙尔（今焉耆）、库车、阿克苏、乌什、喀什噶尔、英吉沙尔、叶尔羌、和阗八城，因其旧制，设立阿奇木伯克、伊什罕伯克进行管理，总理地方一切事务。清朝末年平定西北回民起义以后，清政府于新疆设立新疆省。光绪十年（1884），新疆省正式建立，以前旧制得以改变。"迄清末，凡设道四、府六、厅八、分防厅二，直隶州二、州一，县二十有一，分县二。"① 兹就宣统元年（1909）调查所列如下：

镇迪道：治迪化，辖迪化府一，厅四，县七，分县一。迪化府，治迪化，辖县六、分县一，即：迪化县、昌吉县、绥来县、阜康县、孚远县、奇台县、呼图壁分县。四厅分别是吐鲁番厅、镇西厅、库尔喀喇乌苏厅、哈密厅，其中鄯善县属吐鲁番厅。

伊塔道：治宁远城，辖伊犁一府，府辖二县，即绥定县、宁远县。又道辖二厅，即精河厅、塔城厅。

阿克苏道：治温宿，辖二府、一厅、一州、六县，并一巡检司。二府是温宿府和焉耆府。前者辖温宿县、拜城县和柯坪巡检司，后者辖新平、若羌、轮台三县。库车直隶州下辖沙雅县。另有乌什厅。

喀什噶尔道：治疏附县，辖二府、一厅、一州。二府是疏勒府、莎车府，一州是和阗直隶州。疏勒府辖疏附县、伽师县，莎车府辖巴楚州、蒲犁分防厅、叶城县、皮山县，和阗直隶州辖于阗县、洛浦县和英吉沙尔直

---

① 曾问吾：《中国经营西域史》，（上海）商务印书馆1936年版，第355页。

隶厅。①

民国时期，先是北洋政府时期废除原清政府时期的府、厅、州制，实行省、道、县三级制。新疆省下设迪化、伊犁、塔城、阿山、阿克苏、喀什噶尔、焉耆、和阗八道，民国十八年（1929）改为八行政区，下辖59县，7个设治局（相当于分县，由县佐驻领）。其分领诸县、局如下：

（一）北路四行政区

迪化行政区：辖迪化、奇台、昌吉、绥来、阜康、孚远、木垒河、镇西、哈密、鄯善、乾德、呼图壁12县，七角井一个设治局。行政长官驻迪化。

塔城行政区：辖塔城、额敏、乌苏、沙湾4县，和什托洛盖一个设治局。行政长官驻塔城。

伊犁行政区：辖伊犁、精河、绥定、博尔、巩留、霍果尔斯6县，特克斯一个设治局。行政长官驻伊宁。

阿山行政区：辖承化、布尔津、布伦托海、哈巴河、吉木乃5县。行政长官驻承化。

（二）南路四行政区

阿克苏行政区：辖阿克苏、柯坪、托克苏、阿瓦提、乌什、温宿、拜城、库车、沙雅9县。行政长官驻阿克苏。

焉耆行政区：辖焉耆、吐鲁番、轮台、尉犁、且末、婼羌6县，托克逊、库尔勒二设治局。

喀什行政区：辖疏勒、疏附、英吉沙尔、叶尔羌、莎车、泽普、巴楚、蒲犁、麦盖提、伽师10县，乌鲁克恰提一个设治局。行政长官驻疏勒。

和阗行政区：辖和阗、于阗、策勒、叶城、皮山、洛浦、墨玉7县，

---

① 以上参见曾问吾《中国经营西域史》，（上海）商务印书馆1936年版，第356—360页"表"。

赛图拉一个设治局。行政长官驻和阗。①

光绪十年（1884）新疆设省后，将哈密以西旧署甘肃省之地划归新疆省管辖，民国时期又在甘肃省境内划出宁夏和青海二省。先是，民国初年，甘肃省属西宁道因属少数民族聚居区，改设西宁办事长官，民国四年（1915）改称宁海区，设甘边宁海镇守使（治西宁县）统领。与此类似，甘肃省属宁夏道于民国初年设宁夏护军使（治宁夏县），管辖阿拉善额鲁特、额济纳土尔扈特二部地。十七年（1928）青海、宁夏二省从甘肃省中分离出来，独立成省。第二年，以旧西宁道并入青海省，辖县有大通、湟源、西宁、乐都（旧碾伯）、化隆（旧巴燕）、贵德、循化7县。后又设共和、亹县、同仁、玉树、民和、互助、都兰、囊谦8县，共辖15县。另有诸旗和土司等。当时以旧宁夏护军使所辖和宁夏道属各县并入宁夏省，所辖平罗、宁夏、宁朔、灵武、金积、盐池、中卫、豫望（旧镇戎）8县和阿拉善额鲁特、额济纳土尔扈特二旗地。后又从平罗县析置磴口县，从中卫县析置中宁县。又有陶乐、柴湖、居延三个设治局。实辖10县二旗三个设治局。② 其他如陕西省辖92县，甘肃省辖66县，兹不赘列。

需要说明的是，1937年至1949年，在以陕西北部为中心的陕甘宁接壤地区建立了一个陕甘宁边区。陕甘宁边区由中国共产党领导的陕甘宁苏区革命根据地演变而来，早在中央红军到达陕北以前，这里先后产生了两个苏维埃政府：一个是1934年11月成立的陕甘边苏维埃政府，一个是1935年1月成立的陕北省苏维埃政府。前者管辖地域，包括陕西定边、吴旗、保安、甘泉、富县、洛川、宜君、蒲城、富平、三原、淳化、栒邑，甘肃庆阳、花池、环县、宁县、正宁、合水18个县的全部或部分地区；后者地域包括陕西神木、府谷、佳县、榆林、米脂、吴堡、绥德、子洲、横山、靖边、清涧、子长、延川、安塞、延安、延长16个县的全部或部分地区。

1935年10月，中央红军到达陕北，之后，随着抗日战争的爆发以及

---

① 钱端升：《民国政制史》（下册），上海人民出版社2008年版，第492—493页；曾问吾：《中国经营西域史》，（上海）商务印书馆1936年版，第588页。

② 丁少桓：《近代中国地理沿革志》，（上海）中华书局1935年版，第29、31、48—49、第136—137页。

国共两党达成抗日统一战线，1937年9月，经两党谈判协商，成立陕甘宁边区政府。边区政府将两大区域连成一体，并将其分为延属、绥德、三边、陇东、关中五个分区，下辖31个县，约150万人。①

1949年以后，随着新中国的成立和社会经济的发展，民族区域自治区的相继建立，对民国以来省、县、区等划分的一些部分相继进行调整，最终形成现在陕西、甘肃、青海三省和新疆维吾尔自治区、宁夏回族自治区三省二区的西北行政区格局。

二 西北地区社会进程的基本轨迹

600年来西北地区社会进程的总体特征是：一方面，中华帝国传统国家社会的发展逐渐走向衰落；另一方面，近现代社会的发展形式在复杂的社会激荡中日渐形成，并在内外交困中艰难的成长。这一转变的节点起自晚清（1840年鸦片战争）时期，以后经历了一百多年的动荡、战乱，直到中华人民共和国建立，重新归于统一与和平。从王朝更替和政权变动的序列上讲，600年间依次经历了明王朝、李自成农民政权、清王朝、中华民国和中华人民共和国五个阶段。由于李自成农民政权的存在为时短暂，影响有限，排除这一时期，实际影响并造成社会结构性运行、变化的主要是其余四个时代。这四个时代又可分作三个阶段：（1）明王朝建立（1368）至晚清（以1840年为界）以前的473年。其中，传统帝国的专制主义中央集权政治和地方郡县体制相统一的社会结构基本稳定存在并继续发展。社会结构的基本稳定，一是说以农业社会为基础的社会组织与以前相较，没有实质性的变化。2000年来建立在这一社会基础之上的士农工商等职业阶层没有明显的改变。二是说社会组织的基本形式依然是乡间村落和各级城镇，整个社会继续旧的发展模式并缓慢前行。（2）晚清至中华民国（1840—1949）时期的110年。这是一个重大的社会转型期的开始。其中前70年是传统体制面对近代世界性的社会变动和由此带来的剧烈冲击而日渐衰落和解体时期，后40年是旧王朝体制时代结束以后，近代国家的诞生和逐渐成

---

① 以上参见李智勇《陕甘宁边区政权形态与社会发展（1937—1945）》，中国社会科学出版社2001年版，第7、11页。

长的动荡时期。(3) 中华人民共和国时期（1949—）。这一时期，政权的性质发生了根本性的变化，整个社会结构经历了多次的调整和变革后发生了巨大变化。社会于曲折中逐步实现了向现代社会的转变。

在明清（1368—1840）时期近五个世纪里，西北地区的社会发展经历了三种不同的社会存在形态，即规划的边疆卫所社会、分立的邦外部族集团和归于常态秩序下的地方社会。所谓规划的边疆卫所社会，是指明代基于防卫蒙元等蒙古族诸势力和"西番"等部的侵扰，而构建并长期存在的以卫所为主体的准军事社会。在这样的社会里，通过各种方式且来源于各地的军事卫所军人、武职官员及其家属构成社会的主体。如前所述，他们主要分布于陕西四镇（延绥、宁夏、固原、甘肃）之地，其中甘肃镇、宁夏镇总体上都以卫所作为社会组织的基本单位，只有很少一部分民籍人员，但也由卫所管辖。延绥、固原二镇之内，既分布有一定数量的府州县编户和组织，也分布有一定数量的卫所，属于两种形式并存的状况。当然，在此以外的，主要是陕西的八府之地，其组织情形等同于内地的府州县及其村落。

分立的邦外部族集团，是指分布于今新疆维吾尔自治区境内大部和青海省一部分，且在政治上不归属明朝政府直接管辖的诸"西番"部族。明朝建立以前，今新疆地区由成吉思汗后裔秃黑鲁帖木儿汗建立的东察合台汗国统治，秃黑鲁帖木儿汗卒后，东察合台汗国四分五裂，诸部族各自分立。① 关于其国内的情况，明人陈诚在《西域番国志》中说："究其故疆，东连哈密，西至撒马尔罕，西北至脱忽麻，北与瓦剌相接，南至于阗、阿端。""其封域之内，惟鲁陈、火州、土尔番、哈石哈、阿力麻力数处，略有城邑民居、田园巷陌。其他处所，虽有荒城故址、败壁颓垣，悉皆荒秽。"② 明朝建立以后，这些部族纷纷向明朝派遣使臣"朝贡"，以示在政治上臣服和友好。其中位于今新疆、青海境内或与此有关者，有：哈密、赤斤蒙古、安定、阿端、曲先、罕东、吐鲁番、柳陈城、黑娄、于阗、亦力把力、撒马尔罕等。③ 洪武、永乐年间，在其东部一些部族中设

---

① 齐清顺、田卫疆：《中国历代中央王朝治理新疆政策研究》，新疆人民出版社2004年版，第105页。

② 杨建新主编《古西行记选注》，宁夏人民出版社1996年版，第291—292页。

③ （明）万斯同：《明史》（第八册）卷415《外蕃传》，上海古籍出版社2008年版，第629页。

置羁縻卫所，即所谓："因关外诸番内附，复置哈密、赤斤、罕东、阿端、曲先、安定等卫，授以指挥等官，俱给诰印，羁縻不绝，使为甘肃藩蔽。"① 另有沙州卫，合起来一般称作"关西七卫"，其首领均为蒙古族酋长，所部过着城邦式的游牧生活。其中：哈密卫本为元蒙后裔所据，明成祖时，"即哈密地封元之遗孽脱脱，为忠顺王，赐金印，令为西域之襟喉，以通诸藩之消息。"② "哈密之人凡三种：曰回回，曰畏兀儿，曰哈剌灰，皆务耕织，不尚战斗，脱脱善抚之，国殷富。"③ 三种夷人，"同居一城，种类不贵颉颃"④；赤斤蒙古卫，治所在今玉门市赤金镇，其地处哈密以东，嘉峪关以西，元蒙时期这里设有赤斤站，永乐二年（1404），蒙古族部落首领塔力尼率部众归附明朝，被安置于"赤斤"之地，设置千户所，后屡建功勋，升为卫。该卫不大，最初只有500多部众，设帐而居，过着游牧的生活；罕东卫，在赤斤蒙古南，嘉峪关西南，今青海北边海屯一带，洪武三十年（1397）置卫，正德、嘉靖后屡遭蒙古诸部侵略，弃城而衰；阿端卫和安定卫，均由元安定王部转化而来，洪武八年（1375）设置；曲先卫，在今青海柴达木之茫崖及楚克阿拉干河一带，设于洪武时期，后重置；沙州卫，在今敦煌一带，永乐二年设置。⑤ 这些部族多以蒙古人家族、部族及元残余军人等组成，过着以畜牧、游牧为主的生活。它们在政治上归附于明政府，并作为羁縻卫所，成为明朝对抗西域诸国的过渡地带。它们除了定期或不定期的"朝贡"以外，各部族卫所都是相对独立的部族集团。

在这些羁縻卫所以西，是东察合台汗国及其分裂以后的诸部族邦国集团，分布于绿洲上的一些部族邦国，继承历史时期的传统，经营一定的农业，其他地区则主要是游牧的部族国家。由于长期的社会动荡，致使社会经济凋敝。

---

① （明）许进：《平番始末》，《中国西北文献丛书·西北史地文献》第27卷，甘肃古籍书店出版社1990年版，第11页。

② （明）马文升：《兴复哈密国王记》，《中国西北文献丛书·西北史地文献》第27卷，第3页。

③ 杨建新主编《古西行记选注》，宁夏人民出版社1996年版，第291—292页。

④ （明）万斯同：《明史》（第八册）卷415《外蕃传》，上海古籍出版社2008年版，第629页。

⑤ 程利英：《明代关西七卫探源》，《内蒙古社会科学》（汉文版）2006年第4期。

清王朝建立以后，今青海、新疆地区直接纳入清王朝的统治范围。其社会组织形式，除了像内地一样在部分地区设置府州县以外，同时根据诸少数民族的传统，并吸收历史时期的做法，对蒙古人、回人、哈萨克人等部族集中分布的地方实行分封王公等制度，由他们自己主政地方，实行基层"自治"。这些部族主要有：

（1）土尔扈特部：乾隆三十六年（1771），其汗渥巴锡等率全部自俄罗斯来归，受封爵为汗。包括其同族和部族，分别为旧土尔扈特和新土尔扈特。有三个盟，分别是乌讷恩苏珠克图盟、青色特启勒图盟和巴图色特启勒图盟。其游牧之地有五处："其分驻喀喇沙尔之着勒土斯地方者，为土尔扈特汗渥巴锡、和硕特贝勒恭格等部众游牧。东南界喀喇沙尔城，西北界伊犁之纳喇特达巴罕，东北界乌鲁木齐南山，西南界阿克苏、库车；其分驻伊犁之东精河地方者，为土尔扈特贝勒默们图等部众游牧。东界精河城，南界伊犁围场、哈什山阴，西北与伊犁属之察哈尔游牧连界；其分驻库尔喀喇乌苏之济尔哈朗地方者，为土尔扈特郡王巴木巴尔等部众游牧。东与玛纳斯，即绥来县西界接壤，北与塔尔巴哈台之沙喇布拉克地方连界，南界奎屯沟，西界托多克军台；其分驻塔尔巴哈台之和博克萨里地方者，为土尔扈特亲王策伯克多尔济等部众游牧。西南与彼处所属之察哈尔厄鲁特连界，西北与哈萨克连界，东南皆戈壁荒山，东北界噶札勒巴什淖尔，与科布多之乌梁海接壤。此四游牧，即所谓旧土尔扈特，及和硕特皆属伊犁将军统辖者也。其新土尔扈特游牧，则分驻科布多所属阿勒台地方，隶科布多参赞大臣专辖。"①

（2）哈萨克部：分布于伊犁西、北两面，有左、右、西三部。乾隆二十二年后，左部为阿布赉汗，右部为汗阿布勒比斯汗，过着游牧为主的生活。至于西哈萨克启齐玉苏部之努喇丽汗、巴图尔汗，乌尔根齐部之哈雅汗，虽同遣使奉表贡以向化，但多分布于今新疆境外，此不赘言。②

（3）布鲁特诸部：即柯尔克孜族，分布于今新疆地区的主要是东布鲁特，他们以部落的形式分布于阿克苏、乌氏、喀什噶尔沿边地区，另有一部分游牧于今新疆境外。"布鲁特俗重牲畜，与哈萨克略同。其部落沿

---

① （清）祁韵士：《西陲要略》卷4《土尔扈特源流》，成文出版社有限公司1968年版。
② （清）祁韵士：《西陲要略》卷4《哈萨克源流》。

边散处，凡十有七，大首领称为比，犹回部阿奇木伯克也。比以下有阿哈拉克齐大小头目，皆由喀什噶尔参赞大臣奏放，给以翎顶二品至七品有差。每岁遣人进马酎赉绸缎羊只，商回以牲畜皮张贸易至者，税减内地商民三分之一。其游牧之地有近伊犁界者，间岁，将军遣领队大臣亲往巡查一次，至常年稽察约束，则归喀什噶尔参赞大臣专辖。"①

（4）回部：多分布于南疆地区。回部"素习农功，城村络绎"②。其首领称阿奇木伯克，部众多以大城和回庄（村落）的居住形式分处各地，主要经营绿洲农业，也从事一定的畜牧业活动。这些大城主要包括：喀什噶尔（回酋玛哈墨特所属之地）、英吉沙尔、叶尔羌（回酋玛哈墨特世居之地）、和阗、乌什（回部长霍集斯世居之地）、库尔勒、哈密（回部长额贝都拉世居之地）、吐鲁番（回部长额敏和卓世居之地）。另有一些城镇和这些大城所属之回城、回庄也是回部各部民集聚和生活的场所，如宁远回城、布古尔城、阿克苏、喀喇和卓等。至于回庄，喀什噶尔"所属回庄较大者：曰牌斯巴特，曰塔什伯里克，曰阿拉图什，曰别什克里木，曰玉什纳尔图什，曰阿尔古"；叶尔羌"所属回庄较大者：曰哈拉噶里克，曰托古斯堪，曰桑珠，曰英格奇盘，曰塔克，曰库库雅尔巴什里克，曰和什拉布，曰巴里楚克，曰赛阔罗"；阿克苏"所属回庄，曰拜城，曰赛木城最著。拜城，在阿克苏城东四百五十里，回民四五百户居之。赛里木城，在拜城东八十里，回众居之。地据雪山之麓，群山环绕，气候稍寒"；喀喇沙尔，"所属回庄，曰库尔勒，曰布古尔最著"；吐鲁番"所属回庄，曰喀喇和卓，曰鲁克沁，曰辟展，曰托克逊最著"；哈密"所属回庄较大者：曰素们哈尔辉，曰阿思塔纳，曰托克齐，曰拉卜楚克，曰喀喇都伯"。③ 这里所说的只是一些较大的回庄，还有不少的小村落分散分布于各主要河流沿线。

清朝在新疆设置伊犁将军，总督南北疆地区事务，下设各级办事、领队大臣，因而这里驻扎和分布着不少驻军。驻军分为防兵和屯兵，兹据《西域图志》摘录其分布如表1—2。

---

① （清）祁韵士：《西陲要略》卷4《布鲁特源流》。
② 《西域图志校注》，钟兴麟、王豪、韩慧校注，新疆人民出版社2002年版，第437页。
③ （清）祁韵士：《西陲要略》卷2《南北两路城堡》。

表1—2　　　　　　《西域图志》所载新疆各地驻兵情况

地区或城	各营、地	驻防、屯田兵数量	原额
安西州	安西营	绿旗马步兵794名	500名
	沙州协左右二营	绿旗马步兵1349名	1500名
	靖逆营	绿旗马步兵674名	800名
	布隆吉尔营	绿旗马步兵492名	500名
	踏实堡营	绿旗马步兵194名	300名
	桥湾营	绿旗马步兵296名	300名
	赤金营	绿旗马步兵200名	
	瓜州营	绿旗马步兵96名	600名
	双塔堡营	绿旗马步兵99名	100名
	惠回堡营	绿旗马步兵100名	
	黄墩堡营	绿旗马步兵97名	300名
哈密	哈密	绿旗兵800名	2000名
	塔尔纳沁	屯田兵170名	
	蔡巴什湖	屯田兵100名	
	牛毛湖	屯田兵10名（于驻防额内分驻）	
镇西府	镇西府	满洲、蒙古兵2000名	
	镇标三营	绿旗马步兵1941名	3500名
	古城营	绿旗马步兵200名，屯田兵550名	
	木垒营	绿旗马步兵301名，屯田兵500名	
	吉布库	屯田兵150名	
迪化州	迪化州	满洲、蒙古马步兵3376名；驻防绿旗马步兵4000名，屯田兵3195名	
	玛纳斯	屯田兵1400名	
	吉木萨	屯田兵755名	
伊犁	惠远城	满洲、蒙古兵4240名	
	惠宁城	满洲、蒙古兵2144名	
		锡伯兵1000名	
		索伦达呼尔兵1000名	
		察哈尔兵1800名	

续表

地区	各营、地	驻防、屯田兵数量	原额
		屯田绿旗兵3000名	
库尔喀喇乌苏		绿旗兵350名	
		屯田兵118名	
塔尔巴哈台		满洲、蒙古、锡伯、索伦达呼尔、察哈尔、额鲁特兵2126名	
		绿旗兵60名	
		屯田兵540名	
辟展		绿旗马步兵330名	
		屯田兵800名	
哈喇沙尔		绿旗马步兵745名	
		屯田兵362名	
库车		绿旗马步兵202名	
乌什		满营马步兵200名	
		采铜兵250名	
		屯田兵400名	
阿克苏		绿旗兵100名	
		屯田兵15名	
赛喇木		绿旗兵40名	
		分驻拜城绿旗兵10名	
喀什噶尔		满营马步兵334名	
		绿旗马步兵625名	
		分驻英噶萨尔满营马步兵80名	
		分驻英噶萨尔绿旗马步兵200名	
叶尔羌		满营马步兵210名	
		绿旗马步兵680名	
和阗		绿旗马步兵232名	
晶河		屯田兵168名	
哈喇和卓		屯田兵300名	
托克三		屯田兵1000名	

资料来源：《西域图志校注》卷31《兵防》，卷32《屯政一》，卷33《屯政二》，钟兴麒、王豪、韩慧校注，新疆人民出版社2002年版。

不论是驻防兵还是分布于各地的屯田兵，都是以军事组织出现的社会表现形式，它与少数民族诸王公社会、郡县制社会，共同构成这一地区三种基本的社会组织形式。晚清时期，虽然中国社会总体上开始向近代社会转变，但这种社会组织形式并没有什么明显的变化。民国时期，以部落或氏族为基层单位的诸游牧民族王公社会，在新的行政区划推行和管理实践中逐渐向地缘组织转化，政府在这些地区推行县、区、乡、村的社会组织和管理形式，虽然这种体制的实际运行在各地存在一定的差异，[①] 但这一做法是在现代意义上管理新疆游牧社会的开始，标志着历史时期传统游牧社会组织形式的开始结束。

随着近代国家社会的产生，从中央到地方的政治体制虽然进行了相应的变革和调整，但基层社会组织的基本形式并没有多少实质性的改变，而各地军阀割据，匪患频发，以及随之而起的农民革命运动，使得西北地区社会处于极度的动荡之中。1937年"七七事变"以后，日本发动全面侵华战争，西北地区成为战略大后方，各种社会力量向西北等地转移，形成西北地区战时经济和社会的新局面，这些在很大程度上影响着西北地区社会经济的新发展。

三 经济生活方式的结构性差异

由于气候、地形、地势等自然因素的差异及其综合影响，生活于西北地区的一些部族集团和王朝统治时代的编户齐民很早就进入游牧、半游牧和以农业经营为主的不同类型的经济生活和社会形态。伴随着中国古代以统一王朝为主体的发展，农业社会的范围不断向西北地区推进，但自然环境天然的专制性制约依然确保了相当范围的地区处于游牧和半游牧的生活方式。韩茂莉教授说，"欧亚大陆中部从中国大兴安岭东西两侧到欧洲多瑙河沿岸，被一条绵延万里的草原覆盖。这条草原地带位于欧亚大陆深处，无论太平洋上南来的风，还是北冰洋上吹来的水汽，都难以到达这里，干旱少雨成为这里基本的自然地理特征。草原上除少数几块靠高山冰

[①] 参见娜拉《清末民国时期新疆游牧社会研究》，社会科学文献出版社2010年版，第91—96页。

雪融水与穿行于大陆腹地的河流滋润的绿洲外，绝大部分地区不适于农业开垦，长期以来这里只能作为羊、马、牛、驼的牧地，为游牧人所拥有"。[1] 这个大的游牧带的地理界线虽然比较模糊，但就西北地区而言，今新疆维吾尔自治区天山以北地区和地处青藏高原的青海省部分（参见图1—1）应该处在这一地带的范围之内。而在此游牧地带以南，大约自黄土高原南缘和甘南山地以北是一般所认为的农牧交错带。在中国古代历史上，由于周秦汉唐时期以来的发展，这样的地区长期以来是北方游牧民族和农耕民族交相争夺的主要舞台，伴随着农业文明历史的进展，一些适宜农业生产的地区不断得到农业性经营开发，特别是到唐宋以后，这些开发的成果被逐渐地稳定巩固下来。与此相应，地处陕西中部的关中平原，甘肃的天水盆地、河西走廊地区诸绿洲，宁夏的宁夏平原，以及新疆南部诸绿洲都已形成较为稳定的农业经济中心地区。其他山地、河谷、黄土高原、黄土台塬地带，多以农业经营为主，兼营一定的畜牧业作为生活的补充。明清以后，传统的农业地区或半农半牧地区中，农业的规模伴随着人口的增加仍然不断扩张，农业人口的规模较以前进一步增长，但这种由三大结构性生产生活方式组成的经济社会形式总体上并没有明显的改变。所改变的主要是伴随着明清以后不断的移民屯垦和军屯等农业性开发，以及新技术和水利灌溉事业的日益发展，半农半牧区内农业比重的不断增加，比如说，明清时代陕北延绥镇、宁夏镇、甘肃镇等的屯田开发，一些传统游牧区域如新疆伊犁、乌鲁木齐、古城、奇台等地区的农业开发。这种开发的结果造成农业区域的日渐扩展。

四　城镇发展与市场发育的基本概念

　　城镇是人类社会历史发展到一定阶段的产物。在我国古代历史上城镇的出现颇早，虽然关于它出现的具体时间，学术界尚没有完全一致的看法，但经历了国家社会几千年的发展，到明清时期成熟、稳定的城镇的存在和运行则已经有了几千年的历史。市场的起源也很早，并在以后的历史上常常与城镇结合在一起，形成政治、经济和商贸等中心，深切地影响着

---

[1]　韩茂莉：《中国历史农业地理》（下），北京大学出版社2012年版，第794页。

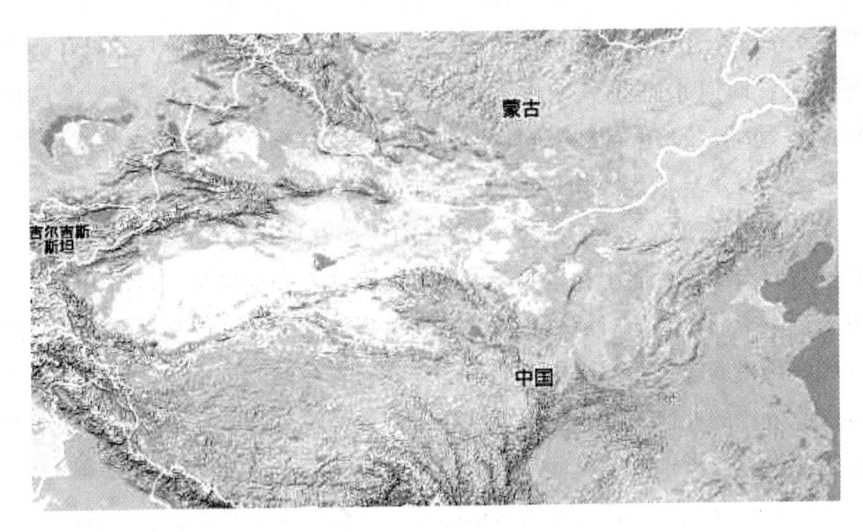

图 1—1　亚欧游牧带与西北地区之地理关系卫星图

一定时代、一定地区人们的社会经济生活。那么什么是城镇发展？什么是市场发育？如何开展一定时代这两个方面的研究呢？下面就这一问题作一总体性说明。

所谓城镇发展，就是基于一定历史起点而言的，一定历史阶段的城镇符合自身发展规律的正向变化。按照发展社会学的观点，（1）发展与"进化"是同义词；（2）发展主要是指发展主体"增长"和"变迁"的"独立过程"。在这里，"增长只是一个量的概念，它涉及扩大、增加"，而"变迁是一个质的概念，它指的是人们称之为变化主体的任何特征上的差异"。[①] 就城镇主体而言，它一般包括城镇数量的增加、城镇等级的变迁、城镇人口规模的增长、城镇居民成分的变化，以及城镇职能和管理水平的进展等。与社会发展有所不同的是，城镇发展除了城镇本身产生以后在均质条件下的"自然"演变过程以外，还要较多地受到国家社会等人为力量的干扰，这其中除了根据国家意志和地方发展需要的规划、布局和建设以外，也包括因自然灾难、政治运动和战争毁灭等的消极影响。因此，在城镇发展的历史上，就不仅仅是城镇本身随着社会发展而"增长"

---

① ［美］胡格韦尔特：《发展社会学》，白桦、丁一凡编译，四川人民出版社1987年版，第5—8页。

和"变迁"的独立过程的问题，还涉及国家、地方等社会力量根据时代的特殊需要而引起的城镇数量增减的问题。所以所谓城镇数量的增加，实际上就包括了各种类型城镇数量的增加，就是既含有"自然"演变过程而导致的需求性增长，也包括特殊需求的人为设置。城镇等级的变化，是基于不同性质和功能的城镇体系而言的个体城镇等级的变动。城镇等级一般从两个方面来确定：一是人口规模，这是现在较为通行的认定原则之一；二是行政级别或者说城镇在社会发展中所处的政治、经济和文化上的地位。对古代农业社会的情况，以后者作为等级标准更加符合历史的实际。至于没有纳入到行政城镇体系中的县级以下诸城镇，以及基于不同功能城镇体系，特别是经济功能城镇，我们在参照行政功能的基础上，主要以经济功能的意义来加以补充和修正，并在此基础上建立新的经济功能城镇体系，以与单一行政城镇体系中的城镇的等级加以区别。就明清时期而言，特别是在西北地区，等级变化的城镇一般都是基于社会的不平衡发展或因新开发所造成的一定地区人口和经济的新发展而导致的行政区划方面的调整所致，因自然的历史过程而导致的城镇等级变迁的情况很少。至于近代以后，特别是工业化时代，城镇等级的发展则以现代意义上城镇等级规模认定的一般做法来定。由于城镇商业和服务业的逐渐发展，城镇人口日渐增加是一种发展趋势，探讨不同级别城镇人口的变化及其地区差异，不但可以说明城镇规模的发展，而且也是认识和探讨不同地区城镇化力度、动力及其差异的重要问题。城镇居民成分的变化，指的是所有居住于个体城镇中的居民从业性质的差异性变动。它在一定程度上决定和反映着城镇的性质及其功能特征。城镇功能，在中国古代，传统城镇的功能大多数都是多种功能为一体的，也就是我们习惯所说的政治、经济、文化和社会活动的中心。与此相应，城镇功能的发展，就是在历史运动过程中，这些功能因为时代和社会经济变迁中诸影响力量的不平衡发展而导致的各种功能的消长和变化。在探讨城镇功能的这些变化中，一定要结合不同时代的政治、经济和文化发展及其地域表现的情况来分析。城镇管理的进展是城镇社会进步的重要表现，随着城镇在地区国民经济中的地位的日益增长，城镇管理不断发展，这其中的内容，包括安全保卫、社会教育、社会秩序、工商业生产和交易等等，既有共性，也有个性，既有地区性差异，也体现着时代进步的总的发展印记。当然，"城市的发展不是各部分简单的相加，而是形成了各部分相互作用的网络"。① 因而，在研究城镇发展中，除了就城镇各组成要素等的"增长"、"变迁"及其功能、管理等的研究外，还要结合地方经济社会的总体发展状况来整体认识和把握城镇发展的力度、动力和表现等问题。

　　市场发育是指市场产生以后，随着社会经济特别是商品经济的发展而日渐成长、成熟的过程。在这里，市场有两层含义：一是指社会群体进行商品交易的场所；二是指与这些交易场所密切相关的"市场腹地"参与市场交易的能力。从市场的起源看，市场虽然不必然与城镇有着天然的联系，但随着城镇的产生和发展，城镇自身的消费需求却使市场确实已经"入住"城镇，并成为城镇社会经济的基本组成部分。不但如此，城镇通过自己的市场将其与郊区甚至更远一些地域社会的经济社会需求连为一体，以此来促进自身的不断发展。这样，除了城镇自身的成长因素以外，以城镇市场为中心的腹地的社会经济的发展及其商品性需求的程度，就成为城镇市场和城镇经济发展的重要影响因素。一般说来，城镇自身的人口规模愈大，社会分工愈细，各等居民所从事的职业愈多样，其商品性需求则愈高，市场经济愈活跃，市场自然也就愈发达；而与城镇及其市场密切相关的腹地的社会经济，特别是商品经济愈发展，对于市场的需求和依赖程度愈高，对城镇市场的促进作用和贡献也就愈大。

　　发育这个概念，本来是指生命现象的发展过程，具体地说，就是一个有机体从生命开始到逐渐发育成熟的过程。这里借用发育一词来说明市场的成长和发展虽然不完全准确，但考虑到市场从诞生以后，随着社会经济和社会分工的日益发展，市场也存在着一个由简单到复杂，由不成熟到成熟的演变过程，所以借用此概念来说明这一现象。现在的问题是如何来衡量市场发育的过程和程度？从而更好地揭示和评价历史运行过程中市场表现的特性，并较好地认识市场以及市场与地方社会经济运行和发展之间的关系。这里分两个方面来谈：第一，作为剩余物品和商品交易场所的市场。大约经历了三个阶段：第一个阶段，以剩余物品之间的直接交换为特征，交换场所——市场——主要分布于各个不同部落之间的交界地带，但

---

① ［美］保罗·M.霍恩伯格、林恩·霍伦·利斯：《都市欧洲的形成：1000—1994年》，阮岳湘译，商务印书馆2009年版，第8页。

各部落内部尚没有产生由于内部分工所形成的交换市场。这样的市场交易，约发生在野蛮时代中级阶段以后，一般情况下，是带有一定的"集体"交易色彩，并且交易产品主要是由于部族间地理环境和生产方式的差异，以及由此造成的生产物品的差异性需求为特征。恩格斯说："在野蛮底低级阶段上，人们只是直接为了自身的消费而生产的；间或发生的交换行为，只限于偶然留下的剩余东西。在野蛮底中级阶段，我们看到游牧民族已有财产，如牲畜，此种财产，在一定大量的畜群之下，可以经常的供给超出自身消费的若干剩余；同时，我们还看见了游牧民族与没有畜群的其余部落之间的分工，从而看到两个并存的不同的生产阶段，也就是说，看到正常交换底条件。到了野蛮的高级阶段，发生了农业与手工业间的进一步的分工，随之发生了直接为交换的日益增加的一部分劳动产品底生产，从而各个生产者间的交换，变为社会底迫切的必要了。"[1] 这样的市场一开始应当是单一的，也是综合性的。由于发生在因为自然环境的差异所造成的生产方式的差异而导致的相互需求的需要，在不同部族、部落之间进行，基本上是一种自然的原始的市场形态。又由于各部落之间经常性的财富争夺和战争而形成很不稳定的特征。第二个阶段，在部落之间自然的原始的市场形态依然存在的条件下，到了野蛮时代的高级阶段，随着部落内部经济和社会的日益发展，发生了农业与手工业间的进一步的分工，"各个生产者间的交换，变为社会底迫切的必要了"，于是在部落内部的中心地点逐步形成了不同生产者之间交换剩余生产物品场所，这就是早期文献所说的"市"。战国时代人们关于前国家时代（或者说传说时代）的一些认识中已经有了相关的记载，如说"包牺氏没，神农氏作，……日中为市，致天下之民，聚天下之货，交易而退，各得其所"。[2] 应该说，这样的"市"也是一种自然的原始形态的交易场所及其活动，只是它在部落或部落集团内部进行罢了。有人根据文中"日中"二字而说明这时已经有了固定的交易时间，其实这种说法是对"日中为市"的误解。从根本上说，这种交易时间是因为自然（因距离或劳作间隙）条

---

[1] ［德］恩格斯：《家庭、私有制和国家的起源》，张仲实译，人民出版社1954年版，第159页。

[2] 金景芳、吕绍纲：《周易全解》，吕绍纲修订，上海古籍出版社2005年版，第576页。

件形成的，而不是人为规定的。直到现在，我国不少地区的乡村市场或庙会市场上依然不同程度地保留有这种原始的成分或色彩。因为这类市场，只有到大中午，四周四乡的货物才会齐聚市场，从而使所到货物的交易达到高潮。而随着自然时间的结束，市场往往自行消失。由于是自然的交易过程，市场时间规定和政府管理等尚没有出现，因而其自然性和原始性至为显著。第三个阶段，国家出现以后，由于领土日渐广大，城镇、乡村体制形成，在这一过程中，市场体系日渐形成。城镇有城镇市场，乡村也在一定范围内于一些中心点（包括交通中心或渡口）形成集市。这样的市场形式自然是对早期市场形式的继承和发展，特别是较大的城市市场日渐发展为固定的、并且由政府进行管理的交易场所。如果说我国夏商周时期，由于文献记载简略，这样的情形还不是很清晰的话，那么春秋战国时期却已明显地出现了。吴慧先生说，"这一时期商业的发展重点落在剥削阶级居住和为它服务的人群集中的城市。城市之间的商品交换占主要地位。各统治者所居的都城，以及位于交通枢纽的货物集散之处，都形成了繁荣程度不等的城市"。① 当时在不少城市形成了具有围墙环绕的固定市场。如秦国都城雍城（今陕西凤翔县南）、咸阳城，甚至在地方上也有所谓"秦文公造""直市，在富平津西南二十五里"的传说。② 一些城市，如咸阳，还出现有专门销售军用物品的"军市"。③ 在都市规划中也形成了"面朝后市"④的理念和模式。随后，经历秦汉、魏晋南北朝和隋唐以后，各级城市，特别是一些经济发达地区的大都会城市，城市经济（包括商业和手工业）持续发展，城市市场管理也日渐完善。这些管理，包括规定市场的启闭时间、各种税收的征收、设置稳定的管理机构和管理人员、发放市场的准入证件、维持市场秩序和治安，等等。与此同时，市场也由最初的一个市场向多个市场发展。如雍城、咸阳都是一个市场，而汉代长安有"九市"之说，唐代长安有"西市""东市"之制。与城市市场发展相比，乡村市场的发展显得比较缓慢，甚至在一个相当长的时期里

---

① 吴慧：《中国古代商业》，中国国际广播出版社2010年版，第13页。
② 何清谷：《三辅黄图校释》，中华书局2005年版，第96页。
③ 吴慧：《中国古代商业》，中国国际广播出版社2010年版，第27页。
④ 《周礼·冬官考工记第六》，崔高维校点，辽宁教育出版社1997年版，第85页。

处于不发达的存在状态。但与上述第二阶段相比，却也有明显的进展。据吴慧先生研究，在汉代，县以下小邑有一种逢时赶集的定期集市。东汉时有定期市集的小邑叫"市邑"，当时全国有"市邑万数"。随后经历魏晋南北朝到唐代，类似的市场有了更进一步的发展，一些交通要道或交易频繁的地方也设立固定市场，其名目也更加多样化。① 因此，这一阶段市场体系日渐形成并日益完善，最终形成大城市、一般州县城市和"小邑"、乡村集市等三级市场的结构与体系。市场交易中也形成市场地点、开市时间以及政府管理、市场中介人（牙人）等的必要体制，因此，作为交易场所的市场总体上趋于成熟。宋代以后，特别是本文所论述的明清时期及其以后，实际存在并运行的中国境内大部分地区的市场总体上已经是比较成熟的一种市场运作形式。只不过，由于各地区社会经济和文化发展的不平衡，市场组合、市场的繁荣程度和市场的交易构成仍然存在着一定的地区差异而已。

第二，与交易场所——市场——密切相关的商品供给市场和社会消费市场。在传统农业社会，流向各级交易市场的商品一般由这么几部分构成：一是市场腹地内的日常用品供给。这样的"商品"主要包括：（1）农产品的剩余，以粮食为主；（2）家庭副业所生产的"多余"产品，如布匹、麻丝、后来生产的棉花，庭前屋后的果树及其产品，家庭饲养的猪马牛羊鸡、鸡蛋，等等；（3）家庭日常所需的其他基本生活资料、生产资料、房屋建筑材料等；（4）为市场而生产的商品性经济作物和手工业类商品。二是由长途贩运商贩运的市场腹地以外的"稀缺"商品或物品。三是政府官营或专卖的商品，如盐、铁、酒等。与市场密切相关的这些商品内容，并不是一开始都是同等的贡献于市场的，从中国古代历史的进程看，大约经历三个阶段：第一个阶段是春秋战国时期。商业曾经比较繁荣，上述各种内容都不同程度的与市场发生联系。但这类市场主要集中于城镇，特别是较大经济中心城镇。《史记》《汉书》所说的经济"都会"是这方面的典型代表。但这种"都会""都是以政治为主而经济为辅，这些地方的商业显为贵族官僚的奢侈生活服务，而与广大人民日常生

---

① 参见吴慧《中国古代商业》，第46页。

活无甚联系"。① 这些话语虽然说的有些绝对，但主体的方面是对的。也就是说，一般社会民众日常生活与市场的联系总体上非常薄弱。第二个阶段是秦汉以后一直到明代。政府在一定程度上"重农抑商"，但市场"经济"依然有一定的发展，并且广大民众日益与市场发生联系，而且随着社会经济的发展，这种联系越来越密切。但地方市场主要还是"小区域内的市场交换，在名词上，古人也把它叫作商。但这种商业行为只是生产者与消费者的直接交换，而交换的商品也多不是商品生产的产品"。同时，"小区域内的市场交换是自然经济下的交换，商品流转才是商业经济。少量的商品生产和少数的商品流转在自然经济下当然存在，但绝不占主要地位"。② 而国家对市场"商品"实行征税，这在一定程度上限制着民间"商品"大量进入市场。对此，蒙文通先生说："从《通考》、《续通考》和《宋史·食货志》看，明以前征税的对象非常琐屑，凡鸡、鹅、柴、碳、瓜果、菜蔬，以及日用之物，年节礼物，嫁娶妆奁，莫不收税，所以重在坊场县镇。明以后渐次免除这些琐细物类的税，真正的商业城市才逐渐形成。"③ 第三个阶段是明清以后。这期间，一方面，政府"渐次免除这些琐细物类的税"，各种剩余物品大量涌入各级市场；另一方面，专门为市场生产的商品性经济作物日益发展，主要为市场生产的各种手工业产品和专为市场生产的手工工场的产品，可以通过各种途径进入市场。而商人阶层随着商业经济的活跃日渐形成地域性集团。这些因素不仅促成了商业城镇的形成，而且促进了城镇的快速发展。

至于社会消费市场，这是促进地方城镇和市场发展的基础性因素。主要涉及两个方面：一是城镇本身的日常消费和奢侈品消费，二是由地区社会经济发展程度所决定的地方社会消费能力的程度及其增长状况。对前者而言，虽说"我国封建社会中的'都市'大都如此"，它是"为满足贵族官僚的奢侈生活服务，而与广大人民日常生活无甚关系"。④ 但这样的情况也不是一成不变的，而是在程度上有一个变化的过程。大致来说，明代

---

① 蒙文通：《治学杂语》，蒙默编《蒙文通学记》（增订本），生活·读书·新知三联书店2006年版，第24页。
② 同上书，第18页。
③ 同上注，第23页。
④ 同上注，第24页。

以前，虽说其中也存在一些时段上和地区性发展不平衡的情况，但总体来说，参与市场主要的消费群体是贵族、官僚和商人家庭。因而除过个别手工业型城镇外，几乎所有的府州县建置城镇都是消费型城镇。以此而论，在贵族、官僚和为城镇服务的商人（这样的商人往往又受制于前两者的规模和需求的制约）基本稳定的情况下，地方城镇的规模也基本上是在原来基础上相对稳定的。因而地方城镇发展就主要仰赖于从事商业和服务的人员的增长。而后者，又建立在社会商品经济较为普遍发展的基础上。如前所说，明代以后渐次免除民间各种琐细物类的征税，这就在很大程度上解放了传统农业的单一性粮食生产的发展，商品性经济作物，各种手工业等可以相继面向市场而生产，并通过各种途径进入城镇等各级市场。城镇进入生产、交换和服务等集聚性的显著发展期。对后者而言，一般来说，地方社会经济发展较好的地区，其参与社会交换或社会购买力则较强，地区社会消费和社会购买力强，则有利于商品经济的成长。明清以来西北地区的具体情况如何？这是后文要讨论的问题，也是我们分析西北地区市场发育与地区社会经济发展关系的重要视角。

总之，明清以来，西北地区市场的结构性存在是成熟的和基本完善的。但是，如果没有城镇人口的显著增长以及由此带来的商品需求的大增长，城镇市场不会有显著的发展。同样，如果各级城镇腹地生产结构和社会构成缺乏变革，仅依托自然条件差异所进行的传统生产，难以改变由此而形成的传统的地区性"消费市场"的差异。在这种情况下，各级市场普遍存在，并且因为民众的基本需求而相对稳定。虽然也会出现所谓的"繁荣"，但这种繁荣是有限的，也只能是有限的。因为它在各方面都被束缚在一种结构性网络中，难以获得实质性的发展。而要获得实质性的发展，只有实现较为单一的生产结构的转型和农业、手工业的广泛的商品性发展。这已经是近代以后的中心任务了。

第二章

陕西城镇发展与市场发育的区域特征

一 城镇发展及其区域特征

（一）关中地区

陕西关中地区以关中平原为中心，是几千年来西北地区社会经济发展的中心，也是孕育周秦汉唐诸统一王朝国都的王畿之地。明清以降，虽然这里早已经沦为废都之地，但依然是西北地区包括陕西省传统农业经济最为发达的地区之一。元朝建制有陕西行省，省会设在奉元路（今西安市），这是本地区也是陕西省行政级别最高的一级城镇。除此之外，在关中地区尚布局有凤翔府（今凤翔县）、邠州（今彬县）、同州（今大荔县）、华州（今华县）、耀州（今耀县）、乾州（今乾县），以及属于巩昌路所属的陇州（今陕西陇县），即1府6州共7个地区二级城镇。其所属县级城镇，即地区三级城镇有29个，分布如下：

奉元路：咸阳、兴平、临潼、蓝田、泾阳、高陵、鄠县、盩厔、郿县。按：另有咸宁、长安二县是奉元路附郭县，治在奉元路城内，不计。

同州：朝邑、郃阳、白水、澄城、韩城。

华州：华阴、蒲城、渭南。

耀州：三原、富平、同官。

乾州：醴泉、武功、永寿。

凤翔府：扶风、岐山、宝鸡、麟游。按：另有凤翔县属附郭县，不计。

邠州：淳化。按：另有新平县属附郭县，不计。

巩昌路的陇州：汧阳。按：另有汧源县（附郭），延祐四年（1317）十一月省入州。①

明代建立以后，在元代基础上逐步进行了五个方面的改制和变化：(1) 明代初年，将原属巩昌路所辖的陇州划归关中凤翔府管辖。这一方面改变了元代以巩昌路及设立于其中的巩昌等处总帅府为中心，并借以权重这一地区的政治军事地位的格局；另一方面，将关中地区西大门的地位归于关中。(2) 增设潼关卫，控制关中的东大门。对于潼关重要的军事地位，朱元璋早有认识，洪武二年（1369）冯宗异破潼关时，朱元璋就说："潼关三秦门户，扼而守之，李思齐辈如穴中鼠耳。"②洪武七年（1374）开设潼关守御千户所，洪武九年（1376）设置潼关卫，隶河南都司，永乐六年（1408）改隶中军都督府管辖。③换句话说，潼关卫城是直属于中央军部的一级地方军事城镇。(3) 加强关中北部地区的行政管理和治理，增设三水县、长武县二个县级城镇，均隶属于邠州管辖。前者是成化十四年（1478）建置，后者是万历十一年（1583）建置。(4) 增强

---

① 《肇域志》云："汧源废县，在（陇）州东南。……唐宋并为州附郭，本朝洪武初省入州。"上海古籍出版社2004年版，第1668页；《读史方舆纪要》云"明初省"，贺次君、施和金点校，第2654页；嘉靖《陕西通志》云，元代陇州"领县二，曰汧源、汧阳。皇明洪武二年，仍为陇州，省汧源入焉，隶凤翔府"。诸说略同，均谓元时陇州领二县，到明代初年才有所改变。但《元史》记述也不尽相同：(1) 卷60《地理志三》云，陇州领二县：汧源，汧阳。《大元混一方舆胜览》同，郭声波整理，四川人民出版社2003年版，第193页。其兴废情况不明。(2) 卷26《仁宗三》云：延祐四年十一月，"己丑，并汧源县入陇州"。按此，汧源县于延祐四年（1317）十一月已经并入陇州，此条材料应该根据实录移入，不是随意所为。若此，《大元混一方舆胜览》因成书于大德七年（1303），当时尚是领两县时期，所以记述是正确的。而《肇域志》《读史与舆纪要》和《元史·地理志》记述均不确甚至错误。李治安、薛磊著《中国行政区划通史·元代卷》延续前说（复旦大学出版社2009年版，第160页），也是不正确的。而《陕西省》编纂委员会编陆耀富主编《中华人民共和国地名词典·陕西省》"陇州"条（商务印书馆1994年版，第110页）采用延祐四年说是正确的。

② （清）顾祖禹：《读史方舆纪要》卷52《陕西一》，贺次君、施和金点校，第2494页。

③ （明）赵廷瑞修，马理、吕柟纂：《陕西通志》卷7《建置沿革上·潼关卫》，董健桥等校点，三秦出版社2006年版，第271页。又，《读史方舆纪要》卷54《陕西三》：洪武三年置潼关卫，直隶中军都督府。有关城，周12里（贺次君、施和金点校，第2589页）。与此有异，实情待考。

地方一级城市——西安府的行政地位,将三原(旧隶耀州,弘治四年改隶)、渭南(旧隶华州,嘉靖三十八年改隶)、礼泉(旧隶乾州,嘉靖三十八年改隶)、①富平(万历三十八年改隶)②四县划归西安府管辖。(5)提升了凤翔府和同州地位,同州升为府,并与西安、凤翔一起构成关中东、中、西三个部分的地方二级行政中心,而其他诸州则为直隶州,其政治地位略低于这三个府。到清代时,关中地区的行政城镇数量没有变化,只是与行政关系有关的变化有两个方面:(1)改耀州(雍正十三年改隶西安府)、华州(雍正十三年改隶同州府)为散州;(2)改潼关卫为县(雍正四年),乾隆十二年"升为厅",隶同州府。既"升为厅",显示了较一般县的地位要高,也体现了历史与现实的特殊性。据此,明清470年间(1840年前),关中地区具有行政建制的县级以上城镇的数量的变化甚微,城镇空间分布、等级结构运行基本稳定。

这一时期,各级城镇的形态基本上表现为对历史时期以来做法的延续,除了新修的几座城池外,绝大多数城镇都是历史时期延续下来的。当然,不论新旧,都是由城墙围护的城镇。在这些城墙内,不同级别的城镇均按照一定的制度和文化传统比较有规则地分布着不同级别的政府机构、学宫、庙宇、商业店铺和居民住宅。这种基本形态,既体现了古代社会统治阶级对地方级行政单位以及与其居民相统一的大型居住区最基本的安全需求的追求,也体现了国家、社会和政府管理的基本秩序诉求。虽然在这些方面,它有着古代城镇所具有的普遍的世界性特征,但其主要要素的结构和布局却深深地打上了中国传统文化烙印。这是共性,不必细说。就关中地区而言,如果说绝大多数县级以上城镇都是继承元朝以来的城镇,并在此基础上有所修复或重建的话,那么到嘉靖二十一年(1542)以前,这些城镇的形态在总体结构上大多没有明显的变化。根据嘉靖《陕西通志》绘制的府州县图,关中地区县级以上行政城镇的形态约有四种:(1)方形、矩形城。有临潼县城、高陵县城、蓝田县城、朝邑县城、郃阳县城、澄城县城、白水县城、华州城、蒲城县城9座县级城镇,占总数的23.7%;(2)以方形、矩形体为主,不同边墙体略有曲折变化的城。

---

① 万历《明会典》卷16《州县二》,中华书局1989年版,第101页。
② (清)顾祖禹:《读史方舆纪要》卷53《陕西二》,贺次君、施和金点校,第2571页。

有省会西安府城，西南角为弧形。嘉靖《通志》所绘为方形，是忽略了西南角的弧形，不确。咸阳县城，属4角为弧形的方形城。兴平县城，南墙中部外凸。鄠县城，西北角内凹。盩厔县城，西南角内凹。华阴县城，西北无角。耀州城南墙中部外凸。同官县城东墙偏北段内缩。礼泉县城，北墙为曲线型。武功县城，无东北角。邠州城，无西南角。淳化县城，无西北角。凤翔府城，北墙为曲线型。岐山县城，无西南角。宝鸡县城，北墙斜向东北。扶风县城，北墙偏东段内缩。郿县城，无东北角。陇州城，北墙西北外凸。共18座城池，占总数的47.4%。（3）类圆形城。有泾阳县城、三水县城、韩城县城3座城，占总数的7.9%。（4）不规则城。同州府城、渭南县城、富平县城、乾州城（龟形）、永寿县城、潼关卫城、麟游县城、洴阳县城。共8座城池，占总数的21.1%。从历史的发展看，这四种形态的城池自新石器时代以来就已不同程度地存在于中国各地，在以后的历史发展进程中虽然也有制度化的理想形态设计，如《周礼·考工记》的经典化图式，但在地方社会依然长期保留有这四种城镇形态，直到明清时期并没有实质性的改变。之所以没有改变，根本原因在于，在城墙城镇思维时代，人类难以超越对这几种空间构形的思维超越，而长期以来城镇建设经验的固化性凝滞也助长了它的"自然"延续。宋代虽然出现了学术界所谓的"城市革命"，但因为基本的社会经济制度没有从根本上改变，这样的革命性曙光，也只是部分地出现在城圈里，因而它实际上属于城镇内部的部分"革命"和"解放"。就城墙城镇形态的发展而言，关中地区城镇形态的类型，是几千年来中国城镇形态基本的组成部分，并且至少到明代，县级以上建置城镇的形态没有什么实质性的改变。

以方形城（含矩形）为主体形态的城镇是关中县级以上建置城镇形态的主体形式，它们占到本地区城镇总数的71.1%。[①] 但需要注意的是，纯粹的或者说单一的方形城（含矩形）并未占据明显的优势，因为它只占总数的23.7%，而以此为基础的变异性形态却占到总数的47.4%。两相比较，后者占据明显的数量优势。另外，就分布地域而言，仅有的9座

---

① 张驭寰在《中国城池史》中说，"我国的古城，绝大部分，或者说在百分之七十以上的城池平面都做方形城池"（百花文艺出版社2003年版，第293页）。关中地区的情形符合此样估计。

方形（含矩形）城镇，都分布于关中东部地区，关中中、西部地区没有一座这样的城池。这是为什么？似乎不可一概而论。就一般情形而言，造成这样的形态，有（a）城址所在地形的制约；（b）设计思想、观念以及时代思潮的影响；（c）安全防卫的需要，等几种因素。具体到有明一代，哪些是比较普遍的时代变迁的表征？哪些又是这样的因素造成的，由于资料的不完全，尚未能获得一个一般性的明晰说法。有人可能倾向于风水说，或者力主上述几种因素中的一种，但都难以解释何以一些城镇如此，而另一些城镇却非如此；如果中西部城镇如此，何以东部诸多城镇又不如此，等等。因此，在没有获得全面、详细的个体城镇建城史资料的情况下，我们倾向于认为，这是历史传统与现实、个人意志与文化、地形环境与文化，以及时代军事形势与防卫需求等相互关联、矛盾和统一的产物。至于那些基于个别城镇而缺乏全面深入研究的一般意义上的解释，表面上看似有一定道理，实际上既不符合历史事实，也多没有什么实际意义，不但如此，这样的解释，甚至还会造成错误的误导。

类圆形城有泾阳县城、三水县城、韩城县城3座城，其中泾阳县城建于元至正二十七年（1367），明景泰元年重修。[①] 三水县城，成化十四年（1478）建。[②] 韩城县城，金大定四年（1164）建，明时屡修。[③] 其建城基础涉及金、元、明三朝，虽然说金元二朝为少数民族建立政权，但那一时期也有不少城池兴建为非类圆形城，如元代至元二十四年（1287）兴建的三原县城，至元年间"因唐旧址筑"建的岐山县城，至大元年（1308）兴建的鄜县城，至正十八年（1358）兴建的华阴县城，至正四年（1344）兴建的永寿县城，元末"因唐旧址"兴建的邠州城等，都不是类圆形城。[④] 据此可以断定，类圆形城的兴建与少数民族政权及其可能涉及的观念变化没有多少关系。况且，三水县城就是明代所建，也可以反证，这样的观念并不正确。目前坊间流行一种说法，说是圆形城池的修建是元代的产物，甚至一些媒体讲座也大谈这样的观点，就关中城池兴建的情况

[①] （清）刘懋官修，周斯亿纂：《泾阳县志》卷1《城池》，成文出版社有限公司1969年版，第105页。

[②] 《大清一统志》（六）卷248《邠州直隶州》，上海古籍出版社2008年版，第167页。

[③] 《大清一统志》（六）卷243《同州府》，第73页。

[④] 以上俱见《大清一统志》（六）各相关"城池"部分。

来看，这一说法是站不住脚的。拙作《清代黄土高原地区城镇地理研究》涉及清代泾阳县城这一类圆形城时曾说，"地形因素基本上可以排除后，我们推测可能与元代的修筑有关"。① 现在看来，这样的估计简单化了些，实际上并不正确。它可能还是多种原因、多种因素共同作用的结果，并不存在一个与元代必然联系的圆形城兴建"思潮"或理念。

综合而言，可以说，明清时期关中地区县级以上建制城镇形态没有超越历史时期传统形态的基本类型，也就是说，在这一点上并没有明显的发展。至于与此相关的发展，体现在以下几个方面：

（1）一些城镇的空间规模有所扩大。如咸阳县城，明洪武四年（1371）迁于今址，景泰三年（1452）初建城时仅有周4里有奇，嘉靖二十六年（1547）"乃拓东西北三隅四里有奇"，二者合计8里有奇。② 至清代或更有所扩展，故《大清一统志》作"周九里有奇"。三原县城，是在元至元二十四年（1287）徙县于龙桥镇的基础上发展起来的。初建时可能只有1里多大，且为土筑城。后经明代增筑西郭，周"不及二里"，北郭"周四里有奇"，东郭"周二里有奇"，遂成周9里有奇的县城。③ 醴泉县城，宋元时期本在今礼泉县骏马乡旧县村，元代末年"兵兴"，枢密院副也先速迭儿于今城址处，"因旧址"（早前的废城址）兴建新城，周仅2里大小。④ 洪武二年（1369）"自旧县徙治此"。成化十一年（1475）（《读史方舆纪要》卷53"醴泉县"条作"成化四年"，不确）知县撒俊增筑东南西三面外城，周6里余，于是醴泉县城成为内外二重城的县城。在后经万历年间、乾隆年间的修葺、扩展，发展为周9里有奇的大城。⑤ 麟游县城，本周3里大小，景泰元年因旧址建，后经天顺中增筑外城，因山为险，周9里有奇。⑥ 除此之外，还有不少城镇在明清时期都有不同程

---

① 刘景纯：《清代黄土高原地区城镇地理研究》，中华书局2005年版，第293页。
② （清）顾祖禹：《读史方舆纪要》卷53《陕西二》，贺次君、施和金点校，第2541页。
③ 《大清一统志》（五）卷227《西安府》，第563页。
④ （清）顾祖禹：《读史方舆纪要》卷53《陕西二》作"周一里余"（贺次君、施和金点校，第2577页）。张道芷等修，曹冀观等纂《续修醴泉县志稿》卷4《建置志·城郭》作"周一里"，与此略同。明陕西提学副使五福所撰《成化十一年知县撒俊增筑外建立常市碑》文作"周二里许"，当以此为是。成文出版社有限公司1970年版，第189—190页。
⑤ 张道芷等修，曹冀观等纂：《续修醴泉县志稿》卷4《建置志》，第189页。
⑥ 《大清一统志》（五）卷235《凤翔府》，第723页。

度的扩展和拓建。之所以不断扩建和拓展，有两个基本原因：一是随着明清时期社会经济的不断发展，城镇人口不断增加，旧有的城池难以容纳日益增长的城镇人口，不得不扩展；二是自天顺、成化以后，北方边地蒙古族不断侵扰，地方日益不靖，盗贼日多。所以要在扩展中加强防御，以保卫居民的安全。此由成化十一年（1475）醴泉县增修城池的情况可以得到明晰的说明。《成化十一年知县撒俊增筑外建立常市碑》云："……我朝洪武二年春，太傅徐公兵至，元将遁走，邑民归附。是时，革昧干戈甫定，居人甚少。县治城埤，皆踵前蹟。历永乐抵今六朝，景运宏开，百有余年，重熙累洽，天下四方，养息日繁。是邑密迩关辅，神皋奥区，厥土夷旷，尤号富庶，城中居民殆不可容。迺析城外，栉比鳞次，四民生业，日增月盛。成化初，边烽忽警，连岁用兵不息。邑当要冲，盗窃间作，居常靡宁。时山右大同撒俊来知县事，深以为患……"于是增筑东西南三面城。这可以说明明代中期以后不少城镇修葺的一般情况。

表2—1 三种志书所见明清时期关中县级以上城镇建城规模

时期 城镇	嘉靖《陕西通志》 明	《读史方舆纪要》 明末清初	《大清一统志》 清
西安府	40里	40里	40里
咸阳县	4里153步	8里有奇。景泰三年始筑城，周4里有奇。嘉靖二十六年，拓东、西、北三隅4里有奇，合于旧城	9里有奇
泾阳县	3里30步	5里有奇	5里有奇
兴平县	7里3分	7里有奇	7里有奇
临潼县	4里	4里	5里
蓝田县	4里4分	5里	4里有奇
鄠县	2234步	6里有奇	6里有奇
盩厔县	5里225步	5里有奇	5里有奇
高陵县	4里220步	4里有奇	4里有奇
富平县	3里12步	3里	3里

续表

时期 城镇	嘉靖《陕西通志》 明	《读史方舆纪要》 明末清初	《大清一统志》 清
三原县		9里有奇	9里有奇
醴泉县	5里余	外城周6里有奇	有内外二城。内城周2里许,元末建。……周6里有奇
武功县	4里余	3里有奇	3里有奇
永寿县	5里3分	5里	3里
乾州	9里3分	9里有奇	10里
邠州	9里3分	5里	周9里有奇,城南又有山城与州城相连,周5里。环二城具有池
淳化县	4里	4里有奇	4里有奇
三水县	3里	5里有奇	5里有奇,明成化十四年建
长武县		5里	5里,明万历中因唐旧址建
同州	9里3分	9里有奇	9里有奇
朝邑县	4里余	4里	4里
郃阳县	8里	8里有奇	8里有奇
澄城县	3里	3里	3里有奇
白水县	3里	5里	4里
韩城县	4里余	4里有奇	3里有奇,金大定四年建
华州	7里余	7里有奇	7里有奇
华阴县	2里9分	不及3里	2里
渭南县	7里	7里有奇	7里有奇
蒲城县	8里180步	8里有奇	9里
潼关卫	11里72步	12里	11里有奇
耀州	6里70步	6里有奇	6里
同官县	4里	4里	4里
凤翔府	12里		周12里有奇
岐山县	3里余	5里有奇	5里有奇

续表

时期 城镇	嘉靖《陕西通志》 明	《读史方舆纪要》 明末清初	《大清一统志》 清
宝鸡县	2里7分	2里有奇	2里7分
扶风县	4里	4里	4里
郿县	3里	2里有奇	3里
麟游县	9里3分	9里	3里，景泰元年因旧址建，天顺中增筑外城，因山为险，周9里有奇
陇州	5里3分	5里有奇	5里有奇
汧阳县	3里	3里有奇	3里有奇

（2）不少城镇城墙等得以重修，其坚固性和防御能力得到明显提升。主要体现在三个方面：一是将原来的土城墙"甃砖"，变为砖包城墙；二是修建外郭城；三是相当一部分城镇开始修建有敌楼、角楼等军事防卫设施。西安府城自不必说，就是一些一般的县级以上城镇，也开始由土城变为"甃砖"城。如《大清一统志》记载：渭南县城，隆庆初"甃砖"；富平县城，嘉靖末"甃砖"；扶风县城，崇祯十一年（1638）"甃砖"；郿县城，万历初"甃砖"；郃阳县城，隆庆二年（1568）"甃砖"；乾州城，万历初"甃砖"。外郭城，后来有的县也称关城。其修建，一是如醴泉县的情况，既是适应城镇经济社会发展需要的产物，客观上也具有增强城池防御能力的作用。二是较为单纯的"卫民"和增强城池防御能力动机下形成的。如白水县城嘉靖三十二年（1553）加筑外郭城时，有《记》说："乙未以后，虏渐猖獗，始则掠我边郡，继则揉我晋阳，既而深入河东、冀南，饮马横漳，既而薄我都城矣。今乃率众长驱，猝至中部，去白水才九十里耳。公闻警驰至，简校义勇，拒塞险阻。县故有城，城中居民仅百家，拥卫县治而已。城东北烟火相望千余家，盖城地高渴，凿井虽千尺不及泉，城外有甘井三，公谕县尹温君及可与计事者……曰：城以卫民，今城中民故若此，城外民乃若此，猝有变，民纵避兵入城，然无水，敌兵七日不退，民无子遗矣。是兹县之忧也。城既难恃，城外之民复不可移，必筑郭始可无虞。乃相地形，计徒佣，虑器用，……月余而告成一

郭。起自故城西北隅，终于东南隅，周五里余……"①三原县城，元至元二十四年（1287）徙治龙桥镇重建，初为土城。"明初增筑西郭，周不及二里，门二。嘉靖三十六年（按马理《修城记》及光绪《三原新志》，当为二十六年之讹）筑北郭，周四里有奇，门四，崇祯中又增筑东郭，周二里有奇，门二。"②北关城（北郭）修建时的情况，据马理《创修新城记》说，"河北居民与南等多缙绅毳士家，然无城"。《重修记》也说："三原为关中要邑，集四方商贾重货，昏晓贸易。故房思内侵，朵颐在此。此无险，房易而至，则关以西三川南北无宁岁矣。"而东关城，创自崇祯八年（1635），"自建城后，邑人竞趋卜筑，烟火麟集，为一邑胜"。③泾阳县，嘉靖二十六年（1547）"增东西郭"。④还有其他一些县城城郭的修建，虽然规模程度不同，大率类此，兹不赘述。

至于门楼、敌台、敌楼、垛口的修建，也是这一时期地方县级城镇建设中一种新的发展。中国古代城镇关于这一方面的建设早已出现，但于地方行政建置城镇却是较为少见。伴随着社会经济的发展，特别是在明代长期面临北方游牧民族侵扰的威胁背景下，关中地区不少县级以上城镇开始兴建这些防御设施，借以巩固和增强城镇的防御能力。由此也形成了帝国晚期城镇防御设施建设的新趋势。如嘉靖二十六年创修的三原县北郭（关）城，城上女墙垛口1500余，"设神机火炮如之"。东门楼设敌台27所。⑤礼泉县城，成化年间修建后，"门始皆有楼，敌台四十五座"，万历年间重修时，"每近门两台，悉裼之以砖，四隅独峨然层起，因其所向而题之以匾，余亦尽俾有亭。……造火炮者十，居设门内，各重百斤。……其于环堞，更砌章饰。"⑥蓝田县，本土城，嘉靖三十二年（1553），"知

---

① （明）韩邦奇：《兵宪张公创建外郭去思碑记》，梁善长辑修《白水县志》卷4《艺文》，成文出版社有限公司1976年版，第384—385页。
② 《大清一统志》卷227《西安府》，第563页。
③ （清）焦云龙修，贺瑞麟纂：《三原新县志》卷二《建置志》，成文出版社有限公司1976年版，第72页。
④ （清）刘懋官修，周斯亿纂：《泾阳县志》卷1《地理志上》，成文出版社有限公司1969年版，第105页。
⑤ （清）焦云龙修，贺瑞麟纂：《三原新县志》卷二《建置志》，第69—70页。
⑥ （明）韩朝江：《万历戊寅三月知县姚爥大工事就碑》，张道芷等修，曹冀观等纂《续修醴泉县志稿》卷4《建置志》"附录"，西安酉山书局1935年印本。

县杨绍先易女墙以砖。万历中知县王邦才增筑北门瓮城，建门楼，西向甃以砖。崇正（祯）中知县雷鸣时甃北城以砖"。① 临潼县，洪武初年重建，雉堞1200有奇，又兴建有门楼、角楼。② 淳化县，嘉靖四十三年（1564）知县张介"设垛楼"，崇祯末年知县孟学孔"设敌台西南角"。③ 扶风县，崇祯八年（1635）"毁于寇，知县宋之杰增城堞，创敌楼"。④ 白水县，"城上故无女墙，隆庆二年（1568）知县赵翰重修，乃用砖砌成之"。崇祯初"又为雉堞、敌楼，极一时之巩固"。⑤ 蒲城县，万历五年（1577）"四门建楼各一"。⑥ 陇州，"城门上各有楼"，景泰元年（1450）新筑。⑦ 类此者尚多，不再一一列举。由此可见，至明代末年，关中地区大多数县级以上城镇都不同程度地修建有雉堞、门楼、敌楼（戍楼、角楼）、敌台等，一些城墙上还建有炮台，在很大程度上提高了城池的防御能力。从传统城镇建设的形式上讲，这样的兴筑不但提高了城池的防御能力，而且增强了城镇的威严和观瞻效果。

（3）月城、瓮城、闸城在部分城镇中的设立和发展。月城或瓮城是传统城镇城池防御的关键建筑之一，随着明王朝时期长期存在的北部蒙古诸部的侵扰和威胁，不少城镇在加强城池防御能力的过程中，将城门、城楼、月城或瓮城的修建视为重要的建设目标，进而形成本地方县级以上城镇建设发展的新趋势。从嘉靖《陕西通志》所绘各府州县城池图看，上至省会城西安，下至一些州县城，只有数量有限的一些城镇，如兴平县、

---

① （清）吕懋勋等修，袁廷俊等纂：《蓝田县志》卷1《县城图》，成文出版社有限公司1969年版，第36页。

② （清）史传远纂修：《临潼县志》卷1《建置》，成文出版社有限公司1976年版，第84页。

③ （清）万廷树修，洪亮吉纂：《淳化县志》卷1《土地记》，成文出版社有限公司1976年版，第68—69页。

④ （清）宋世荦纂修：《扶风县志》卷5《城廨》，成文出版社有限公司1970年版，第97页。

⑤ 梁善长辑修：《白水县志》卷2《城池》，成文出版社有限公司1976年版，第95—96页。

⑥ （清）张心境纂修：《蒲城县志》卷4《建置》，成文出版社有限公司1976年版，第103页。

⑦ （清）罗彰彝纂修：《陇州志》卷2《建置志》，成文出版社有限公司1970年版，第112页。

武功县、邠州、潼关卫、陇州城全部或部分城门有月城或瓮城的存在。明中期以后，随着"固城"意识的增强和建城实践的演进，城门月城或瓮城修建越来越多。如韩城县，嘉靖二十一年（1542）知县全文"创四门月城"，后来虽然废弃，但至乾隆时"至今人念之不置"。① 临潼县，"南门有瓮城"。② 蓝田县，万历中"增筑北门瓮城，建门楼"。③ 同官县，万历二十一年（1593）"筑北瓮城，建宣武门"。④ 宝鸡县，万历中建"东西月城"，崇祯十三年（1640）"新增南门月城"。⑤ 泾阳县，崇祯八年（1635）增修"北门瓮城"。⑥ 鄠县，明崇祯九年（1636）重修。"西门及南北门俱有瓮城。南北瓮城，门微东向。西瓮城门微南向。四隅各建敌楼，俱二层。城四面共建悬楼四十有二"。⑦ 至于闸城，是指修建于"城门外之副城"，具有护卫城门的功能。邰阳县于崇祯八年（1635）增筑闸城。⑧ 这种城类似于月城或瓮城，都是为了加强城池防守而兴筑的防卫性城防工程。

　　以上这几个方面的发展，虽然并不是所有城镇都进行的，但受当时政治环境的影响，增强城镇的防御能力，以及城镇建设在这几个方面的表现，也充分体现了帝国晚期传统城镇建设的一种精神。清王朝建立以后，政治环境长期比较稳定，城池的修建基本上延续明代以来的建设而屡有修葺，但发展的内容非常有限。清代晚期，由于同治年间陕甘回民起义的影响，一些城池一度在修建方面略有加强，但维持时间并没有多长。

　　城镇人口的基本构成与等级规模的变化。古代中国的行政建制城镇不同于西方中世纪以后的城市，它是建立在乡村基础上的综合性中心城镇。

---

① （清）毕沅、傅应奎纂修：《韩城县志》卷2《城池》，成文出版社有限公司1976年版，第89页。

② （清）史传远纂修：《临潼县志》卷1《建置》，第85页。

③ （清）吕懋勋等修，袁廷俊等纂：《蓝田县志》卷1《县城图》，第36页。

④ （清）袁文观纂修：《同官县志》卷2《建置志》，成文出版社有限公司1969年版，第71页。

⑤ 强振志等编辑：《宝鸡县志》卷3《建置》，成文出版社有限公司1970年版，第109页。

⑥ （清）刘懋官修，周斯亿纂：《泾阳县志》卷1《地理志上》，第106页。

⑦ 赵葆真修，段光世等纂：《鄠县县志》卷2《城关第八》，成文出版社有限公司1969年版，第93页。

⑧ （清）席奉乾修，孙景烈纂：《邰阳县志》卷1《建置第二》，成文出版社有限公司1970年版，第71页。

首先，城镇具有一定数量的农业居民为基础，作为城镇居民，他们既部分地从事一定的手工业、商业或其他服务性行业的工作，同时也从事一定的农业生产，甚至有些个别户还只是从事单一性质的农业生产者。其次，由于各级城镇首先是各地区重要的行政事务管理和统治中心，城中与生俱来地兴建有一定数量的政府机构，这些机构中充斥着一定数量的政府官员，这些官员除了供职于政府部门外，往往在城镇中具有自己的居处和家庭。由此，政府官员及其家属也是城镇人员的重要组成部分。再次，城镇是各种宗教和民间信仰组织与场所集中分布的地方，各种供职的神职人员，虽然依侍寺院（庙堂），却也是城镇人口的组成部分。明清时期关中地区各府州县城比较普遍存在有数量不等的各种寺观庙院，其中生活着相当数量的僧侣、道士和修士。最后，各级城镇是各地区文化教育的中心。明清时期，儒学教育普遍发展，就是边地卫所也多兴建有卫所儒学。儒学生源虽然多来自乡村，但长期稳定的学校教育及其相对稳定的师生的城居存在，成为城镇暂住人口的基本组成部分。因此，当时的城镇包括了传统农业社会士农工商以及官吏、僧侣等各等人员。

不过，各级城镇的人口规模有多少？明清时期各不同城镇人口规模及其构成又是怎样变化的？由于历史文献记载缺略，很难获得一个较为全面而明确的数字。目前所见有些论著的推论性做法，虽然也不失为一种认知的手段，但终究不是具有明确资料支持的可靠结论。这里根据一些零星的片断性记述，并就相关变化的影响因素粗略地加以说明。其他诸城镇大致可以比拟相看。

三原县城，明人李维桢说：“陕以西称壮县曰泾阳、三原，而三原为最。沃野百里，多盐筴高赀贾人，阛阓骈堼，果布之凑，鲜衣怒马者相望。大仓若蜀给四镇饷，岁再三发軷。若四方任辇车牛，实缗毂其口。盖三秦大都会也。"[①] 明人马理《创修北关新城记》说，"三原，天下商旅所集，凡四方及诸边服用，率取给于此，故三原显名于天下"。陈嘉绩

[①] （明）李维桢：《温恭毅公创建龙桥碑记》，（明）张信纂修《嘉靖重修三原县志》卷15《艺文》，《中国地方志集成·陕西府县志辑》（8），第218页。

《并关税记》说，"京兆上郡，衢通九边，吭扼三疆"。① 明人张瀚游此有云，"三原二城，中间一水，水深土厚，民物丰盛，甲于一省"。② 崇祯十年（1637）东郭城建成后，"邑人竞趋卜筑，烟火鳞集，为一邑胜"。南关"乃东西通衢，市廛店舍自南门以外，西抵县城，相连百余家"。③ 由于是"三秦大都会"，又称"小长安"④，估计其人口不下数万人。

白水县城，嘉靖三十二年（1553）韩邦奇讲，"县故有城，城中居民仅百家，拥卫县治而已。城东北烟火相望千余家"，随后修筑郭成，将城东北"千余家"括入城中。⑤ 此事为张瀚抚陕期间所为，其记述该情况说："白水城中人民仅百余，而城外依山为居者反多数倍。余缘山开扩城基，分民鸠工，限日版筑，不两月而工成。"⑥ 按此，白水县城中人口后来增加到5000—6000人。

蒲城县城，按清顺治年间蒲城知县张舜举于庚寅（1650）年说："闻之蒲父老言，城自创起以来，虽屡更代，未遭破残，故烟火市集、庐舍器具，际他郡邑称最。己丑（1649）之变，叛党窃据。其时，诸大家右族见几明作，而市井者流，贪图营生，不克远念者，尚逾万人。城破戮掳略尽，千年积聚，一朝荡然。"⑦ 就是说，明代时该县城人口在1万人以上。

同州城，"城郭虽整，民不满千，其中半虚无人。余询知城中无水，人不乐居，乃访求泉源，引二渠入城，至今赖之"。⑧

明代大庆关，在朝邑县东30里，时设有巡检司，隶潼关卫。嘉靖初

---

① （清）刘绍攽纂修：《乾隆三原县志》卷1《地理》，《中国地方志集成·陕西府县志辑》（8），第239页。
② （明）张瀚：《松窗梦语》卷1，《历代史料笔记丛刊·元明史料笔记》，中华书局1985年版，第44页。
③ （清）刘绍攽纂修：《乾隆三原县志》卷2《建置》，《中国地方志集成·陕西府县志辑》（8），第263页。
④ 《嘉靖重修三原县志》卷1《镇市集场附》，《中国地方志集成·陕西府县志辑》（8），第13页。
⑤ （明）韩邦奇：《兵宪张公创建外郭去思碑记》，梁善长辑修《白水县志》卷4《艺文》，第384页。
⑥ （明）张瀚：《松窗梦语》卷1，《历代史料笔记丛刊·元明史料笔记》，中华书局1985年版，第13—14页。
⑦ （清）张心境纂修：《蒲城县志》，第7页。
⑧ （明）张瀚：《松窗梦语》卷1，《历代史料笔记丛刊·元明史料笔记》，第14页。

年,"居民至三千七百余家,大都殷富,商贾辐辏"。后经嘉靖三十四年(1555)地震后,大多被毁,至万历年间,只有"二百余家"人了。① 又有记说,嘉靖时"关中民居稠密,倍于县邑,盖秦晋商贾之所市也"。② 同官县陈炉镇,明朝末年,居民8000家。③ 大庆关是连接陕西和山西的关口,也是当时东西大道上的重要城镇。其东面是山西的蒲州城,西面是陕西朝邑县城,特别是蒲州城,地处河南、山西和陕西省交汇处,城镇人口集中,商业发达,人口繁盛。地志称:"明中世,州萃而居者,巷陌常满,既多士宦,甲宅连云,楼台崔巍,高接睥睨。南郭以外,别墅幽营,贵家池馆绮带霞映。关城所聚,货别队分,百货骈辏。河东诸郡,此为其最。"④ 大庆关在其西黄河滩上,人户3700余家,估计其人口至少在15000人以上。而陈炉镇为当时烧瓷名镇,明代坐落在西安的秦王府的建筑材料也多来自于此,影响之大可以想见,"居民8000家",估计其人口当在40000人以上。华州柳子镇,"民聚数千家,饶于都城之民,不好耕读,专事锻冶,为刀剑,闻于四方"。⑤ 这也是个手工业型城镇,"数千家"居民,则其人口少说也在5000人以上。这些情况说明,明代中期关中地区5000人以上的城镇还是不少的。

明末农民起义与社会发生动乱以后,不少地方人员损失严重,不少城镇人口稀少,经济萧条。后经清朝初年的经济社会恢复,特别是康熙年间"兹生人丁、永不加赋"政策的实行,各地人口增长很快,经济日渐兴盛。城镇人口也得以重新发展。相关资料记载:兴平县,"旧志:城厢四廓"1102户。⑥ 此"旧志",指乾隆元年(1736)所编志,其人户数字是当时情况的反映。估计人口在5000人以上。泾阳县,亦如前述明人李维祯所说,是与三原相当的陕西"壮县",但关于其在明代时期的人口规模

---

① (明)郭实修、王学谟纂:《续朝邑县志》卷1《地形志》,《中国地方志集成·陕西府县志辑》(21),第29页。

② (明)张瀚:《松窗梦语》卷1,《历代史料笔记丛刊·元明史料笔记》,第44页。

③ (清)袁文观纂修:《同官县志》卷10《杂记》,乾隆十二年抄本。

④ (清)李荣河修:《永济县志》卷2《城池》,光绪十二年刻本。

⑤ (明)李可久修,张光孝纂:《隆庆华州志》卷2《地理志》,《中国地方志集成·陕西府县志辑》(23),第16页。

⑥ (清)顾声雷修,张埙纂:《乾隆兴平县志》卷2《赋役》,《中国地方志集成·陕西府县志辑》(6),第12页。

和商况却鲜有文献记载，我们难以确知当时的盛况。时至清代，泾阳城与三原城继续前明时代的发展，成为关中地区最为兴盛的两个县级城镇，其人口和商况大概除了西安府城以外，罕有其比。有文献记载：泾阳县"道光三年（1823）查明共男女大小二十三万七千余名口。……且附近省垣，人非山野愚顽可比，惟系商贾云集之区。……县城百货云集，商贾络绎，籍泾水以熟皮张，故皮行甲于他邑。每于二三月起，至七八月止，皮工齐聚期间者不下万人。而官茶进关，运至茶店，另行检做，转运西行，检茶之人亦万有余人。各行店背厢负货，闲人亦多至数千"。① 按此估算，仅皮工、检茶工等务工人员就多至近30000人。同治元年（1862），陕西回民起义军攻城时，城中"绅商民勇十余万"，除了"二三百名"逃出外，其余全死了。② 宣统志记载，城陷后，"绅民男妇死者七万余人"。③ 二种记述虽有出入，但其人口规模是相当大的，这一点则无可置疑。如果刨除县域附近乡村居民入城求保的人数，当时县城人口当有八九万人。

依次类推，除了个别州县级城镇因明末战乱等因素影响，人口较明代有所减少外，估计关中地区大部分州县级城镇的人口数量在前代基础上都有一定的增长。到了清朝末年，一方面受"回民事变""战乱"的影响，一方面受光绪三年（1877）"奇灾"的重创，各城镇人口又有所减少。至于减少多少，因文献记载缺略，就不得确知了。

（二）陕北地区

与关中地区不同，明代陕北地区的建制城镇有两大类：一类是府州县城，另一类是卫所城镇。元代时，这里设有延安路一级城镇一个，鄜州、绥德州和葭州三个州一级城镇。除肤施县附郭于延安以外，县一级城镇包括：甘泉县、宜川县、延长县、延川县、安定县、安塞县、保安县（以上属延安路管辖），洛川县、中部县、宜君县（以上属鄜州管辖），清涧

---

① （清）卢坤：《秦疆治略》"泾阳县"，成文出版社有限公司1970年版，第29—30页。
② 《续修陕西通志稿》卷173《纪事七》，《中国西北文献丛书·西北稀见方志文献》第6卷。
③ （清）刘懋官修，周斯亿纂：《宣统重修泾阳县志》，《中国地方志集成·陕西府县志辑》（7），第477页。

县、米脂县（属绥德州管辖），神木县、吴堡县、府谷县（属葭州管辖），共计 15 个县级城镇。明代建立以后，承袭元朝建制，略有变更，即改延安路为延安府，而其他建置没有变化，所以本区仍然是一个府一级城镇，三个州级城镇和 15 个县级城镇。卫所城镇是明代兴起的以驻防官军为主体而形成的军事性质的城镇。明代在陕北地区影响最大，并且是由城堡演变为地区最为重要的政治军事中心的城镇，是于成化年间日渐发展起来的榆林镇（亦即延绥镇）。这是明代陕北地区特殊的军事地理环境所造就的新城镇，在它的管辖之下，当时还兴建了众多的堡寨（万历时期 36 堡[①]）城镇，它们与延绥镇一起，相互联结，形成一批颇具特色的功能性边防军事城镇。本地区这样的城镇成就，不是当地社会经济发展过程中自然产生的一种中心性城镇，而是这一特殊时代被动适应国家安全和防卫需要而人为"生产"的一种城镇。因而从一个较长时段的历史过程来观察，可以说它们乃是一个特殊时代的被动性地方"赏赐"。这样的城镇存在，在经历了 170 余年的沧桑历史之后，随着新旧王朝的更替，在变更和承袭中不同程度地成为后世巩固和开发当地社会经济的基础。这一过程在清王朝建立以后得以实现。清王朝建立并统一北方地区以后，先是承袭了明王朝时期遗留下来的军事卫所城镇，并通过它们完成了对当地社会经济秩序的恢复、巩固。至雍正年间，在内外条件都较为成熟的情况下，实行了较为全面的卫所体制改革。通过这一改革，旧时代遗留下来的并以军事防卫功能为主的城镇在性质上发生了改变，大多数堡寨沦为村落或市镇一级的聚落，一部分堡寨在日后的历史运动中日渐废弃，另有少数城镇堡寨凭借着过去的优势地位和积累，特别是现存条件下特殊的区位优势，被转化为新王朝的一级行政中心城镇。这些少数城镇包括：延绥镇改为榆林府；原属榆林镇管辖的定边营，改为定边县；靖边营改为靖边县；怀远堡改为怀远县。

[①]（明）郑汝璧等修：《延绥镇志》卷 1《建置沿革》，上海古籍出版社 2011 年版，第 27—39 页。

表 2—2　　　　　明清时期陕北建制城镇建城规模比较表

建制城镇	明代			清代		
	周长	城高（丈）	池深（丈）	周长	城高（丈）	池深（丈）
延安府	9里3分	3	2	9里有奇		2
鄜州	10里	3	2	8里有奇		
绥德州	9里	2	1.5	8里有奇		1.5
葭州	2里余	2	1	3里有奇		
安塞县	3里7分	1.7	1	3里有奇		1
甘泉县	3里3分	3	1	5里有奇		1
安定县	5里3分	3.8	2.5	5里有奇		1
保安县	9里3分	2	1.5	9里有奇		1
宜川县	6里余	3.5	2.2	4里有奇		3
延川县	4里	2.8	1.2	4里有奇		
延长县	9里3分	2.3	盐水为池	4里有奇		1
清涧县	7里	2	0.8	3里有奇		2
洛川县	2里160步		因涧为池	2里有奇		
宜君县	5里3分	2.5	1	5里有奇		1
中部县	7里	2	1.5	4里有奇		
米脂县	9里	2	1	5里有奇		1
吴堡县	1里70步	2.5	0.8	2里有奇		因河为池
神木县	4里3分	2.5	1	4里有奇		
府谷县	3里	2.5	因河为池	5里有奇	(2.5)	
定边营（清：县）	堡：4里175步	3.6		4里有奇		
靖边营（清：县）	堡：8里	3.5		6里有奇		
榆林卫（清：府）	镇：13里310步	3.6	1.5	13里300余步		
怀远堡（清：县）	堡：2里18步	3.6		3里有奇		

资料来源：嘉靖《陕西通志》；《大清一统志》；万历《延绥镇志》。

像关中地区的城镇一样，明清时期陕北地区县级以上建制城镇都是建有城墙的城镇。但其城镇形态却不如关中城镇那么多样，当时存在的城镇，不论是延续历史时期的城镇，还是当时修建的新城，抑或是在以前旧城基础上有所修葺、拓展的城镇，总的来说约可分为两种形态：一种是不规则形城，另一种是方形城或类方形城。前者约占当时城镇的三分之二，后者约占三分之一。不论是前者还是后者，大概都不是一种刻意的选择，而是它们的历史渊源、地理特点和发展需要等综合作用的结果。以建制城镇城来说，明代陕北诸府州县城多是宋金元时期城池的延续，有些或者在此基础上略有修葺。因此，其城镇在形态方面总体上没有超越以方形为主体的中国传统城镇规划的基本理念的影响。当然，由于特殊的地理环境影响，大多数城镇还是在一些方面有所突破，这主要表现为这些不规则城镇基本上是在方形城基础上的变种。目前所见该地区府州县城的平面图，以嘉靖《陕西通志》最为全面。根据这些城镇平面图，其中三分之二的城镇平面图是不规则形状，其余三分之一属于方形城。这些不规则形态的府州县城，虽然从类型上属于不规则形，但从其部分城垣的设计理念和实际存在看，无不蕴含着方形形制的一些理念。只是受当地沟壑纵横的微地貌的影响，城镇在设计和建设中被迫或者在此条件下有意识地利用了城址所在的地理环境，从而使得这些城池变为不规则形态。从这一意义上说，它们是传统中国方形城设计理念与当地地理环境相结合的产物。如延安府城，"城西据高山，其余三面为城"，在该城所依托的延水以东有一所附属小城，也是东西南三面为城，北面依托山体。[①] 另有安塞、甘泉、安定、保安、延长、鄜州、葭州等城[②]也都不同程度地受到周围山体的影响，或者部分地包含有部分山体，或者部分地受到山体的挤压，从而形成不规则形态。

受北方蒙古诸部长期侵扰的影响，明代陕北地区相当一部分府州县城的筑城规模较大。据嘉靖《陕西通志》记载，榆林城周长13里，是今陕西省域内当时除西安府城外最大的城池。其余延安府、鄜州、绥德州、保

[①] （明）赵廷瑞修，马理、吕柟纂：《陕西通志》卷9《土地九》"延安府图"，第412—413页。

[②] （明）赵廷瑞修，马理、吕柟纂：《陕西通志》卷9《土地九》"州县城图"，第414—428页。

安县、延长县、米脂县等城的建筑规模都在 9 里及以上。其数量占到该区域明清府州县城数量的 30.4%。如果再加上清涧县和中部县城各为 7 里规模之大城，则 7 里以上的大城池接近 40%。这种情况是关中和陕南地区都没有的现象。很显然这不是当地经济社会发展所造成的城镇发展的反映，而是政治军事斗争和战略安全需要所促成的人为建设的结果。就这些城镇的分布来看，榆林、米脂、绥德三城，自北而南分布于无定河及其支流榆溪河上。延安、延长二城分布于横山山脉以南西北—东南走向的延河通道上，保安、鄜州二城分布于洛河通道上。这些通道都是历史上北方游牧民族南下的重要通道。虽然这些城镇不是明代新产生的城镇，但进入明代以后，特别是成化以后，北方蒙古诸部不断侵扰，控制这些通道的政治军事意义日趋重要，加上当时各种防卫力量的介入，以及保卫当地民众和储备战略物资的需要等，这些城镇遂被屡次扩建，从而形成建筑规模等同于内地较大的府州级城镇的大城。这其中，榆林城自不必说，它初建于成化年间，后经多次扩建，前人多已言之。另如清涧县城，"明初增筑，北据山，东、西、南三面濒于水，东西二百九十步，南北二百七十步，周围三百五步。高连女墙三丈，厚一丈五尺。女墙四百六十四，敌台六。门三：东曰朝阳，南曰迎薰，北曰拱极。北关附焉。西城屡被水患，正德辛未，知县赵辂筑外罗城以御之。自南迤北二百七十步，高二丈。……（嘉靖）癸丑，延安同知何尚贤增筑南瓮城并门一座。……隆庆戊辰，知县阮孝奉檄修东北后山城，筑大敌台一，上建重楼。北关增敌台二，水门一。壬申，知县方可增筑草场山重城"。[1] 葭州城，本"宋元丰中河东转运使孙览筑葭芦寨，金大定间改为葭州，元明因之。洪武初，千户王刚因兵少难防，遂自北而南截三之一建城与北郭焉。嘉靖间，知州周尚志于极南青沙岭置逻城。隆庆间，知州章评以旧称狭小更增南城。万历中知州尹际可再修南城及逻城"。[2] 定边城，本是一个军事城堡，初名定边营城，明正统二年（1437）建。"嘉靖中，游击梁震设关城。万历元年（1573）

---

[1] （清）钟章元修，陈第颂等纂：《道光清涧县志》卷 2《建置志》，《中国地方志集成·陕西府县志辑》（42），第 42—43 页。

[2] （清）高珣修，龚玉麟纂：《嘉庆葭州志》卷 1《城池》，《中国地方志集成·陕西府县志辑》（40），第 21 页。

展西关，三年（1575）、四年（1576）增修"。① 雍正九年（1731）设县以后，成为县城。所谓"雉堞隆崇，规模宏远"。② 靖边县城，本明靖边营城，"城踞万山之中，明永乐初建。……（成化年间），增置南关，名新城。嘉靖乙巳增筑新军营。嘉靖乙卯增筑家丁营。相连四城，共六里二百步，高三丈六尺，阔一丈八尺。每半里设敌台一座，台有屋一间，共十有七座"。③ 进入到清代以后，如果说关中地区的城镇随着人口的日益增长而总体上逐步扩大的话，那么，陕北地区的不少城镇则总体上有一个缩小的时期。如米脂县城规模由原来的9里变为5里，延长县城由9里变为4里，清涧县城由7里变为3里，中部县城由7里变为4里。其余如鄜州、绥德、靖边等城也都有一定程度的缩小，虽然没有前几城变化那样大。造成这种现象的主要原因是随着蒙古诸部的归附，海内统一，前明时期与蒙古诸部长期的军事对峙和战争局面已告结束，在此背景下，一些城镇为了减少运行成本，缩小了城镇建城规模，并因此回归到经济社会发展的常态存在和运行中。

也是受战争环境的影响，明代陕北地区不少城镇城墙的高度明显高于关中和陕南地区。从表2—2来看，延安府城、鄜州城、甘泉县城都是3丈高，安定县城高3丈8尺，宜川县城高3丈5尺，定边营城高3丈6尺，靖边营城高3丈5尺，榆林城3丈6尺，怀远城3丈6尺。这样的城墙高度并不是说在其他两个地区没有，但比较而言，其他两个地区确是比较少见的。因此，它是明代军事对峙背景下，陕北地区出于安全需要在城墙建设上的新发展。

陕北地区历来是人口分布比较稀少的地区之一，与此相应，诸府州县城的人口历来也都比较少。明代这里是边地，设置有榆林卫、延安卫和绥德卫，沿边地带设置有36营堡。因此，榆林城和沿边36营堡基本上居住的是戍防官兵及其家属，其余延安、绥德等诸府州县城以民籍为主，一些城中驻扎有一定的军官、军士和官僚。

---

① （清）黄沛修，江廷球纂、宋谦增辑：《嘉庆定边县志》卷2《建置志》，《中国地方志集成·陕西府县志辑》（39），第21页。

② （清）黄沛修，江廷球纂、宋谦增辑：《嘉庆定边县志》"城堡疆域总图"，《中国地方志集成·陕西府县志辑》（39），第9页。

③ 《靖边县志》之《建置志》，题"康熙二十二年本"，实为乾隆年间抄本。

表 2—3　　　嘉靖《陕西通志》所载陕北府州县（卫）户口

府州县	民籍户数	民籍口数	军卫户数	军卫口数
榆林卫			屯丁 5005	173
延安府	45865	591702	2781	4340
肤施县	3310	35584		
安塞县	2221	22627		
甘泉县	2807	25740		
安定县	1161	5670		
保安县	976	21555		
延长县	1392	21860		
宜川县	2760	80540		
延川县	1315	21217		
清涧县	1482	28120		
鄜州	7463	88993		
洛川县	8012	82227		
中部县	3078	27026		
宜君县	5016	31957		
绥德州	1112	14270	17500	26550
米脂县	1608	32989		
葭州	400	13001		
吴堡县	362	6111		
神木县	671	8591		
府谷县	719	3623		

资料来源：（明）赵廷瑞修，马理、吕柟纂《陕西通志》卷 33《户口》，董健桥等校注，三秦出版社，2006 年版，第 1843—1847 页。

延安府是历史时期延续下来的老城，自北宋以后，府域内人口在全省所占比重比前代有所提高，按嘉靖《陕西通志》记载，其人口 591702人，占全省总人口的 22.33%，[①] 仅次于西安府，位列第二。由于境内人口相对较多，加上历史时期的积累，府城人口可能在 5000 人以上。明代

---

① 薛平拴：《陕西历史人口地理》，人民出版社 2001 年版，第 441 页。按：薛著据嘉靖《陕西通志》以延安府人口数字为 591701 人，属笔误（但表中数字不误）。

延安卫有 2781 户，约 4340 口，所以粗略估计其人口当在 10000 人左右。

榆林城，是正统以后由堡寨发展而来的新城，后经扩建发展为延绥镇城，是著名的"九边"之一，主要居住的是将官、军士及其家属。嘉靖《志》载其屯丁人数是 5005 户，人口却只有 173 人。后者显然是有问题的。按正德年间巡抚姚镆说，成化年间，余子俊拓建榆林城，"添置公署，相度形势，东西列营堡共三十有六，屯军四万有余，士马精强，甲于西陲，榆林始号为重镇矣"。① 据明人董国光《榆林镇城》诗，"□矗城中家万户，水环郭外木千章"。② 明参政李维祯《杜凤林大将军城南别业》诗，"金屏暖坐孤城月，火树晴开万灶烟"。③ 则明中期以后，榆林城中约有 10000 户人家。如果以每家三口算，住宿人口当有 30000 人。所以上述屯军"四万有余"，其中约有 10000 名军士居住在榆林城中，其余 30000 名军士分布于 36 营堡中。

其他各县域人口，除了鄜州、宜川县和洛川县人口相对较多，超过 80000 人以外，其余各县多则 30000 人，少则 3000—5000 人，且多分布于黄土高原沟壑之中。至于其城镇人口，虽然相对较为集中，但亦难得有几个千人以上的城镇。这种情况，到清代虽然因为承平日久而多有改善，有的县人口增加甚至非常明显。如清涧县，明嘉靖时期有 1482 户，28120 人。至清代乾隆十六年（1751），保甲户册记载有 11638 户，58676 人。而至道光七年（1827），保甲烟户册的数字是 15246 户，92906 人。④ 前者是明代人口的 2 倍多，后者是明代人口的 3.3 倍还要多。但也有不少州县与以前相比没有太大的变化，不但如此，甚至有些县的人口还在减少。如鄜州，明代嘉靖时期有 7463 户，88993 人，到道光年间却只有 7333 户，75220 人。⑤ 洛川县于明嘉靖时期的陕北地区尚属人口大县，有 8012 户，82227 人，但至民国三十二年（1943），黎锦熙说，"全县人口尚不足六

---

① （明）姚镆：《巡抚延绥都察院题名记》，（明）郑汝璧等修《延绥镇志》卷 8，第 617 页。

② （明）郑汝璧等修：《延绥镇志》卷 8，第 702 页。

③ 同上书，第 697 页。

④ （清）钟章元纂修：《清涧县志》卷 4《田赋志》，成文出版社有限公司 1970 年版，第 149 页。

⑤ （清）吴鸣捷修，谭瑀等纂：《道光鄜州志》卷 2《建置部》，《中国地方志集成·陕西府县志辑》（47），第 264 页。

万，视南方大邑之城厢，或一乡镇且不如"。①中部县，明嘉靖时期人口是 3078 户，27026 人，至清代嘉庆十一年（1806），册报人数为 5977 户，31022 人，②较嘉靖时期增加不足 4000 人。在这种背景下，由于当地人民长期以来俗不务工贾，所以就很少游离出入住城镇的人口。来此地并入住城镇经商者，多是山西和关中东部诸县的一些人，且人数也不是很多。所以总体上说城镇人户较少，少到什么程度，因文献记载缺略，难以确知。

（三）陕南地区

与元代相比，明清时期陕南地区的建制城镇有了明显的发展。明代于此新增州县城镇 10 个，分别是：（1）石泉县；（2）紫阳县；（3）汉阴县；（4）洵阳县；（5）白河县；（6）宁羌州；（7）商南县；（8）镇安县；（9）山阳县；（10）平利县。清代又在此基础上增设了（1）定远厅（今镇巴县）；（2）留坝厅；（3）佛坪厅；（4）砖坪厅（今岚皋县）；（5）孝义厅（今柞水县）；（6）宁陕厅（乾隆时期初设，名"五郎厅"，嘉庆五年改为宁陕厅）；（7）镇坪分县（设县丞）。共 6 个县级城镇和 1 个分县城，这些城镇均处万山丛中，长期以来人烟稀少，不足以立县建制。至明代，因为各种原因，南北各地流民不断流徙大山深处，开发山地，以求生存，至此人口日渐增多。明人项忠说："荆州、襄阳、河南、南阳、西安、汉中、夔州七郡，所属州邑，在山谷中者三十三，介山地间者十四。国初禁不许入，自禁驰致流民啸聚。今奉命留其已附籍者，尽逐其未附籍者。……汉、西郡属商、洵、镇、蓝、金州与四郡（荆襄一带）邻，而陕民近以输运，苦倍他所，不严禁约，必越界起患。"③"自宣德至今四十余年"，"流贼啸聚山谷（包括荆、襄、河南、陕西秦巴山地）百五十余万"。④又，马文升说汉中府的情况："切照汉中府地方广阔，延袤千里，人民数少，出产甚多。其河南、山西、山东、四川，并陕西所属八

---

① 余正东修，黎锦熙等纂：《民国洛川县志》"黎锦熙序"，《中国地方志集成·陕西府县志辑》（48），第 7 页。

② （清）丁瀚修，张永清等纂：《嘉庆续修中部县志》，《中国地方志集成·陕西府县志辑》（49），第 34 页。

③ （明）项忠：《善后十事疏》，《明经世文编》卷 46，第 359—360 页。

④ （明）项忠：《抚流民疏》，《明经世文编》卷 46，第 361 页。

府人民，或因逃避粮差，或因畏当军匠，及因本处地方荒旱，俱各逃住（往）汉中府地方、金州等处居住。彼处地土可耕，柴草甚便。既不纳粮，又不当差。所以人乐居此，不肯还乡。即目各处，流民在彼，不下十万之上。……汉中山势之险，尤甚于竹、房，流民之多，不减于襄、邓。"① 正是在这样的背景下，陕南地区相继添建了10个州县，并因此而兴起10个新的州县城镇。

清代建立以后，一方面，流民奔向山地的趋势依然存在；另一方面，在前明所置州县的基础上，流民向秦岭南坡深处和巴山深处移居的人员逐渐增多。为了巩固这些地方，也是为了防止此类人等的"为盗作乱"，自乾隆以来，特别是嘉庆以后相继在这些深山、偏远地区特别设置了相当于县一级建制的"厅"，并因此而形成一批山地建置城镇。很显然，这些城镇是前明时期山地开发和管理所造成的城镇的继续。大约至清末，政府已经实现了对秦巴山地建置管理的全覆盖，与此相应，明清时期所建的17个州县级建制与城镇，加上以前有限的几个城镇，实际上奠定了近现代该地区建制城镇的结构和基础。明清时期陕南地区州县级城镇的建置成就是历史时期以来的一个重大突破，也是陕西省这一时期州县级城镇建置最多、发展最快的时期。

明代陕南地区的城镇形态约略分为三种类型：一是以方形为主体的城，包括汉中、白河、汉阴、金州、沔县、宁羌州、西乡、洋县、城固、褒城、商州、镇安、洛南、山阳、商南，共15座城池，占明代21个城池的71.4%。二是不规则性圆形和类圆形城，有凤县、洵阳、平利和石泉4座城池，占明代21个城池的19.5%。三是不规则形城，包括紫阳、略阳2个城，占9.5%。清代建立以后，一方面新修葺或迁移了一部分城镇，另一方面修筑了一些"厅"城，但总体上没有改变这样的城镇形态状况。方形城自不必说，这些不规则形态的城池总体上并没有什么神秘的文化意义，它们的兴建主要还是由于城镇所在地的微地形因素或因山为城等因素影响所致。如白河县，明成化十二年（1476）由位于洵阳县的白河堡改为县，明末被毁以后，清初迁移至冷水河，康熙二十六年（1687）"始西枕高山砌石为城"。嘉庆初年严一青等主持修建"外城"，"自土地岭起，

---

① （明）马文升：《添风宪以抚流民疏》，《明经世文编》卷62，第508页。

历天池岭、周家垭、陈家垭、探马沟、吕家山、长春寺岭、太山岭、清风沟、桃园止，共二千一百余丈，周一十四里，四周皆因山为城，高十余丈不等"。① 平利县城，"明洪武五年（1372）始徙今治，城东西阻水，南北倚山，周六里"。② 洵阳县城，"城垣因山为城，阻水为池"。③ 其余诸城镇率多类此，无须赘叙。

　　由于明清时期本地区人员构成复杂，且多处于万山丛中，"匪盗"常多，地方安全、社会控制和民众保护是建制设县的第一要务。但山区山大林深，人口稀少，除了汉江沿岸几个传统的老城外，新建城镇一般规模都不大，城镇人口也较少。如紫阳县，正德六年（1511）"改紫阳堡为县，当收抚土著老户三十七家，分金州汉阴县一百一十户，编为五里"。④ 新城建成后，除公署以外，"旷无居民"。万历时期于"南门内旷地建官房，招聚民居"。⑤ 但直到清代，尚是"紫阳之为城，周二百丈有奇，地大如砺，学宫、祠宇、署、仓、狱尽十之七"⑥ 的情况。白河县，明初建时，城周只有"一百一十二丈"，康熙时期移修之城也只有"周半里许"。嘉庆初年，"城垣止一里三分，城中百姓二十余家，且居山坳之中"。⑦ "内城百姓十有余家，外城百姓百有余家，是城之内无民也。额兵三十名，除守墩卡而外，守城不满十人，是城之内无兵也。""今奉大宪，饬令近城数十里内，其乡民俱于城中结茅为屋，仿古五亩之宅，半在田，半在邑

---

　　① （清）严一青纂：《嘉庆白河县志》卷2《建置志》，《中国地方志集成·陕西府县志辑》(55)，第306—307页。
　　② （清）李国麒纂修：《乾隆兴安府志》卷4《建置志》，《中国地方志集成·陕西府县志辑》(54)，第307页。
　　③ （清）邓梦琴纂修：《乾隆洵阳县志》，《中国地方志集成·陕西府县志辑》(55)，第34页。
　　④ （清）陈僅、吴纯修，施鸣銮、张濂纂：《道光紫阳县志》卷3《食货志》，《中国地方志集成·陕西府县志辑》(56)，第160页。
　　⑤ （明）阎博：《重修城垣碑记》，《道光紫阳县志》卷8《艺文志》，《中国地方志集成·陕西府县志辑》(56)，第212页。
　　⑥ （清）陈僅：《捐置东来书院学舍讲堂记》，《道光紫阳县志》卷8《艺文志》，《中国地方志集成·陕西府县志辑》(56)，第222页。
　　⑦ （清）严一青纂：《嘉庆白河县志》卷二《建置志》，《中国地方志集成·陕西府县志辑》(55)，第306—307页。

者。无事则散之田野，有事则聚之城中。"① 褒城县，洪武三年（1370）始筑土城，弘治十二年（1499）再筑，但规模只有"周二里半有奇"。康熙时期重修后，也只是"四里三分"大。洪武年间，"在城里"只有70户人家。② 略阳县算是建城规模较大的县，明代修筑时有5里大。但正德三年（1508），"盗起通巴，明年蔓延至是，破城郭，焚庐舍，民罹祸危，殆十之六七"。③ 清代虽然号称"城内烟户稠密"，但先是只有一井供民汲饮，乾隆五十年（1785）又于"南城内凿井一区"。④ 一城之中总共只有两口井，则可推知当时城内也没有多少人户。宁羌州，"嘉靖时调查，宁羌卫户不满二千，口不满一万五千。嗣由川、广各处移来者渐众，安挥（安徽）境内频年有增。殆明季流寇之祸，数遭蹂躏，十室九空，又萧索如初矣。迄于国朝，休养生息二百余载，生齿日繁。然吴逆之变，扰攘经年。教匪之乱，大肆焚掠。重以发逆滋扰，饥馑相因。民未死于兵者，多死于岁（饥）。又有光绪三年之大旱，全秦被灾，宁亦道殣相望焉。近年以来，殊无大异，惟南山一带野豕妨农，民多徙去。燕子砭教案，株累牵连，数年不靖。且各处商务萧条，市面凋敝，歇业甚多"。⑤ 宁羌州的情况恐怕是陕南地区人口状况与政治社会变化的缩影，在这样的环境中，地区人口和城镇人口都不可能有稳定的发展，城镇也不会有较大规模的人口定居和从业。洵阳县，崇祯十一年（1638）有"烟火万家，鳞次江隈"之说，但其规模"周遭不三里许"。⑥ 假若按每家200平方米居住面积算，城内总共也只不过容纳七八百户人家，如果刨除官署、衙门、祠宇、学校、仓庾等官家和公共建筑所占面积，充其量也就只有四五百户人家了。

---

① （清）严一清：《新筑外城记》，《嘉庆白河县志》卷二《建置志》，《中国地方志集成·陕西府县志辑》（55），第312—313页。

② （清）光朝魁纂修：《道光褒城县志》卷6《城署志》，《中国地方志集成·陕西府县志辑》（51），第424页；卷7《兵食志》，第433页。

③ （明）南镗：《重修县治碑记》，（清）谭瑀修，黎成德等纂：《道光重修略阳县志》卷4《艺文部》，《中国地方志集成·陕西府县志辑》（52），第423页。

④ （清）高珵：《新开城内水井碑记》，《道光重修略阳县志》卷4《艺文部》，《中国地方志集成·陕西府县志辑》（52），第428页。

⑤ 《宁羌州乡土志》，《陕西省图书馆藏稀见方志丛刊》第14册，北京图书馆出版社2006年版，第600—601页。

⑥ （明）刘文翰：《创修洵阳城碑记》，《乾隆洵阳县志》卷4《建置》，《中国地方志集成·陕西府县志辑》（55），第35页。

石泉县城，周不足3里，"在城"人家1155户，男3872人，女1943人。① 此数字当包括城郊村民人数在内，县城实际上可能没有这么多人。至于清代兴建的几个"厅"城，因位于大山深处，所在辖区内人员更加稀少，城内人户总体上也都不多，但亦不可一概而论。如砖坪厅（今岚皋县），"自嘉庆初年创设营制营兵，间有回民因籍寄焉，然皆聚处城中，至今蕃衍日增，共四十余户"。② 留坝厅，"城内之太平山居其半，文武官廨居其半，兵房又居其半，卒鲜隙地以处民。故商旅皆居南城外焉"。③ 其城镇人户之少自不待言。至于宁陕厅，自乾隆设置以来，至嘉庆十一年（1806）前，"居民至千余家"。④ 算是人户较多的"厅"城，但这是作者出于维护旧城的一种说法，其中数字可能有一定的水分，不可尽信。

表2—4　　　　　明清时期陕南地区建置城镇建城规模比较表

建置城镇	明代			清代		
	周长	城高（丈）	池深（丈）	周长	城高（丈）	池深（丈）
汉中府	9里3分	3	1.8	9里有奇		
宁羌州	4里余	3	1.5	4里有奇		
金　州⑤	6里余	1.7	1	4里余*		
商　州	5里	2.5	2	5里有奇		2
褒城县	2里余	2	1	3里有奇		0.7
城固县	6里3分	2	1.7	7里有奇		
洋　县	6里7分	1.5	0.5	7里有奇		
西乡县	4里	2	1.5	6里有奇		
凤　县	4里308步	2	0.5	4里有奇		
沔　县	3里余	2	1.5	3里有奇		1

---

① （清）舒钧纂修：《道光石泉县志》卷2《户口志第五》，《中国地方志集成·陕西府县志辑》（56），第19页。

② 《砖坪县志》卷2《人类》，成文出版社有限公司1970年版，第73页。

③ （清）贺仲瑊修，蒋湘南纂：《道光留坝厅志》卷1《厅城图》，《中国地方志集成·陕西府县志辑》（52），第477页。

④ （清）严如熤：《宁陕文员宜仍驻旧城论》，《道光宁陕厅志》卷4《艺文》，《中国地方志集成·陕西府县志辑》（56），第91页。按：嘉庆十一年，"老关口贼起，毁厅堡，焚掠殆尽"，后重修老城。

⑤ 明万历十一年改为兴安州，二十四年直隶陕西布政司。

续表

建置城镇	明代			清代		
	周长	城高（丈）	池深（丈）	周长	城高（丈）	池深（丈）
略阳县	4里余	1.5	0.8	5里有奇		
平利县	6里	1.6	1.2	3里余*		
石泉县	3里	1.5	1	3里		
洵阳县	4里	2	1.4	3里有奇		
汉阴县	5里	1.8	1.5	4里		1
白河县	3里	2.5	1	内城：半里；外郭：7里余*		
紫阳县	4里	2	0.7	1.4里*		
镇安县	4里3分	2.2	0.8	4里有奇		
洛南县	3里	1	3	3里有奇		
山阳县	2里3分	1.5	0.6	2里有奇		
商南县	3里	1.5	1	3里		
定远厅★				2里/2.6里*		1
留坝厅★				1里有奇		
佛坪厅★				1.98里*		
砖坪厅★				2.44里*		1.8
孝义厅★				2.1里*		
宁陕厅★				2.8里*		
镇坪分县★						

注：①带*符号者，原不著"里"，而是"丈"或"步"，此处据吴承洛《中国度量衡史》（商务印书馆1998年版，第292页）1里=180丈，1里=360步，加以折算的里数；

②带★符号者，为清代建置的新城。

资料来源：嘉靖《陕西通志》；《大清一统志》；民国《佛坪县志》；光绪《定远厅志》；道光《宁陕厅志》；民国《砖坪厅志》。

二 市场发育及其区域特征

如前所述，明清时代，中国境内大部分地方商贸市场的发育基本上是成熟的，陕西省自然也不例外。市场成熟的主要表现：一是从城镇到乡村普遍形成了较为稳定的各级市场，以保障各个层级民众基本的商业贸易需求。二是各级市场基本上形成了比较稳定的交易时间和一定的市场管理。当然，这样的市场并非都是一律的，其间由于地理条件和社会经济发展程度的差异，自然存在着一定的不同。与此相应，市场的发展状况也就表现出不同的区域性特征。

（一）关中地区

关中地区农业开发的历史悠久，历来都是陕西地区人口比较密集的区域。明清时期，一方面市场在各府州县及乡村一些重要地点普遍设立和形成，另一方面市场存在和发展的状况也存在时空上的差异，并且这样的差异表现出多种不平衡的特征。（1）市场类型主要包括两种形态：一类是"市集"，另一类是"会"。前者，当地俗称"集"或"集市"；后者是俗称，主要指庙会（赛会）和一些民俗节日的会事。明人称："集也者，所以聚本处之人民，随其所有而交易者也。会也者，所以来四方之商贾，因其所货而货迁者也。"[1] 市集，在分布上有城镇和乡村之分，但在性质上却没有区别。"会"本是一种民俗活动，初与"产品交易"可能没有关系。只是在这一活动中，由于人员的大量聚集及其"需求"，后来逐渐出现交易活动，并演变为一种市场形式。明清时期，"会"的商贸功能总体上已经发展为它的主要功能。（2）明代关中地区的"集""会"市场发展并不平衡，有的州县主要是"集"，有的地方"集""会"俱有，并且发展的比较充分。有些城镇市场分化很细且专业化市场多样，有的则亦如市镇一样"混杂"在一处。集市在地区分布上，是中心地区比较密集，周边地区较为稀疏。（3）三原县城发展为颇具影响的"三秦""经济都会"。嘉靖地志记载，三原"县市"及其分布是：

米麦市二：一在城中谯楼南；一在河北

驴马市：在书院街

猪羊市：在西门外

---

[1] （明）南大吉纂修：《嘉靖渭南县志》卷8《建置考二》，《中国地方志集成·陕西府县志辑》（13），第55页。

丝市二：一在税课局北；一在河北

布花市：在书院街

盐枣市：在河北十字街西；又，盐店在织罗巷

铁器市：在北门内正街

手帕市二：一在谯楼南；一在河北

纸市：在河北十字街东

板木市：在谯楼南

果子市二（按：当为三）：一在西门内；一在谯楼北；一在河北

菜市二：一在税课局边；一在河北

柴炭市：一在城中；一在河北[①]

这是明代关中地区城镇市场记载最全的一份记录，从中可以看出，当时关中地区经济最为发达的县级城镇的市场状况。其最突出的特点，就是较为多样的商品分类市场的独立性存在与运行。像三原县城这样，具有13种专门性商业市场，表明其城镇商品市场发展的程度是比较高的。可以这样讲，在当时的关中地区，除了西安府城以外，同类城镇中，大概只有泾阳县城可以与之相颉颃。遗憾的是，关于泾阳县城的情况，我们并没有获得详确的资料记载。明代三原县城之所以发展为关中中部重要的"经济都会"，与西北边地陕西四镇的供需及其运转密切相关。该县地处关中北上通往陕西诸镇重要的交通通道上，有着其他诸县所没有的良好的区位优势。故明代进士礼部尚书李维祯说，"陕以西称壮县曰泾阳、三原，而三原为最。沃野百里，多盐荚高赀贾人，阛阓骈坒，果布之凑，鲜衣怒马者相望。大仓若蜀给四镇饷，岁再三发軔。若四方任辇车牛，实绾毂其口。盖三秦大都会也"。[②] 明人马理《创修北关新城记》说，"三原，天下商旅所集，凡四方及诸边服用，率取给于此，故三原显名于天下"。陈嘉绩《并关税记》说，"京兆上郡，衢通九边，

[①]（明）张信纂修：《嘉靖重修三原县志》卷1《镇市集场附》，《中国地方志集成·陕西府县志辑》(8)，第13页。

[②]（明）李维祯：《温恭毅公创建龙桥碑记》，《嘉靖重修三原县志》卷15《艺文》，《中国地方志集成·陕西府县志辑》(8)，第218页。

吭扼三疆"。①

其他同类城镇，虽说难以与三原县城的市场发展状况相颉颃，但也都有不同程度的存在。如高陵县城，"县七街，……县街、新街无市集。市集在五街，日轮一街。惟六畜、柴市在新街，其市货、布、花、米、麦优诸处"。②华州城，"城内及西关之市俱以一旬。上五日在内，下五日在关递轮"。"东关，每逢四日一会。此外又有城隍庙，四月一日、八月二日会。西关药王庙，六月六日、十二月八日会。东关东岳庙，三月二十八日会。少华岳神祠，七月十五日会。"③耀州城，"州城四街，月计每五日一集，周而复始"。④澄城县，市集"在县关厢者，其轮递，月无间日"。⑤渭南县城，"其集每月以日分之。城之内，在人和街者，初七、十七日；关帝庙前，二十二、二十七日；儒学前通曰东街。集在临渭街者，初三、十三、二十三日曰西门下集，初六、十六、二十六（曰）四牌楼下集，以旧有坊牌四座，相贯如井，故至今犹呼其地曰四牌楼下。在南厢者，初二、十二日曰驿前集。城之外在东关街者，初三、十三、二十三日；东门之外，初八、十八、二十八日。秦府官店之前，初十、二十、三十日。递运所之东通曰东关集。在西关街者，初四、十四、二十四日。街之迤东，初九、十九、二十九日。街之迤西通曰河西集，以其在酒河之西故云。在北关街者，初五、十五、二十五日，曰后街集。城之东又有会，曰东关会，每年三月十八日会于后土庙，俗曰娘娘庙，即泰宁宫也。"⑥淳化县城，"见日一集，所市惟布、米、薪、鸡、豚之类，四方杂货无蓄焉。人

---

① （清）刘绍攽纂修：《乾隆三原县志》卷1《地理》，《中国地方志集成·陕西府县志辑》（8），第239页。

② （明）吕柟纂修：《嘉靖高陵县志》卷1《建置志第二》，《中国地方志集成·陕西府县志辑》（6），第406页。

③ （明）李可久修，张光孝纂：《隆庆华州志》卷4《市集》，《中国地方志集成·陕西府县志辑》（23），第31页。

④ （明）张珽辑：《耀州志》卷之下《杂志第八》，《天一阁藏明代方志选刊续编》（72），上海书店出版社1990年版，第110页。

⑤ （明）石道立修纂：《澄城县志》卷1《建置志第二》，《中国西北文献丛书·西北稀见方志文献》第14卷，第641页。

⑥ （明）南大吉纂修：《嘉靖渭南县志》卷8《建置考二》，《中国地方志集成·陕西府县志辑》（13），第55页。

有所易，率就三原，以市中不应其求也"。① 同官县，市集"在明远街中"。② 大致说来，明代关中地区绝大部分府州县级城镇都有固定的集市，并且由于地理条件较好，人口分布相对较为稠密，城镇市场总体上较为活跃。而周边地区，如耀州、淳化、同官等山地丘陵地区的州县，市场发育较为简单，每月集数较少货物少，活跃程度有限。当然，由于集市有其特殊性，县城集市未必就一定比乡村集市发展得好。如朝邑县，县城集市的活跃程度就远低于境内一些市镇或乡村集市。万历《志》记载："市集，邑之为市者以十数，而赵渡为最大。商贾辐辏，邑中一浩穰也，盖称日市焉。次之则白塚为大，而苦泉、两女又次之。白村、高城又次之。在城、大庆关又次之。"③ 这里的"在城"，指县城集市，其地位排在众多村镇集市之后，正是这种情况的反映。

除了县城以外，乡村市镇、集市和庙会贸易普遍发展，一些商路及其附近乡村集市和庙会更为兴盛。如渭南县，"集则或每日或间一日或间二日；会则每岁或一或二焉三焉止矣。镇也者，大也。言大而安，镇乎一方也。又止也，言一方之人止乎于此也。今考境内之镇凡二十一，会十三，集凡二十四"。④ 除县城以外，乡村市镇、集市、庙会市分布如下：(1) 赤水镇，县东20里，集曰赤水集；(2) 独孤镇，县东南30里，集曰独孤集；(3) 阳郭村集，县西南35里，集今废；(4) 堠子头镇，在阳郭村南35里，集曰堠子头集，会曰堠子头会。每年四月初八日会于显圣庙；(5) 负曲镇，在阳郭村西5里，集曰负曲集，会曰负曲会，每年三月二十八、十月十五日会于东岳庙；(6) 丰庆屯会，县西稍北20里，每年七月十五、十月十五日会于三官庙；(7) 上涨渡镇，县北7里，集曰上涨渡集；(8) 白寨会，县北27里，每年十月初一日会于移山庙；(9) 大纪村集，白寨村西南10里；(10) 田市镇，大纪村北10里，集曰

---

① （明）罗延绣纂修：《隆庆淳化志·舆地志乘下》"市集"，《中国地方志集成·陕西府县志辑》(9)，第411页。

② （明）寇慎修纂：《同官县志》卷1《地理》"市集"，《陕西省图书馆藏稀见方志从刊》第9册，第48页。

③ （明）郭实修，王学谟纂：《万历续朝邑县志》卷2《建置志》，《中国地方志集成·陕西府县志辑》(21)，第34页。

④ （明）南大吉纂修：《嘉靖渭南县志》卷8《建置考二》，《中国地方志集成·陕西府县志辑》(13)，第55页。

田市集，会曰田市会，每年四月初一、八月初八日，凡二会。四月在镇西城隍庙，八月在镇东关王庙；(11) 小石镇，田市东 20 里，集曰小石集，会曰小石会。每年三月二十一、九月二十七日，凡二会。三月在镇西之龙王庙，九月在镇东之移山庙；(12) 故市镇，小石镇东 10 里，集曰故市集；(13) 下邽镇，小石镇被 25 里，集曰下邽集。会曰下邽会，每年四月初八、六月十三、九月初九，凡三会。四月在显圣庙，六月在娘娘庙，九月在关王庙；(14) 阳运曲镇，在下邽西北，集曰阳运曲集。会曰阳运曲会，每年清明日及九月十八日会于尧山庙；(15) 仓头镇，县东北 30 里，集曰仓头集。会曰仓头会，每年四月十五、八月十五俱会于城隍庙；(16) 大蔺店会，在仓头镇东北 5 里武定里。每年三月十五、十月初五俱会于西岳庙；(17) 孝义镇，大蔺店东 10 里，集曰孝义集；(18) 董村镇，孝义镇西北 20 里，集曰董村集；(19) 来化镇，董村东北 20 里，集曰来化集。会曰来化会，每年三月十一、十月初二会于玉皇庙；(20) 凭信镇，董村西北 20 里。集曰凭信集，会曰凭信会。每年三月十三、九月初三日俱会于关王庙。以上诸集，"自赤水以下，每月旧定日期：田市镇者，集于每月一、二、四、六、八、九，凡十八日。大纪村者，每月集于二、五、七、十，凡十二日。余则堠子头、贠曲、上涨渡、小石、下邽、仓头、董村者，俱集于每月之一、三、五、七、九日。赤水、独孤庄、故市、阳运曲、孝义、来化、凭信者，俱集于每月之二、四、六、八、十日。每月各十五日"。[①] 以上共计 17 集（含阳郭村集废集，此前当曾存在）、12 会的定期交易场所，以一县而言，不可谓不多。其集期如田市镇者，每月凡 18 日，其余诸集除大纪村每月 12 日外，均为 15 日，也就是每月间日一集。这种情况，在现在关中地区的很多县域都做不到。可见，明代渭南县域市场贸易的频度相当的高，市场在社会日常生活中的作用非常显著和重要。

至于其他诸县，因为地志记载较为简略，难以获得详确的市场情况，但亦可大致看出其运行的一般情况。如三原县：王店集，在县东北 20 里；

---

① 以上参见（明）南大吉纂修《嘉靖渭南县志》卷 8《建置考二》，《中国地方志集成·陕西府县志辑》(13)，第 55—57 页。

长坳集,在县东北30里;陂西村集,在县东20里。① 澄城县:良甫镇,县北50里;冯原镇,县西北50里;寺头镇,县东南40里;瑶头镇,县西20里;王庄镇,县西北30里。集期,"诸镇则以日相递而已"。② 同官县:陈炉镇集,县东30里;立地镇集,县南30里;哭泉镇集,县北60里;演家池集,县西30里。"诸市惟布粟蔬薪而外,更无长物,往往即日用所需者,必走他方以致之。"③ 耀州:华原坊集、夹池堡集、照金地集、唐家店集、柳林子集、石坡底集,集期"视城市,数日各不同矣"。④ 武功县,"在县方内者三,而县不论。最大者长宁集,月无间日。游凤集、普济集,以日相递而已"。⑤ 华州:柳子镇,每月三、八日集;赤水镇,间日一集。每逢三日则一会。赤水红庙,州西,每年十月十日会。州北十里华岳下庙,每年八月八日会。"凡会则商贩之货多于市集。"⑥ 庙会虽然是集市的补充,甚至其商业交换中心的功能在一定程度上成为主要功能。但由于其特殊的"香火会"特征,以及庙会期间往往伴有各种演剧、杂耍等前来助兴,遂使得庙会比集市有更为广泛的社会成员参加,各类人员大量汇聚其中,从而增强了更大数额的商品消费。还有一种情况,就是有些庙会的时间往往持续几天,时间持续较长,更有利于较远距离的商贩前来驻扎和贸贩。所以庙会"商贩之货多于市集"。这种情况,在明代关中地区是比较普遍的,它有力地推动了县域商品经济和地区性商品经济的活跃和发展。当然,由于地区社会经济发展的差异,关中周边丘陵山地地带诸县域乡村集市和庙会的繁盛程度总体上比关中中心地带要差一些,个别县区可能差距甚大,但其

---

① (明)张信纂修:《嘉靖重修三原县志》卷1《镇市集场附》,《中国地方志集成·陕西府县志辑》(8),第13页。

② (明)石道立:《澄城县志》卷1《建置志第二》,《中国西北文献丛书·西北稀见方志文献》第14卷,第641页。

③ (明)寇慎修纂:《同官县志》卷1《地理》"市集",《陕西省图书馆藏稀见方志丛刊》第9册,第48—49页。

④ (明)张珒辑:《耀州志》卷下《杂志第八》,《天一阁明代方志选刊续编》(72),第110页。

⑤ (明)康海:《正德武功县志》,《中国地方志集成·陕西府县志辑》(36),第14页。

⑥ (明)李可久修,张光孝纂:《隆庆华州志》卷4《市集》,《中国地方志集成·陕西府县志辑》(23),第31页。

基本形式还是都存在并运行的。

清代，关中地区社会经济在原有的基础上进一步发展。特别是康熙、乾隆朝以后，原陕西北部边疆的军事对峙格局基本结束，关中经济从过去沉重的"税粮输边"负担下解放出来，并进入正常的经济社会秩序运行中。在此背景下，随着人口数量的日益增长和"康乾盛世"的发展，地区性商品经营日趋活跃，城乡市场更加繁盛。主要特点：（1）三原、泾阳二县城在原有基础上继续发展，成为关中中部崛起的最为耀眼的"经济大都会"。先说三原。如前所说，三原城在明代就是颇具影响的"经济都会"，"天下商旅所集，凡四方及诸边服用，率取给于此，故三原显名于天下"。清代在此基础上进一步发展，乾隆时人讲，"商贾之习，（三）原民极当。大则经理盐茶，细亦挟资负贩，数年不归。饶裕之家，劝令买地，多以为累。万金之子，身无寸土。思欲转移务本轻末，其道良难"。"三原水不负舟，陆乃通道，然边郡所需，四方之货，皆辇于此，其民利之，率业商贾"。① 至道光三年（1823）全县人口16.3万余人，"人多商贩，惮于农业。有力之家，无不出外经营谋利，以致传染南方风气，竞尚浮华"。② 在此背景下，县城商业非常发达。其主要经营诸如茶叶加工、大布、药材、棉花、烟煤及日用商品。不但如此，清朝后期，这里还发展成为关中地区的金融中心之一，其中山西票号在此立庄者有17家分号，仅次于西安府城的18家。③ 再说泾阳。泾阳于明代已有相当程度的发展，到了清代，进一步发展成为与三原平分秋色，各有特点的经济中心城镇。道光三年全县人口23.7万余人，"地系平原，无木厢窑场，亦乏深山老林，且附近省垣，人非山野愚顽可比，惟系商贾云集之区。……县城内百货云集，商贾络绎。藉泾水以熟皮张，故皮行甲于他邑。每于二三月起至八九月止，皮工齐聚其间者不下万人。而官茶进关，运至茶店另行检做，转运西行，检茶之人亦万有余人。各行店背厢负货，闲人亦多至数千"。④ "盖自道咸以来，豪商大贾群聚骈

---

① （清）刘绍邠纂：《三原县志》卷1《风俗》，乾隆癸卯年（1783）木刻本。
② （清）卢坤：《秦疆治略》"三原县"，第23页。
③ 刘景纯：《清代黄土高原地区城镇地理研究》，第272—273页。
④ （清）卢坤：《秦疆治略》"泾阳县"，第30页。

臻，珍错云屯。习尚风靡，慕懋迁之美富，忘稼穑之艰难。县西北殷实小康诸户又多以商起家。其乡之姻戚子弟从而之蜀之陇之湘之鄂者，什居其六七。或老大无成，或少壮失业，家不一人，村不一家，推而计之数，不知其凡几。""咸丰之季，民物殷阜，商贾辐辏"，"金帛山积，仓庾空虚"。① 其市场的繁盛可见一斑。泾阳城的主要特色是皮货加工和茶叶检做及其贸易。皮货，上引卢坤的话已经说的很清楚。而茶叶经营，据李刚整理《泾阳县商业志》，仅经营湖茶的商号就有22家（见表2—5），正可以反映这一点。

表2—5　　　　　　　　泾阳经营湖茶商号表

行号名称	资本额（元）	经理人	年　龄	籍　贯	地　址
裕兴重	20000	邓监堂	52	陕西三原	中山大街
元顺店	5000	董杰山	44	陕西大荔	西大街
庆余西	9000	王滋敬	42	陕西富平	造士街
茂盛店	5000	张德初	51	陕西大荔	东　关
天泰店	5000	冯讼非	49	陕西三原	骆驼湾
积成店	16000	朱芝庭	61	陕西朝邑	安静街
昶胜店	15000	田承厚	45	陕西临潼	北极宫
泰合诚	10000	李芝生	46	陕西长安	北极宫
万兴生	5000	崔祥初	43	陕西大荔	西大街
祥盛永	10000	胥峻山	64	陕西朝邑	北极宫
福茂盛	10000	王信卿	60	陕西朝邑	北极宫
协和源	10000	穆唤堂	59	陕西朝邑	北极宫
协信昌	10000	苏梦楼	64	陕西泾阳	西大街
天泰运	5000	苏梦楼	64	陕西泾阳	骆驼湾
义聚隆	5000	孙祉宜	61	陕西大荔	西大街
合盛行	5000	李文卿	53	甘肃民勤	四明楼巷
德泰益	5000	张理初	30	陕西高陵	西大街
魁泰和	5000	杨子舟	50	陕西渭南	造士街

---

① （清）刘懋官修，宋伯鲁、周斯亿纂：《宣统重修泾阳县志》，《中国地方志集成·陕西府县志辑》(7)，第478页。

续表

行号名称	资本额（元）	经理人	年 龄	籍 贯	地 址
天泰全	10000	吴忠德	43	陕西高陵	北极宫
天泰通	5000	杨华亭	61	陕西朝邑	西大街
乾厚意	4000	崔健堂	33	陕西大荔	西大街
乾益成	2000	冯广仁	41	陕西临潼	东 关

资料来源：李刚：《陕西商帮史》，西北大学出版社，1997年版，第314—315页。

无论是三原城还是泾阳城，或者两县域，经商风气都很浓厚，经商人员众多，手工业和商业贸易非常活跃。这一方面是明清以来全国范围商品经济持续发展的总趋势使然；另一方面，与明清以来东南沿海"海禁"以及东南—西北区域贸易大流通的发展密切相关。就是到了晚清时期，随着东部沿海"通商口岸"的"开放"，依然没有从根本上改变这一总格局。而泾阳、三原以及西安府城等城镇地处我国西北—东南商品交换的节点和中转站上，所以发展至为突出。同治时期回民起义以后，关中遭受较长时间的政治动荡，泾阳、三原遭到很大的破坏，虽然后来经过一定程度的恢复，依然保持一定的规模和基础，但随着政治的动荡，就逐渐衰落下去了。地志记载泾阳县，同治元年（1862）十二月城毁人亡以来，"迄今五十年来凋敝，土著之民三分仅一。士辍弦颂，民困征徭，客日集而主日弱，其势岌岌不能自存，善后之术其将安出，而说者犹以繁盛目之，过矣"。"光绪三年十月初一，毅字营（黄军门鼎前营）兵勇数百人自三原至泾阳哗溃，突入北门，抢掠杀伤数人，登城聚啸，焚西街九间楼，掳掠金帛万余而去，商务从是凋残。"①（2）出现了一些富有特色的著名市镇。特色贸易市镇是地区商品经济发展日趋专门化的较高阶段的表现。清代260余年的发展中，因商品经济的发展，各地方在开发当地资源以形成特色性商贸发展中日渐突出。如陕西大荔县城、大荔县羌白镇、醴泉县北屯镇等发展为皮毛销售或皮货加工等商贸中心。醴泉县北屯镇，地处泾阳县与醴泉县结合处的泾河西岸，"出口货，甘产牛羊皮毛多集于此，京、

---

① （清）刘懋官修，宋伯鲁、周斯亿纂：《宣统重修泾阳县志》，《中国地方志集成·陕西府县志辑》（7），第478页。

津、沪、汉及河北、河南等处皮商多来贩买。清末，市肆颇为繁富"。①大荔县羌白镇，在县城西 25 里，"为荔邑镇堡之首，县丞公署在焉。皮货作房会萃于斯，繁富亚于县城"。②而县城和羌白镇皮货作坊之所以"会聚"其中，一方面与回民的聚集和经营有关，另一方面也与当地沙苑的牧养条件相合。至于"同州硝水泡熟者，则较他处所制者逾格轻软鲜柔，此乃水性关系。一货而工商兼需，故同城、羌镇以造皮驰誉者，自昔已然"。③ 其他，如同官县黄堡镇和陈炉镇的瓷器，④ 凤翔府柳林镇的酿酒和制醋业，陇县和咸阳的木材贸易和家具制作，华州柳子镇的"刀剑"制作。柳子镇据称"民聚数千家，饶于都城之民。不好耕读，专事锻冶，为刀剑，闻于四方"。⑤ 凡此，都是些远近闻名的手工业及其商贸中心。

(3) 集市和庙会市场进一步发展。这一点，前人论述较多，此不赘述。

(二) 陕北地区

明代陕北的商贸市场分为两个方面：一是延绥镇所在的准军事社会的商贸市场；二是延安府境内的一般性社会市场。延绥镇的商贸市场主要是消费市场，其商品主要来自延绥镇以外的地区。作为商贸中心或场所，这些市场主要分布于延绥镇（榆林城）和各营堡。其中延绥镇城的市场主要有：米粮市、柴草炭市，在镇城北、鼓楼东；南米粮市、柴草炭市，在旗神庙前后；盐硝市，在南北米粮市；杂市，在凯歌楼前后，北延至鼓楼；木料市，在广有仓前；驼马市，在凯歌楼南；猪羊市，在课税司南。以上均为常市。各营堡如神木堡、靖边营、新安边营、孤山堡、清水营、安边营，均为常市。另外，在沿边村落还有一些集场，如在黄甫川的村疃、呆黄坪，清水营的尖堡则，神木营的红寺儿、清水坪，高家堡的豆

---

① 张道芷、胡铭荃修，曹骥观纂：《民国续修醴泉县志稿》卷 4《建置》，《中国地方志集成·陕西府县志辑》(10)，第 230—231 页。

② 陈少岩、聂雨润修，张树枃、李泰纂：《民国续修大荔县旧志存稿》卷 4《土地志》，《中国地方志集成·陕西府县志辑》(20)，第 421 页。

③ 聂雨润等修，李泰等纂：《大荔县志稿》卷 4《土地志》，成文出版社有限公司 1970 年版，第 68 页。

④ (清) 袁文观纂修：《同官县志》，第 49—53 页。

⑤ (明) 李可久修，张光孝纂：《隆庆华州志》卷 2《地理志》，《中国地方志集成·陕西府县志辑》(23)，第 16 页。

峪、万户峪、建安堡、双山堡的大会（坪）、通秦砦、金河寺、柳树会、西寺子、鱼河堡、响水堡、归德堡的碎金驿，波罗堡以西的白洛城、卧牛城、武威、清平堡的石人坪、麻叶河，镇靖堡的笔架城，靖边营、宁塞堡以西的铁角城、顺宁、园林驿、吴其营，把都、永济、新安边营以西的铁边城、锁骨朵城、张寡妇寺、李家寺、沙家掌、五个掌。① "凡集场，各营堡或单日，或双日，或月六集，或月九集。"② 如前所述，明中期以后，榆林城中大约有 10000 户人。如果以每家三口算，住宿人口当有 30000 人。如果说约有 10000 名军士居住在榆林城中，还有其余 30000 名军士分布于 36 营堡中。这些士兵及其家人成为这些市场的主要的消费者。在这里，一个突出的特点是延绥镇城和不少营堡都是"常市"的运行状态，换句话说，就是市场每天都在营业中。这种状态与内地一般城乡市场有明显的不同。"常市"意味着诸城堡有相当数量的非农业人口，而这些人口需要大量的商品供给。"常市"也意味着诸营堡汇集有相当数量的各种店铺，而不只是"集市"期间的民间物品聚集，其商贸功能和地位远大于或高于地方市集，这正是该地区军需市场的特点。这种实际情况说明诸营堡的城市化色彩明显胜于地方一般市镇。从这一点讲，将这样的营堡纳入地方城镇范畴是有一定的道理的。除此而外的地方乡村集市，在形式上虽然与内地没有什么不同，但在数量分布上较为稀少，集期也较为稀疏。这反映了人口分布稀疏的情况下，乡村商品需求和商贸发展较为薄弱的性征。

与这种市场交易形成鲜明对照的是汉蒙之间交易的"互市"市场——"红山市"。红山市是隆庆五年（1571）"套虏"俺答诸部归款并被封为顺义王后明朝所开设的"互市"市场。该市位于延绥镇城（榆林）北 10 里红山脚下，万历三十五年（1607）陕西三边总督徐三畏"议筑红山市口镇北台城"，③ 第二年"徐三畏题，延镇红山市口去镇城止十里，奉旨于原城之内创筑高台，以便瞭望，以备防御，及时成功，工程坚固，

---

① （明）郑汝璧等纂修：《延绥镇志》卷 2《钱粮下》，第 162—163 页。按：整理者以"顺宁园。林驿"断句，显系错误。正确者应是"顺宁、园林驿"。

② 同上书，第 162 页。

③ 《明神宗实录》卷 435，万历三十五年闰六月甲戌，第 8228 页。

在事文武各官陈性学、陈孝等宜行叙录"。① 则工程已经完成,这就是著名的镇北台。双方交易时,"蕃(蒙古人)以金、银、牛马、皮张、马尾等物,(汉人)商贩以缎䌷、布匹、釜锅等物。开市日,来者以三百人驻边外,我兵五百驻市场,期尽一月"。② 隆庆五年秋九月红山市开后,此后相当长的一段时间里几乎每年开市。对此万历《延绥镇志》有明确的记载,兹列表如下:

表 2—6　　隆庆、万历年间红山市互市与马骡交易情况

时间	用银(两)	易马、骡数
隆庆五年	15625	易马 2172 匹,骡 2 头
隆庆六年—万历八年	不详	不详
万历九年	9136	易马 1620 匹
万历十年	10120	易马 1974 匹
万历十一年	9319	易马 1758 匹
万历十二年	9275	易马 1670 匹
万历十三年	10699	易马 1683 匹
万历十四年	10737	易马 1685 匹
万历十五年	13618	易马 1981 匹
万历十六年	13218	易马 1824 匹
万历十七年	12558	易马 1768 匹
万历十八年	12381	易马 1842 匹
万历二十九年	25396	易马 2700 匹
万历三十年	23613	易马 1996 匹

资料来源:郑汝璧等纂修:《延绥镇志》卷 3《纪事》,上海古籍出版社,2011 年版,第 233—237 页。

可以看出,这样的互市主要是官方与蒙古诸部之间的交易,但正如东部宣大等镇一样,交易中,"蕃(蒙古人)以金、银、牛马、皮张、马尾等物,(汉人)商贩以缎䌷、布匹、釜锅等物"。蒙汉商人也当参与其中,

---

① 《明神宗实录》卷 450,万历三十六年九月壬寅,第 8522 页。
② (清)张廷玉:《明史》卷 327《鞑靼传》,第 8487 页。

从而形成一重要的边贸市场。红山市场在万历十九年（1591）以后，因蒙古诸部的侵扰而中断10年之久，二十九年（1601）虽然"复款"开市，但已是强弩之末，三十一年（1603）以后就再未见开市了。这期间在30年的时间里，除因双方战事停罢红山市10年外，有20年的时间是双方和平的互市时期。这样的情况也得到一些文人的关注。明都御史崔镛说："未曙先等谒房台，平明出令市场开。飘飘冠盖山城外，笑看毡酋入幕来。""三边四市房如林，尽挟胡姬来献琛。"[1] 清初文人杨蕴诗云："关门直向大荒开，日日牛羊作市来，万里春风残雪后，游人指点赫连台。"[2] 于此可见当时红山市交易的盛况。红山市对促进延绥镇沿边边贸市场的活跃和促进汉蒙双方的商品物资交流起到了重要作用，对于带动地区商品经济的活跃也具有积极的意义。

延安府的市场形式颇似关中地区，但发展很不平衡，市场发育也多有残缺，交易的兴盛程度也较关中地区总体上要萧条得多。就府城来说，弘治以前只有一个"东关市"，"止以布粟贸易，凡日用冠婚丧祭之需，俱市诸别地。弘治间，知府王彦奇下车深为痛惜，乃立会。聚四方商贾贸易于此，以通货利"[3]。就是说，在王彦奇"立会"以前，府城的市场交易"止以布粟贸易"，以满足人们最基本的衣食需求而已，稍微超出这一需求之外的商品都要"市诸别地"，因此，市场交换场所的意义较为鲜明，而商业经营与资本积累的中心地的意义则相当有限。王彦奇"立会"以后，这里才呈现集市、庙会二元形态的市场形式，并且"会"因"聚四方商贾贸易于此，以通货利"，其集聚功能要大于一般集市，所以才有"自是延民及西北边民，用需悉便，远近军民颂声塞满人耳"[4] 的美誉。其他诸州县市场情况是：保安县，街市四，乡村市九；安定县，东关市；延长县，甘谷市，在城西70里。交口市，在城北80里；宜川县，云岩市，在县治北；洛川县，东关市；绥德州，南关市；米脂县，东、西关

---

[1] （明）崔镛：《塞上曲十首》，郑汝璧等纂修《延绥镇志》卷8《艺文下》，第681页。
[2] （清）杨蕴：《镇北台春望》，《康熙延绥镇志》卷6《艺文志》，上海古籍出版社2012年版，第614—615页。
[3] （明）李延寿修，杨怀纂辑：《延安府志》，樊高林、曹树蓬校点，陕西人民出版社2012年版，第28页。
[4] 同上。

市；神木县，市6处。其他像安塞县、延川县、甘泉县、中部县、宜君县、鄜州、清涧县、葭州、吴堡县和府谷县10州县，都没有"市"的记载。①除了延安府在弘治以后形成集、会并存的二元市场形态外，其余各县中约一半的县城中仅有定期集市，约有一半州县没有集市记载。乡村集市的分布很不平衡，保安县乡村有9集市，神木县有6处市场（包括县城），延长县有2处村镇市场，其余诸县大多无乡村市场的记载。如果说弘治《延安府志》的撰著体例坚持了基本一致的条目选择的话，那么，这么多的没有记载，就只能理解为：可能是这些县的乡村市场本身就没有形成，或者乡村集市已经存在，但发育很不成熟，特别是其实际的交易量可能非常之少，以至于不足以被记述于其中。如果这样的分析不错的话，那么，明代延安府诸州县中，以市场为基本交换场所的商品交易活动总体上表现得较为薄弱。

到了清代，陕北地区沿边市场发展的条件发生了三个重要的变化：一是以延绥镇为主要范围的沿边军事对峙时代结束了，沿边互市市场从过去的限制和禁锢中解放出来，可以全天候地实现双方互市了；二是过去的军人社会日渐转化为民人社会，社会从一种较为禁锢并特殊的准军事社会中解放出来，重新获得了民众社会的状态；三是人口的日益增长和边贸市场广泛的吸引力的增长。康熙《延绥镇志》记载："距镇城之北十里许为红山市，又东为神木市，又东为黄甫川市，皆属国互市处也。正月望后，择日开市，间一日一市。镇人习蒙古语者，持货往市，有土城，不屋，陶穴以居，或施帐焉。其货则湖茶、苏布、草缎、盐烟，不以米，不以军器。蒙古之至者，则羊绒、驼毛、狐皮、羔皮、牛、羊、兔，不以马。镇城及营堡俱有市，而沿边村落亦间有之。"②可以看出，与明代相比，互市市场增加了神木市和黄甫川市两个市场，共有三个市场。交易时间由过去的一年一次变为"间一日一市"。至于其他市场，则"镇城及营堡俱有市，而沿边村落亦间有之"。所市货物，不仅有当地的日产日杂商品，湖茶、苏布、草缎、盐烟也充斥其中，形成规模。因此，这里的市场日渐形成全国范围的商品交易场所和集散地。拿烟来说，"各省之有名者，崇德烟、

---

① 以上据（明）李延寿修，杨怀纂辑《延安府志》各州县相关条目整理。
② （清）谭吉璁纂修：《康熙延绥镇志》卷2《食货》，第91—92页。

黄县烟、曲沃烟、美原烟焉,惟日本之倭丝为佳"。"黄甫川市口比他处较盛。往年,行茶者与烟并至,每岁额课千余金"。[①] 应该说,清代这里的边贸市场达到了一个非常兴盛的时期。而这样的兴盛,实际上也对应着关中地区泾阳、三原等商品中转和茶叶检做中心的相应发展。道光年间陕蒙互市市集的集期已经有所调整,各府州县市场进一步发展,集市数量也有不同程度的增加,市场在空间分布上进一步均衡化。至于集期,虽然已经有明确的规定,但其间的差异却是非常明显。这种情况反映了市场交易的频繁程度尚存在较大的地方差异。特别是"年集"的存在及其比较广泛的分布,说明一些地方自给自足的自然经济仍然占据着相当大的比重,所以地方的商品需求较为有限。兹据地志资料列举各地集市市场分布如下:

表 2—7　　　　　　　道光年间榆林府诸州县市集分布表

县名	集市	集期（古历）
榆林县	县城集	岁无虚日
	县南关集	每年七、九、十月集 10 日
	红山寺集	蒙民交易处,镇北台马市即此。每岁五月集 3 日
	双山堡集	每年四、七、十月集 3 日
	朱官寨集	每年八、十月集 3 日
	党家街集	每月一、六日集
	上盐湾集	每月二、七日集
	镇川堡集	每年三、九、十一月集 6 日,余每月四、九日小集
神木县	县城集	岁无虚日
	红市集	每月八日
	太和寨集	每月六日
	清水坪集	每月三日
	温家川集	每月九日
	燕子峪集	每月四日
	菜园沟集	每月二日
	大川口集	蒙民交易处

① （清）谭吉璁纂修:《康熙延绥镇志》卷 2《食货》,第 90 页。

续表

县名	集市	集期（古历）
府谷县	县城集	每月一、六日，早在县城，午在刘家川
	黄甫川集	每月一日
	木瓜园集	每月四、九日
	孤山堡集	每月三、八日
	镇羌堡集	每月四、九日
	盘塘集	每月二、六、九日
	碛塄集	每月四日
	石马川集	每月三日
	麻地沟边市集	蒙民交易处，每月逢十日
葭州	州城集	每月四、九日
	大会坪集	每月三、八日
	通秦寨集	每月一、六日
	王家峁集	每月五日
	马家沟集	每月八日
	乌龙铺集	每月一、五日
	店头集	每月六日
	黑水街集	每月一日
	荷叶坪集	每月五、十日
	螅蜊峪集	每月四、九日
怀远县	五龙山集	每年三、四、七、十月集5日
	波罗堡集	每年十月集5日
	孙家石湾集	每年三、十月集5日
	响水堡集	每年七、九月集5日
	武家坡集	每年七、十月集5日

资料来源：《道光榆林府志》卷24《市集》，《中国地方志集成·陕西府县志辑》（38），第357—358页。

延安府及各直隶州及其辖县，这一时期也较明代有明显的发展，其中最为瞩目的应该就是各级市场的普遍建立。伴随着这一过程的进展，庙会也在一些州县相继形成，集市、庙会二元市场形态运行。但不是所有州县都是这样，并且市镇或集市商贸活动的繁盛情况差异很大。总体来看，东部的几个州县市场更加密集，市场商况总体上要好于西部诸州县。但除个别市镇外，大部分州县，特别是西部诸县"街市寂寥，商贾稀少"[①]，或"客商无多，农末相资而已"[②]。也就是说，市场以当地民众之间的"商品"交换或基本的生活必需品为主，以商人为主要角色的长途贩运贸易尚比较薄弱。

表2—8　　　　　清代延安府诸州县集市及其集期分布表

县名	集镇名	距离县城距离	集期（古历）
保安县			城南七月一会
			金鼎山三月一会
清涧县	县城		三、六、九日集
	宁门堡	县西北30里	二、七日集
	店子沟	县东北70里	三、八日集
	白家滩	县东70里	二、七日集
	石嘴驿	县北70里	五、十日集
	郝家嫣	县北90里	一、六日集
	裴家湾	县北90里	三、八日集
	商家圪洪流滩	县东90里	四、九日集
	田庄镇	县北110里	一、四、六、九日集。与州地相错；每月，州民司6集，县民司6集
	袁家沟	县东110里	四、九日集
	解家沟	县东120里	二、七日集
	官道坪	县东140里	一、六日集
吴堡县	朱家川	城南10里	大集逢五、十日集，小集逢二、七日；会期，二月、八月、十一月之二十日至二十二日
	辛家沟	城西北40里	三、七日集；会期，正月七日，十月十六日至十八日
	川口镇	城东北70里	四、九日集

---

①《甘泉县乡土志》"商务"，《陕西省图书馆藏稀见方志丛刊》第10册，第427页。
②《安定县志》，《陕西省图书馆藏稀见方志丛刊》第10册，第468页。

续表

县名	集镇名	距离县城距离	集期（古历）
米脂县	桃花峁	城东40里	四、九日集；会期，二月、七月、八月、九月初三日
	明晃堡	县南20里	旧有集场，民国时废
	龙镇	县西北50里	三、八日集
	武镇（武家坡）	城西100里	一、六日集；会期，二月十一、七月二十一、十月二十一起，各会期5日
	苗镇（苗家坪）	城西大理河川，距城70里	五、十日集；会期，九月二十日白站羊会
	海会寺	城北小川儿沟，距城90里，与榆林县接界	会期，每年三月十八日、七月七日，牲畜会
	吉镇（吉徽店）	城东南70里，与绥德、葭州、米脂、吴堡接壤	二、七等日集
安定县	蟠龙镇	县南80里	四、九日集
	南沟岔	县东90里	二、七日集
	瓦窑堡	县东30里	三、八日集，山西、韩城人居多
	湫浴沟	县东70里	三、七日集
	县城集		一、五日集
宜川县	百直镇	县北90里	商贾贸易之地
	阁楼集	县东北90里	
	安河集	县东北120里	

资料来源：《道光清涧县志》卷2《市镇》，集成本（42），第47页；《道光吴堡县志》卷1《里甲》，集成本（42），第118页；《民国米脂县志》卷3《镇堡》，集成本（43），第33—34页；《道光安定县志》卷2《堡镇》，集成本（45），第28页；《乾隆宜川县志》卷1《方舆》，集成本（45），第221页；《保安县乡土志》，《陕西省图书馆藏稀见方志丛刊》第10册，第349页。

（三）陕南地区

如前所述，明清时期是陕南地区社会经济较大发展的时期，其中最为主要的表现之一就是新增了十多个县级城镇。与此相应，虽然这些州县的人口尚比较稀少，但亦多无例外地形成了农耕和商贸相结合的基本的社会生活，包括城镇和乡村在内，亦如关中、陕北地区一样，也都不同程度地建立了城"市"和乡村集市。关于这方面的内容，明代文献的记载可谓是凤毛麟角，但从一些有限的记述依然可以看出城乡市场的初步形成及其一般状况。如洋县，"明隆庆间四关、青阳等街七处转市，万历间（县）令李用中定于儒学前"。[1] 除了县级以上城镇以及一些传统的府州县以外，不少新建县地的乡村市场可能已经零星出现，并且主要是当地居民基本生活用品的交换场所，当然，总体的情况是客商罕至，市井萧条。到了清代，各府州县城乡市场普遍建立，市场数量也相当可观。

首先，与关中、陕北地区相比，陕南地区市集在称谓上略有不同，有的地方称集曰"场"，有的叫"市"，有的叫"集"或"集场"，至于称作"街"者也不少见。这种情况与明清以来"移民社会"的日渐形成密切相关。其次，陕南地区未见单列的"庙会"集市，市场总体上表现为单一的城乡集市这种一元形式。其中原因是什么？目前尚不清楚。再次，乡村市场分布颇不平衡。表现为两点：（1）不少大山深处的州县市集数量较大。如道光时期的宁羌州，城乡市集共有45处之多，其中县城2处，乡村中，东乡3处，南乡13处，西乡16处，北乡5处，中乡6处。[2] 其集期多为一月9集，即每月一、四、七，二、五、八或三、六、九等，各自分别有集。[3] 道光时的略阳县，共27集，集期除了几处"日日交易"的集场外，"其余或一、四、七，二、五、八，三、六、九日集"。[4] 而留坝厅仅有24个村堡，市集却有18个。[5] 光绪时定远厅城乡"举凡25市"，集期亦多为一月9集。[6] 凤县，东大路4集场，另有1处集场先年有集，"今废"。东小路6集场，另有2处集场先年有集，"今废"。西大路1集场，另有2处集场先年有集，"今废"。西小路4集场，另有5处集

---

[1] 张鹏翼总纂：《洋县志》"市集"，成文出版社有限公司1976年版，第202页。
[2] （清）张廷槐纂修：《道光续修宁羌州志》卷1《市集》，《中国地方志集成·陕西府县志辑》（52），第20页。
[3] （清）马毓华修，郑书香、曹良楷纂：《光绪宁羌州志》卷1《舆地·市集》，《中国地方志集成·陕西府县志辑》（52），第126页。
[4] （清）谭瑀修，黎成德等纂：《道光重修略阳县志》，《中国地方志集成·陕西府县志辑》（52），第354页。
[5] （清）贺仲瑊修，蒋湘南纂：《道光留坝厅志》卷1《疆域图》，《中国地方志集成·陕西府县志辑》（52），第475—476页。
[6] （清）余修凤等纂修：《定远厅志》卷2《镇市》，成文出版社有限公司1969年版，第179—180页。

场先年有集,"今废"。南大路 2 处集场,另有 2 处集场先年有集,"今废"。北大路 2 处集场。① 佛坪县仅 60 村堡,有 14 个集场。② 商南县除县城"三街"外,乡村有 13 个集(街)。③ 石泉县道光时除县城外,乡村 10 个集场。④ 孝义厅乡村 10 个集(街)。⑤ 与关中地区不少州县的市集数量相比,这些州县的市集数量是相当惊人的,尤其是这里州县乡村数量较少,有些或只有数百户,但市场数量却较大。这种现象与山区村落分散且距离玄远,而又有必要进行必需的物品交易和商品交易分不开。像凤县地志所言,"县境向分六路,度其地势之邻近,各以乡约分属之。住址零星,村庄殊少,附居集市则烟户较稠然。治城以外无过六百户者,山僻,交易辄赴数十里以外,俗所谓赶集也"。⑥ 就此而言,市集数量的多寡并不必然反映商品经济的活跃,对此的衡量要根据各地具体的情况做具体的分析。(2)市场交易主体上是"日中而市"的地区内所在居民的生产、生活资料的交易,所谓"场市无牙行,无杂税,斗粟匹布,山氓自相贸易而已"。⑦ 客商经营以及为资本积累而进行的贩运贸易尚较为薄弱。(3)诸集市基本上都是三日一集和一月 9 集的运行状态,日集或常市在一些厅县有明显的发展。前者自不必说。后者,如道光时期略阳县的旧城南街,距城较近的碾子坝、南坝和菜子坝,都是"日日交易"的市集。⑧ 洋县西路谢村镇、马畅、智果寺亦均为每日市。⑨ 这样的市集虽然不多,但较关中、陕北地区总体上来说表现得还是更为突出。此类集市的出现,说明市

---

① (清)朱子春等纂修:《凤县志》卷 1《村集》,成文出版社有限公司 1969 年版,第 60—62 页。

② 张机高纂修:《佛坪县志》卷上,成文出版社有限公司 1969 年版,第 20 页。

③ 罗传铭修,路炳文纂:《商南县志》卷 3《市集》,成文出版社有限公司 1976 年版,第 181—182 页。

④ (清)舒钧纂修:《石泉县志》卷 2《市集》,成文出版社有限公司 1969 年版,第 44 页。

⑤ (清)常毓坤修、李开甲等纂:《孝义厅志》卷 4《市镇》,成文出版社有限公司 1969 年版,第 155—156 页。

⑥ (清)朱子春等纂修:光绪《凤县志》卷 1《村集》,成文出版社有限公司 1969 年版,第 60 页。

⑦ (清)常毓坤修、李开甲等纂:《孝义厅志》卷 4《市镇》,第 156 页。

⑧ (清)谭瑀修、黎成德等纂:《道光重修略阳县志》,《中国地方志集成·陕西府县志辑》(52),第 354 页。

⑨ 张鹏翼总纂:《洋县志》"市集",成文出版社有限公司 1976 年版,第 203 页。

集与乡村消费市场的相互依赖明显增强，同时也表明它们已经摆脱定期集市的初级市场形态而向更高级的市场形态迈进了。

表2—9　光绪《陕西全省舆地图》陕南地区州县市集数量分布表

州县名	市集数	州县名	市集数	州县名	市集数
南郑县	12	佛坪厅	13	定远厅	25
留坝厅	18	褒城县	10	城固县	不详
洋县	不详	西乡县	31	略阳县	45
宁羌州	19	凤县	23	沔县	8
安康县	18	砖坪厅	18	汉阴厅	15
平利县	6	洵阳县	不详	白河县	5
紫阳县	20	石泉县	不详	商州直隶州	22
镇安县	17	雒南县	17	山阳县	22
商南县	14				

资料来源：据（清）魏光焘编修《陕西全省舆地图》（成文出版社有限公司1969年版）整理。

第三章

甘肃城镇发展与市场发育的区域特征

明清以来在约600年的最初300年里,今甘肃省部分地区经历了元代"行省"到陕西省的变化,特别是明代建立以后不久(洪武二年),甘肃行省被撤销,今甘肃省绝大部分地区都划归陕西省和陕西行都司管辖。这样的政区局面一直维持到明朝的灭亡和清康熙初年以前。康熙六年(1667)甘肃省从陕西省中独立出来,重新确立了"省"的建制,随后的历史也就分属两省了。因此,600年来今甘肃省境内的城镇与市场发展,就是在这一政治社会背景下上演的。

一 城镇发展及其区域特征

明代上承元代,与元代相比,明王朝时期今甘肃省区所在地区的政治地位有所变化。主要表现在:(1)元代甘肃行省与中书省接壤,东卫陕西行省,南控四川行省,而在它的西面是著名的察合台汗国的封疆。所以,包括当时陕西行省的西部在内,元政府在此设有安西王府(今属宁夏回族自治区固原市开成区,当时属陕西行省管辖)和"巩昌等处总帅府"(当时属陕西行省)。安西王府自不必说,而"巩昌等处总帅府"虽然前后略有变更,但其性质和地位却"类似宣慰使司",且一度又是"陕西陇右提刑按察司治所",[①]因而是这一区域最为重要的军政机关。"总帅

---

① 李治安、薛磊:《中国行政区划通史》(元代卷),复旦大学出版社2009年版,第155、159页。

府"管辖4府15州之地，其中有"宣慰司"级别的城镇1个，即巩昌府（治今陇西县），府级城镇3个，分别是平凉府、临洮府和庆阳府。所辖15个州级城镇、18个县的14个县级城镇（除过倚郭县），共33个县级以上城镇。这些城镇基本上涵盖了今甘肃省黄河以东的绝大部分地区。(2) 元代的河西地区属甘肃行省管辖，且行省治甘州路（今甘肃张掖市），这里是甘肃行省的政治中心所在。在该区域分布有甘州、永昌、肃州、沙洲四路的1个省府城镇、3个路一级城镇和1个州一级城镇（山丹州）。而在山丹州隶属甘肃行省的至元二十二年（1285）以前，有9年的时间，该城"直隶（中书）省部，以达鲁花赤行者仍领之"。[①] 换句话说，山丹州曾经由行中书省直辖达9年之久。综合这两点来看，元代河西地区的政治地位绝非一般地区可比。(3) 明代建立以后，先是河西地区在洪武五年（1372）以前仍在元朝残余势力的控制之下。洪武五年政府控制河西地区以后，使得这里长期处于军事"卫所"的守卫和管辖之下，直到洪武二十六年（1393）才确定该区域为"陕西行都司"，作为西北边防军事防卫区。行都司治所承袭元代行省省府，设在甘州。元代曾设立的诸路、州在这一时期都变为军事性质的卫所。(4) 在行都司以东以南地区，除了巩昌府、平凉府、临洮府和庆阳府等四府外，在它们的周边分布有不同数量的卫所。这样的过程在明代初年以来不断发展，从而持续地造成了今甘肃地区总体上边疆化、军事化的过程与特征，以至于今甘肃地区于明代270多年的时间里一直属于边疆地区，并且相当一部分地区一直属于军事社会的性质。在这一背景下，各地城镇的发展不同程度地表现出自己不同的特点。

（一）河东区

河东区地理单元上包括今甘肃省境内黄河干流以东的整个区域。行政建置，包括今庆阳地区、平凉地区、天水市、定西地区、白银市、兰州市、临夏回族自治州、陇南地区、甘南藏族自治州的全部或一部分。明代以前的元代，这里已经形成了一些较为稳定的地方性行政中心城镇，它们是：庆阳府、平凉府、巩昌路、河州路、临洮府、文扶州万户府（今文

[①] 参见李治安、薛磊《中国行政区划通史》（元代卷），第188页。

县)、环州、宁州、镇原州、泾州、秦州、静宁州、庄浪州、会州、定西州、金州、兰州、西和州、成州、徽州、阶州、积石州、洮州、铁州、岷州、合水县、镇宁县、灵台县、崇信县、华亭县、宁远县、伏羌县、通渭县、秦安县、清水县、郧县、两当县、定羌县、安乡县、宁河县、礼店文州元帅府（今礼县东）、阶文扶州上千户所（今武都西北）。总计6个府一级城、19州城、17个县一级城，总共42座行政中心城镇。① 这些城镇分归陕西行省、甘肃行省和宣政院管辖，其中隶属陕西行省的巩昌府因"巩昌等处总帅府"治于此，而为该地区最为重要的政治、军事中心。明代建立以后，（1）这些行政中心城镇都被继承下来，只是巩昌府城作为陇东西两大区域的政治中心的地位已经丧失。而建立在陕西行省、四川行省和吐蕃等处宣慰司边境地带的文扶州万户府、礼店文州元帅府和阶文扶州上千户所等军政机关也不复存在。（2）在原有行政中心城镇的基础上，增设了一批军事卫所城镇，虽然其中大多数仍与诸行政中心城镇处于一城，但却显著地提升了本地区的军事防卫地位。另一方面，也增加了几个单一的卫所城镇，以及一批防卫型军事城堡。（3）该区域分布有庆阳、平凉、巩昌、临洮4个府，在陕西8府中占到一半。因此，综合以上两个方面，该区域既是重要的"吏民社会"或者说腹里要区，同时也是重要的军事防卫区域。这些特征是认识该区域城镇发展的一个重要背景。

　　1. 军事功能城镇的增长。主要包括明代新建的军事卫所城镇或在原有行政建制功能的基础上增加军事功能的城镇。河东地区既然是重要的军事防卫区域，按照明代的制度，在该区域内建置卫所，分防驻兵，自是自然之理。首先，就独立的设卫所城镇而言，这里先后设立有岷州卫（今岷县）、洮州卫（今临潭县南门河）和靖房卫（今靖远县）、西固城千户所（今舟曲）和庆阳府西北的安边所（今环县西北）。其次，从洪武三年（1370）以来，在一些重要的行政中心城镇也相继设立有巩昌卫、平凉卫、兰州卫、庆阳卫、秦州卫和河州卫6个卫所。如果单纯就卫所数量而言，这些卫所比后来延绥镇防御区内的卫所数量要多许多。当然，庆阳卫在明代是隶属于延绥镇管辖的，但它分布于该区域以内。很显然，这样的

---

① 谭其骧主编：《中国历史地图集》（元时期），中国地图出版社1982年版，第17—18页。

建置显著地增加了该区域的防卫力量，就城镇自身而言，则显著地增加了它们的军事功能。因此，该区域既是重要的"吏民社会"或者说腹里要区，也是重要的军事防卫区域。

伴随着军事卫所的设立以及不同层级驻防兵的戍守，一批军事城堡应制而生。它们或者为沿袭宋代以来的旧城，明代在此基础上加以重修，或者是明代新建的城堡，兹据康熙《兰州志》卷一《地理志》和道光《兰州府志》卷一《地理志上》"形胜"部分的相关记述，整理出主要者如下，以见其发展的一般情况：

西古城堡：兰州西40里。彭泽《西古城记》："兰州治西五十里有古城焉，郡志以为汉故允吾，周环三里有奇，废为古迹久矣。弘治戊午秋，巡抚都宪许公季升始充守备，都阃梁公瑄之请令修之，用遮虏卫。乙（己）未檄兰州卫指挥使周侯伦董其役，凡军民夫匠计若干名，每岁率以农隙一月修之，历庚申至辛酉，城池之工毕。壬戌，庐舍官署之工毕。癸亥，楼橹门禁之工毕。储峙有庾，训教有学。程督严而不苛，分布公而不徇。用不及公帑，科不及兵民。皆侯所经划而规揩之者。既告成，乃请于抚镇诸公，分兵守御以为常。阛阓并起，货物充积，生理日渐裕焉。"由此知，该城在旧废弃古城的基础上修建而成。弘治十一年（1498）计划修筑，第二年开始兴工，至十四年城池修成，后又经两年时间，所有工作才告完成。

盐场堡：兰州东北10里（杨一清云"河北5里"）。弘治年间杨一清筑，先是分班驻守，万历三十三年（1605）置守备驻防。

安宁堡：州西北30里（杨一清云"距河70里"）。弘治年间杨一清筑，分班驻守。万历三十三年置守备驻防。

铁古城：兰州北80里，即定火城，弘治年间杨一清筑。

红水城：兰州西北500里。康熙《志》称，万历二十九年（1601）加修城池，由原来的守备改设游击驻守。道光《府志》称，红水河堡在（皋兰县）北与平番县交界处。堡城周一百二十一丈，高三丈一尺，壕深一丈五尺，万历二十七年（1599）建。

三眼井城：清皋兰县北370里。万历二十七年建，加修城池，城池高深与红水城同。按康熙《志》云二十九年，与道光《志》不同。

永泰城：红水城以南120里。万历二十三年（1595）总督李汶勘议，红水城距离兰州500里，"道远势孤，难以策应"，遂拟在"适中地，建大城一座，名永泰。再设二堡，曰镇远、保定"。此事得以批准实行。道光《志》：万历三十五年（1607）建，周四百八十丈，高四丈。按巡抚顾其志《议城永泰疏》，当为万历三十五年建。康熙《志》误。

保定堡：永泰堡以南150里。镇虏堡，保定堡以南120里。俱与红水堡相唇齿。实际上也都是这一时期修筑的城堡。

金城关：在皋兰城北踰黄河北2里处。明人黄谏《记》云："黄河经皋兰城北，距城西八十步，架浮桥以渡河。河之北有关，凡甘肃官员之朝会，陕右民庶之转输，腹里军士之输班操备，皆踰于是。旧关创自洪武甲子，乃指挥金事杨廉移置，至次年乙丑工完，计今年乙丑，凡六十一年。其城垣颓圮，戍楼倾坏，而边备亦废弛。……去岁冬，朝廷以瓦剌潜蓄窥伺，乃命镇守陕西右都御史陈公镒巡抚边卫，整饬武备，选将练兵以御之。"于是重修关城，"拓其城郭，甃以砖石，而戍楼聘睨以次而成。又广其外为瓮城，城内正北筑台，高丈余。肇工于正统十年（1445）八月十一日辛亥，至次年三月初三日庚午讫工。"按此，该关创自洪武十七年（1384），第二年建成使用。正统十年重修，明万历二十五年（1597）"易土以砖"，是兰州的重要门户。

皋兰堡：金县东南95里。宋元丰四年（1081）置。明弘治十八年（1505）重修。

临洮堡：清狄道州北70里。宋置，明洪武二年（1369）改筑大城。周五百七十丈有奇，高三丈六尺，北筑郭，东西北三门。

永安堡：清靖远县东北130里。明隆庆五年（1571）建，城周三里，三面距山，一面距河，河外即边徼，为极冲要地。

裴家堡：永安堡南20里。明万历元年（1573）初建于分水岭，城周一百七十五丈，后因为取水不便，改建于裴家沟。

芦沟堡：清靖远县东180里。明万历二十四年（1596）建，城周三里，与宁夏中卫毗连。距边50里。

芦塘堡：清靖远县北220里，黄河外新疆内。周二里。明万历二十七年（1599）创建，设参将，屯兵千余。

平滩堡：清靖远县西90里，明正统年间建，黄河至此入境。城周一里三分，临河踞胜，四面天险。

迭烈逊堡：清靖远县北70里。西夏所置。明万历年间修筑，城周三百五十步。初设巡检司，戍兵防守。置船及索桥，是通往凉州、庄浪的要途。

水泉堡：迭烈逊堡东北20里。明万历四十年（1612）修，城周一里二百步。堡立山嘴，四面天险。

陡城堡：水泉堡东南20里。也是这一时期修建而成。

哈思吉堡：清靖远县北170里。明隆庆六年（1572）建，城周一里，三面陡峻。

索桥堡：哈思吉堡西15里，又名铁锁关。万历二十九年（1601）建。

沙古堆堡：清靖远县北130里。明嘉靖四年（1525）因山崖斩削而成，城周一百六十丈。

大庙堡：清靖远县北150里。明万历三年（1575）建，城周一百七十六丈。

打剌赤堡：清靖远县东北70里。宋崇宁元年（1102）建，城周三里。赐名怀戎堡。三面距河，一面依山，东达固原镇，是边境大路。

干盐池堡：清靖远县打剌赤堡东50里，即宋定戎堡。宋崇宁间建，城周四里，边境通衢，最为冲要。

以上这些城堡，虽然不乏有历史上的旧城，或者宋代曾经修建的城堡旧址，但更多地是在明代防御蒙古诸部的背景下产生的新城堡。它们主要分布于当时的边疆地带，内地虽然也有一些，但毕竟仍是少数。就其功能而言，几乎没有例外的是，它们都是最基层的军事防卫型城堡。还有一种情况，就是在北方蒙古诸部侵扰的背景下，一些州县兴筑相当数量的"墩堡"，借以藏民保民。《通渭县志》云："墩堡恃险修筑，堡类城郭，墩类庄圃。堡以敛藏人畜，墩以传报烽火，匪细故也。先年，边警时急，设立颇多。承平日久，废弛殆尽。旧志共为一款，止记空名。万历四十四年，知县刘世纶奉文审议，次第修复。拟五七里为一墩，十里为一铺，二十里为一堡，墩堡中为一台，上拟为楼，屋覆以天棚，以兵民分为二班，半于演武场操练待巡，半于各墩堡同保甲乡民巡守还操。庶几有备无患云。"该县这样的建筑前后有49处。[①]类似的情况，在该区域其他地方，如洮州卫、岷州卫、河州卫、庆阳卫、巩昌卫、平凉卫等可能都有不同程度的兴筑。城堡数量的如此性增长，充分反

---

① （明）刘世纶等修：《重修通渭县志》卷1《建置》，《中国西北文献丛书·西北稀见方志文献》第39卷，第493—494页。

映了明代明蒙对峙背景下该区域军事功能城堡普遍增长的特点。

2. 城镇修筑及其特点。明代是我国地方城镇修筑的大发展时期,这已经是学界的共识。这其中固然有因为边疆、内地等区域差异的相关具体因素影响的不同,但作为一种全国范围内的普遍现象,其根本的影响力量,则是中华帝国晚期专制主义中央集权体制高度发展的内在需要,也是蒙元势力退出中国传统统治区后,儒家政治重新拾起历史传统中"筑城以卫民"思想的理想性治世实践的深切反映。特别是甘肃地区,由于地处边疆地带或者接近边疆地带的实际情况,其筑城实践又必然地打上"侵扰势力"强烈影响的推动性印记。

（1）城池修筑与防御功能的提升。该区域城池虽然大部分沿袭宋元城池而来,但在明代却都进行了不同程度的重修、拓展或加固,特别是对军事防卫能力的加强,是这一时期城池修筑的突出特点。防卫能力的提升主要体现在:一是增筑城池,包括增高城墙、加深城池、增大或开辟郭城等;二是对原来的土城甃砖,以加固城墙;三是对月城（或瓮城）、门楼、敌楼、角楼、铺舍等的建设。如兰州城,在汉宋以来旧城基础上,洪武十年（1377）指挥同知王得加以增筑,城池规模较原来明显扩大。宣德年间,佥事卜谦、指挥戴旺自城西北至城东,修筑外郭城,共14里240步。正统十二年（1447）,又修筑了"承恩门外郭为新关"。弘治十年（1497）都指挥梁瑄又修筑东郭外墙360余丈,为游兵营驻扎之地。万历八年（1580）因北城频临黄河,"甃以砖石,城堞皆易以砖"。[①] 河州城,元时城池靠近北原。洪武十年,指挥使徐景截取其城池一半,向南拓展一里。弘治十三年（1500）,守备都指挥蒋昂重修,"高其堞雉,深其湟池"。城外又修有关厢,"南门外关厢长五里,稍门三座。西门外关厢长二里,稍门三座。东门外关厢长百步"。"南关城,隆庆三年知州聂守中创筑。延袤七里三分,高三丈,阔二丈五尺。"[②] 巩昌府城,旧为土城,元代中统初年加以拓展,洪武初重修。正德十三年（1518）,太守朱裳奉檄修筑东、北、西三面郭城。"其北郭居民倍于城中,市井咸集",但因

[①] （清）刘斗修,陈如稷纂:《康熙兰州志》卷1《城池》,《中国地方志集成·甘肃府县志辑》（1）,第54页。

[②] （明）吴祯纂修:《河州志校刊》,马志勇校,甘肃文化出版社2004年版,第10—11页。

"墙卑池浅，不称保聚"。所以，隆庆年间，分守陇右道参议利瓦伊又奉檄"重筑北郭，开拓旧基，可相容二郭之民"。① 秦州城，洪武初年，在原来旧城址基础上重修，有东郭城，成化年间重修。正德年间又根据当时的军事需要，修筑西郭城，"高广稍次中城，辟四门，各覆以楼"。② 靖虏卫城，明正统二年（1437）在元代会州城旧址上修筑，成化十三年（1477）"恢拓东城"，嘉靖二十年（1541）"修筑南关"，万历六年（1578）"重修东、西门并城楼，增筑南关城垣，甓砌女墙。城周围六里三分，……城高三丈，根基阔四丈一尺，……南关城周围二里半，高阔与卫城等，池深三丈。城上正北曰镇边楼，三楹，高三丈五尺，中题曰威远，西题曰坐镇四塞，北题曰大观。东内城门上曰通化楼，上题曰三秦藩篱。瓮城及稍门俱有楼。西内城门上曰治平楼，上题曰两河屏翰，瓮城门及稍门原俱有楼。……城南门上曰安远楼，上题曰秦陇锁钥。俱正统二年建。"③ 其他如徽州城，洪武初增筑。正德初开拓旧基，包钟山。安定城，正统年间增高、加厚。会宁城，成化四年（1468）拓修，嘉靖年间增筑南北西三关，万历元年（1573）营东郭城。秦安县，成化九年（1473）增修"西城，独为坚厚"。嘉靖二十一年（1542）"增修东北，加三之二，高加五之一"。伏羌县，万历六年"增高帮厚"。清水县，弘治年间增筑东西二郭。万历六年"增高帮厚"。以上俱见康熙《巩昌府志》卷九《建置上》，其他不复赘述。至于修建月城（或瓮城）、门楼、敌楼、角楼、铺舍等，在这一时期非常普遍，虽然这些元素的组合上不是每一个城都很全，但门楼、敌楼、角楼、铺舍等的修建，在绝大多数城镇都有修筑或补修。特别是徽州城，嘉靖初年修葺时，"城头覆以屋八百余间"，④ 更是罕见。这里列举的虽然只是巩昌府的情况，其实平凉府、庆阳府、临洮府诸州县城池也差相仿佛。因此，大力兴修城池，筑城以卫民，增强和提高各

---

① （清）杨恩纂修，纪元补辑：《康熙巩昌府志》卷9《建置上》，《中国地方志集成·甘肃府县志辑》（2），第312页。

② 同上注。

③ （清）陈之骥编次：《靖远县志》卷2《城池》，成文出版社有限公司1976年版，第132—133页。

④ （清）杨恩纂修，纪元补辑：《康熙巩昌府志》卷9《建置上》，《中国地方志集成·甘肃府县志辑》（2），第312页。

级城池的防卫功能，是明代城镇兴筑的普遍特征和基本特征，这一点在该区域也不例外，甚至还表现得比较典型。

（2）城镇规模及其地域性征。河东地区既是重要的"吏民社会"的组成部分，又是重要的军事防卫区域。明初以来，不少行政、军事城镇都经历了不同程度的修建、扩建，到了明代中期，其城镇规模如表3—1所示。

表3—1　嘉靖《陕西通志》所载河东区府、卫、州县城池规模

府州县城	周长	城高	池深	城池总高度
平凉府	11里3分	5丈	5丈8尺	10丈8尺
崇信县	3里5分	2丈5尺	1丈2尺	3丈7尺
华亭县	5里180步	2丈	1丈5尺	3丈5尺
镇原县	1里270步	2丈5尺	7尺	3丈2尺
泾州	3里	2丈5尺	1丈	3丈5尺
灵台县	4里3分	2丈5尺	2丈	4丈5尺
静宁州	7里	3丈	1丈	4丈
庄浪县	1里170步	1丈5尺	1丈	2丈5尺
巩昌府	9里	3丈	1丈8尺	4丈8尺
安定县	3里	1丈5尺	1丈	2丈5尺
会宁县	4里	1丈5尺	1丈	2丈5尺
通渭县	5里	2丈5尺	2丈	4丈5尺
漳县	1里3分	2丈	1丈	3丈
宁远县	3里余	2丈	1丈	3丈
伏羌县	3里	2丈	1丈5尺	3丈5尺
西和县	4里	2丈5尺	1丈	3丈5尺
成县	5里	1丈7尺	1丈	2丈7尺
秦州	4里余	2丈5尺	1丈5尺	4丈
秦安县	3里余	2丈	1丈	3丈
清水县	5里	2丈	1丈	3丈
礼县	3里	1丈8尺	7尺	2丈5尺
阶州	3里	2丈	1丈	3丈
文县	3里	1丈5尺	1丈	2丈5尺
徽州	7里	2丈	1丈	3丈
两当县	2里	2丈	1丈	3丈

续表

府州县城	周长	城高	池深	城池总高度
临洮府	9里3分	3丈	2丈	5丈
渭源县	3里	1丈5尺	7尺	2丈2尺
兰州	10里	3丈	2丈	5丈
金县	3里	1丈5尺	1丈	2丈5尺
河州	9里2分	3丈	1丈5尺	4丈5尺
庆阳府*	7里13步，北关城周7里许	因原阜之势而成，东高13丈，西高11丈，北高9丈，南高9丈	浅深广狭不等	平均约10丈5尺以上
合水县	3里余	3丈	1丈	4丈
环县	5里	3丈5尺	2丈	5丈5尺
宁州	3里余	2丈	1丈	3丈
真宁县	3里	2丈5尺	1丈	3丈5尺
岷州卫	9里3分	3丈	1丈5尺	4丈5尺
靖房卫	6里	3丈	2丈	5丈

注：*（明）赵廷瑞修，马理、吕柟纂《陕西通志》无庆阳府城池规模数据，此处采自嘉靖《庆阳府志》卷2《城池》。

资料来源：据（明）赵廷瑞修，马理、吕柟纂《陕西通志》整理。

由表3—1数据所提供的信息看，第一，府城、设卫府城和单一军卫城镇规模最大，且规模相当。这其中，靖房卫规模最小，但也有6里之大，且大于大多数一般州县城镇。其上依次是洮州卫、巩昌府（巩昌卫），9里。河州卫，9里2分。岷州卫、临洮府，9里3分。兰州，10里。平凉府（平凉卫），11里3分。庆阳府（庆阳卫），14里。这样的规模和陕西陕北地区一些城镇类似，显示了军事防卫中心和政治、军事中心城镇适应于军事需要的规模性特征。就南北分布而言，北面的兰州、平凉、庆阳比西南部几个城镇规模都大，总体上显示了由北而南的相对减小性变化。这样的情形，不能说是一种偶然的巧合，而是当时政治、军事重心转移至北方的实际情况在城镇布局上的反映。当然，分布于边境地带的靖虏卫固然要小一些，这可能与这一带的防卫实际和地理条件有关，不能因此而影响这些城镇规模如此布局所潜藏的地域性变化的意义。第二，除以上诸城外，其余州县城镇规模数量依次是：7里城2个，5里城5个，4里城4个，3里城14个，2里以下城4个。可以看出，3里城是该区域内县级城镇最为普遍的城池规模，占到同级数量的50%以上。而7里城有静宁州和徽州两个州城，在等级上要高于县城。5里规模的5个城池，分别是环县、清水县、成县、通渭县和华亭县，除环县分布于最东北一隅外，其余4县都分布于甘肃省境内东经105°—106°的中心地带，并且也是重要的交通通道或河流谷地，历史悠久，交通位置较为优越。第三，城镇的绝对高度在一定程度上反映了北高南低的特点。所谓绝对高度，是指城墙高度与城池深度之和，在一定程度上反映了城镇适应防卫需要所做的应对性需求。该区域绝对高程在5丈以上的城有兰州、环县、庆阳府和靖虏卫四座城池。这四座城池都位于北纬36°以北，是该区域同类城镇中分布最北的城镇。其中，兰州、靖虏二城分布于边境地带，分别由兰州卫、靖虏卫驻扎，在它们以北或以西的地区就是蒙古诸部控制区域，因而防卫任务最为重要。而环县、庆阳二城，地处泾水支流马莲河及其上源环河河畔，是北上宁夏卫重要的交通要道，军事交通地位亦非常重要。其次是4丈高的城池，主要有灵台、静宁州、通渭县、秦州、河州、合水县、岷州卫7个城池。这其中除了河州卫、岷州卫二城地处西南门户以外，其余诸城都分布在秦州以北的中北部地区。至于高程在2—3丈多的城池，总体上较为普遍，只是南部诸县级城池无一例外的都在这一范围以内。这应该说并不是一种巧合，而是体现了一定的地带性特征。洪武二十一年（1388），御制谕武臣敕言"边境城隍务宜高深"，① 上述河东区诸城池城墙绝对高程的这种地带性差异，既是贯彻明初以来"边境城隍务宜高深"思想的具体实践，同时也是北方蒙古诸部长期以来所造成的实际威胁，以及随着这些威胁的地域性变化在城镇建设上的总体反映。

3. 清代的主要变化。清王朝建立以后，北方长城沿线结束了长达270余年明蒙对峙的政治局面，蒙古诸部归附清王朝的统治，中华帝国迎来了将北方游牧部族统一在一起的大一统王朝时期。与这种形势的变化相适

---

① 《明太祖实录》卷193，洪武二十一年八月己巳，第2901页。

应，该区域也逐渐从军事防卫重心的"压力"中被慢慢地解放出来，日渐发展成为以经济发展和社会稳定为中心的"常态"时期。完成这一转型的核心工作，就是军事卫所的裁并或城镇的行政职能的恢复和转化，其过程经历了八十多年的时间。① 在这一过程中，一是逐步裁减卫所，二是改一些沿边卫所为县城，三是将一些卫所划归府一级机构管辖。如顺治十二年（1655），裁岷州卫前后二所，洮州卫左前后三所，平凉卫、庆阳卫、靖远卫左右中后四所，河州卫右中前后四所，秦州卫后所，兰州卫左右后三所，临洮卫右中后三所，并以甘州中护卫归并于兰州卫。② 康熙三年（1664），改靖远卫为靖远县，裁同知、守备、千总、经历四缺，设知县、典史二员。③ 雍正三年（1725），改陕西平凉、固原二卫归平凉府管辖，庆阳卫归庆阳府管辖，临洮、河州、兰州三卫和归德所归临洮府管辖，洮州、岷州、靖逆三卫和西固所归巩昌府管辖。④ 大概从雍正三年以后，旧时代的卫所实际上已经不存在了，所以雍正十年（1732）有"今卫地既归各州县管辖"⑤ 的说法。在这样的改制基本完成以后，河东区的府州县城镇基本上就摆脱了过去卫所的羁绊，进入以管理社会和发展经济为中心的城镇时代了。

虽然，清代的这些城镇几乎毫无例外地继承了旧时代的城镇形态，并且随着岁月的迁移和风吹雨淋的剥蚀，依然仍有不时地修筑或者修葺，但其主要成绩只是在原有基础上的修复或重建，所以康熙《巩昌府志》"建置"部分的几乎所有城池都是明代时期的建设，道光《兰州府志》所载诸城也都是循明代旧基，且在此基础上修复和补筑而已。该二府如此，其他诸府州县城镇亦莫不如是。从这一意义上说，河东区诸城镇的建筑规模和形态是明代奠定的，清代主要的成绩只是继承和修补，而在创建上面少有作为。

---

① 顾诚：《卫所制度在清代的变革》，《北京师范大学学报》1988 年第 2 期。按：顾诚先生就全国的情况而言认为："明代的卫所在清代广泛地延续了八十多年，到雍正初年才大体上完成了并入行政系统的改革。"

② 《清世祖实录》卷 90，顺治十二年三月，第 707 页。

③ 《清圣祖实录》卷 11，康熙三年正月，第 169 页。

④ 《清世宗实录》卷 33，雍正三年六月，第 512 页。

⑤ 《清世宗实录》卷 126，雍正十年十二月，第 658 页。

（二）河西区

河西区包括今甘肃省境内黄河以西的部分，其核心部分是所谓的河西走廊地区。在元代，这里人烟稀少，汉回杂处，基督教、佛教盛行，居民基本的生活方式是农牧业兼营。马可·波罗行经过此地，他记载说，肃州（今酒泉市）"境内有环以墙垣之城村不少，而其要城即名肃州。居民是基督教徒或偶像教徒"。在其以东是甘州城（今张掖市），"盖为唐古忒全州之都会，故其城最大而最尊。居民是偶像教徒、回教徒及基督教徒。基督教徒在此城中有壮丽教堂三所。偶像教徒依俗有庙宇甚多，内奉偶像不少"。① 这实际上说的是肃州路和甘州路两个主要行政城镇，除此而外，这里还设有沙州路（今敦煌）、永昌路以及庄浪县、西凉州（今武威市）、山丹州、瓜州县6个州县城镇。明洪武五年（1372）以前，这里的大部分地区为元代残余势力控制，洪武五年平定并控制了该区域的绝大部分地区后，于永乐初年设置嘉峪关，为明朝西大门。嘉峪关以西设置羁縻州，由归附的蒙古等族后裔驻扎。洪武二十六年（1393），明政府于甘州设立陕西行都司，于是河西区主要就是陕西行都司这一军事防卫机构的辖地，也是单一的卫所分布和控制区。

1. 军事卫所城镇的普遍设立。洪武五年起，明政府首先在此设立了甘肃卫（治今张掖）和庄浪卫。② 洪武二十三年（1390）又设置甘州左卫（治甘州），③ 二十五年（1392）设置甘州中、右、中中三卫，④ 二十七年（1394）改甘州左卫为肃州卫。⑤ 到二十八年（1395），"改甘州中中卫复为甘州左卫指挥使司。初，陕西甘州置左、右、中、前、后，并中中六卫，后改左卫为肃州卫。至是，以都指挥使陈晖奏，遂改中中卫为左卫"。⑥ 按此，至洪武二十八年，仅甘州（今张掖）就有五卫，即甘州左卫、甘州右卫、甘州中卫、甘州前卫、甘州后卫。《寰宇通志》说"以上五卫俱附郭，

---

① 《马可波罗行纪》，冯承钧译，上海书店出版社1999年版，第125—127页。
② 《明太祖实录》卷76，洪武五年十月壬子，第1403页。
③ 《明太祖实录》卷206，洪武二十三年十一月甲戌，第3075页。
④ 《明太祖实录》卷217，洪武二十五年三月辛未，第3193页。
⑤ 《明太祖实录》卷235，洪武二十七年十月乙巳，第3433页。
⑥ 《明太祖实录》卷239，洪武二十八年六月乙酉，第3477页。

第三章 甘肃城镇发展与市场发育的区域特征 / 89

洪武二十八年建"。① 说洪武二十八年（1395）建这些卫，显然是不准确的，实际上只是二十八年时完成了这样的建置。又，《皇明九边考》说"洪武九年设甘州等五卫于张掖，设肃州卫于酒泉，设西宁卫于湟中，又设镇番、庄浪二卫，又于金城设兰州卫，皆置将屯兵拒守"。② 其中诸卫建置时间也不完全如是。总之，至《寰宇通志》时，河西地区除了西宁卫以外，已经有甘州五卫、山丹卫、凉州卫、永昌卫、肃州卫、镇番卫、庄浪卫、镇夷守御千户所、古浪守御千户所等13卫所，加上景泰七年（1456）设立的高台守御千户所，③ 共14卫所。至此，"河西十五卫"（含西宁卫）基本稳定，并常为人们谈起。如成化时期，整饬边备兵部尚书王复言"甘肃所属十五卫所"，④ 巡抚甘肃右佥都御史徐廷章言"甘州十五卫所"，⑤ 巡按陕西监察御史许进言"河西十五卫"⑥ 等即是，涉及城镇10个。

2. 卫所下设立城堡、关隘。如嘉峪关（肃州卫城西60里）、黑山关（镇番卫西南60里）、杂木口关（凉州卫城东30里）、水磨川关（永昌卫城西20里），俱置兵防守。又有沙河堡、甘浚堡、高台堡、小满堡、黑城堡（该五堡属甘州左卫）。长乐堡、大满堡、顺化堡、平源堡（该四堡属甘州右卫）。镇平堡、小慕化堡、抚夷堡、平川堡、胭脂堡（该五堡属甘州中卫）。柳树堡、古城堡、洪水堡、东共堡（该四堡属甘州前卫）。板桥堡（属甘州后卫）。肃州卫周围有永宁堡、永安堡、永清堡、永定堡、盐池堡，山丹卫附近有新河堡、永兴堡、暖泉堡、大黄山堡、三洪堡、水店堡，永昌卫附近有乐善堡、水磨川堡，凉州卫城西有怀安堡、靖远堡。镇番卫城西西乐堡，城东有东乐堡。庄浪卫东有应理州堡、泗水堡，南有红城子堡。⑦ 等等。又《边政考》记载，庄浪卫有堡28，凉州卫有堡58，古浪守御千户所有堡4，镇番卫有堡24，永昌卫有堡33，甘州卫有堡56，山丹卫有堡23，高台守御千户所有堡46，肃州卫有堡43，

---

① 《寰宇通志》卷101《陕西行都指挥使司》，《玄览堂丛书续集》（第74册）。
② （明）魏焕：《皇明九边考》卷9《甘肃镇》，《中国西北文献丛书·西北史地文献》第4卷，第358页。
③ 《明英宗实录》卷264《废帝郕戾王附录第八十二》，景泰七年三月甲午，第5627页。
④ 《明宪宗实录》卷40，成化三年三月丙寅，第801页。
⑤ 《明宪宗实录》卷78，成化六年四月甲寅，第1512页。
⑥ 《明宪宗实录》卷151，成化十二年三月丁巳，第2762页。
⑦ 《大明一统志》卷37《陕西行都指挥使司》。

镇夷守御千户所有堡14。① 以上共计堡城329座。与此相应，堡下还设置有相当数量的军事防卫单位"寨"，这些堡寨的名号，此处不必赘举。这样，在这一时期的河西区，基本的社会组织实际上是由陕西行都司—卫所—堡—寨这样相隶属的军事城镇防卫体系构成，因此该区域是一个典型的边疆军事防卫区。考虑到元代这里有限的行政城镇，我们说，河西地区在原有城镇的基础上修筑或增筑了大量的各级军事性质的城镇，此为这一时代的显著特点。

（三）城镇修筑及其特点

地志云："塞垣城郭与腹地异，城有望楼，有月城，有垛眼。城门有墩台，有门铺，设立兰錡，陈弓矢军仗以威之。"② 说明了边塞城镇不同于内地城镇的一般情况。事实上，由于明代这里边塞军事防卫区的属性，几乎所有的城镇都进行了不同程度的修筑、增筑，特别是军事防卫设施的建设，显著地增强了这里城镇的防卫性能。

1. 城镇修筑与特点。河西地区主要卫所城镇在元代都不同程度地有一些城池基础，明代在此基础上进行了普遍的增筑和扩建，又于城上增筑角楼、城楼、箭楼、巡铺等，尽可能地增强和提高城池的防卫功能。如甘州城，是陕西行都司所在，又有几个卫所附郭其中。元代时的旧城9里30步，洪武二十五年（1392），都督宋晟于城东增筑新城3里327步，从而使得该城规模达到12里257步，在河西地区处于第一大城的地位。在城墙上设置瞭堠，城四角各1个，四面各12个。东城门和北城门各有城楼修筑，西门和南门并有箭楼修筑。西南、西北角各建有角楼，设置巡铺58个。另外，城四面建有3个关城，南关城周3里42步，东关城周4里131步，与南关相连。北关城，"多土著回夷，列肆贸易"。③ 凉州卫城，历史悠久，据说是唐代人李轨修筑的，城周15里大，高4丈8尺。这在一般城镇来说算是比较高的，尽管如此，洪武十年（1377）都指挥濮英

---

① （明）张雨：《边政考》卷4，《中国西北文献丛书·西北史地文献》第3卷。
② （清）李珊、张玿美纂修：《乾隆武威县志》卷1《建置志》，《中国地方志集成·甘肃府县志辑》（39），第391页。
③ 《万历甘镇志》"建置一"，《中国地方志集成·甘肃府县志辑》（44），第30页。

还是在原来的基础上增高了 3 尺,从而使城墙高度为 5 丈 1 尺。由于规模太大,此次增高城墙的同时,将周围减去 3 里余,实际上只有 11 里 180 步。后来又增建了东、南、北三门的城楼,且修建有郭城。城墙上建有箭楼,巡铺 36 个,北城偏西建高楼一座,可以远望。有月城。有关城在东关,长 1 里许,宽 150 步。万历二年(1574),大城用砖包裹。① 永昌卫城,过去也只有土城,且规模比较小。洪武二十四年(1391),卫指挥佥事张杰加以拓展,周围达到 7 里 230 步,高 3 丈 6 尺。城门有四,建有四座城门楼。又添设角楼 4 座,周围巡铺楼 16 座。有月城 4 座。成化八年(1472),指挥高升添筑南关厢,周围 280 步,且建有郭门 2 座,城郭周围有壕,广深各不等。② 山丹卫城,旧时城仅 1 里 260 步,洪武二十四年,指挥庄得展筑,周围 7 里 209 步。有箭楼 7 座,巡铺 28 座。③ 万历中增筑有南关城。④ 镇番卫城,洪武时期因元朝末年小河滩一座空城而建,初建时周围仅 3 里 5 分大。成化元年(1465)展筑西、北二面 3 里余,新旧城合计周围 6 里 2 分零 23 步,高 3 丈 1 尺。东、西、南三面开门。后因为"飞沙拥城",嘉靖二十五年,"增筑西关,以堵飞沙"。万历三年(1575)砖包城墙。城有城楼 3 座,角楼 4 座,巡铺 19 座,月城 3 座。⑤ 肃州卫城,设在平川,旧城原只有 3 里 317 步大小。洪武二十八年(1395)于东墙外展筑 4 里 80 步,新旧城合计周围 8 里 3 分,有月城 3,东、南、北三门各有城楼一座。成化二年(1466)巡抚徐廷璋又增筑东关厢土城,东西 2 里,南北 1 里 50 步,周围 2 里 4 分大。这样加上东关厢,总计城周围 10 里 7 分。正德十三年(1518)兵备陈九畴又于东北、东南二隅增建敌楼 2 座,遂与原西南、西北 2 座敌楼一起形成 4 座敌楼。与此同时于城四面筑敌台 50 座。万历二年(1574)又奉文砖包大城,形

---

① (清)张玿美纂修:《乾隆武威县志》卷 1《建置志》,《中国地方志集成·甘肃府县志辑》(39),第 391 页。
② (清)张之浚、张玿美修:《乾隆永昌县志》卷 3《建置志》,《中国地方志集成·甘肃府县志辑》(38),第 515 页。
③ 《万历甘镇志》"建置九",《中国地方志集成·甘肃府县志辑》(44),第 34 页。
④ (清)钟赓起纂修:《乾隆甘州府志》卷 5《营建》,《中国地方志集成·甘肃府县志辑》(44),第 240 页。
⑤ (清)张玿美修,曾钧纂:《乾隆镇番县志》卷 2《建置志》,《中国地方志集成·甘肃府县志辑》(43),第 45 页。

成一座坚固的城池①。古浪所城，洪武十年（1377）修筑，修有巡铺10座，角楼2座，万历三年（1575）建东郭城。② 高台所城，旧为元代站堡，景泰七年（1456）设立高台守御千户所后，遂"依旧堡筑"，周围4里，高3丈6尺。南门建有城楼，内外有月城，并建箭楼各一座，巡铺8座。后建南关厢，约1里大小。③ 总体而言，从这些城池修筑和修葺的主要特点是：（1）城池修葺的频度不高，大致在明代初年修建以后，较少有因为自然因素导致的坍塌等因素的修葺，这是河西地区干旱少雨的自然环境所造成的有利因素，由此减少了城池修葺的成本。（2）城池虽然大多沿袭元代以来的旧城，但除了凉州卫城以外，其余诸城都进行了不同程度的扩建，城池规模在原来基础上有了明显的增长。（3）城池包砖不是很普遍，有些城池仅在一些重要部位，如城门、月城等加以砖包，这应当也有一定的自然原因，特别是雨水冲刷较少所导致的自然倒塌较少所致。（4）城池的军事设施较为完备，城门楼、敌楼、敌台、巡铺等比较普遍。

2. 城镇规模与形态。河西区在明代建成或改建后的城池，几乎无一例外的是方形城，这一点体现了高度的秩序性和严整性。但为什么如此，当时人到底怎么想的？我们没有明确的设计档案等数据加以说明。不过，其城池修建在形态规划上，选择了中国传统城镇形态的主流形态——方形——进行设计，则是没有疑问的。而且，由于城池所在地一般较为宏阔，也为这样的设计和建造提供了良好的地理条件。至于说个别城池周围也有丘陵山地地貌，亦没有因此而影响方形城池的选择和设计。甚至这样的山地丘陵的状况，亦都为城池建造者所利用，以用来加强城池的防守。如古浪城，"东南依山无池"④ 即是。其次，明代基本的城镇制度在这里普遍推行并广泛应用。这其中除了城池多由方形城且一些城有城池、城郭等组成方形结构外，在形态上的方正齐整，威严凝重，加上城楼、巡铺、

---

① （清）黄文炜、沈青崖修纂：《乾隆重修肃州新志》"建置沿革之肃州全册"，《中国地方志集成·甘肃府县志辑》（48），第144—145页。
② （清）张玿美修，赵璘等纂：《乾隆古浪县志》"建置志"，《中国地方志集成·甘肃府县志辑》（38），第403页。
③ 《万历甘镇志》"建置十一"，《中国地方志集成·甘肃府县志辑》（44），第35页。
④ （清）张玿美修，赵璘等纂：《乾隆古浪县志》"建置志"，《中国地方志集成·甘肃府县志辑》（38），第403页。

箭楼、角楼等的较为普遍的设置，给人以森严雄壮之感。特别是钟、鼓楼的兴建，城镇内部基本结构和布局，以及城镇外围的社稷坛、风云雷雨山川坛、厉坛等的制度化兴建，比较典型地反映了儒家文化主宰下的城镇建筑风格，这与元代的城镇具有显著的不同。

城池的规模，除了陕西行都司所在的甘州（今张掖）属于地区首位城镇，且规模为12里余以外，其次就是凉州卫11里余。这两个城镇建城历史悠久，实际上也是历史上河西区长期以来人口最为集中的两个城镇。在明代，随着河西区被设定为以卫所为单位的军事防卫区以后，以军人及其随属、官僚和当地城镇工商业者外，人口的自然增长和社会增长比较有限，所以其大小没有增加多少，甚至凉州卫在洪武十年（1377）都指挥濮英增高城墙时，在原来15里规模的基础上"周围减去三里余"，这在客观上成就了行都司所在甘州城成为河西区第一大城的地位，更重要的可能还是根据当时城镇自身的需要和规划做出的决定。而这样的规模，与北方沿边地区诸较大城镇的规模相当。相比较而言，其他诸卫所城镇的规模一般都不是很大，这与北方内地州县城镇规模总体上是一致的。

表3—2　　　嘉靖《陕西通志》所载河西区卫所城池规模

城镇	城周长	城高	城墙厚度	池深
陕西行都司（甘州卫）	12里257步	3丈2尺	2丈7尺	1丈3尺
肃州卫	4里80步	3丈7尺5寸	1丈1尺	1丈5尺
山丹卫	7里209步	2丈8尺	3丈5尺	9尺
永昌卫	7里230步	3丈6尺	2丈9尺	1丈2尺
凉州卫	11里180步★	4丈9尺，加高3尺	6尺	1丈3尺
镇番卫	6里2分23步	3丈	3丈	1丈5尺
庄浪卫	4里120步	2丈8尺	4丈5尺	2丈5尺
镇夷所	4里	2丈6尺		1丈1尺
古浪所	2里75步	3丈5尺		2丈5尺
高台所	4里8分	3丈6尺		1丈2尺

说明：★嘉靖《通志》记载该城15里大。《乾隆武威县志》说，洪武十年都指挥濮英增高城墙时，"周围减去三里余，止十一里零一百八十步"（卷一《建置志》），因为此是当地官员的记述，且有实际城池在彼可以覆按，故此处采用此说。这样的做法，实际上就成就了行都司所在甘州城成为河西区第一大城的地位。

至于那些众多的城堡堡寨，一般为土城，以建在平川地区为多，规模一般也不大。如庄浪卫沙井堡城周围288丈，苦水湾堡2里，红城子堡3里294步，西大通堡1里269步，通远堡2里264步，镇羌堡2里1步。另有南北关厢城2座139丈。岔口堡3里80步，武胜堡2里50步。裴家营堡120丈，又关城一座190丈。阿坝营354丈。松山堡180丈，又关厢城1座170丈。①肃州卫嘉峪关堡周围220丈，野麻湾堡140丈，新城堡215丈，卯来泉堡140丈，金佛寺堡240丈，两山口堡220丈，临水堡360丈，河清堡250丈，金塔寺堡190丈，下古城堡280丈。这些堡寨多为军事堡垒，也有个别堡寨因为官兵撤调而变为民堡者，如河清堡，万历四十四年（1616）4月内，尽将官兵撤调到野麻湾堡，该堡变为民堡，由居民耕牧。有些城堡按插有归附来的"西番"部族，如新城堡，"先年内无居民，止有西番住牧"，嘉靖二十八年（1549）展筑城垣，添设官兵耕牧防守。金塔寺堡，"先年所属威房（所），汉人居住，有房舍遗址、碾磨之类，后因威房归并肃州，内以安插西番日羔剌等"。②堡寨亦如那些卫所城镇一样，是明代特殊的政治、军事背景下的产物，也是这一时期河西区城镇特殊发展的一个缩影。

3. 城镇的意识形态与文化气象。如果说元代这里的文化氛围主要是藏传佛教、回教、基督教等偶像崇拜的情形的话，到了明代，这样的情形有所减弱，而儒教和军事教育等显得较为突出。按照马可·波罗的记载，元代肃州城"居民是基督教徒或偶像崇拜"，甘州城"居民是偶像教徒、回教徒及基督教徒。基督教徒在此城中有壮丽教堂三所。偶像教徒依俗有庙宇甚多，内奉偶像不少，最大者高有十步，余像较小，有木雕者，有泥塑者，有石刻者，制作皆佳，外傅以金，诸像周围有数像极大，其势似向诸像作礼"。凉州一带，"居民是聂思脱里派之基督教徒，或偶像教徒，或崇拜摩诃末之教徒"。③所谓"偶像教徒"，就是佛教徒，"摩诃末之教徒"即回教徒。因此，元代这里主要是基督教、回教和佛教信仰笼罩的

---

① （明）王之采纂：《万历庄浪汇记》卷2、卷3，《中国地方志集成·甘肃府县志辑》(6)。

② （清）黄文炜、沈青崖修纂：《乾隆重修肃州新志》"所属城堡"，《中国地方志集成·甘肃府县志辑》(48)，第145—148页。

③ 《马可波罗行纪》，冯承钧译，第125—128页，第161页。

地区。明代初年，河西区屡经战乱，人口多有流亡，特别是基督教势力和群体基本上退出该地区。明朝控制河西地区后，一方面在这些城镇设置卫所，并在此建立系统的军事防卫；另一方面，考虑到陕西"多夷人杂处"，往往泄露军情的事实和可能，命兵部将"寄居鞑靼、西番诸人当发遣者，如例徙之江南，以杜其患"。① 在这一过程前后，将甘州、凉州"寄居回回"436户1749人迁往江南各卫。② 又将"归附回回"202人，从凉州迁往浙江。③ 这些事实表明，明朝在一定程度上对河西地区的居民状况加以重构，以削弱原住民的影响力。这样，河西地区的人口构成就主要由以下三部分组成：一是卫所军官、军士及其家庭；二是部分遗留下来的原住民；三是归附的蒙古将领及其家族被安置在此居住者。部分遗留下来的原住民，如甘州城北关城，"多土著回夷，列肆贸易"。④ 而军官、军士除了随明初大军留居于此者外，相当一部分军士等可能来自内地或其他边地的谪戍军人，如"甘州等卫隶兵者多谪戍之人"，⑤ 正说明了这种情况。至于被安置于此的蒙古将领，如永乐三年（1405）"率众自塔滩来归"的鞑靼人伦都儿灰，后被赐名柴秉诚，被授于右军都督佥事，"俾居凉州"。⑥ 所有这些人口中，卫所军人及其家属应该占有较大的比重，当地土著回民和蒙古人数量较小。如此，由于回民的存在并具有一定的规模，伊斯兰教信仰自然有一定的市场和影响。而蒙古人和部分汉人军士也有一部分信仰佛教，所以佛教依然存在。但这二者都没有以前的影响那样强大了。还有，与以往不同的是，随着军事卫所体制和军事卫所社会的确立，带来了三个方面的新变化：一是儒学教育与儒家文化日渐兴起，并且随着时间的推移，逐渐发展为主流的意识形态；二是与军事卫所体制相适应，军事文化与实践成为诸卫所的常态；三是大量汉民族民间信仰及其崇拜庙宇迅速兴起。

---

① 《明英宗实录》卷30，正统二年五月庚寅，第592页。
② 《明英宗实录》卷18，正统元年六月乙卯，第362页。
③ 《明英宗实录》卷45，正统三年八月戊辰，第875页。
④ 以上参见《万历甘镇志》"建置志一"，《中国地方志集成·甘肃府县志辑》（44），第30页。
⑤ 《明太祖实录》卷236，洪武二十八年正月庚子，第3444页。
⑥ 《明太宗实录》卷73，永乐五年十一月戊辰，第1021页。

在卫所体制和军事卫所社会建立的初期，以儒学为中心的文化教育几乎没有，以至于卫所基本的文化工作都很少有人胜任。洪武二十八年（1395），陕西行都指挥使司指挥佥事张豫说："治所北滨边塞，鲜有儒者，岁时表笺乏人撰书，武官子弟多不识字，无从学问。乞如辽东建学立师。……于是，置陕西行都指挥使司儒学，设官如府学之制。"① 这里说的"治所"指甘州城，是河西区最大的城镇。其情况是"鲜有儒者，岁时表笺乏人撰书，武官子弟多不识字，无从学问"，那么，其他城镇就更可想而知了。事实上，自洪武初年以来，上自皇帝，下自朝廷以至于地方官员，就比较重视发展北方边地的文化教育，相继出台多次"饬谕"和政策，如洪武八年（1375），朱元璋讲，"北方丧乱之余，人鲜知学，欲求方闻之士，甚不易得。今太学诸生中年长学优者，卿宜选取，俾往北方各郡分教，庶使人知务学，贤材可兴"。"于是选国子生林伯云等三百六十六人，给廪食、赐衣服而遣之。"② 随后又于十四年、二十年、二十四年相继采取措施，以恢复和发展北方的儒学教育。③ 伴随着陕西行都司儒学的设立，河西地区的卫所儒学的发展还是非常缓慢的，因为在各卫所建立以后约50—80年里，永昌卫、凉州卫、山丹卫、庄浪卫、肃州卫、镇番卫等才相继设立了儒学，而高台所和镇夷所则更晚。④ 即便如此，一些卫所儒学在相当长的时间里，仍旧有名无实。如景泰五年（1454）户部有人讲，"山丹卫乃河外孤城，徒有学校之名，而无可养之士，恐各边儒学，似此不少"。⑤ 尽管如此，这些工作还是造成了儒学文化及其主流意识形态的普及。与此相关的是，学校教育的另一种形式——书院，也在河西地区有所发展，如甘肃镇的甘泉书院、凉州书院、肃州书院等，至少到嘉靖中期完成建制和从事教育。二者相结合，进一步增强了儒学教育在当地的影响。特别是学校和书院的生员后来可以参加国家的科举考试，这在很大程度上强化了主流意识形态的深入和普及。

河西区属军事防卫区，基本的社会组织单位是卫所堡寨，所以军事文

---

① 《明太祖实录》卷236，洪武二十八年正月庚子，第3443页。
② 《明太祖实录》卷98，洪武八年三月戊辰，第1673页。
③ 刘景纯：《明代九边史地研究》，中华书局2014年版，第101—102页。
④ 同上书，第99页。
⑤ 《明英宗实录》卷238《废帝郕戾王附录第五十六》，景泰五年二月壬辰，第5183页。

化及其实践构成这些城镇文化活动和景观构建的重要内容之一。(1) 崇尚武功是较为普遍的风气。各级卫所城堡率皆军人驻扎和把持着，大抵诸城镇都不同程度地设有演武场、军器局、火药作、神机库等军事设施，除步兵外，有骑兵、马厂、草场。战士平时屯田、习武，战时征战。故明人称，"边人所谓富贵显庸者，类皆世胄，或起自田家子从军，不过跬跑下射，骤登列将。故其谣俗尚战斗而贵强有力，其蔑视学宫弟子，不啻若骈枝悬附"。① (2) 武将崇拜、马神崇拜、旗纛崇拜等庙宇祭坛普遍矗立于各城镇，强化了城镇的军事文化氛围，增强了其军事崇拜和教化的功能。如甘州城儒学内西南有忠节祠，嘉靖十年（1531）由地藏寺改建，以祭祀或纪念历史上的拓疆武将和忠节文武官吏。这些人包括汉骠骑将军霍去病、西域都护郑吉、骑都尉班超、张掖太守郭忠、张掖督尉窦融、宋国公冯胜，等等，以及从祀阵亡官将。又有武勇祠，弘治十二年（1499）奉饬建于城西隅，祭祀伏羌侯毛忠。许公祠，城西南隅，祭祀都御使许铭。悯忠祠，祭祀将军王纲。这些都是明朝屡建战功的死烈将官。又有汉壮侯庙、武烈庙、忠武王庙，以祭祀历史上的战将。② 这样的景观旨在营造一种军事文化氛围，也是一种不断强化的对于城镇军民的教化和激励。

随着明朝对河西的平定和卫所的普遍建立，卫所城镇按照明朝的城镇制度比较普遍地建立起来，就是当时的社会风俗也完全改观，地志所云"肃镇"谓："在昔混于夷虏，土屋居处，湩饮肉食，牧畜为业，弓马是尚，好善缘，轻施舍。自入明，更化维新，卫所行伍之众率多华夏之民，赖雪消之水为灌溉之利，虽雨泽少降而旱魃可免。故地虽边境，俗同内郡"。③ 与这种变化相适应，诸城镇一套汉民族民间信仰的祠祀景观也比较普遍地建立并定期加以祭祀。上文所述的一些祠祀景观以外，文庙、启圣祠、城隍庙、龙王庙、清源祠、甘泉祠、文昌祠、宝觉寺、万寿寺、普门寺、白塔寺、崇庆寺、通化寺，以及佑善观（旧名玄真观）、显应观、天驷庙、八腊祠，等等，都得以兴建或重修。④ 类似的景观在其他卫所也

---

① 《万历甘镇志》"建置十三"，《中国地方志集成·甘肃府县志辑》(44)，第36页。
② 《万历甘镇志》"祠祀"，《中国地方志集成·甘肃府县志辑》(44)，第42—45页。
③ （明）李应魁纂修：《万历肃镇志》卷1《风俗》，《中国地方志集成·甘肃府县志辑》(48)，第25页。
④ 《万历甘镇志》"祠祀"，《中国地方志集成·甘肃府县志辑》(44)，第42—50页。

有不同程度的建设，下面列述庄浪卫及其城堡的情况，以见一斑。

表 3—3　　　　《万历庄浪汇记》所载诸城堡祠祀景观

城堡	祠祀庙坛	资料出处
庄浪卫	宣圣庙、启圣祠、城隍庙、寿亭侯祠、玄贞观、文昌祠、梓潼观、旗纛庙、马神庙、仁寿山庙、庄严寺，田、董二公生祠 2 所；社稷坛、风云雷雨山川坛、厉坛	卷一，第 491—492 页
松山堡	上帝庙、关王庙、关王帝君庙、马神庙	卷二，第 500 页
阿坝营	祖师庙、三官庙、城隍庙、关王庙、土地庙、龙王庙、马神庙	卷二，第 503 页
双井堡	无	
裴家营堡	关王庙、马祖庙	卷二，第 508 页
武胜堡	无	
岔口堡	玄帝庙、关王庙、龙王庙、马王庙、文昌宫	卷三，第 517 页
镇羌堡	关王庙、文昌宫	卷三，第 523 页
通远堡	玄帝庙、关王庙、马神庙	卷三，第 528 页
西大通堡	玄贞观、雷坛寺、关王庙、龙王庙、马神庙	卷三，第 531 页
沙井堡	玉帝庙、关王庙、文昌庙、二郎庙、马神庙	卷三，第 536 页
苦水湾堡	玉皇阁、上帝庙、文昌庙、关王庙、三官阁、马神祠、牛神祠	卷三，第 540 页
红城子堡	感恩寺、吉祥寺、玄武殿、三官殿、三圣殿、□王庙、雷祖庙、马王庙、龙王庙、火神庙	卷三，第 545 页

资料来源：《万历庄浪汇记》，《中国地方志集成·甘肃府县志辑》(6)。

可以看出，这样的变化在很大程度上改变了元朝时期河西城镇的景观面貌，城镇文化及其精神与以前迥然有别。

4. 清代的变化。清代河西地区发生了较大的变化：一是由明代的军事防卫区转变为"吏民社会"的一部分。这一工作自雍正以来逐步进行，并随着乾隆二十五年（1760）清朝统一新疆地区而完全实现。在这一过程中，先是康熙六年（1667）设立了甘肃省，河西地区成为甘肃省重要的组成部分。其次，是从雍正二年（1724）开始，本区总体上实现了由旧的卫所体制向行政管理体制的变革，府州县体制普遍建立。本年十月，朝廷议覆川陕总督年羹尧奏称："甘肃之河西各厅，自古皆为郡县，至明代始改为卫所。今生齿繁庶。不减内地。宜改卫所为州县，……凉州厅请改为凉州府，所属凉州卫改为武威县，镇番卫改为镇番县，永昌卫改为永昌县，古浪所改为古浪县，庄浪所改为平番县，庄浪同知经理茶务，应仍其旧，俱隶凉州府管辖。甘州厅请改为甘州府，所属左右两卫改为张掖一县，山丹卫改为山丹县，高台所改为高台县，以肃州之镇彝（即镇夷）所并入，俱隶甘州府管辖。其肃州卫事务，即令肃州通判管理。"① 此事得到朝廷批准并被执行，从而实现了该区域性质的变革。改制完成以后，河西区的城镇基本上摆脱了过去卫所的羁绊，进入以管理社会和发展经济为中心的城镇时代。二是城镇建设与城镇精神的变化。城镇建设方面，首先是康熙五十七年（1718），在河西西偏设置了柳沟厅和靖逆厅两个直隶厅。前者运行了 7 年时间，至雍正三年（1725），在当时的行政体制改革中被裁减，其原属领地划归雍正二年（1724）在布隆吉尔地方设置的安西直隶厅。靖逆厅实际上也在这一年由原来的同知驻扎改为由柳沟通判驻扎，应该算是降一级的次一级城镇，直到乾隆二十四年（1759）改为玉门县，隶属于后来的安西府。这样算起来，靖逆厅实际运行时间有 41 年之久。其次是安西府的设立。安西府的前身是安西直隶厅，如前所述，它是雍正二年设立的直属地方机构，治所初设在布隆吉尔，雍正五年（1727）移到安西镇城所在的多尔伯勒津，乾隆二十四年改为安西府。后又设渊泉县，县城与府城同治，又改原赤金所为玉门县，沙州卫为敦煌县。后又裁渊泉县，改安西府为直隶州。② 这样，至乾隆三十八年（1773）后，这里实际上就有安西直隶州、玉门县、敦煌县三个县级以上城镇。另一方面，伴随着河西地区的内地化发展，一套与内地城镇相一致的城镇建设在悄然进行中。它不再过多地关注城墙的增高、增厚与相关军事设施建设，而是在一般意义上仅重视维持城镇的完整和修补其中的坍塌而已。乾隆二十八年，朝廷颁饬上谕：各省督抚嗣后将所属城垣细加勘察，如有坍塌，□时按例保固，仍于每岁年底缮折汇奏，钦遵在案。③ 这是针对全国各省督抚所要求的，河西地区自不能例

---

① 《清世宗实录》卷 25，雍正二年十月，第 396 页。
② 赵泉澄：《清代地理沿革表》，中华书局 1955 年版，第 106—107 页。
③ （清）钟赓起纂修：《乾隆甘州府志》卷 5《营建》，《中国地方志集成·甘肃府县志辑》(44)，第 239 页。

外。其基本精神在于维护已有城池及其相关设施的完好,保障城镇"筑城卫民"和确保对地方实施正常管理的职能。实际上,在清代城镇建设的实践中,由于以前的军事防卫区变为像内地一样的"吏民社会",不少城镇在修葺和改建中,自觉或不自觉地削弱了以前的军事设施,在一定程度上削弱了城镇的军事意义。如前文所说,明代该区"塞垣城郭与腹地异,城有望楼,有月城,有垛眼。城门有墩台,有门铺,设立兰錡,陈弓矢军仗以威之。"但到了清代,这样的功能则被"满城"所取代,所以在"满城"规划中,这些设施"规画略相等",也就是与明代该区的军事要求约略相当,而"惟望楼、月城则减之"。① 这里虽然说的是武威城,实际上在其他城镇的建设中也多是如此。因此,永昌城,乾隆时期原本有的4座大城楼中,西城楼废弃,另有城角楼4座,以及周围巡铺楼16座亦都废弃。② 古浪城原有"逻铺十,角楼二",乾隆时期均倾塌废弃。就是公署亦如前人所说,"前者奋武,今始揆文。官署总仍旧贯,其浅隘卑陷,门前几不能旋马"。③当然,乾隆以后各城镇也屡次进行不同程度地修复和维修,城镇面貌较明末清初遭到战乱影响的残败情形有所改变,但其城镇精神却与以往相比有了明显的不同,这就是由武卫城镇转变为文治城镇。

  清代河西区城堡的重要变化主要表现为其职能的变革,也就是由原来主要以军事职能为主的军事堡寨转变为民堡性质的基层社会组织单位。这一过程也是伴随着军事卫所体制的转变而转变的,虽然不同地区略有差异,但至雍正、乾隆年间总体上完成了这一变革。这其中,有些城堡因为自然条件较差,特别是农牧业条件不大具备,或者因为城堡用水难以为继,当然也有因为明末清初的战乱等,而相继废弃;有些城堡因为自然条件较好,在驻防军士撤离后转变为民堡聚落。如威虏堡,在肃州城北120里,本明威虏卫城,清雍正四年(1726),吐鲁番回族头目伯克拖马忒木等率族归附,被安置于此城,政府"并为开渠授田,给籽种农具以自业"。王子庄墩堡,先是由"番族

---

① (清)张绍美修,曾钧纂:《乾隆武威县志》卷1《建置志》,《中国地方志集成·甘肃府县志辑》(39)。

② (清)李登瀛修,南济汉纂:《乾隆永昌县志》卷3《建置志》,《中国地方志集成·甘肃府县志辑》(38),第515页。

③ (清)张玿美修,赵璘等纂:《乾隆古浪县志》"建置志",《中国地方志集成·甘肃府县志辑》(38),第403页。

头目察黑包子满个虎力耕牧,因互相攻杀,遗众流散,其地遂虚"。本朝康熙、雍正年间,该城设守备驻守,并招徕民户耕垦田土,到雍正七年(1729),"因设肃州州同一员,驻扎此堡,专司水利,并弹压威虏堡,安插回民"。察黑包堡,就是安置归附"西番"察黑包部而设的城堡,后其子满个虎力于此耕牧,又有一城,为归附帖木儿部居住,至乾隆时期均已废弃。白烟墩南空城,"先西番尕尔只驻牧",乾隆时期废弃。八里墩城堡,原安插可洛□,后废弃。上古城堡,在肃州城东 25 里处,先年有人居住耕牧,乾隆时"近无人居"。^① 其他不少城堡,虽然其居民多少不等,但也已经丧失了军事城镇的职能,而演变为仅仅具有城墙围护的城村而已。

二 市场发育及其区域特征

明清时期甘肃地区商品交换和市场发展具有较为明显的时代差异和地区差异。在明代,腹里四府之地亦如陕西关中等地,城乡市场发育较为健全,诸府州县乃至于乡镇村落也形成了城镇到乡村的各级集市,清代在此基础上进一步发展,就是市镇常市也多有出现。而河西等沿边地区,先是以军事卫所、城堡堡寨的形式存在,除了较大的一些卫所外,市镇和乡村集市发展比较薄弱。但在政府主导下,一些地方的朝贡贸易、茶马贸易以及因"食盐开中"政策的影响而带来的地方市场发展则颇具特色。到了清代,这些地方从过去军事防卫区的束缚下解放出来,农牧业人口迅速增加,社会经济迅速发展,各级市场进一步繁荣。

(一) 河东区

嘉靖《庆阳府志》云:"治市廛以通货财,使贸易者以所有而易所无,皆得以相济,政之一也。"^② 就是说,市场经营是当时地方政府的一项重要工作。明代河东区诸州县各级市场发展情况怎样?由于缺乏完整的

---

① (清)黄文炜、沈青崖修纂:《乾隆重修肃州新志》"所属城堡",《中国地方志集成·甘肃府县志辑》(48),第 146—148 页。

② (明)梁明翰、傅学礼纂修:《庆阳府志》卷 4《坊市》,甘肃人民出版社 2001 年版,第 82 页。

历史记述，颇难一概而论。不过根据有限的几部地方志资料，还是可能对此有一个大致估计。首先，在一般行政建制之下的"吏民社会"，由于社会经济运行状况基本一致，诸府州县比较普遍的形成了城市、市镇和乡村集市三级市场，嘉靖时期的庆阳府及其各州县集市的分布，就能比较清楚地说明这一点。

表3—4　　　　　　　嘉靖《庆阳府志》市集分布表

府州县	城市市集	乡村市集
庆阳府	府前市，每月3市；南坡市，每月3市；南关市，每月3市；十字街市，每月6市；北门上市，每月6市；北门下市，每月3市；北关东市，每月3市；北关西市，每月3市	县治西南10里市之大者：石舍、温泉、董志、义门、马家庄、白马铺、赤城、秦霸岭、上马关、下马关。市之小者不载 县治北10里：业乐、五交、槐安、走马城、柔远、第二将、荔原、白豹、骆驼巷、挞班、长官庙、铁边、吴旗营、新集。凡小集不载
合水县	城内，每5日一市，一在儒学前，一在东廊内，一在西廊内，一在县前	华池镇、太白镇
环县	城西关，未为定市	阜城、曲子、木钵、贾家井、清平、山城、甜水堡、郭登市、合道村、韩家村、平草村、华石村、方山村、白家村、马岭村
宁州	城内市集不明	大而街市者8：政平、早社、新庄、集村、南义井、襄乐、连道、米家谷；小而旷野者14：罗儿沟、雅儿沟、芦保儿店、罗山务、连家垴、盘客、老人仓、广城、望宁、大昌、平泉、石家店、宫河、王家陵
真宁县	城中每月十五市	平子镇、路上镇、真庄镇、山河镇、湫头镇、勾仁镇、艾蒿镇、韦家镇、中庙镇市

资料来源：（明）梁明翰、傅学礼纂修《庆阳府志》，甘肃人民出版社2001年版，第82—86页。

当然，由于习惯的差异，对于市集的叫法，各地不尽相同，有的地方叫"店"，有的称"集"，有的称"市"或市集或集市，不一而足，但性质却是相同的，就是城乡居民贸迁往来的场所。如通渭县，除县城内称集或市以外，其余集市分布之地俱称"店"："鸡川店、安远店、蔡家堡店、白塔寺店、寺子川店、义冈川店，以上为旧乡集。铺路川店、十八盘店、塔泥店、第三铺店，以上俱新乡集。每月6集，兴废无常。"①秦安县俱称"集"，全县有36集。分布于县城中每月一、六日，南郭三、八日集，进行贸易。其余分布于乡村市镇等：陇城镇每旬四、七日集，邵店每旬二日集，莲华镇每旬五、九日集，鸡川镇每旬三日集，郭嘉每旬八日集，断山镇每旬三日集。②其次，一些以军士为主体的卫所城镇，除了卫所具有固定的贸易场所或集市外，其余堡寨集市发展较为滞后且分布数量有限。如河州卫，城中有"大市""中市""南关市"，大市就是"粮货市"，"五谷充积，贸易至午而散。在城中大十字街"。中市是"畜类市也。六畜咸集，贸易至午而散。在城中小十字街"。南关市，主要是固定店肆，有"客店一十八座，四方商贾居焉"。③是说城中有固定的交易场所，这其中，固定店肆主要由"客店"组成，市集则最主要的是粮食市和畜类市场。这种情况，在一定程度上反映了地区农业、畜牧业以及家庭饲养业作为基本的生产生活方式的历史，而"客店"则是为了满足本地区居民对地区以外物质和文化产品需求的产物。再就靖虏卫来说，明代中期，"城中居人无虑数万口"，④虽为极偏僻的近边卫所，城市人口达数万人，已是相当可观。这样规模的城市，自然也需要一定规模的市场交换，以满足其生活需要。虽然没有诸如河州"客店"的记载，但乾隆时期城中有

---

① （明）刘世纶等修：《重修通渭县志》卷1《建置》，《中国西北文献丛书·西北稀见方志文献》第39卷，第493页。

② （明）胡瓒宗纂修：《秦安县志》卷3《地理志第二下》，成文出版社有限公司1976年版，第76—77页。

③ （明）吴祯纂修：《河州志校刊》卷1《里廓》，马志勇校，甘肃人民出版社2004年版，第14页。

④ （明）刘龙：《改修祖厉河碑记》，（清）陈之骥编《靖远县志》卷6《碑记》，成文出版社有限公司1976年版，第551页。

所谓的"东、西市",康熙时期地方所见"郭家集、头寨子、打剌赤三集",①可能都是明代延续下来的市场,故有"城市阛阓之地,营什一者亦多利赖焉"②之叹。嘉靖时期河州卫仅有地方市镇二处:一为宁河镇,在州南60里,有居民500余家。弘治八年(1495)立市,每隔三日一市;一为定羌镇,在州南120里,居民500余家,也是弘治八年创立的集市,每隔三日一市。③可见,这些地区地方集市分布较为稀疏,乡村市场总体上的发展程度较低。

再次,茶马互市与官方特种市场的设立。茶马互市是中原王朝对军事所需战马的需要和西北游牧民族对中国内地茶叶需求的产物,自唐代以来历代王朝都不同程度地有所从事,它的设立,首先具有鲜明的政治意义,其次才是经济方面的互通有无。到了明代,由于"西番"和北方蒙古诸部的实际存在,特别是与蒙古诸部的长期对峙,沿边军事卫所对战马的需求更是一项重要的战略要求。为了解决这样的问题,政府不但在北方不少地区实行"马政",设立大规模的军马场,而且借鉴历史时期的做法,与归附的"西番"诸部族进行茶马贸易。茶马贸易最初主要分布于今天甘肃境内的河东地区,政府于此设立"茶马司",专门经营此事,与此相应也设立有由政府主导的茶马市场。主要茶马司有:(1)秦州茶马司。洪武五年(1372)设立,设司令正六品,司丞正七品。洪武三十年(1397)改为西宁茶马司,迁往西宁。④(2)河州茶马司。洪武七年(1374)设立,司令、丞与秦州相同。⑤(3)洮州茶马司。设置时间不详,但文献记载,洪武十六年"罢洮州茶马司,以河州茶马司总之",⑥则其确曾存在是没有疑问的。茶马司是组织和管理茶马贸易的机构,与此相应,在这三个城中也都设有贸易市场,当时称作"番厂"。如河州茶马市,"在州南

---

① (清)陈之骥编次:《靖远县志》卷5《学田》引《乾隆续志》,卷5《课税》引《康熙志》,第460页。

② (清)陈之骥编次:《靖远县志》卷5《风俗》引《康熙志》,第471页。

③ (明)吴祯纂修:《河州志校刊》卷1《里廓》,马志勇校,第14页。

④ 《明太祖实录》卷72,洪武五年二月辛卯,第1328页;卷252,洪武三十年四月己丑,第3641页。

⑤ 《明太祖实录》卷93,洪武七年九月己未,第1628页。

⑥ 《明太祖实录》卷155,洪武十六年五月辛亥,第2417页。

四百步，洪武七年建。大使、副使二员，收放茶斤，招易番马，以给边操"。①"番厂""周围一百三十八丈，长四十三丈，阔二十六丈。正厅七间，大门三间，二门三间，厢房一百二间。自建茶马市以来，诸番悉假居民舍，有识者病焉。自嘉靖己酉（嘉靖二十八年，1549）创建番厂，番汉截然，交通遂绝。"② 就是说该"番厂"是一处四周封闭、开有大门的市场，具体建置时间是嘉靖二十八年。在此之前的市场，应该是一种开放性市场，因为"诸番悉假居民舍"，恐怕不好管理，后来才修建了专门的封闭性市场。除此之外，当时还有一些以盐、银、布来交易马匹的"易马司"及其市场的设立，称作"盐马司"或"银盐马司"。洪武十四年（1381）"兵部奏茶、盐、银、布易马之数：秦、河二州以茶易一百八十一匹，纳溪、白渡二盐马司，以盐、布易二百匹，洮州卫以盐易一百三十五匹，庆远裕民司以银、盐易一百八十一匹，凡得马六百九十七匹"。③ 洪武十六年（1383）"改洮州、秦州、河州三茶马司，白渡、纳溪二盐马司，皆为正九品，设大使副使各一人"。④ 这里的纳溪、白渡两个盐马司和庆远裕民司就是类似的机构和市场。从这里我们也知道，洮州茶马司也从事以盐易马的交易。当然，秦州茶马市和洮州茶马司存在的时间都不是很长，前者于洪武三十年（1397）迁往西宁，后者于洪武十六年（1383）被罢废。但洮州的市场和茶马贸易却依然进行。永乐三年（1405），"上谓兵部臣曰：河州、洮州、西宁诸处与西番易马，朝廷本推诚抚纳远人，皆与好茶。闻近时守边头目人等，多用恶谬茶欺之，甚者，侵损其财物。彼虽淳厚不肯陈告，然心未必能平。来年，其遣金牌信符给西番为验，使比对相同，即纳马，如洪武中例，不可后期。仍榜谕边地官民，以朝廷怀远之意，今后马至，必与好茶，若复欺之，令巡按监察御史采察以闻"。⑤ 就是说洮州依然是茶马贸易的重要场所，只是这里的组织和管理工作已经由河州茶马司总管了。

茶马司市场中一开始只是官方与"番人"的茶马交易，但到了成化

---

① （明）吴祯纂修：《河州志校刊》卷2《官政志》，马志勇校，第37页。
② 同上书，第38页。
③ 《明太祖实录》卷140，洪武十四年十一月庚辰，第2218页。
④ 《明太祖实录》卷154，洪武十六年五月乙卯，第2402页。
⑤ 《明太宗实录》卷49，永乐三年十二月乙酉，第742页。

初年,因为招商输纳政策的推行,茶马司中专门筹集一部分茶作为商人的"引货茶"。《河州志》称,"成化四年(1468)添设钦差巡按陕西监察御史巡茶,招商给引货茶,每路照引盘诘,到司委官验分。在官者,招番易马数毕,仍许商人开茶,每年如是"。"故事,茶入司者,以东库易马,西库给商。"① 商人参与其中,像官方茶马贸易一样,一方面带动了市场的发展,另一方面却也加速了商业弊端的滋生。并且随着管理的疏松和腐败滋生,后来私茶贸贩也不定期的较为猖獗。这些都在一定程度上促进了区域商业贸易的发展。

总体而言,明代河东区比较普遍地形成了城乡三级市场的等级分布体系,这其中县级以上城镇总体上形成沿街"店铺"和定期集市相结合的商贸形式。这类集市虽然因为不同城镇商业地位的实际差异而存在着地点和集期的差异,但在结构上却没有明显不同。乡村市镇集市发展可能比较充分,特别是在内地,大多数市镇或者一些区域中心都具有定期集市。相比之下,次一级的村落集市在发展上可能很不平衡。如上文所引嘉靖时期庆阳府,这类市场数量不少,发展比较充分。平凉府、巩昌府等地,虽然没有看到具体资料,但从其生产、生活和社会制度俱与庆阳府比较接近的情况来推测,其乡村市场可能与庆阳府差别不是很大。比较而言,河州卫、靖虏卫等"边疆"地区,人口稀少,城堡分布较为集中的地区,这类集市发展则较为薄弱。就贸易情况而言,全区范围内,除了官方主导的茶马等贸易以外,各级城乡市场的影响力总体上不大,根据其等级总体上局限于各自的区域范畴内,府州县级市场主要是各城镇及其近郊居民日常生活必需品的交易,市镇、乡村集市也基本上满足有限半径范围内居民的日常生活需要,虽然也存在着不同地区之间的差异,但是城乡市场发展的总体水平较低。

清代河东区的商业贸易市场在明代基础上有所发展,这其中最为主要的是城市—市镇—乡村市场等三级市场体系的全面建立。如果说在明代,由于"沿边"卫所的存在和发展,西北"沿边"和西南少数民族接壤区一些卫所,还存在着一些地区乡村市场发展较为薄弱的情况的话,那么,到了清代,随着政治环境的改变和社会经济的日益发展,以及伴随着这种

---

① (明)吴祯纂修:《河州志校刊》卷2《官政志》,马志勇校,第38页。

发展而出现的人口急剧增长，这些地区的乡村市场在原有基础上有了一定的发展，但不管怎么发展都没有从根本上改变城乡市场的三级等级结构体系。造成这种状况的根本原因，是传统的以农为本的经济社会生产方式和生活方式没有改变所造成的。不过，自明代以来，全国范围的商品经济的发展，毕竟在一定程度上影响着商品生产和商业活动，除了本地有限的互通有无性商品交易以外，东部以陕西、南部以四川为主的商人群体，以及其他地区的商人集团继明代以来的发展趋势，这一时期更多地进入西北市场，从而在更大程度上带动了西北市场的繁荣和发展。在这一背景下，河东区自然也是其中的受益者。透过这些基本的商业市场发展的影响力量以及二百多年间该区域社会经济的发展，我们认为河东区清代市场发展总体上有以下几个特点：

（1）省会城市兰州发展为东西贸易通道上最为重要的经济大都市。康熙六年以后，兰州成为甘肃省的省会，这是该区域的一件大事。以此为起点，兰州城逐步发展为甘肃省的政治、经济和文化发展中心，与此相应，伴随着人口的增长和各种经济文化交往活动的增强，这里成为最具影响力的区域商业贸易市场，不但如此，兰州也因此成为该省最具影响力，并且也是东西贸易通道上甘肃段最为重要的经济大都会。事实上，清代初年以来，由于西域诸部朝贡和互市贸易的继续进行，加上本身地理区位优势，兰州城已经形成多个类型、多处分布的专业性交易市场，如康熙时期，有粮食市，分布于南门内市场、东关市场和西关市场；商贾市，有东关市场、南关市场和南门外市场；牲畜市，主要分布于新关，有牛马骡市场和猪羊市场。① 乾隆时期在此基础上进一步发展，市场繁荣，盛况空前，故有记述称："州治山环河绕，炊烟出屋瓦者万家，廛居鳞次，商民辐辏，扼敦煌、酒泉诸郡，此则总其枢纽，成一大都会。"② 事实上，康熙时期以降，随着兰州城与内地各省市商业贸易的不断发展，各省域商人集团相继建立起自己的商业会馆，到光绪年间，其商业会馆已经达到十三四家，可谓是会馆林立。它们分别是："山陕会馆，在山子石关帝庙，康

---

① 王致中、魏丽英：《明清西北社会经济史研究》，三秦出版社1989年版，第353页。
② （清）绰奇：《修建北山慈恩寺碑记》，（清）吴鼎新修，黄建中纂《乾隆皋兰县志》卷18《碑记》，《中国地方志集成·甘肃府县志辑》(3)，第186页。

熙四十七年置；江西会馆，在南府街铁柱宫，道光十九年置；豫章新馆，在后街，同治十三年置；江南会馆，在南府街，道光十九年置。新馆，在山子石，光绪四年置；浙江会馆，在南府街，道光二十一年置；陕西会馆，在贡院巷三圣庙内，咸丰五年置；两湖宾馆，在后街，同治三年置；四川会馆，在后街，同治十三年置；广东会馆，在南府街，光绪三年置；秦州试馆，在安定门外下沟，光绪五年置；安肃镇边试馆，在安定门外上沟，光绪八年置；八旗奉直豫东会馆，在北门街，光绪十七年置；云贵会馆，在北门街，光绪十八年置。"① 当然，这里有两处表明是"试馆"，这并不影响其所具有的商业会馆的功能。因为，在清末不少省会城市的商业会馆或者同乡会馆往往承担着接待本地乡试考生的功能，故而也称"试馆"。就省外而言，这些商业会馆包括东北"奉天"（今辽宁）、"直隶"（今北京）、江南、江西、浙江、两湖、四川、广东、云贵、山陕等地区，充分说明了兰州城已经发展为全国范围内一些主要地区商人集团的集聚中心，其商业市场的影响力已经相当广大。民国八年（1919）有记述兰州商业的情况说："兰州位置以十八省言之，似为偏僻，以全国言之，则居正中。东通秦、豫，曰东路；南达巴蜀，曰南路；北通宁夏、归化、包头，曰北路；西通新疆、俄境，曰口外；西南通青海、拉萨，曰西路。洋广杂货，由东、北两路而来；葡萄、棉花、桂子皮、雅尔缎，由口外而来；川绉、川缎、茶叶，由南路而来；红花、藏香、氆氇、皮毛，由西路而来；至于湖南之散茶，汉口之砖茶，三原之大布，湖北产之蓝布，以及陕西棉花、纸张，均由东路而来，米则来自宁夏。统计以上各项输入，曰一千万两左右。至于输出，则以毛为大宗，牛皮次之，杂皮次之，药品、水烟又次之，毛毯又次之。统计各项，总数七百万左右，输出入相抵，不敷三百万。在昔鸦片为甘省出产大宗，岁入现金二百余万两，以之相抵，足可救济。自禁种以来，此种财源已绝。欧战发生，皮毛之输出又阻，而所输入者，皆为必要品，是以现金日见缺少，汇水日见增多，商界之恐慌达于极点矣。"② 这条资料虽然是民国八年（1919）的，但实际上距清朝末年也才

---

① （清）张国常纂修：《光绪重修皋兰县志》卷12《经政上》，《中国地方志集成·甘肃府县志辑》（4），第187—188页。

② 林竞：《蒙新甘宁考察记》，甘肃人民出版社2003年版，第79页。

不过七八年的时间,这期间没有发生特别的经济变革,有的只是辛亥革命的政治影响,所以其总的经济发展情况与晚清时期不会有太大的区别。如果此点不错,那么据此可以清晰地看到,兰州在清代就全国范围来讲,所处的东南西北各地区商业贸易集散地和汇聚中心的市场情形,这从一个侧面也解释了光绪时期何以全国各地的商业会馆在兰州分布的数量相当可观。

当然,兰州商贸经济和市场在晚清时期的快速发展,与近代工业等的引领作用也有一定的关系。首先,同治十三年(1874)陕甘总督左宗棠在城南关建"机器制造局",雇佣广东工匠,采用西方近代化机器,制造洋枪、洋炮等军用器械,同时派本地人学西,从中培养近代工业人才;其次,光绪五年(1879),左宗棠又在通远门外创办"织呢局",也是用西方机器,雇佣洋人工匠,教民制造毛呢布料;再次,光绪十三年(1887)布政使谭继洵于藩署关帝庙设置纺织局,雇佣工匠,教民学织丝绸和织布。另外,兰州城又有船厂、木器厂、冶厂、瓷厂和砖瓦厂等。[①] 这些工厂中,机器制造局和织呢局虽然分别于光绪八年(1882)和九年(1883)被罢废,实际运行的时间不长,甚至只有几年或不到10年的时间,但它们的存在从一定程度上加强了兰州城市市场的影响力,并且也强化了该城市作为区域性中心市场的经济功能。

(2)茶马互市等民族贸易市场依然活跃近百年时间。清承明制,茶马贸易继明朝以后继续发展。有学者指出,顺治元年(1644)到康熙七年(1668)这二十余年间是清代茶马贸易的兴盛时期。随后,一直到雍正十三年(1735),茶马贸易时罢时兴,到了乾隆以后茶马贸易停罢。[②] 换句话说,就是在清代前期近100年的时间里,西北地区的茶马贸易总体上还是有相当发展的。清代在西北地区设置5个巡视茶马御使司,分别分布于西宁、岷州、河州、庄浪和兰州5个城市。这其中属于河东区的有岷州、河州和兰州3个城市。如前所说,这种由官方主导的互市贸易,极大地调动了以少数民族为主的畜牧业地区养马业的商业化发展,而内地陕南、四川、湖北等地的茶叶,也因此而形成相对稳定的长期供给。茶马司

---

① (清)张国常纂修:《光绪重修皋兰县志》卷12《经政上》,《中国地方志集成·甘肃府县志辑》(4),第190、197页。

② 林永匡、王熹编著:《清代西北民族贸易史》,中央民族学院出版社1991年版,第41页。

罢停以后，私茶贸易在西北地区发展比较普遍，除了以上传统供给地区以外，同治回民起义以后，湖南茶叶大量进入甘肃等地，江南其他地区的茶叶也不同程度进入西北市场。

（3）城乡集市贸易的普遍化及其局限。除了省会城市等极少数城市以外，清代河东区其他府州县城市，继明代以后继续保持城市街道店肆和集市并行的二元结构。由于人口和商业的不断增长，一些城的店肆发展较快，如地处西北"沿边"的靖远县，乾隆时期，书院出租的官、私店铺就已经不少。地志记载，当时靖远厅长"捐修官铺十一间，外有东、西市官地，居民自修铺面七十余间，并作书院膏火"。① 会宁县，县城"货店廛房四街俱有，来往客店在西关及南河坡。木粮市，旧在城南北二街，后在县南，今轮流四门。牲畜市，在东关。木行市，在南关"。② 通渭县，"通衢东西二，南北一，市廛由西北而南，余皆民居"。③ "县城内，每单日，牲畜兼米粮集，双日米粮市。"④ 县城逢单、双日都有集市，就是说县城无间隔的每天都有集市，只是市场的专业性有所差异而已。这样的情况，这在很大程度上反映了集市市场交易的频度很高，城市对集市市场的需求以及集市市场满足城乡居民交易要求的程度都很高。当然，这样的情况不是在所有县城都是如此，大多数城市集市还是在地点和集期分配上是有所间隔的。城市市场的这种二元结构和交易性征，在一定程度上反映了市场的繁荣和发展，同时又在很大程度上反映了城市市场依然没有摆脱其原始性的特征。这种情况自是商品经济发展不高的表现，实际上也是以小农经济为主体的传统农业社会中中小城市市场天然的局限所在。

当然，由于区位关系及其地区社会经济发展的特征所决定，在长期的经济社会生活中，日渐形成一些颇具地域特色的城市商贸中心。今据民国《乡土志》的相关记述，列其主要者如下：（1）临洮。黄水烟、木器、线

---

① （清）陈之骥编次：《靖远县志》卷5《学田》，第460页。

② （清）毕光尧纂修：《道光会宁县志》卷2《市廛》，《中国地方志集成·甘肃府县志辑》(8)，第62页。

③ （清）苟廷诚：《光绪通渭县志》卷3《地域·建置附》，《中国地方志集成·甘肃府县志辑》(9)，第130页。

④ （清）何大漳修，张志达纂：《乾隆通渭县志》卷3《集市》，《中国地方志集成·甘肃府县志辑》(9)，第30页。

香最为著名，洮河上游木材大都集中于此；（2）临夏。回教中心，手工业以毛褐最为著名；（3）夏河，即拉卜楞，为宗教中心，宗教圣地。商业中心在寺东里许，商民2600人，回民占四分之三。出口皮毛，进口粮食、茶等。贸易范围南达四川松潘及西康一带。为汉藏贸易中心之一；（4）岷州。药材中心，汉藏贸易重镇，药材集散中心；（5）平凉。西安、兰州之间第一大都会，所有官茶等东来货物在此进口向西，西北所产皮毛等由此出口；（6）泾川。扼陕甘交通门户，甘肃货物向东出口大多都经过这里，税收为全省之冠，商业发达可想而知；（7）陇西。火腿、腊肉著名，行销省城及各县市，商业亦兴盛；（8）武都。陇蜀咽喉，秦蜀要冲，棉花棉布行销远方。①

乡村市场由市镇集市和村落集市构成，这一点和明代相比没有实质性变化，只是乡村市场数量在不同程度上有所增长。就市场影响范围及其交易性质而言，绝大部分市场只是当地有限半径范围以内乡村居民互通有无的场所，交易的商品主要是民众所需基本的生产、生活资料，特别是米粮市和牲畜市最为普遍，影响也似乎最大。如乾隆时期的渭源县：蔡家镇，县东60里，每二、五日牲畜、米粮集；麻沟镇，县东100里，每五、八日牲畜、米粮集；永盛镇，县南70里，每三、八日牲畜、米粮集；榜罗镇，县西110里，每五、九日牲畜、米粮集；城川镇，县西80里，每六、十日牲畜、米粮集；赵家坪，县西120里，每四、八日集；义岗川，县北60里，每四、八日牲畜、米粮集；新兴镇，县北60里，每五、九日牲畜、米粮集；安定监，县西60里，每双日牲畜、米粮集。② 光绪时期，市场在原有基础上增加了黄家窑、许家堡、路家川口、大寨子、羊崖镇、大庄镇、李家店、西峡坪、马营镇等集市。③ 会宁县除了城中米粮市、牲畜市外，乡村郭城驿市，"三、六、九日一聚。集户云集，伞车载道，

---

① 《甘肃省乡土志稿》，《中国西北文献丛书·西北稀见方志文献》第32卷，第490—495页。

② （清）何大漳修，张志达纂：《乾隆通渭县志》卷3《集市》，《中国地方志集成·甘肃府县志辑》（9），第30—31页。

③ （清）苟廷诚纂修：《光绪通渭县志》卷3《地域·建置附》，《中国地方志集成·甘肃府县志辑》（9），第130—132页。

凉、兰两路皆取资焉"。① 也主要是粮食的集散市场。其交易除了远来的贩运商外,当地交易诚如合水县的情况:"有粮之家赴集粜卖者甚少,或廊、延小歉,多来籴之,虽勿遏,然盖藏宜自谋也。贫民籴升合者则于集,所以市益冷落焉。其他则柴炭农器乃此间贸易之物,然其货粗而利微,安能及人之抱布贸斯者能获吾民重价哉!"② 这样的情况就是到了民国时期也依然如此,所以渭源县有如是记述:"城乡各镇只小贩零售,并无富商大贾转京、津、沪、汉、洋、广、川、陕各货而在商场竞争者。"③

在这样的背景下,由于地理区位优势和地区交通枢纽的关系,在长期的集市贸易发展中,也逐渐形成了一些地区性商业中心市场,它们不但规模较大,而且影响范围比较广阔。如光绪时期陇西武阳分县的新寺镇,在"城东南七十里马成龙川龙峰寺麓,四、八日集,商贾云集,货物山积,为宁、岷、陇、伏第一巨镇"。④ "宁"指宁远县,今武山县,"岷"即岷州,"陇"即陇西县,"伏"即伏羌县,今甘谷县。能够成为相邻四县第一巨镇,其影响可想而知。另外,民国甘肃《乡土志》列述这一地区的商业"巨镇"尚有:(1)庆阳之西峰镇。陇东第一大镇,各路运盐车辆总汇之区,陕西商贩多设盐店于此,以粮食、杂货交易盐斤。又是陇东各县皮毛汇聚集散中心;(2)文县之碧口镇。在县城东南120里,陇蜀水陆交通中转站。当地药材、棉花、烟草由此登船销往四川,四川货物亦由此登陆,销往甘肃,是甘肃唯一河港镇。市场繁盛状况远过县城;(3)清水县张家川。张家川在清水县以北100里,商业以皮庄、布庄为主,甘肃皮货由此进入陕西,土布、棉花由此进入甘肃。店肆林立,商业昌盛;(4)通渭县马营镇。明代为马营监,康熙时废牧马监,后发展为

---

① (清)毕光尧纂修:《道光会宁县志》卷2《市廛》,《中国地方志集成·甘肃府县志辑》(8),第62页。

② (清)陶曾纂修:《合水县志》卷下《风俗》,成文出版社有限公司1970年版,第222页。

③ 张兆钾修,陈鸿宝纂:《创修渭源县志》卷3《实业》,《中国地方志集成·甘肃府县志辑》(14),第119页。

④ (清)毕光尧纂修:《光绪陇西分县武阳志》卷1《城池·乡镇附》,《中国地方志集成·甘肃府县志辑》(8),第474页。

商业重镇。光绪时西关有"山陕会馆",① 商业曾较县城为盛;(5)西和县盐官镇。在县城东北 100 里,因盐井而立镇,是陇南重要骡马市场。②其他尚有兰州城东北黄河北岸的盐场堡,居民 1000 余户。堡内居住 600 余户,小商店 20 余家,是兰州水烟出产地。再有庙滩,距离盐场堡 5 里之遥,也在黄河以北,居民有 7000 余家,仅车店就有 40 余家,西、北两路来往商旅多麇集于此,为兰州西北重镇。③ 这虽然是民国八年(1919)的情形,但距清末不远,清朝的情况当与此相类。兰州城东有一个金崖镇,在兰州城东 60 里,地处中原前往西北地区传统官道上,今属榆中县。该镇最先是一驿站,叫金崖驿,同治回民起义以后因安定驿迁移至此而发展起来。官道穿镇街道而过,沿街铺子临街而设。据说,清末这里汇聚了陕西商帮、晋商、本地商号不少商家,可谓是三足鼎立,各有优长。陕西商帮控制了药材生意,这里南北两山中有不少的珍贵药材,马衔山更有天然药材仓库之称。晋商主要经营布匹生意,最大的布匹批发商名叫"天成合",兰州的不少商贩都到此批发布匹。而本地商号则控制了粮食交易。当地的水烟也很有名,也是一些商贩垂青的对象。④ 类似这样的商业市镇可能还有一些,只是由于文献记载缺略,难以尽知罢了。

除了这些外,伴随着庙会(或赛会)的举行,也有一些商业交易,成为以上三级市场的补充。如合水县,"每岁二月二日,城南药王庙会,远乡士女毕集,……次日为文昌会,三月十八日后土会,四月二十八日城隍会,五月十(日)关帝会。凡会必演剧、卖茶、酒席、城沽饮胥胙而啖之,名曰吃会。其村中自为祷祈者,多用影戏。冬至前后,农功大毕,各庄合会以报赛田祖"。⑤ 总体而言,文献关于这里庙会的记载颇少,就是有限的记载中所反映的庙会市场功能也比较弱,似不像陕西庙会市场那样影响广远,或者说商业色彩更浓。

---

① (清)荀廷诚:《光绪通渭县志》卷 3《地域·建置附》,《中国地方志集成·甘肃府县志辑》(9),第 133 页。

② 《甘肃省乡土志稿》(三),《中国西北文献丛书·西北稀见方志文献》第 32 卷,第 498—503 页。

③ 林竞:《蒙新甘宁考察记》,第 74—75 页。

④ 金吉泰:《金崖:丝路古镇的商旅风情》,《兰州晨报》2010 年 3 月 24 日 B07 版。

⑤ (清)陶奕曾纂修:《合水县志》卷下《风俗》,第 216 页。

（二）河西区

河西区在明代主要在陕西行都司的管辖范围内，这里是典型的沿边军事防卫区，基本的社会组织是军事卫所，军士人员三分守城，七分屯田，由此形成军屯和防卫相结合的军事防卫区。这样的性质决定了军士及其家庭的生活来源，一部分是军饷，一部分是屯田的粮食收入。军饷由政府供给，屯田收入来源于上缴后的剩余部分。不论是前者还是后者，本地所产投入于市场的商品就相当有限。不过，由于大量军人及其家属等的存在，而这些军人又有相当数量的由政府支付的军饷，这就是本区域形成为一个具有一定吸引力的军事消费市场。这一点前人已经指出，并且就一些相关地段有了较为深入的研究，此不赘述。另一方面，河西区是西域"诸番"与明朝往来的唯一通道，洪武时期开始，一些西域小邦国家或部族等就相继向明朝"朝贡"，双方建立了后来学者所称的"朝贡贸易"，而出于对马匹的军事需要，明朝自永乐六年（1408）起，在甘州、凉州相继开设不定期的"马市"，以此满足各自的不同需求。史载，洪武二十五年（1392），"遣其使至甘肃，谕都督宋晟、刘真曰：凡西番回回来互市者，止于甘肃城外三十里，不许入城。……若朝贡之使欲入城者，听"。[1] 就是说，在此以前，"互市"者也可在城内进行，只是因为防备回人，所以将这样的交易规定在城外 30 里以外地方进行，但对朝贡使者没有限制。永乐时期，再次重申"回回有来市马者听，须立官市于城外，定其价，官与收买，为长久之计"。[2] 对这样的互市，明人有诗云，"牦牛互市番氓出，宛马临关汉使回"。[3] 在随后的历史上，随着不同时期蒙古诸部或"封王"或归附，明朝在甘州卫、凉州卫等地沿边不时设立马市，进行贸易。与此同时，在这样的过程中，双方于沿边地带相继出现的"私市"贸易也悄然进行，并发展迅速。[4] 不过，在明朝时期，这样的"私市"毕竟是一种"犯禁"行为，所以在大多数情况下，其交易主要是地区或私

---

[1] 《明太祖实录》卷216，洪武二十五年二月癸亥，第 3180—3181 页。
[2] 《五边典则》卷11《陕西总》，《四库全书续编》史部，第 26—180 页。
[3] （清）钟庚起纂修：《甘州府志》卷15《艺文下》，成文出版社有限公司1976年版，第 1685 页。
[4] 林永匡、王熹编著：《清代西北民族贸易史》，第 18 页。

人势力集团与蒙古诸部之间偷偷摸摸进行的交易行为，因而不时遭到政府的申禁。据此，在整个明王朝时期，河西区的"朝贡贸易"和"马市"贸易始终是官方主导的民族贸易的主要内容。

其次，由于该地区社会成员本身的生产、生活需要而产生的市场。应该说，除了几个大的卫所城市由于人口较多，以及由此而造成的消费需求多样且较大以外，其余地方堡寨等为单位的市场相当微弱。在较大的卫所城，如甘州卫，明中期以前户口的分布如表3—5所示，甘州五卫洪武中总人数为30853人，嘉靖中总人数为17962人。人数减少可能是因为明中期以后有抽调或逃亡等所致。当时城中不但居住有官户、军人及军余、舍余人等，还有一定数量的"土著回夷"。地志记称，北关城"多土著回夷，列肆贸易"。① 又肃州城，嘉靖二十六年（1547）在东关厢"议设夷厂一所，内列小房，外开大门，在关西北隅"，② 则肃州城有专门的"夷厂"，从事民族贸易。由此可见，这些城中，多具有固定的店肆，或以"土著回夷"为主的专设贸易场所。庄浪卫，"本城人烟稠密"，有"番厂"，商业当有一定规模。另据相关记载，当年地方官巡查西大通等城，"访得，各商土民串通操堡各官，纵容擅採西山木植发卖"。事实上，原来规定这一带木材"止许庄浪本处居民樵採木植修改房屋，不许贩买远方州县，希图营利"，此次又重申，"以后如遇本处军民採取烧柴、修盖房屋、在于本境货卖者不禁外，其余远方客商及雇觅人等，非奉明文，不许擅自砍山放筏，毁坏藩篱，致启边衅"。③ 就是说，尽管官方一开始明令禁止商业性经营，但依然有当地土商勾结官员进行采伐贩买，修改以后的政策，则允许本地军民采伐并在"本境货卖"，其木材市场应该是经常的。不过，与其他地方不同，河西地区诸卫所尚未见有定期集市的资料。

---

① 《万历甘镇志》之《建置二》，《中国地方志集成·甘肃府县志辑》（44），第30页。
② （清）黄文炜、沈青崖修纂：《乾隆重修肃州新志》"城池"，《中国地方志集成·甘肃府县志辑》（48），第144页。
③ （明）王之采纂：《万历庄浪汇记》卷6，《中国地方志集成·甘肃府县志辑》（6），第569页。按："番厂"见第521页。

表3—5　　　　　《万历甘镇志》所载甘州等卫所户口

卫所	洪武中 户	洪武中 口	嘉靖中 户	嘉靖中 口
左卫	2762	6051	2635	3281
右卫	2924	6051	2326	6879
中卫	2934	6556	1782	1312
前卫	2648	4776	1326	3233
后卫	3176	7449	5632	3257
山丹卫	6363	12720	1551	5406
高台所	1465（景泰中）	2935	4253	3426

资料来源：《万历甘镇志》，《中国地方志集成·甘肃府县志辑》(44)，第94页。

地方城堡，人数从数百到两千多不等，大部分都有一些固定的店肆，有的城堡还有"番税"，说明有一定的"番商"。下面列举庄浪卫各城堡商税情况，以见一斑。

表3—6　　　　　万历时期庄浪卫各城堡人户及商税简表

城堡名	户数	人口数	商税/年
红城子堡	71	602	坐定共银21两，又斗称税银4钱，按季解税课局
苦水湾堡	290	1458	坐定银3两6钱，又斗称税银2钱，按季解税课局
沙井堡	48	660	坐定银1两2钱，按季解税课局
西大通堡	3563	8313	坐定银3两6钱，又斗称税银4钱，按季解税课局
通远堡	66	279	
镇羌堡	369	1589	坐定银9两6钱，又斗称税银4钱。内抵守备纸红银6两，余银按季解税课局；番税，每年坐定银9两6钱，解庄浪番厂，供本道纸红并茶房吏役工食
岔口堡	69	722	坐定银2两4钱，又斗称税银4钱，按季解税课局；番税，坐定银16两，解庄浪厂番，供本道纸红并茶房吏役工食
武胜堡	33	233	坐定银1两2钱，称斗银2钱，按季解税课局
裴家营堡	48	1350	坐定银6两，又斗称税银4钱，内抵守备纸红银6两，余银按季解税课局
双井堡	200	500	

续表

城堡名	户数	人口数	商税/年
阿坝营	1260	4490	坐定银36两，又斗称税银4钱，内抵游击纸红银36两，余解税课局
松山堡	700	2000	坐定银6两，又斗称税银4钱，内抵守备纸红银6两，余银按季解税课局

资料来源：《万历庄浪汇记》卷2、卷3，《中国地方志集成·甘肃府县志辑》（6），第499—554页。

这里所说的"税课局"指庄浪卫税课局，负责征收和管理"每年本地发卖各项货物商税并各堡坐税银"，"番厂"则管理"每年属番发卖番货税银"。① 据此可见各城堡所管辖区域内，以及城堡本身不同程度地存在一定规模的商业活动。结合上述木材砍伐及其销售来看，可能多以城堡"坐商"为主，在一定程度上体现了基层市场的特点。这里也未见有村镇集市的记载。总体而言，这样的市场形式及其商业活动，应该是明代河西区基层社会的普遍情况。

时至清代，在最初的80年间，河西区基本的社会组织单位仍然是卫所，直到雍正二年（1724）以后裁撤卫所，改设州县，才实现了向"吏民社会"的转变。并且，随着乾隆时期对新疆的收复，这里亦摆脱了长期作为"边地"的历史的制约，蜕变为像内地一样的编户齐民区域。因此，河东区市场和商业活动发展呈现了新的特点。

（1）茶马贸易虽然尚有继续，但市场减少，贸易衰微。清代初年西北地区仍然设有五个茶马司，即洮岷司、西宁司、河州司、庄浪司和甘州司，但甘州司设在兰州，属于河东区，河西区仅有庄浪司一个机构，其市场地位明显下降。就是这样的贸易也在乾隆以后逐渐罢废了。（2）伴随着社会承平日久的发展，城乡市场自身日益发展，但城乡集市及其体系似尚未形成。前者，如甘州城中街巷肆店林立，城中专业市场种类多样，分布于大街小巷，井然有序：正南街，从镇远楼起至大什字是"店口发货市"，小什字起到南门是"米粮市"，大什字起到小什字止是"炭市"；正

---

① （明）王之采纂：《万历庄浪汇记》卷6，《中国地方志集成·甘肃府县志辑》（6），第486页。

东街，从镇远楼起到蛟腾巷口止是"米粮市"，蛟腾巷口起到三官止是"炭市"，大什字起到小什字止是"柴市"；正西街，从镇远楼起到小巷口止是"菜市"，自公输楼起到成衣市止为"木头市"，大什字起到小什字止是"房笆市"，小什字起到西门止是"米粮市"；正北街，镇远楼北有"油市""蔴渣市"，"蔴渣市"北面是"苇席市"，大什字板桥街有"骡马市"，大寺什字街有"木厂"。[①]凉州府武威县城，乾隆时有人家11627户，27537口，[②]仅"当铺"就有274家，每年征税银达1370两。[③]其境内商况有云："河以西之商货，凉、庄为大。往者，捷买资甘、肃，今粟运诸安西、沙、瓜等，以利塞外民用，所□以通泉货者重矣。贾擁高资者寡，而开张稠密，四街坐卖无隙地。"[④]镇番县，"商贾多土著，士民远客不过十之一二，行旅则时有之，无盐茶大贾，亦无过往通商，廛市率民间常需，一切奇巧玩好不兴焉"。[⑤]永昌县，"地僻财乏，商贾稀少"。[⑥]古浪县，"不知逐末，商贾乃多陕晋人。其土著者，问庶人之富，数畜以对"。[⑦]平番县，当铺31座，水磨485盘，茶商99名，西大通水磨97盘。城厢水磨4盘，有布行店、山货行、牙行等。"士民亦有贸易市井者，不过屯贱卖贵，谋蝇头之利，少补日用之需。而行贾坐贾几遍阛阓，虽乡村小堡亦多有焉。然巨贩实少焉。"[⑧]山丹县，城乡居民所用"布絮来自中州，帛其来自荆、扬，其值昂"，毛衣等所用"毛线"主要等通过市场购买，当地人不纺线。另者"稻米""官茶"都较为贵重，价值较高，其余本地所产，价钱则比较低贱。[⑨]从"行贾坐贾几遍阛阓，虽乡村小堡亦多有焉"以及诸县份相关商况知，县城及一些城堡必然存在数量不等的坐

---

① （清）钟庚起纂修：《甘州府志》卷5《街衢》，成文出版社有限公司1976年版，第489—490页。

② （清）张玿美修、曾钧等纂：乾隆《五凉全志》卷1《武威县志·户口》，成文出版社有限公司1976年版，第32页。

③ （清）张玿美修、曾钧等纂：《五凉全志》卷1《武威县志·杂税》，第36页。

④ （清）张玿美修、曾钧等纂：《五凉全志》卷1《武威县志·风俗志》，第64页。

⑤ （清）张玿美修、曾钧等纂：《五凉全志》卷2《镇番县志·风俗志》，第255—256页。

⑥ （清）张玿美修、曾钧等纂：《五凉全志》卷3《永昌县志·风俗志》，第389页。

⑦ （清）张玿美修、曾钧等纂：《五凉全志》卷4《古浪县志·风俗志》，第489页。

⑧ （清）张玿美修、曾钧等纂：《五凉全志》卷4《平番县志》，第577、601页。

⑨ （清）黄璟、朱逊志等纂修：《山丹县志》卷9《市易》，成文出版社有限公司1970年版，第385—386页。

贾店肆，而一些行商游走城乡的情况，就是乡村小堡亦较为常见。

其城乡集市市场发育并不健全，甚至没有形成较为完整的三级体系。如康熙时期的庄浪县，"本县南北两关二集，南关月逢一逢三逢五日集；北关月逢七逢九日集。只贸易牲畜、粮食，皆不甚盛，余外并无市镇"。① 山丹县，县城"市铺"在南关厢，"粮食市"在大什字南。② 就是说，只有县城有集市，而乡村没有市镇和一般村落集市。不过，在长期的发展中，一些城堡发展为一方经济中心的情况却也不乏见载。如古浪县，有大靖堡，在县东150里，"民户多于县城，地极膏腴，商务亦较县城为盛"。土门堡，在县东北60里，"土沃民庶，商务盛于县城"。③ 这样的情况可能在不少县地都有不同程度的存在，这是河西地区有别于河东地区的一个特点。另外，由于清代文献很少见到本区"市镇"特别是集市的著录，结合以上所述城乡市场和商业发展情况，我们认为，直到清代，河西地区的乡村集市市场及其体系尚没有普遍形成，其市场形式总体上走了一条不同于河东区以及其他内地的道路。

---

① （清）王钟鸣修，卢必培纂：《庄浪县志》卷3《财赋》，《中国西北文献丛书·西北稀见方志文献》第43卷，第235页。

② （清）黄璟、朱逊志等纂修：《山丹县志》卷4《营建》，第112页。

③ 唐海云纂修：《古浪县志》卷2《地理志》，《中国西北文献丛书·西北稀见方志文献》第48卷，第174页。

第四章

宁夏、青海城镇发展与市场发育的区域特征

今宁夏回族自治区和青海省的大部分地区在明清时代分别是陕西省和甘肃省的组成部分。在明代，这里分别是宁夏卫、固原卫以及西宁卫的辖区，清代雍正初年以后分别实现了向行政建制的转变，成为甘肃省的编户齐民和相应的社会管理区域。其城镇发展和市场发育状况与甘肃部分区域较为类似，但在具体发展中各自体现了不同的过程和特点。

一 城镇发展及其区域特征

（一）宁夏区

宁夏在明代是重要的边疆军事防卫区，其构成大致分为南北两部分：北部是宁夏卫，南部属固原卫。元代建立以来，境内破坏极其严重，据说成吉思汗征服宁夏后，这里"变为无人的荒漠，城市为沙所埋"。[1] 后来虽经政府大力经营，但除了宁夏平原地区农耕经济区经移民开发有所恢复外[2]，南部固原和六盘山一带后来是安西王的封地，且主要为蒙古人及其军队所驻扎，虽然这些军队在这里也进行了不同程度的屯垦，但总体上游牧生活占有较大的比重。明朝建立以后，宁夏北部又经历了人口的大迁移和更换，这就是洪武九年（1376）废除宁夏府，"徙其民于长安，改置宁

---

[1] 转引自［苏联］密尔彼尔德《成吉思汗及其遗产》，［日］内田吟风等：《北方民族史与蒙古史译文集》，余大钧译，云南人民出版社2003年版，第472页。

[2] 参见吴宏岐《元代农业地理》，西安地图出版社1997年版，第30—33页。

夏卫，迁五方之人实之"。① 又有记载说："自国初尽徙其民于关中，实以齐鲁、燕赵、周楚之民，而吴越居多，故彬彬有江左之风。"② 此次迁民，宁北地区原住民绝大部分被迁出，所余空荒之地成为宁夏卫的领地，虽然又被充实以"齐鲁、燕赵、周楚和吴越之民"，但这些人的数量应当不是很多。到弘治年间，宁夏镇的人口是41474户，74000人。③ 这些人户中固然有上述中原和南方移民及其后裔，但作为军镇，这里实际上更多地是来自各地军户的卫籍军人及其家属。基于这一点，宁夏北部的城镇建设主要是围绕宁夏镇的军事职能和要求来构建的。

（1）宁夏镇城。像明代的"九边"城市甘肃镇（甘州）一样，宁夏城也是当时的"九边"之一。在历史上，它是西夏王国的都城，周围18里大，建城基础良好，在元代初年虽然遭到毁灭性的破坏，但在此后得以修复，并在西北农牧交错带的交通沿线上扮演着重要的角色。元代初年，马可·波罗也行经该城，并且留下了珍贵的记述，说该城"居民是偶像教徒，然有聂思脱里派之基督教堂三所"，"城中制造驼毛毡不少，是为世界最丽之毡，亦有白毡，为世界最良之毡，盖以白骆驼毛制之也。所制甚多，商人以之运售契丹及世界各地"。④ 就是说，当时它是西北地区重要的驼毛手工业制作中心和商业集散中心之一，居民中的大部分人是土著人或者元代迁移来此的各等人，他们信仰"偶像"崇拜，应当就是藏传佛教，而另一部分居民可能来自中亚，他们是基督教信仰者。元代末年，因为城大难守，哈耳把台参政"弃其西半，修筑其东偏，高三丈五尺。洪武初立卫因之。正统间，以生齿繁众，复修筑其西弃之半，即今所谓新城是也。……池阔十丈，水四时不竭"。⑤ 明代以来，该城是庆王府所在地，建文帝四年（1402），庆王自韦州迁居于此城中，于此相应，城

---

① （明）杨守礼修，管律纂：《嘉靖宁夏新志》，陈明猷校勘，宁夏人民出版社1985年版，第62页。
② （明）杨寿纂修：《朔方新志》卷1《风俗》，《中国西北文献丛书·西北稀见方志文献》第50卷，第25页。
③ （明）王珣修，胡汝砺纂：《宁夏新志》卷1《户口》，《天一阁藏明代方志选刊续编》（72），上海书店出版社1990年版，第204页。
④ 《马可波罗行纪》，冯承钧译，第163页。
⑤ （明）王珣修，胡汝砺纂：《宁夏新志》卷1《城池》，《天一阁藏明代方志选刊续编》（72），第168—170页。

中还兴建有真宁王府、弘农王府、丰林王府、巩昌王府、寿阳王府。由于是庆王府所在，这里兴建有不少的园林景观，如丽景园（在清和门外）、小春园（丽景园南）、乐游园（光化门外）、撷芳园（南熏门外）、盛实园（德胜门外八里许）、逸乐园（庆府棂星门内西）等园林景观，这些均为庆王府所有。另有永春园，在巩昌王府内。与这些园林相配套的是一些楼阁亭轩的建设，如小春园内的清赏轩、眺望亭、芍药亭、牡丹亭，丽景园内的拟舫轩、凝翠轩、芳意轩、清暑轩、望春楼、宜秋楼、望春亭、宜春亭、水月亭、清漪亭、临湖亭、蹴鞠亭、涵碧亭、湖光一览亭，乐游园内来青楼、荷香柳影亭、山光水色亭，庆王府内慎德轩，巩昌府内延宾轩，庆王府延宾馆内擁翠楼等，①至于斋馆、坞榭、池沼、庄所、洲渚等，也都是各有景致，此处不必一一细说。

作为镇城，像内地诸多城市一样，这里兴建了明朝制度所规定的诸多庙坛祭祀景观，这是与元朝时期很大的不同，由此，城市也在总体上实现了向汉文化城市的整体转变。这些坛庙包括：社稷坛、山川坛、宝纛坛、厉坛、文庙、启圣公祠、城隍庙、名贤祠、咸宁侯祠、旗纛庙、马神庙、汉寿亭侯旧庙、汉寿亭侯新庙、东岳庙、晏公庙等。②军事相关建筑，除了军官住所与相关机构以外，尚有兵车厂、演武场、射圃、马营、杂造军器局。其中杂造军器局，"各色军匠二百八十名，岁造弓三百二十张、箭九千六百，枝刀三百二十把，枪三百二十条，甲三百二十副，弦三百一十条"。③至于与城防和观瞻有关的建筑，有谯楼、6个门楼、4个角楼，共11处。④

明代该城居人杂多，大致分为：（1）王府人员及其官员家属等；（2）三司镇巡官员及其家属等；（3）儒释道各等人；（4）各种杂职；（5）庶民，以民族论，有回回、土达、汉民，以职业论，有兽医、通事、火夫、巫、僧人、道士、樵采、牧人、猎人、园丁、阴阳、卜相、星命、

---

① （明）王珣修，胡汝砺纂：弘治《宁夏新志》卷1，《天一阁藏明代方志选刊续编》(72)，第212—215页。

② （明）杨守礼修，管律纂：《嘉靖宁夏新志》，陈明猷校勘，第95—101页。

③ （明）王珣修，胡汝砺纂：《宁夏新志》卷1《差役》，《天一阁藏明代方志选刊续编》(72)，第203页。

④ 同上书，第213页。

丹客、博局、圆社、毬社；（6）武卫人员，包括舍人、舍余、总小旗、总小甲、校尉、旗手、旗牌手、围子手、马军、步军、守城军、夜不收、弓箭手、大炮手、神枪手、牌手、弩弓手、吹手、鼓手、屯军、操丁、备御军、伴当、军牢；（7）商贩人员，如商人、斡人、酒肉米布油鱼杂货行屠、店主、牙侩等；（8）手工匠行业众多，如画工、刊字人、金箔匠、银匠、表背匠、笺纸匠、塑匠、金线匠、织机匠、毛褐匠、绣匠、锡匠、帽匠、纸匠、丝线匠、绒线匠、钉瓷匠、木匠、盔甲匠、裁缝匠、梳篦匠、镘师、冠带匠、碾玉匠、伞匠、笔匠、销金匠、描金匠、磁窑匠、瓦窑匠、车匠、石匠、桃花匠、挽花匠、生熟铁匠、打铜匠、铸铜匠、弓匠、箭匠、刀匠、油漆匠、錾银匠、櫲匠、鞍子匠、鞦辔匠、护衣匠、毡匠、绦匠、刷牙匠、各色染匠、琵琶匠、弓弦匠、穿花匠、绒花匠、雕栾匠、竹匠、绳匠、柳斗匠、芦席匠、笼甑匠、斜皮匠、熟皮匠、靴匠、鞍鞁匠、火药匠、泥水匠；（9）其他社会人员，如媒人、雇工、乐工、媒婆、道婆、师婆、稳婆、卖婆、干婆、乳婆、尼僧、妓女等。[①] 这样的人群构成及其所反映的生活，总体上都是汉民族社会日常生活的写照，至于一定数量的回回和土达等少数民族人口，则被消融在汉人城市生活的总体氛围中，影响不是很大。在这样不是很规范的分类中，武卫军士及其相关职业人员和手工业工匠群体显得特别突出，前者自然与这座城市的核心职能——军事功能——有关，而后者则凸显了城市手工行业分工及其细密和多样的特征，也在一定程度上体现了手工业文明的高度发达。而支撑这一行业的消费者群体，除了上述较为有限的一般庶民外，更多地应当来自吃着国家军饷的各种军职人员群体，以及依靠国家俸禄为生的各种官员群体。另一种值得关注的现象是"乐工"和"妓女"，这固然与醉生梦死的战地城市不少人员的生活态度有一定的关系，但可能更多的与庆王府及其相关生活有一定的联系。当然，我们缺乏这一方面的直接证据，但类似这样城市的相关记述，则提供了可能的佐证，这就是位于长城沿线的另一座城市——大同镇。像宁夏镇一样，大同城也是"九边"之一，并且也是王府（代王）的驻地。在明代，该城以"婆娘"著称，被称为"口外四

[①] （明）王珣修，胡汝砺纂：《宁夏新志》卷1《人品》，《天一阁藏明代方志选刊续编》(72)，第181—190页。

绝"之一。所谓"婆娘",实际上就是"乐工""妓女"(歌妓)之类的女人。有资料记载,"大同府为太祖第十三子代简王封国,又纳中山王徐达之女为妃,与太宗(明成祖朱棣)为僚婿,当时事力繁盛,又在极边,与燕、辽二国鼎峙,故所蓄乐户较他藩多数倍,今以渐衰落,在花籍者尚二千人。歌舞管弦,昼夜不绝"。① 这条材料多少反映了当时王府所在边城生活的一幕。既然大同"所蓄乐户较他藩多数倍",则居住于宁夏城的庆王府也有一定数量的"乐户"和"妓女"自是无疑,上文所述"乐工""妓",被视为"贱役""贱女"正是这一反映。当然,这样的"乐工"和"妓"并非只有王府独有,当时的不少城市也都有这样的"服务",他们是当时城市生活的一部分。

(2)宁夏镇属城及其军事化建设与特征。按照明人的观念,宁夏镇的属城(约相当于地方二级城镇)包括:平虏城、灵州城、宁夏中卫城、广武营城、宁夏后卫城和兴武营城。② 万历时期的《朔方新志》将这些城列于"疆域"中,各城都管辖有相当大的地理区域,③ 说明它们是一方政治军事中心。就其历史而言,他们当中,有的是在原来城镇基础上实现了功能的转变和相应改造而形成的城镇,有些是新设、新建的军事城镇。前者包括灵州城和鸣沙州城,其中灵州城是在元代灵州城的基础上建设的,但亦有很大的变动。先是,洪武三年(1370)迁徙灵州民于陕西关中,十七年(1384)因故城被河水冲陷,于是在原城以北7里之地,新建城池,"编集原遗土民及他郡工役民夫忘归者为瓦渠、枣园、苜蓿、板桥四里",并在此置宁夏守御千户所。宣德三年(1428)该城再次被河水淹没,又于城北5里之地新筑城池,景泰三年(1452)增筑新城,以后再没有移动。灵州城周围7里8分大。弘治年间,军户口记载不明,民1331户,10104人。④ 鸣沙州城,也是一座老城,元代在此设立鸣沙州,

---

① (明)沈德符:《万历野获编》卷24《畿辅·口外四绝》,元明史料笔记丛刊,中华书局1997年版,第612页。

② (明)王珣修,胡汝砺纂:《宁夏新志》卷1《属城》,《天一阁藏明代方志选刊续编》(72),第234页。

③ (明)杨寿纂修:《朔方新志》卷1《地理疆域》,《中国西北文献丛书·西北稀见方志文献》第50卷,第20页。

④ (明)王珣修,胡汝砺纂:《宁夏新志》卷3《灵州守御千户所》,《天一阁藏明代方志选刊续编》(72),第323—325页、第335页。

明朝初年迁徙其民于长安，只剩下一座空城。正统九年（1444）对该城加以修葺，由宁夏中屯卫部分官军驻守，有307户，785人。① 宁夏中卫城，本元应理州城旧址，故城周4里3分，洪武三十二年（1399）置宁夏中卫，迁在京在外官军6000余员驻守。正统二年（1437）增为5里8分，天顺四年（1460）增为7里3分。弘治年间有6280户，11080人。② 另有韦州城，本为西夏时期的韦州治所，元代情况不明，洪武时期分封庆王于此，居住九年，建文四年（1402）移居宁夏城。随后该城尚有宁夏群牧所，庆王亦曾回猎于此，成为一方重镇。该城在明弘治年间拓建东城并东关门二道，住有一定兵力把守。其余诸城都是明代适应军事防卫需要而新建的驻防城镇，其基本情况如表4—1所示。

表4—1　　　　　　　　明代新建城池、规模、人口

城名	建置时间	建城规模及其变化	户口
宁夏后卫城（花马池）	正统八年置花马池营，弘治六年置守御千户所，正德二年改为宁夏后卫	城周7里3分	户：3180 口：6890
平虏城	永乐初建，为军马哨备。景泰六年拨宁夏前后卫千户所、百户所军余住居。弘治六年展筑新城，正德六年为镇城以北地方守备中心	新旧城合计周3里，《朔方新志》云周围4里5分	
兴武营	正统九年置兴武营，正德二年改为守御千户所	城周2里8分，《朔方新志》云3里8分	户：1135 口：3453

---

① （明）王珣修，胡汝砺纂：《宁夏新志》卷3《鸣沙州城》，《天一阁藏明代方志选刊续编》（72），第406—407页。

② （明）王珣修，胡汝砺纂：《宁夏新志》卷3《宁夏中卫》，《天一阁藏明代方志选刊续编》（72），第380页；《乾隆宁夏府志》卷5《建置城池》，宁夏人民出版社1992年版，第129页。

续表

城名	建置时间	建城规模及其变化	户口
广武营	正统九年置	旧城周2里，成化九年增筑为3里，弘治十三年拓为4里余。《朔方新志》云2里	户：1300 口：8100

说明：1. 资料来源：弘治《宁夏新志》相关部分、万历《朔方新志》卷1《城池》。2. 关于平虏守御千户所的建置，清人编纂的《平罗记略》辑有二说①：一引《府志》言"洪武初置"。此《府志》当为《乾隆宁夏府志》，今查此志，仅言"明初"置，没有"洪武初置"字样，当是作者理解有误所断；二引《明史·地理志》云"嘉靖三十年以平虏城置"（所），查与《明史》同；又引《旧志》云，"永乐初置平虏城，嘉靖三十年改设平虏守御千户所"。此《旧志》当指弘治、嘉靖二《志》，后者基本上承前志内容，但二《志》均无"嘉靖三十年改设平虏守御千户所"之说，则此处当引自《明史·地理志》的部分内容无疑。实际上，嘉靖三十年以宁夏平虏城守备改设平虏守御千户所这一说法是符合事实的。《明实录》该年七月庚子，"改平虏守备为分守参将、宁夏前卫后千户所为平虏守御千户所"，②证明确实如此。

除这些中心城镇以外，这一时期还兴建了其他一些重要的军事功能城镇，如玉泉营，城周3里，万历十五年（1587）创筑。洪广营，城周2里160步，万历三十三年（1605）拓筑东北部。③ 至于清水营以下以及上述诸城所属堡寨还有很多，绝大多数都是这一时期营建的军民屯堡，此处不细述。总体而言，这些城镇都是围绕宁夏镇的建置而构建的军事功能城镇。除了这一点外，这一时期这里的城镇建设还有两大特点：一是按照军事城镇的要求来建设，二是景观构建上的汉民族制度化构建和重建。前者，如宁夏城，"内城大楼六、角楼四，壮丽雄伟，上可容千人。悬楼八十有五，铺楼七十，外建月城，城咸有楼。南北有关，以至炮铳具列，闸板飞悬，火器神臂之属，制备及其工巧"。灵州城四门亦皆有楼，万历年

---

① （清）徐保字纂：《平罗记略》卷1《舆地沿革》，王亚勇校注，宁夏人民教育出版社2003年版，第19—20页。
② 《明世宗实录》卷375，嘉靖三十年七月庚子，第6683页。
③ （明）杨寿纂修：《朔方新志》卷1《城池》，《中国西北文献丛书·西北稀见方志文献》第50卷，第21—22页。

间包括上述诸城多加以砖包。① 而与此相应的功能性设施或机构尚有演武校场、射圃、马营、神机库、兵车厂等建设,这在宁夏城、灵州城、宁夏后卫城(花马池)、兴武营、宁夏中卫城、广武营等均有不同程度的存在,虽然不是那么整齐划一。后者,如制度性建设的观瞻和军民信仰景观,包括钟楼、鼓楼、文庙、城隍庙、先农坛、社稷坛、厉坛、旗纛庙、马神庙、真武庙、汉寿亭侯庙(关帝庙)等等,以及各种不同名号佛寺、道观,各式各样的牌坊等,都不同程度地在这些中心城镇有所兴建,这样的景观总体上改变了元朝时期这里城镇的景观面貌。在城镇精神上,这些城镇不但充斥着典型的军事文化精神,而且在民间信仰上鲜明地体现了与内地一致的精神信仰和民众心里,这样的改变与河西地区同期的变化比较相似,堪称这一时代的重要变迁。

(3)固原镇城镇建设的特点。固原镇是明代建置比较晚的一个军镇,一般认为弘治十五年(1502)正式形成。该镇后来又管辖有河州、岷州、洮州三卫,从而形成南北两大部分。以南的部分与本题无涉,此不涉及,仅北部绝大部分在今固原地区,因此这里所说实指北部这一部分。就其建城历史来看,元代这里是开成州和静宁州的组成部分,因为元末战乱和元代初年安西王被封于此,在一个相当长的时间里,政府编户人员稀少,所以行政建制只有开成州(今固原城南40里原州城址)及其下辖开成县、广安州(今彭阳县古城乡),另有六盘山以西属于静宁州的隆德县。也就是说县级行政建制以上城镇只有上述3个。开成州治,不但是州、县治所,又是安西王府的开府之地,在元代初年更是统领秦、蜀之地的政治中心,战略地位非常重要。明朝建立以后,承元制设开成县、隆德县,广安州废除。当时固原仅设有一巡检司。景泰元年(1450),因正统以来的蒙古诸部侵扰,开始修筑固原城,并调南部洮州、岷州、临洮卫、巩昌卫官军前来操守,随后又调平凉卫右千户所官军于此,立为守御千户所,天顺五年(1461)以平凉卫指挥使守备固原,则固原实际上已经成为卫所一级城镇。成化三年(1467),开成县被蒙古诸部侵扰军攻破后,迁徙开成县治于固原,第二年改守御千户所为卫,弘治十五年改为固原州。也就是在这一年,由于节制三边的需要,形成固原镇,于是

---

① (明)杨寿纂修:《朔方新志》卷1《城池》,《中国西北文献丛书·西北稀见方志文献》第50卷,第21—22页。

固原镇成为宁夏以南、兰州以东、庆阳以西、平凉以北最为重要的政治、军事中心,由于节制三边总督常驻于此,更加重了其军事和防卫指挥中心的功能。随后,又相继添设西安州守御千户所(今海原县西北约17公里西安州旧址)、镇戎守御千户所(今固原县七营乡北嘴古城)和平虏守御千户所(今同心县予旺镇),隶属于固原卫。① 与卫所制度相适应,在诸卫所下,又兴建了一批堡寨,较著者守御千户所自不例外,其他如甘州群牧千户所城、海喇都营城、红古城堡、白马城堡、下马房关等,都是这一时期重新建筑的城镇。② 万历四十年(1612)又新建大湾川堡,③ 而其他作为最基层屯田和驻防的堡垒,此不赘述。

应该说,明代立足于政治、军事,特别是军事防卫的需要,在此区域重新构建了一套新的防卫秩序,这些城镇虽然不同程度地有一定的古代残存城址,但主要是在明代兴建起来的。其修筑的主要特点:(i) 固原城巨大。虽然旧志称固原城原为北宋宋真宗时期建设的镇戎军城,但当时城周仅9里7分大,金人重修,但元代似没有利用。明代先在原址上兴筑和增补,后于弘治十五年增筑外关城,周围20里,设关门4座,外为沟池,深阔各2丈。④ 这样大的城镇,在明代陕西四镇中是唯一的,也是最大的,这样的规模可能与它作为三边四镇的指挥中心地位有关。(ii) 与别的城镇不同,固原城中设有"盐引批验所",下有5个盐厂:东盐厂,在东关,南北45步,东西80步;南盐厂,在南关,东西32步,南北16步;西盐厂,在西关,东西20丈,南北22丈;北盐厂,在北关,南北20丈,东西62丈;中盐厂,在西关,东西15丈,南北35丈。⑤ 明朝于边地实行"食盐开中"政策,西北粮饷因此得以一定程度的保障,西北

---

① 以上参见《嘉靖固原州志》卷1《创建州治》,固原市地方志办公室编《明清固原州志》,宁夏回族自治区内部资料出版物准印,2003年,第1页。

② (明)杨经等纂修:《嘉靖固原州志》卷1《文武衙门》,固原市地方志办公室编《明清固原州志》,第8—9页。

③ (明)刘敏宽、董国光纂修:《万历固原州志》上卷《建置志》,固原市地方志办公室编《明清固原州志》,第73页。

④ (明)杨经等纂修:《嘉靖固原州志》卷1《城池》,固原市地方志办公室编《明清固原州志》,第2页。

⑤ (明)杨经等纂修:《嘉靖固原州志》卷1《文武衙门》,固原市地方志办公室编《明清固原州志》,第2—3页。

盐业也因此经商人之手而转往各地销售。时人杨一清言："近年总制尚书秦纮要增盐利，及以便益处置，出给小票，许令前往西（西安）、凤（凤翔）、延安、汉中等府发卖。故盐商云潨，盐场山积，固原荒凉之地，变为繁华。"①（ⅲ）教场巨大，并建筑有望军楼。固原城的教场在城东南3里处，周围9里大，成化八年（1472）兴建。这样的规模在沿边诸镇教场中仅次于宣府镇（宣府教场纵10里，横40里，为"口外四绝"之一②）位列第二。正德十一年（1516），在演武厅后面兴筑望军楼台一座，更是增加了教场的防卫据守功能，实为一新的创造。至于神机库、兵车厂等常规性建设，一应俱全。（ⅳ）制度性祭祀和民间信仰祠庙景观普遍建立。如前所述，元代这里是安西王府和开成州所在，虽然一些地方招民屯垦，建立编户，但仍有不少地方属于安西王府及其驻军游牧地，就是豫旺城（今予旺乡），据说也是元代豫王封地，人口稀少。明代建立以后，伴随着城镇建设和地区开发，诸城镇中建立了与中原城镇基本一致的各种祠祀景观，完成了"汉化"城镇的系统性转变。如固原城中有"山川社稷坛、风云雷雨坛、厉坛、文庙、武成王庙、城隍庙、玉皇阁、禹王庙、关将军祠、制府专祠、道镇祠、马神祠、上帝庙、文昌祠、东岳庙、三清宫、火神庙、雷神庙、八蜡庙、太白庙、兴福寺、圪塔寺、白衣观音寺、弥勒庵、睡佛寺、石佛寺、十方寺、牛王寺、地藏庵、磨针观"③等，其他诸城镇也不同程度地有一些相关建筑，总体上反映了城镇精神的显著变化。

当然，就游牧环境而言，"环县、固原北至宁夏花马池、灵州六百里，土旷人稀，自古无郡县之设"，④ 明朝在此设立了一些城镇，同时基于元代以来的游牧状况，明代在此又设立有苑马寺所属的地方监苑——长乐监（在州东北隅），其下管辖有开成苑、广宁苑、黑水苑⑤等国家级牧

---

① 杨一清：《为议增盐池中马则例疏》，《明经世文编》卷114，第1069页。
② （明）沈德符：《万历野获编》卷24《畿辅·口外四绝》，元明史料笔记丛刊，第612页。
③ （明）刘敏宽、董国光纂修：《万历固原州志》上卷《祠祀志》，固原市地方志办公室编《明清固原州志》，第77—78页。
④ （明）杨经等纂修：《嘉靖固原州志》上卷《文武衙门》，固原市地方志办公室编《明清固原州志》，第9页。
⑤ 同上书，第10页。

场和牧马营地。另一方面,明代先后以固原西北一带的今海源、西吉等县地赏赐给"楚、沐、韩、肃诸藩为牧场。沐家营等处沐藩得之,韩府湾等处韩藩得之,群牧所等处肃藩得之,西安州、武延川及海喇都,楚王得之,且城焉"。① 当时这里属于平凉府和固原卫,其监牧、军屯和藩府牧场大致比例是,"监牧、军屯居十之五六,楚、肃、韩(藩)所据又居二三焉,(平凉)府仅得十之一二"。② 因此,明代固原州不少地方依然是国家或诸藩王的牧马场,这一点与元代总体上是一致的,所不同的是,这一时期在此看马、牧马和从事守卫的大多数人都是汉人军民,回民虽然不能说没有,但总的人口数可能是有限的。

清王朝建立以后,今宁夏地区在最初的 80 年间,基本上继承明代以来的卫所体制,雍正二年(1724)以后,重建府州县体制,北部宁夏府下辖灵州、宁夏、宁朔、平罗、中卫一州四县,宁夏、宁朔二县与府同城,另外废除了宁夏后卫,原城花马池改为灵州分州治所。雍正五(1727)、六年(1728)又分设新渠、宝丰二县,但乾隆三年(1738)大地震后该二县被废,实际只存在很短的时间。同治十一年(1872),设宁灵厅(治今吴忠市西南金积镇),这样到清朝末年宁夏府实有 6 个行政城镇。而南部固原州,清初属于甘肃平凉府,同治十二年(1873)升为直隶州,下设平远(治下马关)、海城二县。同治十一年又置化平川直隶厅(治今泾源县城)。这样,加上隆德县,实际有 5 个州县城。另有三个重要城镇:一为硝河城,驻州判,是为次州级城镇;二是打拉池,驻县丞,为次县级城镇;三是同心城,驻巡检司。③ 总合起来说,当时宁夏境内南北合计约有 11 个行政建置城镇。就城镇建设而言,清代于这一带城镇建设的成就总体上不大,只是由于明朝末年战乱的破坏,特别是乾隆三年大地震的毁灭性破坏,不少城镇倾塌严重,清人在原来城镇格局的基础上进行了一些重建或修补,所以乾隆以后的不少城镇多是在原来基础上重建和

---

① (清)杨金庚修,陈廷珍纂:《光绪海城县志》第 1《建置志》,刘华点校,宁夏人民出版社 2007 年版,第 19 页。

② (明)赵时春纂:《嘉靖平凉府志》卷 1《建革》,固原市地方志办公室编《明清固原州志》,第 598 页。

③ (清)王学伊修,锡麟纂:《宣统固原州志》卷 2《地舆志》,固原市地方志办公室编《明清固原州志》,第 196 页。

修补而成的，创新的东西总体上不多。要说最有创造性的部分，当属"满城"。它是专门为满人驻军等所建造的城池，既体现了满人在清代的特殊地位，也反映了他们对汉族等人的戒备。"满城"初建于雍正元年（1723），具体位置在宁夏府城外东北处。乾隆三年（1738）大地震时废毁，乾隆五年（1740）移建至府城西15里处。新建城池高大，周回7里5分，城墙"俱甃以砖"。城池四门，"东曰奉训，西曰严武，南曰永靖，北曰镇朔"。从城门的取名就可以看出，它所体现的是对朝廷的忠诚和严整的统治精神，也清晰地反映了它特殊的地位和功能意向。应该说，该城在建构上特别讲究它的军事性和防御性功能。城为正方形，有4座城楼，4座马道，4门瓮城与城门楼，4座角楼，8座铺房，24座炮台，24道水沟和1道护城河。东、西、南、北4个城门楼两边各有2个火药楼，与城内其他8条街道相对应。这样的城的形象俨然是一个巨大的军事堡垒！城内东西、南北两大街为主，三横三纵共9条笔直的大道将城内分为16个相等的方形社区。街道命名，除南北、东西大街外，其余8条街全部用"正黄旗、正红旗、正白旗"等正、厢旗旗号命名，① 显示了非常严正的秩序观念和警示作用，体现了乾隆盛世时期满洲人统治的决心、力量和精神。回顾历史，蕴含在满城中的力量和精神，似乎只有十六国时期匈奴人所建的统万城可以与之相比。可以说，它代表了帝国晚期宁夏境内传统城池修筑水平的最高峰。②

与这样的变迁相适应，由王府和军事卫所而兴起的不少景观和城镇，伴随着清王朝的建立和卫所体制的废止，也发生了较大的变化。前者如以前明代庆王时期宁夏城所修筑的一些王府和园林亭阁等多遭到毁废。正如地志所载，"藩府名园"曾被认为是宁夏城"八景"之一，③ 时至乾隆时期因园林废毁，在新的"八景"中已经没有了它的位置，甚至地志亦将那些园林亭馆等列入"古迹"④ 目录中了。后者如海喇都城，明代初年被赏赐给楚王，城周4里3分，高、阔各3丈4尺，成化以后又有增筑，但

---

① 参见《乾隆宁夏府志》所附《府城图》《满城图》和卷5《城池》，陈明猷点校，宁夏人民出版社1992年版。
② 刘景纯：《历史时期宁夏居住形式的演变及其与环境的关系》，《西夏研究》2012年第3期。
③ （清）张金城、杨浣雨修纂：《乾隆宁夏府志》卷3《地理名胜》，第100页。
④ （清）张金城、杨浣雨修纂：《乾隆宁夏府志》卷3《地理古迹》，第117—118页。

到乾隆时期"员弁全弃，仅同乡堡。百年以来，倾废殆尽"，①"形势之地竟成市镇。城垣倾颓，十存五六，壕堑竟成平地。而东门地形最下，为水出刷深至一二丈矣"。西安州城，本明代守御千户所驻地，"城周围5里6分，高阔各3丈2尺，壕阔与城等"，清朝乾隆时期"北城居民寥寥十余家，两城（指南北二城）皆渐倾圮"。平远城，本明代守御千户所驻地，城周围5里3分，高阔各3丈2尺。雍正四年（1726）裁汰千户所，城内仅设把总一名，兵丁30名。古城堡，"今堡已倾废，民人散居村落矣"。②当然，伴随着清朝的编户齐民整治，旧日的军事堡寨多已改变为乡镇性质的居民点，但城镇精神却已完全改观，不复以往的军事城镇特性了。

值得指出的是，清代回民人口在宁夏地区增长很快，这固然有元明时期的一些基础，但更多地是清代以来的发展。遂使得宁夏逐渐发展为回民人口在不少地方人口几近占到八成或一半左右的情况。就这一过程而言，已有专门的研究，此处不必详述。兹引乾隆时期"盐茶厅"（今海城县）的"民性民情"，略见一斑。所谓："海城，固原州裔壤，而水环山拱，气势沉雄，自成一郡会。民生其间，诚朴健劲者多。然习尚不能一致者，楚府则楚人，沐府则沐人，肃、韩府则兰、肃人也。数十年来，卫有归并，加以清（水）、（通）渭、秦（安）、狄（道）之流，寓者因是以有老户、新户之分，而二者之中又有汉、回、卫所之别。大率老户自负王民，敦重信义。汉民耕牧为主，畏法守分。回民勇于趋利，贸易十居八九，黔（黠）者或流于偷窃。卫所之民，则疲顽愚拙而已矣。四民皆重耕牧，唯回民兼善治生，故殷实者多。而冒险贩利，因而破败者，亦比比也。"③ 又地志记载，"国初，狄（道）、（通）渭、清（水）、秦（安）流寓日继，因有老户、新户之分，二者之中，又有汉、回、卫所之别，此盐茶旧规也。同治十三年（1874）乱后，招抚清水、秦安回民七百余户，迁插于南乡鹞子、石嘴、王昭、陶家四堡，刁悍甲于一邑。近来河州游民潜来占荒，每致滋事。光绪三十二年（1906），西、河、清水各回族又分

---

① （清）朱亨衍修，刘统纂：《乾隆盐茶厅志》卷1《图记》，刘华点校，宁夏人民出版社2007年版，第14页。
② （清）朱亨衍修，刘统纂：《乾隆盐茶厅志》卷6《城堡》，刘华点校，第53—57页。
③ （清）朱亨衍修，刘统纂：《乾隆盐茶厅志》卷11《风俗》，刘华点校，第107页。

住于沐家等堡，西南一带须烦治理。统目前而计，一县种类，只分汉回。汉民居十之二，回民居十之八。膏腴之地，多被回民占垦，故汉贫而回富"。① 在这样的背景下，回民在一些城镇逐渐定居，城镇清真寺及伊斯兰文化景观亦复有新的发展。当然，这样的背景并不是说清真寺与伊斯兰文化景观在这个时期才进入这里的城镇，事实上，明代时回教信仰的清真寺在个别城镇已经出现，弘治时期宁夏城中就有"回纥礼拜寺"，② 另有当地人说，海原县的清真寺建于明代万历年间。只是那个时期这样的寺院还相当的稀少。乾隆时期，宁夏城中已有三座清真寺，是"回教建。一在宁静寺西，一在什子北，一在镇远门南"。③ 而固原城中的"六坊寺"、同心县的"韦州大寺"、"清真大寺"，平罗县的清真寺等，④ 都是清代建立的。这样的景况，也是清代宁夏城镇变迁的重要的一个方面。

（二）青海地区

青海地区的主体部分是河湟地区与塔里木盆地，历史时期以来，除了河湟地区开发较早并且有一定的农业居民以外，其余不少地区长期以来主要是游牧民族活动的区域。明代以前的元朝，日月山以东的河湟地区主要是甘肃行省的一部分，以西是宣政院的管辖地。前者建置有西宁州（治今西宁市）、贵德州和积石州三个城镇，后者为诸游牧部族游牧之地。明代建立以后，于洪武六年（1373）设置西宁卫，以朵儿只失结为指挥佥事。朵儿只失结是西宁人，在元朝为甘肃行省右丞，归附明朝后，成为这里的军事长官。伴随着陕西行都司的建立，西宁卫被归属于该行都司，宣德时期改为西宁军民指挥使司，成为"河西十五卫"之一。由此，这里的城镇总体上都是军事卫所性质的军事型城镇，除西宁以外，又有碾伯右所，以及其余各种堡寨64座，⑤ 大概都是这一时期兴筑的。

---

① （清）杨金庚修，陈廷珍纂：《光绪海城县志》卷3《贡赋志》，刘华点校，第50页。
② （明）王珣修，胡汝砺纂：《宁夏新志》卷1《寺观》，《天一阁藏明代方志选刊续编》(72)，第227页。
③ （清）张金城、杨浣雨修纂：《乾隆宁夏府志》卷6《建置坛庙》，第186页。
④ 邱树森主编：《中国回族大词典》，江苏古籍出版社1992年版。
⑤ （明）张雨：《边政考》卷4《西宁卫》，《中国西北文献丛书·西北史地文献》第3卷，第379页。

在此背景下，明朝对这里的城镇按照卫所体制进行了较为系统的构建和修筑。（1）西宁卫城。洪武十九年（1386），"陕西都指挥使司及都督濮英奏：西宁卫旧城卑狭，不堪戍守，今度城西百二十里许，其地平衍可以改筑。上可其奏。命调巩昌、临洮、平凉三卫军士筑之，未几复停其役"。① 就是说，在这一年，本欲在旧城西 120 里处重新选址筑城，此事上报并得到朝廷批准，并且已明确要调动巩昌、临洮、平凉三卫军士进行修筑，但不知什么原因，旋即又停止了移城工程，却在原来旧城的基础上加以改筑。史载，第二年"命长兴侯耿炳文率陕西诸卫军士城西宁"，② 即指这件事。又，地志记载："元末，西宁州旧城废，洪武十九年长兴侯耿秉（炳）文始割旧城之半，改筑城垣，周八里五十六丈四尺，高五丈，为门四，角楼四，敌楼一十九，巡铺二十四，月城四。池深一丈八尺，阔二丈五尺，东关外城延一里许，为门三。"③ 这里所述显然是此次筑城及其成就，只是文中所说的"洪武十九年"是不正确的，正确的时间应当是《明实录》所载的洪武"二十年"。明中后期，驻防大臣在此基础上进一步修葺，嘉靖二十一年（1542）于稍门增筑月城，万历三年（1575）加修并甃砖，更加坚固。万历二十二年（1594）创建东城楼，又补筑城 758 丈、2 座门楼、4 座敌台、2 座角楼、巡铺 6 座，二十四年（1596）增筑关城悬楼 18 座。④（2）碾伯所、贵德所城。这两城都有一定的历史基础。前者，洪武十九年（1386）置"嘉顺马驿"和守御千户所，后又曾驻守守备、游击。万历二十二年加筑、甃砖、城垛，增设敌楼。城高 3 丈 5 尺，下宽 2 丈 7 尺至 3 丈 5 尺，东西长 150 丈，南北长 112 丈，门 3 个，城楼 3 座，月城 2 座，东关外城有门 3 个。⑤ 后者，本是元贵德州城，元末废。洪武七年（1374）修土城，八年（1375）设守御千户所，十三年（1380）修成工程竣工。万历十八年（1590）增修。城周 3 里 8 分，长

---

① 《明太祖实录》卷 177，洪武十九年正月壬午，第 2677 页。
② 《明太祖实录》卷 185，洪武二十年九月丁未，第 2784 页。
③ （清）苏铣纂：《重刊西宁志》"建置志"，《中国西北文献丛书·西北稀见方志文献》第 55 卷，第 12 页。
④ （清）杨应琚纂：《西宁府新志》卷 9《建置志》，《中国西北文献丛书·西北稀见方志文献》第 55 卷，第 230 页。
⑤ 同上书，第 233 页。

683丈5尺，高3丈5尺，根宽2丈8尺，顶宽1丈2尺。南北2门，城楼1，上置守铺32间。壕深1丈5尺，宽3丈2尺。① （3）堡寨。如前所述，嘉靖中有64堡，此不必一一细说，今择其要者于表4—2所示，以见一斑。

表4—2　　　　　　　　明代西宁卫主要城堡建设简表

城　名	距卫城距离	建置与筑城情况
平戎城	卫治东70里	洪武十九年置马驿，嘉靖元年置防守官。城高3丈，下厚2丈5尺，壕深1丈5尺，2门。万历二十四年增筑敌楼24座
镇海城	卫治西40里	嘉靖元年置防守官，万历二十一年改设游击。城东西96丈，南北76丈，东西2门。有东、西月城。城墙根厚2丈，顶厚1丈
永安城	卫治北65里	
老鸦城	碾伯所东50里	洪武十九年置马驿，嘉靖元年置防守官，万历增筑敌楼。城周围246丈，高2丈5尺，壕洞宽2丈
冰沟堡	碾伯所东90里	洪武十九年置马驿，嘉靖中置防守官。城高2丈5尺，下厚2丈，壕深2丈
古鄯城	碾伯所南160里	洪武十九年置马驿，嘉靖中置操守官，万历中改守备。二十四年增筑敌楼。城周666丈，高3丈4尺，下厚2丈8尺，壕深1丈5尺、宽2丈。门2，城楼2，角楼4

资料来源：《乾隆西宁府新志》卷9《建置志》，《中国西北文献丛书·西北稀见方志文献》第55卷。

此类城堡，有的与驿站合体，有的属单一的军事防卫堡寨。城池规模不大，驻防人员百十号人或数百人不等，城门或一门或二门，但防卫设施比较齐全，城楼、角楼、敌楼、巡铺等基本设施不同程度的都有建置，这一点与其他诸卫所城堡没有明显差异。（4）制度、民间信仰景观的兴建与城镇意识形态的特征。西宁卫所在地是多民族聚居区，这里居住有汉族、回族、土族和藏羌等民族。伴随着明王朝统治的建立，军事卫所和移民军人及其家属纷纷进入这里，并被安插在不同的卫所城堡中，他们或驻守或

---

①　（清）杨应琚纂：《西宁府新志》卷9《建置志》，《中国西北文献丛书·西北稀见方志文献》第55卷，第235页。

屯田，而分布于一些重要的军事据点和城镇。与此相应，城镇建设也迎来了新一轮汉文化的建立和传播的新时代。除了来自内地的军民以外，城镇中也按照明朝的相关制度，包括汉民族本身的信仰习惯和观念，一一建起了人们熟悉的标志性或实用、或象征性的一系列景观设施。卫所儒学和文庙自不必说，就是先农坛、风云雷雨山川坛、社稷坛、厉坛、关帝庙、武庙、僧纲司、道纲司、阴阳学等无不一一齐备。就是城隍庙、旗纛庙、马神庙、忠节祠、金山祠、弘觉寺、高台寺、弘通寺、宁番寺、藏经寺、普仁寺等，①也在西宁城中，共荣共存，壮丽辉煌。应该说，西宁地区的诸多城镇这一时期也不同程度地经历了较为明显的"汉化"过程，一些主要城镇的精神是以汉民族文化为主体、以军事功能为主要功能的城镇。像河西、宁夏等不少地区一样，城镇精神的这一新变化，也是这一时期本地区城镇变化的新特征之一。当然，由于该地区是回族、羌藏民族重要的聚居区之一，一些城镇依然保留有传统的清真寺、藏传佛寺，则在一定程度上体现了不同民族和平共处的精神性征。

进入清代，在最初的80余年间，清承明制，以卫所为主体的政治、军事和社会组织继续存在。雍正初年，伴随着卫所体制向行政体制的改革和转变，原来卫所城镇的军事功能弱化，并转变为以行政管理为主要功能的城镇，而大批城堡则演变为城村等聚居中心。在此基础上，清朝根据新的形势并为了加强对一些地区的控制，在这一带新建了一批城镇，它们是丹噶尔城、黑古城、乩思观城、什札巴城、河拉库托城、亦杂石城、巴燕戎城、甘都堂城、康家寨城，当然，明代的个别旧城堡也得以继续利用。② 这一时期城镇的建设多是对就有城池的修葺、改造和利用，基础设施建设基本上是在原有基础上的修缮和增补，总体上没有超越明代筑城的模式，就是一些新建的城池，也没有若何新的突破。

二　市场发育及其区域特征

明王朝建立初期，宁夏地区和青海地区的社会基础比较类似，都是承

---

① （清）苏铣纂：《重刊西宁志》"建置志"，《中国西北文献丛书·西北稀见方志文献》第55卷，第13—18页。

② 刘景纯：《清代黄土高原地区城镇地理研究》，中华书局2005年版，第241页。

接元代诸王及其驻军将领的统治。所不同的是，青海一带居住有传统的"西番"诸部，他们在归附明王朝以后，以及在清代，相当一部分羌藏"番部"聚族而居，其中包括羌族、回族、土家族和蒙古族人等，发展到清代甚至还有"生番""熟番"之别；而宁夏地区，除了北部旧宁夏府一带原住民内迁关中以外，依然存留有一些旧住民。除此而外，两处地方在明代都是内地移民和军人大量迁居的地区，这样就形成了汉民族与诸多少数民族混居的地区，尽管有各自相对集中的分布区。应该说，这两地都是传统的农牧业生活方式共存的地区，明代以后，青海地区的畜牧业更集中一些，而宁夏地区除了官府和王府的牧马场外，专门从事游牧的人员已经很少了。清代这些地方的民族构成及其人口数量虽然略有变化，并且明代那样的卫所体制也发生了向"吏民社会"的转变，但总的社会构成特性没有发生实质性的变化。这样的社会构成及其不同民族的生产、生活方式，在很大程度上是造就政府组织市场和民间市场运作的基本力量。

(一) 宁夏地区

如前所说，在明代，宁夏北部是宁夏镇的管辖区，南部本为甘肃平凉府固原州辖地，但在弘治十五年后，伴随着固原镇的设立，这里也成为以军镇为主体的一个军事防卫区。当然，二者都不同程度地管辖有一定数量的州县编民或民屯社区。就日常的基本生活而言，一些主要城镇由于人口相对集中，自然形成政治和商品贸易的中心，交易市场也成规模地发展起来。如宁夏城，弘治年间手工业、商业从业人数众多，坊市规整，店肆分布于诸坊市中，市场或在街道中，或在诸坊内。当时城内不同区域已经分布有不少的专业化市场：羊肉市，在遵化坊；柴市，一在旧谯楼东西，一在新谯楼西；靴市，在王府西北角；鸡鹅市，在就谯楼前；巾帽市，在靴市东西；杂货市，一在清宁坊东，一在新谯楼西；杂粮市，在清宁坊东；猪羊肉鱼市，在毓秀坊东；米麦市，在猪鱼市西；猪羊市，在旗纛庙前；骡马市，在猪羊市西。① 嘉靖时期，市场进一步发展，在不少街坊都有分布，但亦相对有一定的门类分别：胡麻、糟糠、杂物皆集中于熙春坊、泰

---

① （明）王珣修，胡汝砺纂：《宁夏新志》卷1《市集》，《天一阁藏明代方志选刊续编》(72)，第218—219页。

和坊、里仁坊、南薰坊和平善坊内；毓秀坊到新谯楼之间是苏杭杂货、鱼肉、瓜菜、五谷等市场；所有布帛皆集中于感应坊；清和坊集中销售果品、颜料、纸笔、山货、鞋帽等；修文坊、乐善坊、广和坊、备武坊、澄清坊、积善坊、众安坊、宁朔坊、永康坊、崇义坊、镇安坊、慕义坊、效忠坊、遵化坊、养贤坊、育材坊、肃清坊、镇靖坊、凝和坊等坊市中，"凡市猪、羊肉者，各随便有之"；至于新城大街的永春坊、迎薰坊、挹兰坊和靖房坊，"凡骡、马、猪、羊，皆市于此"。① 这些市场及其商业经营，除了"苏杭杂货"等部分货物来自长途贩运商的采买外，大量基本的商品来自当地军民的土地出产、畜牧经营和家庭副业，因此，市场的发展水平总体上停留在满足城乡居民日常生活所需的基本生活品的交易的水平上。在这一点上，它和这一时期沿边主要军镇城镇以及内地诸府州县城镇没有实质性的差别。

促进市场发展和商业活动繁荣的另一来源是内地商人的介入，以及在此精神催促下的"官豪"营商活动。我曾在一篇文章中谈道，"在官豪没有介入以前的九边社会，一般的商业活动有三种形态：一是城镇固定店肆与集市；二是开中政策招引下的商人及其商业活动；三是后来政府不定期开放的边蒙互市"。② 城镇固定店肆与集市，如上所述宁夏城的市场分布，但"集市"的发展似乎并不充分，因为在明代的相关文献中，并未见到各级城乡中有关集市及其集期的记录。据此，我们推断，像当时内地那样的城乡定期集市并没有普遍和稳定的形成。这一点与甘肃河西地区比较一致，分布于地方的城堡乡村等集市没有出现，市场发育不是很健全。这种现象，可能与当时的军事化建制有关。至于内地商人的介入，主要是政府"食盐开中"政策背景下，内地商人以"运粮输边"形式而换取"盐引"的商业经营活动。这样活动在一定程度上催生了明代陕西商人集团（商帮）和晋商集团（商帮）的形成，也在一定程度上促进了该地区城镇商业的繁荣。同时，由于商业精神的介入，在一定程度上刺激了当地官豪的商业经营，从而形成影响商业和市场的一股力量。"随着官豪对土地经营

---

① （明）杨守礼修，管律纂：《嘉靖宁夏新志》卷1《街坊市集》，陈明猷校勘，第24页。
② 刘景纯：《明代九边官豪的私业经营与政府控制》，《陕西师范大学学报》（哲学社会科学版）2011年第3期。

的介入，以及以营利和攫取财富为目的的经济活动的实际进行，一些官豪也把自己的营私活动扩大到商业领域。他们非法役使军士、家奴或隐占逃亡军民等，不同程度地投入到诸如兴贩私茶、盗卖官马、买卖官盐、烧炭转卖、盗卖官粮、私盐盗卖、私开店肆，以及与鞑靼私下交易违禁军器等诸多领域。如宁夏总兵官宁阳侯陈懋，永乐六年（1408）以后长期镇守宁夏，在此期间，有人告他曾私遣军士200余人，操舟30余艘，出境捕鱼、采木。如此大规模地捕鱼，不能认为是用来自己消费的，结合宁夏鱼市的情况分析，应当是投入市场买卖的。他又曾派遣军士20人，'赍银往杭州市货物'，这也应当是倒卖贩运的行为。而对官仓粮食的侵吞和盗卖，如与都指挥阎俊等盗卖官仓粮食19000余石，又以虚卖延安、庆阳府粮食为名，侵吞官粮240000余石等，以及私役军士种田3000余顷，以所收入招商'收籴中盐'。还有与都指挥阎俊等役使军士，'挽车九百余辆，载大盐池盐，往卖于西安、平凉等府'，① 等等。显然，这些活动几乎都是以营利为目的非法的商业或变相的商业勾当。"② 可以看出，这一股力量的影响还不小，上述宁夏城中的"苏杭货物"可能与这一部分人的经营有着一定的关系。而像这样的长途贩运活动，无疑扩大了宁夏市场的影响力，特别是通过晋陕商帮的"中介"，其影响力和我国中东部、东南部的商业市场很快结合在了一起，这在一定程度上体现了西北沿边市场的商业吸引力。

说到"边蒙互市"，这是明朝政府根据当时的政治需要而开设的双边贸易，其中所开设的市场是沿边地区市场发展的一种特殊形式。宁夏镇最早开设的互市市场在花马池附近的长城以北，时间是嘉靖三十年（1551）。这年七月，"延绥镇巡等官张愚等言，本镇自国初以来未经开市，法宜慎始。且东西相距千五百里，无边墙为限，而镇城北距大边红石

---

① 以上参见《明宣宗实录》卷76，宣德六年二月壬子，第1768页。按：《剑桥中国明代史》以为，"在理论上，开中法对所有愿意运粮到北方和用它向政府换取盐引的商人开放"（下册，第647页），这一点不错，但沿边军事将官的此类活动总体上是被禁止的。但这种背景有利于北方将官为主体的官豪的投机买卖。后来，政府一度允许陕西庆阳、平凉一带养马军士以马易盐，实际上也多被官豪操纵。

② 刘景纯：《明代九边官豪的私业经营与政府控制》，《陕西师范大学学报》（哲学社会科学版）2011年第3期。

峡仅九里，外即虏巢，虽定边墙而地多平漠，于此立市，恐召虏侮。矧延宁两镇所与市者，惟套虏一部。花马池界在二镇之中，有边城三百余里，可以为据。宜合延、宁二镇，同此立市"。① 按此文意，似此前曾在延绥镇城北的"红石峡"（亦即红山）有意立市或者曾经决定立市了，后来经张愚等的分析和讨论，形成改在花马池互市的新意见，并且主张届时延、宁二镇"同此立市"，只是时间上错开而已。此事得到了朝廷的认可，并且随后就进行了互市。十二月，总督陕西三边尚书王以旂等"报延、宁马市完，凡易马五千余匹。虏酋狼台吉等约束部落，终市无哗"。② 就是说，当年十二月花马池互市已经进行了。隆庆五年（1571），俺答归款，明朝在当时的长城沿线开设11处马市，宁夏镇的清水营设有"市厂"。③ 后来，平虏（今平罗）、中卫也先后设立市场。史载："陕西总督兵部侍郎高文荐题：本镇三厂互市，酋首最多，止设宁夏二道饬备督饷，经理难周，议将灵州驻扎行太仆寺中路少卿郭汝经理清水营互市，兵粮道副使刘尧卿经理平虏、中卫互市，各请给敕谕一道，部覆从之。"④ 又，"复套虏互市于宁镇之清水、中卫、平虏三厂"。⑤ 明熹宗天启七年（1627），"宁夏巡抚史永安疏言：本镇额设平虏、中卫、清水三厂互市，每年额银四万七千二百两。自万历三十年（1602）起，天启六年（1626）九月终止，除拖欠外，实收并旧管存剩银七十九万九千四百八十八两零。已经奏销过一十一万六千四百七十六两零，已支市赏、未经奏销银四十二万九千五百九十八两零，实在贮库银二十五万三千四百一十三两零。自三十一年起，至天启六年九月终止，因布衣缺额，节年借过银五万七千九百四十三两零，因军饷节年借过银一十七万二千七百七十三两零。自四十六年起，至天启六年九月终止，屡次援辽官兵买马安家行粮，共借过银一万九千四百一十四两零。以上三项，共借过市本银二十五万一百三十一两零，见今贮库三千二百八十一两零。自今，京、民两运及冬衣布花，屡催不至，不得不再借，而市本已罄矣。见今河东合收气一枝妣吉山等酋，河西银定炒花

---

① 《明世宗实录》卷375，嘉靖三十年七月丁亥，第6679页。
② 《明世宗实录》卷380，嘉靖三十年十二月甲寅，第6731页。
③ 《明穆宗实录》卷60，隆庆五年八月癸卯，第1463页。
④ 《明神宗实录》卷131，万历十年十二月乙未，第2439页。
⑤ 《明神宗实录》卷166，万历十三年闰九月戊午，第3015页。

甲等酋，拥众邻边，纷纷求市，无从给发。……"①就是说，隆庆五年（1571）以后，宁夏沿边"额设平房、中卫、清水三厂互市"，这种情况一直维持到天启以后。这种规模在陕西四镇中是少有的，因此，当时的宁夏镇是西北地区边蒙互市的大镇。互市虽然是由官方主持的双边贸易，且以"马市"为主，但官市以后往往都有"民市"，加上后来还不同程度的在沿边一些缺口形成一些"小市"或民市，使得宁夏镇的边境贸易在明代中后期的市场份额中占有重要的分量。这也是这一时期宁夏市场发展的一个重要特点。

就南部而言，明代的固原州是平凉府的一部分，弘治十五年（1502），固原镇形成以后，卫所、州县并存。虽然如此，州县编民人口稀少，经营有限。地志记载，当时的平凉府，"规方五百里，而监牧、军屯居十之五六，楚、肃、韩所据，又居二三焉，府仅得什之一二，故名存而实削矣"。②就是说，真正为平凉府所控制的编户及其所占有的耕地只有十分之一二，而固原既为军镇所在地，又是楚、肃、韩王府草场主要分布区，其编户就更少了。在这种情况下，地方市场可能没有若何发展，仅有的互通有无的市场交易可能仅在个别州县城而已。由于文献没有记载市场的情况，不可妄说，但这样的估计，可能也不是距离事实相差过远。值得指出的是，如前所述，固原城中当时设有"盐引批验所"，并建有五个"盐厂"，即东盐厂、南盐长、西盐厂、北盐厂和中盐厂。由于商人前来兑盐，并"许令前往西（安）、凤（翔）、延安、汉中等府发卖。故盐商云瀹，盐场山积，固原荒凉之地，变为繁华"。③则其城市市场因此得以发展。这是固原城的一个重要特点。

到了清代，随着蒙古诸部的归附，汉蒙一家，社会承平，加上宁夏地处东西重要的商贸交通线上的优越位置，商业贸易和市场又有了新的发展。地志记载："宁夏府城，人烟辐辏，商贾并集，四衢分列，阛阓南北，蕃夷诸货并有，久称西边一都会矣。平罗、灵州、中卫城仅数里，多就通衢贸

---

① 《明熹宗实录》卷81，天启七年二月乙巳，第3925—3926页。
② （明）赵时春纂修：《嘉靖平凉府志》卷1《建革》，《中国地方志集成·甘肃府县志辑》(13)，第14页。
③ （明）杨一清：《为议增盐池中马则例疏》，《明经世文编》卷114，第1069页。

易，坊市故不分载。各堡寨距城稍远者，或以日朝市，或间日、间数日一市，或合数堡共趋一市，大抵米、盐、鸡、豚、用物而已。其布帛什器犹多市于城。若灵州之花马池、惠安堡，中卫之宁安堡，当孔道，通商贩，其市集之盛，殆与州邑等。"① 可以看出，伴随着"吏民社会"的全面建立，以及社会经济的稳定发展，府、县、市镇等三级市场体系已经形成，各级市场也相应地有了定期集市，于是在市场结构上与内地基本保持一致。

（1）宁夏府城的市场。与明代市场主要分布于诸城坊中的情况不同，乾隆时期，不少坊市已经废弃，市场主要分布在一些大街或街口："四牌楼在大什字街，通衢四达，百货杂陈，商贾云集；米粮市在四牌楼西大街；羊市在城守营署前；炭市在羊肉街口南；猪市在南关；东柴市在鼓楼街；西柴市在镇武门东；骡马市在新街口北；碴子市在会府西；青果市在会府南；番货市在四牌楼南；旧木头市在箱柜市西；新木头市在道署南；故衣市在羊肉街口；麻市在什字东；箱柜市在管达街口西；麻生市在什字东。"② 应该说，和明代相比，清代宁夏城市集分布更加开放，市场的专业化程度也较以前更高，这些都是集市日趋发展的表现。（2）诸县乡市场有了明显的发展。如表4—3所示，清代乾隆时期，宁夏府诸州县普遍形成了城镇、城堡乃至于村落的集市市场格局，这样的市场分布状况和当

表4—3　　　　　　　　清代乾隆时期宁夏府市集分布表

州县	市集	集期
平罗县	在城	1处，每逢初三、十二、二十二日交易
	宝丰县	1处，每逢初二、五、八日交易
	黄渠桥	1处，每逢初三、六、九日交易
	头闸	1处，每逢初一、四、七日交易
	石嘴子	1处，每逢初一、十、二十日交易

① （清）张金城、杨浣雨修纂：《乾隆宁夏府志》卷6《建置坊市》，陈明猷点校，第202页。
② （清）张金城、杨浣雨修纂：《乾隆宁夏府志》卷6《建置坊市》，陈明猷点校，第201—202页。

续表

州县	市集	集期
灵州	在城	米粮市1处
	吴忠堡	1处，每逢初三、六、九日交易
	中营堡	1处，每逢初三、六、九日交易
	金积堡	1处，每逢初二、五、八日交易
	胡家堡	1处，每逢初二、五、八日交易
	秦坝堡	1处，每逢初一、四、七日交易
	汉伯堡	1处，每逢初一、四、七日交易
	惠安堡	1处
	大水坑	1处，每逢初三、六、九日交易
中卫县	在城	2处
	宣和堡	1处
	旧宁安堡	1处
	恩和堡	1处，每逢初三、六、九日交易
	鸣沙州	1处，每逢初一、四、七日交易
	白马滩	1处，每逢初二、五、八日交易
	张恩堡	1处，每逢初三、六、九日交易
	石空寺堡	1处
	枣园堡	1处
	广武堡	1处

资料来源：《乾隆宁夏府志》卷6《建置坊市》，第204—207页。

时内地基本一致。（3）市口市场。清代继承了明代承平时期的沿边市口贸易，在此基础上有所变迁和发展。地志记载："各蒙古与内地民人交易，有花马池、横城、石嘴子三市口，俱十日交易一次。硝磺、钢铁、军器、白米、白面、豌豆，奉文禁止出口售卖。除三市口交易外，阿拉善蒙古曾经议给腰牌三十面，各准十人以下随时进赤木、黄峡、宿嵬三口，与宁夏城内民人交易，以羊只、毛毡、皮张、大盐，易其布匹、米粮。……宁夏三市口，惟石嘴通蒙古最多，哈尔哈、土尔古忒、乌拉忒等部，皆赴口通市。"① 这种市口贸易，自康熙三十六年（1697）开始，最开始时没有石嘴子市场，其前身在柳陌河处边墙的"西暗门"（柔远堡）外，这是以前"夷汉交易处"，后迁移至石嘴子山后，并在那里设立"夷监三楹：一鄂尔多斯梅林；一厄鲁特梅林；一汉员参将"。前者就是有名的"柔远市口"，位置处在平罗县北30里，有堡城，"每月与番人开市交易三次，威震堡营兵防守"。② 柔远市口迁移到石嘴子以后，原来的市场遂废弃。市口贸易是清政府根据蒙汉人民的需要而设立的民族交易市场，从政府对相关交易物品的禁止和限制来看，多重的政治因素依然是不可轻视和忽略的重要因素。尽管如此，来自蒙古诸部的消费市场还是具有相当的吸引力，以至于内地中东部的不少商人及其商品都前来贸易，其影响还是非常巨大的。

南部固原一带，清代仍是平凉府的属地。根据当时各地城乡市场的普遍情况，这里应当是比较普遍地形成了州县乡等三级市场，只是由于地志等文献对市场的记载缺略，详情难以知晓。但一些零星的只言片语，也可窥见其中的大致情形。比如固原城，曾经有"秦晋会馆"、"四川会馆"，前者在"米粮市直西，前营守备署西侧"，后者在"大南市巷内"。③ 从米粮市、大南市知，城内除了店肆外，一些专门市场沿街设立，情同其他城市。另外，庙会市场也在各地有所发展。据记载，"汉民每春二月、秋八月，村庄间演戏酬神，谓之'过会'。更有'青苗会'、'羊头会'诸名色"。④ 张义堡城，亦曾有"山西会馆"，宣统《志》记载，该城西城根下，有"山西会馆铁碑"，"镂花掩映，锈色斑斓。土人云，当乾隆时，商贾辐辏，晋人甚多"。⑤ 则当时一些城堡市场还是具有相当规模的。又，乾隆《盐茶厅志》云该厅（今海原县）："始者，土旷人稀，道鲜行旅，牛羊遍野，夜户不扃。今集场既多，游食、丛聚、博弈、偷窃，无地无

---

① （清）张金城、杨浣雨修纂：《乾隆宁夏府志》卷2《地理边界》，陈明猷点校，第69页。
② （清）徐保字纂：《平罗记略》卷2《市集》，王亚勇校注，第60—61页。
③ （清）王学伊修，锡麟纂：《宣统固原州志》卷2《祠宇》，固原市地方志办公室编《明清固原州志》，第202页。
④ （清）王学伊修，锡麟纂：《宣统固原州志》卷10《社会》，固原市地方志办公室编《明清固原州志》，第535页。
⑤ （清）王学伊修，锡麟纂：《宣统固原州志》卷8《艺文志》，固原市地方志办公室编《明清固原州志》，第483—484页。

之。风俗之偷，大非昔比矣。"① 所谓"今集场既多"，表明当地集市已很普遍。至于"庙会"，"东岳、关帝、城隍、太白等庙宇，各庙每年一会，再会不一，各有定期。并设会首，以司钱谷出入。至期扮演设戏剧，男女纵观，夜以继日"。"穷乡小区，亦建方神庙，以为祈报之地，春秋二季以共聚焉。"② 据此，可以判断，清代乾隆以后，固原地区的城乡社会已经普遍形成城乡三级市场体系，不但如此，城乡庙会市场作为市场的补充，在不少地方也有所发展，这一点与内地关中等地是基本一致的。

晚清时期，由于同治年间回民起义的影响，境内民族和人口状况有了较大的改变，社会经济状况受到一定的消极影响，市场总体上趋于衰落。但在回民起义被镇压以后，经过政府的安置和恢复，社会区域稳定，一些新的改制也伴随着清王朝的新政而有一些变革，但市场的总体格局和结构没有多少变化。拿海城县来说，这里早年属盐茶厅所在，光绪时期："工业则以羊毛制毡，织口袋、袜子、捎连等件。虽境内羊毛为一大宗，多销运外洋。居民习于安逸，不习工艺。羊皮之佳者，不让宁夏滩皮，本地竟无作房，每为宁夏人购去，竟至利源外溢。……商业，贩运百货，随时零售，并无富商可别开生面，以期商战者。其资本稍丰之家，收集羊皮、羊毛，仍售于外来皮客及各洋行。"③ 由此可见，在各级市场基本上满足于城乡居民生活必需品交易的同时，不少市场是羊毛、羊皮资源的集散中心，且总体上成为外商和洋行的资源来源市场。这样的状况，与晚清时期沿海口岸的开放和西北地区农副土产资源的大量外运是相一致的。当然，民族工商业也在政府的推进中，缓慢地发展着，但总的影响还相当甚微。

（二）青海地区

像宁夏卫一样，青海地区在明代主要是西宁卫的管辖地，是一个军事化防卫区。因此，明代这里市场的存在状况主要是两种类型：一是西宁卫等主要城镇的一般社会市场；二是茶马互市市场。洪武二十九年

---

① （清）朱亨衍修，刘统纂：《乾隆盐茶厅志》卷11《风俗》，刘华点校，第108页。
② 同上书，第109页。
③ （清）杨金庚修，陈廷珍纂：《光绪海城县志》卷7《风俗志》，刘华点校，第106页。

(1396),"长兴侯耿炳文奏,秦州茶马司不便于互市,请迁于西宁,命户部议之"。① 到了第二年四月,"改秦州茶马司为西宁茶马司,迁其治于西宁"。② 从此,西宁取代秦州,成为重要的茶马互市市场。既然是茶马互市市场,应当如河州那样,设立有专门的"番厂",以与一般的民间市场有所区别。为了保障茶马贸易的有序进行,洪武时期于各茶马司以马易茶的各卫藏族专门颁发有金牌信符,从而"纳马"易茶成为归附羌藏民的一种"差发","如田之有赋,身之有庸,必不可少"。③ 这就在很大程度上保障了茶马市场的稳定运行。但好景不长,由于茶马贸易巨大的商业利润,一些官豪势要及军民之家私自贩运茶货,以谋取私利。这样的情况在洪武、永乐年间不是没有,但毕竟有限,到了明代中期,私贩日益猖獗,势难禁止。故杨一清称:"查得洪武、永乐年间,兴贩私茶者处死,以故,当时少有蹈之者。间有一二私贩者,包藏裹挟,不过四五斤十斤而止,行则狼顾鼠探,畏人讦捕。岂如今之贩者,横行恣肆,略不知惮。沿边镇店,积聚如丘;外境夷方,载行如蚁。明知禁轻,相谓兴贩私茶与兴贩私盐同律,事发,止理见在,不许攀指。例则五百斤以上方才充军。计使一人出本,百人为伙,每人止负五十斤,百人总负五千斤。各执兵器,昼止夜行,遇捕并力。万一捉去一人,只是一人认罪,数不及五百斤以上,不过充徒,余茶总收其利,以此得计。群聚势凶,莫之敢捕。官兵遥见,预为潜躲。"又云:"访得西宁、河州、洮州地方土民,切邻番族,多会番语。各省军民流聚钜万,同番买马。雇请土民,传译导引,群附党援,深入番境,潜住不出。不特军民而已,军职自将官以下,少有不令家人伴当通番。番人受其恐吓,马牛任其计取,变诈渐萌,含愤未发。"④ 这样的私茶贩卖和交易,不能不促进当地茶马市场的活跃。当然,这样的情况也在一定程度上影响了官方的茶马贸易。事实上,不论是官方的茶马贸易市场,还是私茶贩贸,都使得西宁地区成为当时茶马贸易的中心市场,其影响涉及西北地区很多地方。"但陕西禁茶地方,东至潼关,西极

---

① 《明太祖实录》卷245,洪武二十九年三月己丑,第3559页。
② 《明太祖实录》卷252,洪武三十年四月己丑,第3641页。
③ (明)杨一清:《杨一清集》(上册)卷3《茶马类》,唐景绅、谢玉傑点校,第74页。
④ (明)杨一清:《杨一清集》(上册)卷3《茶马类》,唐景绅、谢玉傑点校,中华书局2001年版,第80—81页。

甘肃，南抵汉中，绵亘数千里，伏奸廋匿，无处无之。"所以，朝廷命杨一清兼理茶马，"自潼关迤西，西安、凤翔、汉中、平凉、临洮、巩昌、西宁、甘肃等处，……但系通番关隘与偏僻小路，俱要用心巡禁，严谨把截"。① 除了官方以外，茶马市场极大地调动了相关地区各类商人的商业冲动，其巨大的市场影响力不仅增强了茶马的商品化程度，而且带动了一般地方市场的一定程度的活跃。

关于明代西宁卫一般社会市场的情况，文献缺乏记载，但除了西宁城以外，一些重要城堡也具有一定数量的店肆和街市交易，大概是可以推知的。只是城乡定期集市似没有建立，直到清代一些城乡才有了定期的集市。地志记载，乾隆时期西宁城中有："粮面市，在黉学街。东至学街口，南至学街牌坊止，西至县门街口止。宁郡向无粮面市，各藏于家。一城之中价值互异，买者固被抑勒，而自乡负粮面来售者，亦受要截，惟窝囤者，专其利焉。乾隆四年（1739），经西宁道佥事杨应琚、知县靳梦麟，因学街空阔，捐俸建铺数十楹，以为储粮贮面交易之所。自此粜籴不二，买者售者称便焉；菜果市，在道署西；骡马驴市，在石坡街；柴草市，在本城大什字；石煤市，在本城大什字土地祠前；石炭市，在驿街口；东关粮面上市，自史家大店起，至柴家牌楼止；（东关）粮面下市，自东稍门起，至西纳牌楼止。缨毛市，在祁家牌坊西；牛羊市，在湟中牌楼东；骡马驴市、柴草市，俱在小街口；石煤市，在小街口东；石炭市，在小街口西；硬柴市，在北古城街。"② 除此之外，一些县一级城镇也已经有了明确的市场记载：碾伯县有米粮市，在县署前三官庙门口；巴燕戎城，米粮市集，在厅署西。马牛羊煤炭市集，在厅署东；大通卫（乾隆时改为县），日市，在西关厢吊桥西；贵德所，粮食市，在城隍庙前。牛羊市，在卫门街。驴马市，在鼓楼街。所治向无市集，不使银钱，军民商贾咸称不便，后经佥事杨应琚等创设，每旬以三八为期，一月六集。③又，清末新设丹噶尔厅，城中有"粮市，在东街、永寿街；青盐市，在

---

① （明）杨一清：《杨一清集》（上册）卷3《茶马类》，唐景绅、谢玉傑点校，中华书局2001年版，第79页。

② （清）杨应琚纂修：《西宁府新志》卷9《城池》，《中国西北文献丛书·西北稀见方志文献》第55卷，第236页。

③ 同上书，第236—237页。

隍庙街南；柴草市，在东西大街；牛羊骡马市，在东关丰盛街；羊毛市，在西关前街"。① 固然，时至清乾隆时期，诸府县都不同程度地形成了各自的专业市场，但乡村市场还是缺乏记载，这大概与当地特殊的民族构成及其生产生活方式有一定的关系。有学者研究指出，"青海湖以南最重要的地方中心市场在玉树结古"，该市场"在清代前期已经形成，其市场上交易之货主要是大布、铁器、米、麦、挂面、粉条、枣、柿饼、瓷碗、药材、毛皮，大宗为茶"。而另外一些地方市场，一般多在寺院，其交易市集的时间和地点，"大致与各地宗教节庆有关。这种特点并非一朝一夕能够形成，至少在清代中后期甚至更早即已形成固定习俗"。② 就是说，在县城以下的基层社会，也出现了一些固定的交易中心和市场，有的类似汉民族地区影响较大的市镇，有的如寺院，则类似于庙会市场，虽然其形式不完全相同，但就市场而言，其功能和性质是一样的。从这一点上讲，到了清代前中期，青海地区也初步形成了府县乡村的三级市场体系，只是这样的市场结构还显得较为不平衡，也不像陕甘地区传统农业区那样密集，但其寺院市场的局部发展，却呈现出别样的特色。

晚清时期，西北地区的土产资源，特别是各种毛皮、药材等成为外商和各地商人青睐的对象，青海地区作为畜牧业重要的生产地，一时间迎来了八方商客，尤其是"洋行"的发展，都在一定程度上加速了本地土产资源的商品化程度，也在一定程度上促进了本地商业市场的兴盛。像羊毛，于蒙古诸部、"番部"和玉树地方都有大量出产，丹噶尔、贵德、大通等城镇是重要的集散中心，"以丹（噶尔）地每岁计之，约出羊毛双秤至四百余万斤，价约十两上下。其他各地暨迤北之甘凉肃边境，以南之河、洮一带间有售者，又不知凡几。以丹噶尔为青海适中之门户，每年有洋行十余家，就地采买。羊毛一项实为海上出产大宗"。③ 其他如驼毛、牛马皮、野牛皮、野马皮、野兽皮等，还有药材大黄、五柴旦等也多有出

---

① （清）邓承伟修，来维礼纂：《西宁府续志》卷2《建置志》，青海人民出版社1985年版，第75页。
② 王致中、魏丽英：《明清西北社会经济史研究》，第357—358页。
③ （清）康敷镕纂：《青海记》，《中国西北文献丛书·西北稀见方志文献》第55卷，第120页。

产，四方商贩多有贩买。① 因此，晚清时期商业市场在内外各种因素的影响下，以羊毛和药材等为主的土产资源的收购与集散，成为一种新的力量。这与以前具有明显的不同。

---

① （清）康敷镕纂：《青海记》，《中国西北文献丛书·西北稀见方志文献》第55卷，第120—121页。

第 五 章

新疆城镇发展与市场
发育的区域特征

在明代，今新疆绝大部分地区处在中央政府的直接控制之外，先后统治这里的是东察合台汗国和叶尔羌汗国，所以关于这里经济社会发展的情况在《实录》和正史中很难有具体的反映。所幸的是，永乐十一年（1413）至永乐二十二年（1424）的12年间，陈诚曾数次出使西域，对其中一些城镇稍有记述，由此可约略知晓当时这里城镇的存在和运行的基本状况。按其记述，当时西域一带的主要城镇有：哈烈，"城近东北山下，方十余里"；撒马尔罕，"城依平原而建，东西广十余里，南北径五六里，六面开门，旱濠深沟"；沙鹿海牙，"城广十数里，人烟繁庶"；卜花儿，"城周迴十余里……民物富庶、街市繁华，户口万计"；渴石，"周围十数里"；火州，"城方十余里，风物萧条"；哈密，"周围三四里，惟东北二门，人民数百户"。① 哈烈城在今西亚伊朗一带，撒马尔罕城在今乌兹别克斯坦撒马尔罕城，沙鹿海牙城在今中亚一带，卜花儿城在今新疆北部至中亚一带，渴石在今乌兹别克斯坦沙赫里萨布兹，火州即今吐鲁番，哈密即今哈密。这些城镇的存在表明，明代及其以前，这里基本的社会组织也已经是城乡生活的状态。不过，由于元朝末年的社会动荡和东察合台汗国的瓦解，战争频仍，社会经济凋敝，不少地区城镇社会凋落，人口稀少，生活艰难。如较大的"养夷"，"人民岁无宁居，惟留戍卒数百，守此孤城而已"。② 明朝建立以后，相继在西宁卫西北、嘉峪关外设立若

---

① 王继光：《陈诚西域资料校注》，新疆人民出版社2005年版，第2—10页。
② 同上书，第9页。

干羁縻卫所，却始终没有将这些地区纳入政府的直接统治区。但不管怎样，当时生活在新疆地区的不少部族与明朝保持着经常性的朝贡关系，这为以后清朝直接控制西域创造了条件。

进入清代，先是清朝初年，北疆为准噶尔汗国所占据，南疆为回部叶尔羌汗国所占据。康熙、雍正、乾隆三朝相继对新疆用兵，先后征服噶尔丹、达瓦济和阿睦尔撒纳，遂平定北疆地区。尔后阿睦尔撒纳又发动叛乱，清廷派将军兆惠、富德分路进讨，最终控制了整个天山北路。天山南路回部酋长博罗尼都与霍集占（即大小和卓）兄弟二人，长期被准噶尔汗国囚禁，清政府平定准噶尔后，获得释放回到南疆，自立为巴图尔汗，与清廷对立。乾隆二十三年（1758）清军进讨，相继攻克南疆各城，大小和卓西逃浩罕后被杀，南疆始定。天山南北都平定之后，清政府在伊犁设立伊犁将军，并且在各重要城镇设立参赞大臣、领队大臣、办事大臣、同知总管等官，实行军府制统治。而在地方治理上，根据各地不同情况，实行"因地制宜、因俗而治"的办法，在乌鲁木齐以东的巴里坤、哈密、吐鲁番等东路地区，实行与内地相同的郡县制。在哈密、吐鲁番回地及北路土尔扈特、和硕特等蒙古族游牧部族采用"扎萨克制"。而在南路回疆实行"伯克制"。在这一背景下，新疆的城镇建设也进入一个新的时期，其主要成就，就是围绕北路、南路和东路三大区块，相继设立一些以中心城镇为基础的行政建制，与此相应，一套较为完善的行政城镇体系得以形成。

一 城镇发展及其区域特征

（一）北疆地区

北疆地区泛指天山以北今新疆维吾尔自治区的部分。清统一该地区后，先后经过驻兵屯田，设官建制，迁移人口，屯垦开发，重建新的社会经济秩序和军事统治秩序，经济社会得以迅速稳定的发展。在北疆地区社会经济发展的过程中，屯田开发和农业推广成为新疆地区社会经济发展的主流形式。在这一力量的扩张和推动下，新疆地区农业人口不断增长，加上屯军自身的日益增长，在一定程度上成为城镇发展的新力量。事实上，新疆屯田从康熙年间就在吐鲁番一带进行了，乾隆时期，伴随着政府对新疆的全面控制，旨在改变"数十年以来，兵革相寻，群遭涂炭"[1]和"众人无以维生"[2]的状态，经济社会恢复工作很快展开。乾隆二十三年（1758），陕甘总督黄廷桂奏请，巴里坤以西伊勒巴尔和硕、木垒、特讷格尔、乌鲁木齐、玛纳斯、安济哈雅、济尔哈朗等处，建堡屯田，派兵驻扎，由近而远，渐次举办，直达伊犁。这个建议得到了乾隆帝的采纳，所谓："惟明岁驻兵屯田，最关紧要。虽乌鲁木齐等处现在耕种，而伊犁尚属荒闲，倘被布鲁特等侵占，又须经理。朕意于伊犁等处驻扎索伦兵及健锐营兵两三千名，合之绿旗屯田兵丁，声威自壮。"[3]这虽然只是军屯，但其重要性不言而喻。乾隆二十五年（1760），乾隆帝命令阿桂率领部分官兵与回民到伊犁屯田，这是初期的情况。在后来的日子里，又先后兴起回屯、兵屯、旗屯、民屯、犯屯五种类型的屯田。这些不同类型屯田的主人，涉及"回教"信仰的当地住民，来自山西、陕西、甘肃等省的汉人驻屯军，来自满洲、蒙古等地的八旗兵，以及来源复杂的其他各类民人。至于"犯屯"，顾名思义就是因为犯罪而被遣发于此的罪犯。乾隆二十三年（1758），御史刘宗魏上奏："请嗣后盗贼抢夺、挖坟，应拟军流人犯，不分有无妻室，概发巴里坤。于新辟夷疆并安西回目扎萨克公额敏和卓部落迁空沙地等处，指一屯垦地亩，另名圈卡，令其耕种。其前已配到各处军流等犯，除年久安静有业者，照常安插外，无业少壮，曾有过犯者，一并改发种地，交驻防将军管辖，应如所请。并将此外情罪重大军流各犯，一体办理。"[4]就是其中的一个政策。由于这里是新占领区，人口稀少，土地面积广大，适宜开发的农业用地较多，所以政府通过各种措施，以加强该地区的开发。经济开发和各类人等的移居新疆，为城镇的成长和发展提供了条件，随着时间的推移，这样的过程也在一定程度上促进了各级各地城镇的发展。乾隆二十五年（1760）曾称，"今日户口日增，而各省田土不过如此。不能增益，正宜思所以流通，以养无籍贫民……西陲平定，疆域式廓，辟展、乌鲁木齐等处在在屯田。而客民之力作、贸易于彼者，

---

[1] 傅恒：《平定准噶尔方略正编》卷12，《文渊阁四库全书》第358册，台湾商务印书馆1983年版，第182页。

[2] 王锡祺撰：《小方壶斋舆地丛抄》卷6，杭州古籍书店1985年版。

[3] 《清高宗实录》卷560，乾隆二十三年四月，第95页。

[4] 《清高宗实录》卷556，乾隆二十三年二月，第43—44页。

日渐加增。将来地利愈开，各省之人将不招自集。其于惠养生民，甚为有益"。① 从其中可以看出该地区社会经济和城镇发展的一些端倪。在这一过程中，从乾隆二十六年（1761）开始，清政府先后兴建了一批城镇。事实上，北疆地区的城镇主要兴筑于乾隆时期。这些城镇在地理分布上，主要围绕三个地区形成三个区块：中部以乌鲁木齐为中心，向东包括巴里坤、奇台两座城镇；西部以伊犁惠远城为中心，包括"伊犁九城"；北部以塔尔巴哈台为中心，主要控制北部草原地带。就城镇功能而言，这一时期兴建的城镇大多出于军事管制和行政管理双重目的，所以促成城镇建设的主要力量不是人口的增长以及由此增长所导致的需要，而是政治控制和军事管制的需要而实现的。它们是各自所在区域的中心城镇，其他城镇在其周围呈点片状分布，规模比较小。这也是中国古代边疆城镇发展的基本模式，没有什么特别之处。就城镇等级而言，伊犁城地位最高，这里设有军府，军府设总统伊犁等处将军一员，驻伊犁惠远城，其职权，既节制南北两路驻防官兵，抚绥属部，又监督外藩，是统治新疆的最高官员，所以是当时新疆的第一重镇。②

（1）伊犁九城。伊犁地区北至巴尔喀什，南至阿克苏所属的噶克察哈尔海台，西至楚河、塔拉斯河流域，东至精河阿鲁沁达兰卡伦，东西一千五百余里，南北一千余里。清政府收复新疆天山南北之初，伊犁地区大片土地多数荒芜，人烟稀少。乾隆十五年（1750），办事大臣阿桂自南疆率部分官兵与维吾尔族人到伊犁一带屯田垦殖。最初的农垦事业，旨在恢复社会经济和供给军粮，规模有限。随后亦逐渐发展为回屯、兵屯、旗屯、民屯、犯屯五种类型，尤以回屯、兵屯、民屯为主。由此，一方面驻军人数不断增加，一方面农垦人员日益增长，社会秩序逐渐建立，社会经济持续稳定发展。在此背景下，为了保障和促进当地社会经济的发展，并维护社会的稳定发展。自乾隆二十六年至四十五年（1761—1780）间，清政府先后在该地区修筑9座城池。祁韵士云："伊犁向无城，准噶尔时，随畜逐水草移徙，本行国。乾隆二十年平准噶尔，我军之防守于是

---

① 《清高宗实录》卷604，乾隆二十五年正月庚申，第786页。
② （清）祁韵士：《西陲要略》卷2《南北两路城堡》，成文出版社有限公司1968年版，第43页。

者，结营而居。二十九年始于伊犁河北岸度地创筑，赐名惠远城。垣高一丈四尺，周九里有奇。门四：东景仁，西说泽，南宣闿，北来安。中建鼓楼镇之。五十九年就城东偏展筑一百二十丈。满营兵驻城中，察哈尔、索伦、锡伯、额鲁特四营，分列四境，为新疆第一重镇。所属城八：曰惠宁城，曰绥定城，曰广仁城，曰瞻德城，曰拱宸城，曰熙春城，曰塔尔奇城，曰宁远回城。"① 这些城池地处伊犁河以北，又相对比较集中，所以被称为"伊犁九城"或"河北九城"。其地理分布如图5—1所示。

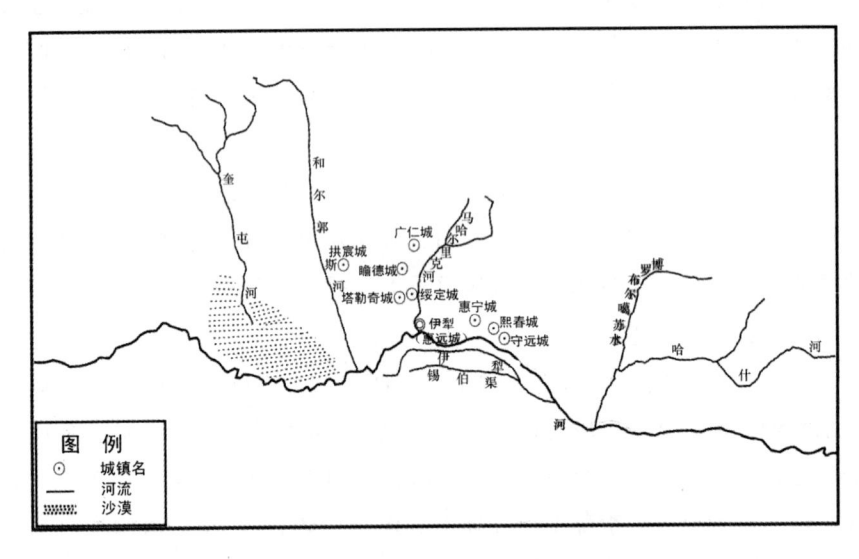

图5—1 "伊犁九城"位置示意图

这九座城池中，最早的是乾隆二十六年（1761）兴建的塔尔奇城（乾隆《西域图志》作"塔勒奇城"），城周只有1里大小，在"伊犁九城"中规模最小，诸门也没有名称，应该说是比较简陋的城池。到了第二年，兴建的绥定和宁远回城，规模都在4里以上，约略相当陕甘地区的一些县城的规模。自此以后，城池的修建进入一个新的阶段。二十九年（1764）修筑的惠远城，规模达到周围9里有奇，相当于陕甘地区较大的府城，它不但是该地区规模最大的城池，而且行政、军事地位也最高。该

---

① （清）祁韵士：《西陲要略》卷2《南北两路城堡》，第43页。

城池的修筑及其驻防官军特别是伊犁将军的设置，标志着该地区首位城镇的产生，也标志着地区政治、经济中心的确立，这在北疆社会秩序重建中具有里程碑的意义。随着乾隆三十年（1765）惠宁城的建立，自二十六年（1761）以来五年间的主要城镇建设暂告一段落。因为在随后的近十年里，再没有兴建具有相当规模的重要城池。经过这十年的巩固和发展，至乾隆四十年（1775）开始，到四十二年（1777）为止，又进入一个较为密集的建设时期，先后建成如表5—1所示的4座城池。自此"伊犁九城"全面建成。

表5—1　　　　乾隆年间兴筑伊犁九城简表

城名	相对位置	兴筑时间	规模、高程	城门	主要功能
惠远城	即伊犁城	二十九年	垣高1丈4尺，周9里有奇	门4：东景仁，西说泽，南宣闿，北来安	驻满营兵，伊犁将军，统领南北
塔勒奇城	在惠远城西北30里	二十六年	垣高1丈，周1里有奇	门皆无名	驻绿营兵
绥定城	在惠远城北30里	二十七年	垣高1丈7尺，周4里有奇	门4：东仁熙，西义集，南利渠，北宁漠	驻绿营兵
宁远回城	在惠远城东南90里	二十七年	垣高1丈6尺，周4里有奇	门4：东景旭，西环瀛，南嘉惠，北归极	驻回民
惠宁城	在惠远城东北70里	三十年	垣高1丈4尺，周6里有奇	门4：东昌汇，西兆丰，南遵轨，北承枢	驻满营兵
瞻德城	在惠远城西北70里	四十年	垣高1丈3尺，周3里有奇	门3：东升瀛，西履平，南延景	驻绿营兵
广仁城	在惠远城西北80里	四十二年	垣高1丈3尺，周3里有奇	门3：东朗辉，西迎灏，南溥惠	驻绿营兵

156 / 稳定中的艰难与变迁

续表

城名	相对位置	兴筑时间	规模、高程	城门	主要功能
拱宸城	在惠远城西北120里	四十二年	垣高1丈7尺，周3里有奇	门3：东春晖，西遵乐，南绥定	驻绿营兵
熙春城	在惠远城东80里	四十二年	垣高1丈，周2里有奇	门3：东觐恩，西凝爽，南归极	驻绿营兵

说明：(1) 资料来源：祁韵士：《西陲要略》卷2《南北两路城堡》，《西域图志校注》卷12《疆域五》；(2) 二者有出入者，取《图志》说。如惠宁城，前者云乾隆三十五年（1770）建，后者云三十年（1765），则表中用三十年说。绥定城，前者云门三，后者云门四，表中用门四。

塔勒奇城，《要略》作塔尔奇城。

    通观这9座城池的修筑，我们看到：（1）以伊犁（惠远城）为中心的屯垦农业区逐渐发展起来，并通过这一中心，在其西北120里、东90里的范围内建造了9座城池，借以居住军民和从事管理，如惠远城，《钦定八旗通志》云：乾隆二十九年（1764），在伊犁河北一里许，"修建城垣房屋，给予凉、庄、热河移来满洲官兵居住"，三十一年（1766）正月，明瑞等奏称"由凉州、庄浪携眷移驻满洲兵丁城垣房屋一万七百余间，具已修理完竣"。① 就是说，这里的官兵及其家眷多来自"关内"。加上以往的"回屯"城镇或其他民族据点，清政府在这里总体上改变了当地以往传统的逐水草而居的游牧生活，实现并重建了该地区的政治、经济景观和社会秩序，并因此而奠定了新的城乡社会的基本格局。（2）这些城镇的规模约略相当于陕甘地区府县级城池的规模，尽管人口没有陕甘地区那么多。（3）不论是中心城伊犁还是一般"回众"所居住的宁远回城，城墙一般都比较低，多是一丈多尺。这一方面可能与防御疏于攻城的这一带游牧民族马队有关，也可能在很大程度上仅具象征性，是一种有别于以往的新生的政治景观。就后者而言，它们的存在既是一种疆域和身份的认同，也在一定程度上体现了清人作为骑马民族的统治自信和坦然。（4）城池所体现的文化精神是传统中原王朝发展至这一时期城池建设的基本精

---

① 《钦定八旗通志》卷118《营建七》，嘉庆元年刊本。

神。城池以方正形态为主，比较规范，城门基本上是四门和三门，若是三门，则不开北门。就是城门的取名及其意蕴的精神也和内地一致，惠远城中还建有钟楼。在制度或民间信仰等意识形态上，惠远城自乾隆以后到嘉庆年间，已经建置有关帝庙、八蜡庙、刘猛将军庙、龙王庙、风神庙、城隍庙、火神庙，祭坛方面有社稷坛、先农坛和文昌宫等祠祀庙宇。① 其基本内容与同一时期陕甘地区城镇祠祀景观的主流精神是一致的。从这一意义上讲，这些城镇景观不只是物象上的一致，更是一种文化的占领和认同，因而也是政治空间、政治景观的组成部分。

（2）迪化州城——乌鲁木齐。乌鲁木齐地区是清政府最早在新疆设置郡县制的地区之一，清政府平定北疆后于此设迪化州，乾隆三十八年（1773）改为直隶州。该州统辖昌吉、绥来、阜康三个县。就城镇而言，实际上就是4个府县级城，其中迪化州城治所是乌鲁木齐。像伊犁一样，"乌鲁木齐向无城，乾隆三十一年（1766）创筑于红山之侧，名迪化城。门四：东惠孚，西庆丰，南肇阜，北憬僾。其南郭接连旧城一则。初定此地时，协镇驻扎所筑也。三十七年（1772），去迪化城西八里筑一城，赐名巩宁，驻满营官兵。迪化城则以绿营兵驻之"。② 所谓"乌鲁木齐向无城"，是说在清人统一该地区前这里没有城池。乾隆二十六年（1761），清政府平定准噶尔后，于当年在乌鲁木齐河以东修筑一座土城，用来驻扎军队。这就是引文所说的"旧城"，"周可三里"，当时赐名"迪化"。③ 乾隆二十八年（1763），在该土城以北扩建新城，城周四里五分，于是该城取代旧城被称为迪化城，也就是乌鲁木齐汉城。三十七年（1772）在新城西北方八里处（《西域图志》云于迪化城西30里④）另筑一城，命名"巩宁"，这里驻扎满营兵，所以又称乌鲁木齐满城。"巩宁城，垣高二丈二尺五寸，厚一丈七尺，周九里有奇。门四：东承曦，西宜稼，南同轨，

---

① （清）祁韵士：《西陲总统事略》卷5《坛庙祠宇》，《中国西北文献丛书·西北史地文献》第27卷，第443—444页。

② （清）祁韵士：《西陲要略》卷2《南北两路城堡》，第47页。

③ 《西域图志校注》卷10《疆域三》，钟兴麒、王豪、韩慧校注，新疆人民出版社2002年版，第190页。

④ 同上。

北枢正。以满蒙汉三体及回子字，书于门端。四十八年重修"。① 像伊犁地区一样，这里也是满汉二城的设计和建筑模式，这与内地是一样的。只是内地满城一般较小，而北疆地区的满城规模都比较大，其中巩宁城更是远远大于乌鲁木齐城。这样的设计和实践说明两个基本问题：一是当时汉人官兵和民人数量还是有限的；二是满营官兵的地位高，在实际统治和管理中处于统治地位。这种精神固然与新疆地区作为清人新纳入的统治区域有关，也与清人在此树立自己的统治地位和强化其民族统治的政治意识不无关系。就这一意义而言，它和内地满城以"监管"为主的精神还是有所不同的。

除了这两座城池以外，这一时期还兴建了三座县城，分别是昌吉、绥来和阜康。昌吉县在迪化城西120里处。先是，乾隆二十七年（1762）清政府在昌吉河西建筑宁边城，三十八年（1773）设县后，该城即为县治。绥来县在昌吉县城西北220里，旧为准格尔游牧地。玛纳斯河环绕其西，塔什河经其东。乾隆二十八年（1763）纳入清朝版图后，于此建有绥来堡。四十二年（1777）又建左右二城，左为绥宁城，右为康吉城，两城南北相依。四十四年（1779）在此设绥来县。阜康县在迪化州治东北200里，旧为准格尔游牧地。清人平定该处后，于此建阜康堡，乾隆四十一年（1776）设县。② 这三座城池都是由城堡发展而来，随后都有不同程度的修筑或拓展，城门或四门或三门，后来都发展为四门制，城池追求方正、规整和规范的基本精神。城门名号亦如其他诸城，名称取名的意蕴也与其他城池一致，体现了当时汉民族城池的精神。与伊犁地方相似，这些城池的墙垣都不高，也都在1丈多，多不足2丈。其意义应当与伊犁地区城池一样。

同样，这些城镇中，亦如内地城镇，基本上都修建有制度性或民间信仰的基本祠宇，如迪化城内有城隍庙，城东有关帝庙。旧城中有关帝庙、龙王庙。巩宁城中有关帝庙、城隍庙、雷雨风神庙、文庙、先农坛、龙王庙等。昌吉县城有文庙、八蜡庙、火神庙、关帝庙、先农坛。绥来县有关

---

① （清）祁韵士：《西陲要略》卷2《南北两路城堡》，第48页。
② 《西域图志校注》卷10《疆域三》，钟兴麟、王豪、韩慧校注，第192—195页。

帝庙、城隍庙。① 这些祠祀景观，与其说是祭祀神灵的场所或宗教重新的庙堂，不如说是一种政治景观，它标志着鲜明的疆域认同、地方认同和文化认同。这一点与伊犁地方是一致的。

除了这些重要的政治中心城镇之外，为适应地方开发和政治统治和管理的需要，这一时期还在地方上兴建了一批新的城堡，兹列其主要者如表5—2 所示，以见一斑。

表 5—2　　乾隆时期乌鲁木齐、巴里坤附近修建的主要城堡

名称	俗名	修建时间	相对位置	周长	高度
惠徕堡	六道湾	二十七年	迪化北 8 里	1 里 7 分	1 丈 2 尺
屡丰堡	七道湾	二十七年	迪化北 19 里	1 里 7 分	1 丈 2 尺
辑怀城	古木池	二十七年	迪化北 35 里	2 里 7 分	1 丈 5 尺
宣仁堡	头工	二十七年	迪化西北 10 里	1 里 7 分	1 丈 1 尺
怀义堡	二工	二十七年	迪化西北 25 里	1 里 7 分	1 丈 1 尺
乐泉堡	三工	二十七年	迪化西北 32 里	1 里 7 分	1 丈 1 尺
宝昌堡	四堡	二十七年	迪化西北 35 里	1 里 7 分	1 丈 1 尺
宁边城	昌吉	二十八年	迪化西北 75 里	3 里 5 分	1 丈 5 尺
景化城	呼图壁	二十九年	迪化西 140 里	3 里 5 分	1 丈 6 尺
保惠城	吉木萨	二十七年	迪化东北 370 里	2 里 5 分	1 丈 5 尺
恺安城	旧城子	二十七年	迪化东北 390 里	2 里 2 分	1 丈 1 尺
育昌堡	双岔河	二十六年	迪化东北 350 里	1 里 5 分	1 丈 1 尺
时和堡	柳树沟	二十六年	迪化东北 360 里	1 里 5 分	1 丈 1 尺
遂成堡	库尔喀喇乌苏				
丰润堡	精河				
孚远城	古城满城	四十年		4 里	1 丈 6 尺
三台堡		四十二年			
吉木萨	保惠城	四十二年			

资料来源：《乌鲁木齐政略》，甘肃省图书馆藏乾隆抄本。

（3）塔尔巴哈台。亦称"塔尔巴噶台"，在迪化州北 500 里，旧为伊

---

① 《西域图志校注》卷 10《疆域三》，钟兴麒、王豪、韩慧校注，第 192—193 页。

克明阿特部游牧之地。乾隆二十二年（1757）归入清朝版图。祁韵士云："塔尔巴哈台城，初在雅尔地方，乾隆二十九年所筑，三十一年因其地冬雪大，官兵难以驻守，移东二百里，於楚呼楚地方新筑一城，为阿睦尔撒纳旧游牧处，赐名绥靖，易其地名为塔尔巴哈台。垣高一丈八尺，厚一丈二尺。门三：东翔和，西布悦，南遂亨。四十一年重修。"① 该处最初无城，归入清朝版图后，乾隆二十八年（祁韵士所说二十九年当是城建成的年份）在该城西北200里处"雅尔"这个地方建了一座城池，名"肇丰城"，城有四门，东曰翔和，南曰乘离，西曰布悦，北曰暨朔。② 如上引文所述，三十一年（1766）后将该城移建至以东200里的"楚呼楚"，名"绥靖城"，也就是塔尔巴哈台。绥靖城于乾隆四十年（1775）、乾隆四十七年（1782）、乾隆六十年（1795）进行了三次大规模的修补和加固。③ 有主要街道三条，即东大街、繁乐街、文化街，其中东大街是进城的主要通道，城内建有衙署、民房、兵房、火药房、军器房等千余间。城镇布局比较规整。像其他诸城一样，该城也建有关帝庙、先农坛和绥靖寺（佛寺），并对附近山川进行祭祀。④

（4）巴里坤。巴里坤是清朝所设的镇西厅治所在地，是郡县制向西扩展的重要据点。下设奇台县和宜禾县二县。像这一时期新疆的一些重要城镇一样，巴里坤也是汉、满两城构成。汉城筑于清雍正九年（1731），是宁远大将军岳钟琪督军建造驻防城，驻扎绿营兵。城周8里2分，城高2丈，底宽2丈，顶宽1丈。城的平面呈长方形，开四门，东西南北依次命名为"承恩""得胜""沛泽""拱极"。城中央建钟鼓楼，城内四条大街，南大街为营兵住房，东、西、北三条大街均为民房。⑤ 城内东南有演武校场，西北有火药局。满城位于汉城东面，始筑于乾隆三十七年（1772），为驻满营官兵及家眷而建。城周6里3分，高1丈8尺，底宽1

---

① （清）祁韵士：《西陲要略》卷2《南北两路城堡》，第46页。
② 《西域图志校注》卷11《疆域四》，钟兴麒、王豪、韩慧校注，第201页。
③ （清）兴肇等辑：《塔尔巴哈台事宜》卷1《城垣》，成文出版社有限公司1969年版，第22页。
④ （清）兴肇等辑：《塔尔巴哈台事宜》卷1《坛庙》，第23—24页。
⑤ （清）松筠等：《钦定新疆识略》卷5，《续修四库全书》第485册，上海古籍出版社2002年版，第685页。

丈8尺，顶宽1丈2尺，城平面亦呈长方形，开四门，东西南北依次名为"宣泽""导丰""光被""威畅"。城内亦有四条主要街道，共有官署、库房、兵丁及家眷住房三千余间。

晚清时期，因三种力量的影响，在一定程度上延缓了北疆城镇发展的进程。这三种力量：（1）是同治年间发生的陕甘回民起义蔓延新疆；（2）是中亚阿古柏势力入侵；（3）是沙皇俄国的入侵。同治三年（1864），陕甘回民起义正在如火如荼地进行中，由于清朝自东而西的镇压，义军首领白彦虎率领部分义军及家眷数万余人进入新疆。他们沿着传统的大道，一路上攻城略地，很快北进并攻陷乌鲁木齐、伊犁、塔尔巴哈台等城。在此期间，伴随着当地回族、维吾尔族的响应起义，迪化城、巩宁城、伊犁城相继告破，第二年熙春城、宁远城、塔尔巴哈台的绥靖城也被占领。随后的数年里，所谓"伊犁九城"全部"沦陷"。在此背景下，同治九年（1870），盘踞在南疆的阿古柏势力一度北上侵占乌鲁木齐，后至光绪二年（1875）才被重新收复。同治十年（1871），俄国出兵侵占伊犁九城，光绪八年（1882），清政府才最终收复伊犁九城。在这一过程中，被攻陷的城镇，除了极个别如宁远城（俄国殖民统治中心）外，几乎都不同程度地遭到破坏。有诗人称："乱后全无旧井屯，萧条兵火数家存。炊烟带雨迷荒市，蔓草连根入断垣。一线提封新画壤，百年茅土旧分藩，芦蒿满地无边绿，目极西风落日昏。"[①] 自清朝统一新疆以来，经过一百多年的经营和发展所积累的城镇发展成果，在此一时期的"战乱"中遭到了极大的破坏，这样的破坏在一定程度上延缓了该地区城镇的总体发展进程。

随着清政府对新疆各地战乱的平定和对丧失城地的收复，光绪十年（1884）政府于新疆设置省制。自此，旧的军府制、伯克制被废除，这里总体上和内地一样实行郡县体制。在此体制下，北疆地区城镇的总体格局得以调整，此前遭到破坏的城镇得以重修。（1）省会城市的确立和全疆中心的新设计。如前所说，北疆地区是清人重点经营和开发的地区，南疆地区是传统的维吾尔族的中心，开发历史悠久，社会秩序相对稳定。统一以后的伊犁是全疆的政治中心，其中惠远城是首位城镇，驻扎伊犁将军，

---

① 宋伯鲁：《海棠仙馆诗集》卷2《晶河道中》，1924年刻本。

统领南北两地。经过一百多年的多方经营、开发和发展，南北屯垦农业有了很大的发展，虽然经历了晚清时期十年左右的战乱，地方社会经济和民生状况遭到了不同程度的破坏，但已经形成的开发和发展的基础并未因此而改变。所以，新疆建省以后，将首位城市和全省的政治中心定在乌鲁木齐（迪化城），这在新疆历史发展中是一件重大的事件，也是北疆城镇乃至全新疆城镇发展的重大改变。它标志着军府制时代的结束和郡县制时代的开始。（2）顺应新时代的城镇扩建和修缮工作普遍展开。光绪十二年（1886），政府对迪化城加以扩建，将汉、满两城连为一体，城内重修官府衙署，城周达到了11里5分，又在东、西、南新开3个城门。[①] 这在该城建设史上还是第一次。伊犁城被收复以后，在原惠远城址北十五里另修新城，新城修了十余年，光绪十九年（1893）基本完成。新城城周9里3分，有东西南北四座城门。塔尔巴哈台的绥靖城于光绪十五年（1889）另选新城址得以重建。除此而外，其他一些城镇因为新设州县而得以部分重建和修复。总体而言，建省以后，北疆地区的城镇在以往十余年战乱破坏的基础上，迎来了一次新的发展，不但城镇格局、功能等有所调整，城镇建设也进入一个新的时期。

（二）南疆地区

南疆是中国古代开发较早的地区，从汉代以来，这里大大小小的绿洲上就分布有为数不少的城国。明清以降，这里主要是奉行佛教的蒙古人和"回教"信仰的维吾尔族的聚居区。总体上看，其城镇发展的基础明显好于北疆地区。清政府平定大小和卓叛乱以后，在南疆采用"伯克制"的行政制度，这是符合当时历史状况的正确选择。在随后的历史发展进程中，南疆各族人民在当地伯克的带领下，积极发展生产，开垦土地，社会经济稳定发展，城镇在旧有的基础上进一步发展。

（1）哈密、辟展与吐鲁番。哈密于明代初年在政治上臣服明朝，是明朝的附属国。永乐二年（1404）其酋领安克帖木儿被明朝封为忠顺王。永乐四年（1406）明政府于此设置哈密卫，是为西疆重要的羁縻卫所之

[①] （清）刘锦棠：《刘襄勤公奏稿》卷1《估修新疆省城垣及抚藩衙署等工折》，《近代中国史料丛刊》第24辑，文海出版社1966年版，第219页。

一。当时哈密已经是一个城居的王国,陈诚出使西域就其所见云:"哈密居平川,城周三四里,开二门。东有溪西北流,地咸卤,间有楸、杏,农耕须粪壤,所种惟豌豆、二麦。其北有山与瓦剌相界,其西接火州等城,故哈密为西北诸胡往来要路,人性犷悍,与蒙古回回杂处,礼俗各异。"[①]后来哈密的政治生活虽然有波折,但直到清代,其城居生活的基本性征没有若何变化。入清以后,康熙五十六年(1717)政府重新修筑了哈密回城,并赐名——镇远城。该城周围四里,有东、北两个城门,主要供原哈密回王和回民居住。此次修城"特从皇室请来汉族工匠设计修建",[②]但城的规模似没有多少变化。紧接着,政府在此设立协办旗务伯克,以协助办理哈密事务。[③]随着清政府对西北用兵的增加,雍正五年(1727)在回城东三里又兴建了一座哈密新城,也就是汉城。该城是土城,城周1里8分,城高2丈4尺,有东、西、北3座城门,并有城楼各一座。同年在北门外添筑围墙一道,长167丈3尺,为贮藏粮食的场所。城有东关、西关,与城相连。总计城周共4里2分。乾隆二十五年(1760),在北郭粮城内兴建兵房400间,用来作为迁移而来的官兵及其家眷的住处。[④]关于该城的总体意象,时人有诗云:"雄镇天山第一城,久储粮饷设屯营。路从此地分南北,官出斯途合送迎。车马军台时转运,商民戈壁日长征。瓜田万顷期瓜代,好向伊吾咏太平。"[⑤]由于是"汉城",所以其中的建设思想总体上与内地城池是一致的,特别是其中所造景观及其所反映的信仰与精神尤为一致。城门有楼,如镇远楼,"高五丈许,南北深三间,东西宽一楹,为楼三层,涂丹饰碧,洵足壮观"。城内外建有武庙(帝君庙)、观音阁、马王祠、七圣宫、魁星楼(即兵城门楼)、玉皇阁、文昌宫、节烈坊、药王庙、清真寺、火神楼、吕祖楼、无量庙、城隍庙、仙姑庙、罗真庙、财神楼、土地庙、牛王庙、娘娘庙(子孙圣母庙)、山神庙等,分

---

① 《明太宗实录》卷169,永乐十三年十月癸巳,第1892页。
② 《创修回城纪念碑》,碑文引自黄适远《回城——一个王朝的背景》,《新疆日报》2004年9月15日。
③ 《清史稿》卷76《地理志》,中华书局1977年版,第2980页。
④ (清)钟方:《哈密志》卷13《舆地志十一》,成文出版社有限公司1968年版,第57页。
⑤ (清)萨湘林:《咏哈密》,(清)钟方《哈密志》卷13《舆地志十一》,第57页。

别分布于城内及东西门外，关帝庙对面建游戏楼，另有演武教场。[①] 这些景观虽然与内地城镇一致，看似没有什么特别，但对新疆地区来说意味深长，它不但体现了鲜明的政治教化意义，更重要地是文化身份认同和政治疆域认同的标志。应当说，如此规模的兴筑，在帝国晚期还是第一次，其改变的意义重大。

辟展城（今鄯善），"傍崖为城，周里许。民居鳞接，商贾辐辏"。乾隆二十四年（1759），清政府在辟展设办事大臣，隶属甘肃布政司统，乾隆三十六年（1771）设辟展巡检。

吐鲁番是一座旧城。明代时，"城方一二里，居平地中，四山大而远。……城近而广人烟，广有屋舍。信佛法，僧寺居多"。[②] 雍正时归附清朝，乾隆四十四年（1779）辟展办事大臣及同知移驻吐鲁番，改为吐鲁番领队大臣，境内军府制和扎萨克制并存。

（2）南疆八城。南疆八城是指喀什噶尔、英吉沙尔、和阗、叶尔羌、阿克苏、乌什、库车、喀喇沙尔八座城镇。在这八座城镇中，喀什噶尔城堪称该地区最为重要的政治经济中心，其他诸城为各自地区的中心城镇。

喀什噶尔：喀什噶尔本为回酋大和卓木波罗泥都所居住的城池，"城周四里余，东西南北四门"。[③] 后"大和卓木布喇呢敦（即波罗泥都）据城叛，乾隆二十四年讨平之，官兵就其城驻守。城周三里余，东门二，西、南门各一，今名旧城，回众居之。二十七年，于旧城西北二里许临河爽之地，创筑一城，其基即布喇呢敦故园也。城垣高一丈四尺，底厚六尺五寸，顶厚四尺五寸。周二里有奇。门四：东承恩，西抚羌，南彰化，北阚远。赐名徕宁城"。[④] 如前所述，此处城居传统悠久，入清以后，旧城有4里，祁韵士云3里余，可能是概略的说法。乾隆二十七年（1762）在其西北2里处，也就是原回酋"故园"所在地别建一城，周回2里余，是为汉城。这座城池的修建，亦如北疆及内地城池，"四门正楼、角楼"[⑤]

[①] （清）钟方：《哈密志》卷13《舆地志十一》，卷14《舆地志十二》，卷15《舆地志十三》。

[②] （明）陈诚：《西域番国志》，杨建新主编《古西行记选注》，第292页。

[③] 《西域图志校注》卷17《疆域十》，钟兴麒、王豪、韩慧校注，第271页。

[④] （清）祁韵士：《西陲要略》卷2《南北两路城堡》，第53页。

[⑤] 佚名：《回疆志》卷1《城池》，成文出版社有限公司1968年版，第38页。

一应俱全。随后,总理天山以南八城的喀什噶尔参赞大臣驻守该城,使得这里成为南疆地区政治、经济、文化和宗教活动的中心。乾隆三十一年(1766),原驻在喀什噶尔汉城的参赞和办事大臣移驻乌什,喀什噶尔的地位一度下降。乾隆五十二年(1787)参赞和办事大臣移回喀什噶尔汉城,此后,喀什噶尔的地位得以巩固,城镇发展迅速。后人称,"喀什噶尔城市为各部落之首,其设大小伯克及坐次之先后,各城皆无及于喀什噶尔之经准绳也"。① 其"土产麦、棉,六畜甚饶,贸易甲于南路"。② 该城"辖回城九地,土膏腴,粮果多收,土产荡缎、荡绸、金银丝绸、缎布、石榴、木瓜、瓜膏、苹果、葡萄干,皆以充贡"。③ 所谓"九地",包括喀什噶尔以外的英阿萨尔、牌斯巴特、塔什伯里克、阿拉图什、别什克里木、玉素纳尔土什、阿尔古、握帕尔八城地,分别住有阿奇木伯克。这些城镇应该是次一级的地方城镇。最为基层的是散布于各处的城村,最初的喀什噶尔回城曾"所属村城一十有六",④ 正是这样的情况。

叶尔羌:叶尔羌也是一座老城,"城周十余里,有六门,土冈环其东南,城居岗上,规模宏敞,甲于回部。城中街巷,屈曲错杂,无有条理。民居以土垣屏蔽,穴垣为户,高者三尺,伛偻出入。屋宇毗连处,咸有水坑……远近所属村城甚多,其最著者得二十有七"。⑤ 祁韵士云:叶尔羌"旧有城,为回酋玛哈墨特世居之地。后其子小和卓木霍集占据城叛,乾隆二十四年(1759)讨平之,以官兵驻守。其城垣高三丈三尺,周十一里有奇。东西北各有筛一。南门二,皆无名。回城内东南隅有古塔一,周围约十二三丈,外无檐楹窗,槛中有磴道,至顶三十余丈。塔中无木石,以砖为之。望之极高,若天柱然。回人名曰图特,为喀喇和台国人所建云。"⑤应该说,在南疆诸城中,叶尔羌城是最大的一个,就是在当时新疆范围内也是最大的一个。但因为是老城,所以城内物质环境并不好。乾隆二十六年(1761),清军进驻叶尔羌,设立办事大臣,于此新修附城一

---

① 佚名:《西域地理图说》卷2《官制制度》,日本早稻田大学图书馆馆藏古籍。
② (清)傅恒等修:《钦定皇舆西域图志》卷1《天山南路图说四》,《中国西北文献丛书·西北稀见方志文献》第58卷,第79页。
③ (清)椿园:《西域闻见录》卷2上,日本早稻田大学图书馆馆藏古籍。
④ 《西域图志校注》卷17《疆域十》,钟兴麟、王豪、韩慧校注,第271页。
⑤ 《西域图志校注》卷18《疆域十一》,钟兴麟、王豪、韩慧校注,第279页。

座，官衙、仓库、民居一应俱全。以后外城主要是维吾尔族人居住，附城又称汉城，主要是汉民居住和驻兵所在地。

和阗等六城：祁韵士云："和阗旧称六城，霍集占作乱时，攻陷三城，乾隆二十四年戡定其地，官兵驻守。六城以伊里齐为首，即今和阗城也。垣高1丈9尺，周三里有奇。门四，皆无名。其城内东南隅隔开一门，官兵居之，余三面皆回人居之。"① 所谓"和阗六城"，实际上是6个城村，除和阗城外，其余五城分别是：哈拉哈什，约2里9分余，东、西、北三门；克坐雅，约2里9分余，南、北、东、西四门；塔克，约1里余，南、北二门；玉陇哈什，无城；库勒，无城。② 这几处城包括城村，都是回城，只有和阗城住有官兵，是该处的政治中心。英吉沙尔，也称"英阿杂尔"，有土城一座，约2里1分，南北二门。阿克苏城，是一座因山势"挖刨为垣"而建的城池，"一连三城，就其坡而挖取中城，有东西南三门。左右二城独南向各一门。城南崖下以土筑墙垣，环围三城……其势颇为壮丽"。③ 因其"地当孔道，广袤千有余里，回夷万有余户，商贾车辐辏，货贩鳞集"，④ 成为南疆一大经济中心城镇。乌什是一座石城，周围约2里余（一云城周3里2分，高2丈5尺，东西南三门⑤）。正东、西南、西北开三门。乾隆三十年（1765）平定本处"叛乱"后，在原处"改筑驻防城一座，开四门，赐名永宁城"。库车，旧有土城，周围4里余，筑于高坎上，设有东西南北四门。⑥ 喀喇沙尔，亦曰哈喇沙尔，旧城有二：一在开都河西10里；一在开都河西南20里。但已经废弃很久了。乾隆时期，移建新城于哈喇沙尔，周围1里5分。"土田肥沃，鱼盐蒲苇之饶，甲于他处。"⑦

（3）其他诸城。除了上述八城外，偏东处尚有赛里木（或赛喇木），城周1里9分，高1丈，南北二门。拜城，"城据山冈"，周1里3分，高

---

① （清）祁韵士：《西陲要略》卷2《南北两路城堡》，第55页。
② 佚名：《回疆志》卷1《城池》，第42页。
③ 同上书，第40页。
④ （清）傅恒撰：《平定准噶尔方略》卷9，《文渊阁四库全书》第359册，台湾商务印书馆1983年版，第148页。
⑤ 《西域图志校注》卷17《疆域十》，钟兴麒、王豪、韩慧校注，第265页。
⑥ 佚名：《回疆志》卷1《城池》，第32页。
⑦ 《西域图志校注》卷15《疆域八》，钟兴麒、王豪、韩慧校注，第241页。

1丈，东西二门。沙雅尔，土城2里余，南北二门。鲁克沁，土城，周围2里余，东西二门。除此之外，各城池都有所辖城村或无城村落若干，此不赘述。这些有城的村子，城的规模一般都不大，多在1—2里以内。

总观这些城池，绝大多数是清代以前就存在的旧城，是这里的人民世世代代延续的传统。大多数城的规模都不大，大一些的城镇，如所谓"八城"中也只有部分城池约略相当于内地一般县城的大小。就城的城墙而言，绝大多数是"土城"，只有个别依傍山体的城是"石城"，但也比较简陋。城门的开启主要由交通方向和路线决定，有四门、三门、二门之分，但以二门为多。这与其规模普遍较小有关。清朝政权建立以后，一些城池得到修复，比较少的一些城池在原来的基础上设立有"新城"或"汉城"，用以驻扎官军。在喀什噶尔城兴建的新城中，建筑亦如内地，城门四门，命名的精神特征与内地城池一致，城门建有门楼，四角建有角楼。与城一体，建有教场、演军台、演武厅等设施。"接官厅敬建万寿宫、关帝庙，添盖仓库、军器库、官兵住房，贸易商民列肆骈居，竟同市井。"[①] 在哈密所建"新城"，城池规模较大，与内地近乎一致的城防设施、祠祀景观数量多规模大。这样的建设虽不是很普遍，但它具有鲜明的标志性特征，它是一种新的政治景观，深刻地表明清王朝在这里的疆域认同和文化革新。亦如乾隆王朝在重新平定并巩固新疆地区以后于此主要大山、名川加以祭祀，以及于各处建立必要的纪念碑、纪事碑等一样，这样的建筑，带有鲜明的宣示主权的意识和思想，也是这一时期该地区城镇发展变迁的重要表现。

嘉庆后期及其以后，伴随着国内政治环境和国际形势的变化，在英国殖民势力的支持下，乾隆时期逃往浩罕国的大和卓家族的后裔张格尔发动叛乱。其次是数十年后的陕甘回民起义蔓延至新疆，浩罕国趁机派阿古柏入侵，攻陷南疆八城，甚至自立为汗，建立"哲德沙尔国"。这三次事件，各自持续的时间都比较长，对南疆地区城镇的持续发展造成较大破坏，也因此而在一定程度上延缓了该地区城镇的发展。

张格尔自嘉庆二十五年（1820）以来，先后多次潜入南疆发动叛乱，或者在边境制造事端。道光六年（1826）七月，张格尔伙同浩罕穆罕默

---

① 佚名：《回疆志》卷1《城池》，第38—39页。

德·阿里汗率万余人攻打喀什噶尔城。并与其相约"破西四城,子女玉帛共之,且割喀什噶尔酬其劳"。① 同年八月,喀什噶尔城被攻破,张格尔在此自称"苏丹",宣布成为南疆的统治者。② 在此期间,张格尔部"残害生灵,淫虐妇女,搜索财物,其暴虐甚于前和卓千倍万倍"。③ 由此,民众死亡惨重,"单是喀什噶尔和英吉沙尔两处受和卓胁迫往浩罕的各族人民就有三万七千余人,许多人被冻死或饿死在去浩罕的途中"。④ 直到道光七年(1827)四月,清军在长龄等指挥下最终收复了喀什噶尔。

在这场叛乱中,乾隆时期兴建的喀什噶尔汉城徕宁城几近被毁,守城大臣周经莹只好在原徕宁城东南方向的哈喇哈依重新修建了一座汉城,这就是道光皇帝赐名的"恢武城"。该城,"周环八里六分,高三丈"。⑤ 此次所修城池较乾隆时期的徕宁城大了4倍,城墙的高度也比原来高了很多,充分表明清政府坚守该地区的态度和信心。其居民以满汉官民为主,仍被称为喀什噶尔汉城。

另一个被毁坏的城镇是叶尔羌城。叛乱平息后,善后大臣那彦成等对该城加以重建,⑥ 这就是将汉城城址西移3里至罕那里克,重建新城。该城于道光七年(1827)十一月基本建成,道光帝赐名"嘉义城"。城周3里3分,城高2丈,城宽1丈5尺,设有四个城门。城内建有衙署、民房、兵房、火药房、军器房等千余间,参赞大臣亦设于此。十一年(1831)在城东南增修一座套城,二十一年(1841),再次扩建,城周达到9里,基本达到了叛乱发生前的城镇规模。

回民起义期间,哈密城先后两次(同治四年、十二年)被攻破,而

---

① 《清史稿》卷529《属国四》,第14714页。
② [英]包罗杰:《阿古柏伯克传》,商务印书馆翻译组译,商务印书馆1976年版,第53页。
③ (清)那彦成:《那文毅公奏议》卷78《筹划回疆善后事宜奏议》,《续修四库全书》第497册,上海古籍出版社2002年版,第746页。
④ 新疆社会科学院民族研究所编:《新疆简史》第二册,新疆人民出版社1980年版,第38页。
⑤ [俄]尼·维·鲍戈雅夫连斯基著:《长城外的中国西部地区》,新疆大学外语教研室译,商务印书馆1980年版,第90页。
⑥ (清)那彦成:《那文毅公奏议》卷76《那文毅公筹划回疆善后奏议》,《续修四库全书》第497册,上海古籍出版社2002年版,第686页。

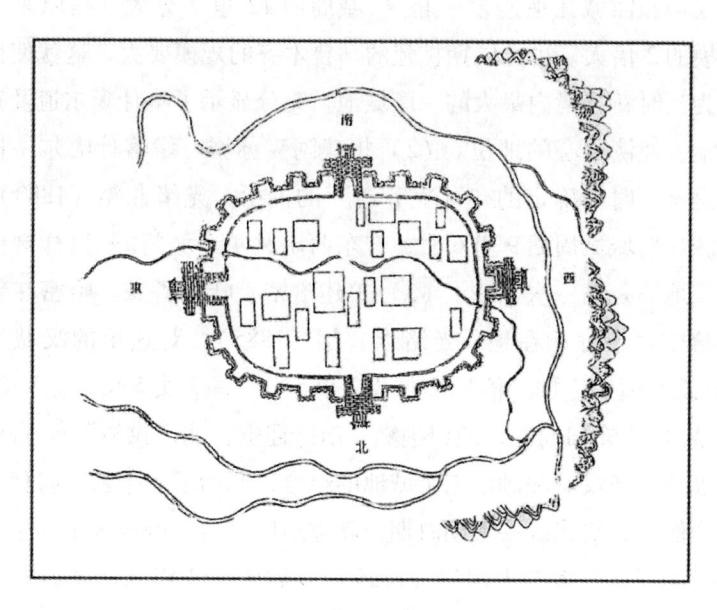

第五章　新疆城镇发展与市场发育的区域特征　／　169

图5—2　喀什噶尔汉城示意图

浩罕国阿古柏等先后攻取吐鲁番、阿克苏、喀什噶尔。这些城镇都不同程度地遭到破坏。同治七年（1868），重修哈密城。具体地说，是在原汉城西北2里处重建新汉城，城周1里6分，城高2丈。新汉城与已残破的哈密老汉城和回城一起合称"哈密三城"。在同治十二年（1873），虽然回民义军白彦虎等又攻取哈密，回城一度陷落，但很快就被清军收复，影响不是很大。同治三年（1864），库车回部酋长伊萨克东犯吐鲁番，破城抢掠而去，城内破坏殆尽。九年（1870），安集延又犯吐鲁番，尽破吐鲁番各城，并且另筑据点，盘踞吐鲁番达七年之久，直到光绪七年（1877），清政府才收复吐鲁番诸城，但城内已经是"雉堞多半倾圮"。[①] 后来，这些城镇在新疆建省以后才得以重建。

光绪十年（1884）新疆建省后，新疆全境实行郡县体制。在这一背景下，南疆城镇建设迎来新一轮的较大调整和发展。（1）扩建喀什噶尔城。光绪二十四年（1898），扩建喀什噶尔回城，并新修附城一座，将喀

[①] 佚名：《新疆四道志》卷1《镇迪道》，《中国西北文献丛书·西北稀见方志文献》第60卷，第381页。

什噶尔汉城和回城几乎连在一起。① 城周回12里7分大，是原来回、汉二城规模的2倍大。也比同期扩建的乌鲁木齐的规模要大。这就使得喀什噶尔成为当时新疆境内最大的一座城池。充分显示了喀什噶尔道及其南疆西部政治、经济中心的地位。（2）扩建阿克苏城。像喀什噶尔一样，阿克苏也是这一时期确定的"阿克苏道"的治所，光绪九年（1883）在此修筑新城，新城城周回9里6丈，有东西南北4个城门。② 这样规模的城镇，在当地还是第一次出现。（3）扩建哈密、吐鲁番城。哈密在新疆建省后为哈密直隶厅所在地。光绪十一年（1885），对这里的汉城加以扩建，"高筑厚垣，广加三倍"。③ 城周3里5分，高2丈5尺，宽3丈2尺，有四个城门，"东曰向阳，西曰挹爽，南曰迎薰，北曰拱辰"。④ 自此，哈密形成汉城、新汉城和满城三个城池的组合，开始了一个新的时代。

综合而论，清代统一王朝时期，新疆地区城镇发展进入了一个前所未有的新时期，自乾隆二十四年（1759）以后的150年间，城镇发展总体上呈现以下几个特点：（1）两次建设高潮期和一个破坏期。两次建设高潮期分别是乾隆时期和光绪十年新疆建省时期；一个破坏时期是指晚清时期的张格尔叛乱、阿古柏入侵、回民起义和俄国入侵。第一个建设时期，最为突出的特点：一是在开发北疆的过程中，兴建了一批以"伊犁九城"、乌鲁木齐和塔尔巴哈台为中心的城镇格局，确立了伊犁惠远城作为全疆政治统治中心的首位城市地位。二是形成满、汉城二元结构并存，军事驻防城与本地居民住居相分离的城镇形态。对北疆地区以农垦为特点的开发，以及建立在此基础上的城镇建设，改变了以往北疆城镇极为稀少的历史，使得北疆地区社会经济的发展进入一个前所未有的新时代。三是在南疆地区已有城镇的基础上，于一些中心城镇新建军事驻防城，构建了一批新的政治、军事中心城镇。四是在这些城镇建设中，不论是城池本身的建设还是物质景观包括宗教和民间祠祀景观，在很大程度上都是中原地区

---

① 宋伯鲁：《新疆建置志》卷1《疏勒附》，《丛书集成续编》第51册，上海书店出版社1994年版，第646页。
② 宋伯鲁：《新疆建置志》卷1《温宿府》，《丛书集成续编》第51册，第646页。
③ （清）萧雄：《西疆杂述诗》卷2，光绪二十三年刻本。
④ 《哈密直隶州乡土志》"城池"，《新疆乡土志稿》，新疆人民出版社2010年版，第149页。

比较成熟的城镇要素的"移植",深刻地体现了内地城镇文化的西进和流播,以及清王朝对该地区的文化认同、边疆认同和民众身份认同。这对新疆地区社会经济和文化的一体化发展奠定了良好的基础。(2)晚清时期,内外几种政治势力所造成的南北疆城镇破坏是较为严重的。虽然各地城镇所遭到的破坏程度不同,但由于持续时间较长,从而在很大程度上延缓了区域城镇正常发展的进程。(3)新疆建省是一个划时代的改变,它结束了一百多年来旧的伯克制度和军府制度,使得新疆全疆第一次较为全面地纳入与内地一体的郡县制度,这就开启了新疆政治、经济、文化和社会发展的新纪元。从此,全境范围内第一次全面形成了道、府、直隶州(厅)、县等较为完整的三级城镇体系,城镇结构和秩序因此得以重新确立,各级城镇在此背景下不同程度地得以重修、重建。从而为新疆地区城镇与内地城镇的一体化发展在制度上提供了条件。

二 市场发育及其特点

古代新疆地区与内地不同,人口稀少,幅员辽阔。南疆自古以来以绿洲农业为主,兼营牧业;北疆直到明代还主要是游牧者的世界。适应这样的经济生产方式,在社会组织上,南疆以"城国"及其所属城村为主,北疆以流动的毡帐村落为特点。不论是南疆还是北疆,都是"丝绸之路"上的主要通道,自古以来商业贸易就较为发达。但其市场主要是城镇的沿街店肆,集中分布在"丝绸之路"沿途的主要城村或城镇中。元代初年马可·波罗行经于阗(忽炭州)、叶尔羌,向东一路至罗布泊、哈密等,有"境内有环以墙垣之城村不少"的记载,这样的城村、城镇组织至清代依然没有任何变化。17世纪初,葡萄牙耶稣会士鄂本笃神甫行经叶尔羌城称:"此地是一名城,商人商货皆辐辏于此。商队之自迦补儿(Kaboul)来者,止于此城,复组商队,进向契丹。"[①] 所以,这里的商业贸易主要发生在一些重要的城镇里。至于像西域哈烈(今属阿富汗)那样,除了城市街市外,"乡村多立圩市,凡交易处名把咱儿。每七日一

---

① 《马可波罗行纪》,冯承钧译,第90页。

集，以有易无，至暮俱散"。① 这样的"集市"在明王朝时期的今"新疆"地区似乎还没有明确的记载，就是一些较大的城镇也没有设立定期集市的信息。虽然说"朝贡贸易"是比较经常的商业活动，但这些活动主要由当地的一些"国家"或者部族等携带当地土产前往关内沿边指定据点和在明朝京师等地进行，与本地商业市场及其贸易关系不大。

入清以后，一方面新疆地区的社会秩序重新恢复或重建，另一方面大量驻屯军及其家属以及内地移民屯垦之人日益增长。以乌鲁木齐到巴里坤地区为例，自乾隆以来的八十余年间，由于移民屯垦政策的实行，这里的人口持续稳定增长，到同治三年（1864）回民起义前，由最初的7万余人增长到34万人。同治至光绪年间，受到战乱的影响，一度人口锐减，但到清末又开始回升。

表5—3　　　　　　　　乌鲁木齐巴里坤人口统计

年份	人口数（人）	人口增长率（%）	资料来源
乾隆四十一年	72267	—	《西域图志》
乾隆四十五年	88444	1.22	《清朝文献通考》
乾隆五十四年	118333	3.90	《中国历代户口、田地、田赋统计》
乾隆六十年	129642	1.39	《乌鲁木齐事宜》
嘉庆十二年	152720	1.36	《三州辑略》
嘉庆十七年	161750	1.17	《中国历代户口、田地、田赋统计》
道光十五年	214900	1.29	同上
道光二十五年	249636	1.33	同上
咸丰元年	278349	1.46	同上
咸丰七年	310000	1.85	《中国近代经济史统计资料选辑》
同治三年	344000	1.50	据《左文襄公全集》估计
光绪十三年	100000	-2.30	同上
光绪二十三年	86388	-1.36	《新疆乡土志稿》
宣统三年	97735	1.13	《新疆图志》

正是由于人口的日益增长和经济开发的日益发展，南北疆农业、牧业

---

① （明）陈诚：《西域番国志》，杨建新主编《古西行记选注》，第286页。

经济有了明显的发展。北疆地区新兴一批城镇，南疆地区的城镇在原有基础上进一步发展。在此背景下，城镇市场因为多集中于南北各路交通要道上，在原有基础上继续发展。一是除了传统的来往于东西各地的商队贩运商以外，内地商人开始关注并参与这一新的市场，并成为推动本地商贸市场发展的重要力量。乾隆时期，"西陲平定……客民之力作、贸易于彼者，日渐加增"，① 正是这种发展的反映。

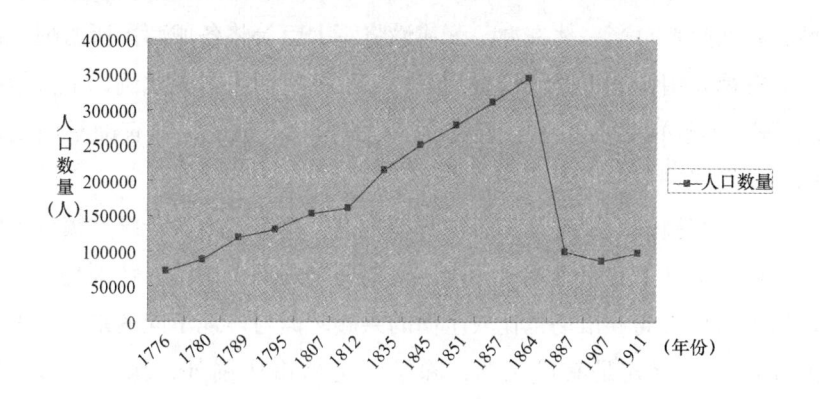

图5—3 1776—1911年乌鲁木齐巴里坤人口数量变化趋势图

当然，清统一新疆的初年，大概出于政治稳定的考虑，对前来这里从事商业贩运的商业活动既是积极支持的，同时也是加以控制的。如"北路"商人被规定要前往乌里雅苏台将军处领取执照才可以进入。这样的情况，对途径乌里雅苏台的商人自然没有影响，但对不经过这里的商人就带来诸多不便，以至于影响了商人的踏入。乾隆二十五年（1760）四月，军机处有奏疏称："北路蒙古等以牲只来巴里坤、哈密、辟展贸易者，具由乌里雅苏台该处将军给予执照，其由张家口、归化城前往商民，及内地扎萨克蒙古等亦须折至乌里雅苏台领照，未免纡回，是以来者甚少。"针对这种情况，乾隆皇帝等认为，"新疆驻兵屯田，商贩流通，所关最要"。遂下谕旨："直隶、山西督抚，及驻扎将军扎萨克等旗民，愿往新疆等处贸易，除在乌里雅苏台行走之人，仍照前办理外，其张家口、归化城等处

---

① 《清高宗实录》卷604，乾隆二十五年正月，第787页。

由鄂尔多斯、阿拉善出口,或由推河、阿济行走,著各该地方官及扎萨克等,按其道理给予印照,……商贩自必云集,更于新疆有益。"① 在此背景下,新疆各地城镇市场的规模进一步发展。乾隆二十七年(1762),有奏疏称:"乌鲁木齐挈眷屯田民人(即汉人)陆续前来,其贸易人等亦接踵而至,计开发市肆五百余间,开垦菜圃三百余亩,请酌量定额收租,以充公用。"乾隆帝谕旨称:"乌鲁木齐安插兵民渐多,贸易人等皆藉官地以谋生计,理应稍收租价,俾公费有余,即如所奏办理。至伊犁及叶尔羌等城,有似此者自当一体查办。著傅谕将军大臣等将各城商民所居酌定租额,既有裨公用,亦可就便稽查约束。至厄鲁特回人向无此例,不得藉端巧取。"② 政府亦针对这一发展进行必要的管理。凡此,都有助于城镇市场的有序发展。

在政府积极的发展政策和有序管理之下,新疆各地区传统城镇市场恢复并在原有基础上有所发展,而这一时期新兴的不少城镇,特别是北疆地区诸城镇的街市商业市场也比较全面的兴起。但与内地不同的是,这里主要的社会组织形式是有城聚落,除了固定街市店铺外,像内地那样的"集市"市场也只在城镇里出现,这可能与当地人口分布稀疏,各群体居住相对比较遥远有关。

哈密、吐鲁番是内地通往新疆的必经之地。道光二十年(1840),吐鲁番最早开业的商号是继向荣洋行吐鲁番分行,主要是收购羊毛、驼毛、皮革、棉花。该洋行与俄国在吐鲁番的贸易公司订立销售合同,是外国洋行势力在内地发展的表征。咸丰元年(1851)内地商行永泰和在吐鲁番开设店铺,经营土产、布匹、棉花。同治元年(1862)在吐鲁番开业的同盛和经营土特产。道光二十年以后,吐鲁番的大商号就有13家,各种小店铺近两百户。③

巴里坤是新疆通往蒙古及内地的必经之地,因处在新疆南北两路要冲,商业发达,是新疆三大商都之一,也是新疆的一个主要商品集散市场。清代中期,巴里坤是清政府与哈萨克族、蒙古族进行绢马贸易的重要

---

① 《清高宗实录》卷610,乾隆二十五年四月,第856页。
② 《清高宗实录》卷674,乾隆二十七年十一月,第541页。
③ 《吐鲁番直隶厅乡土志》,《新疆乡土志稿》,第86页。

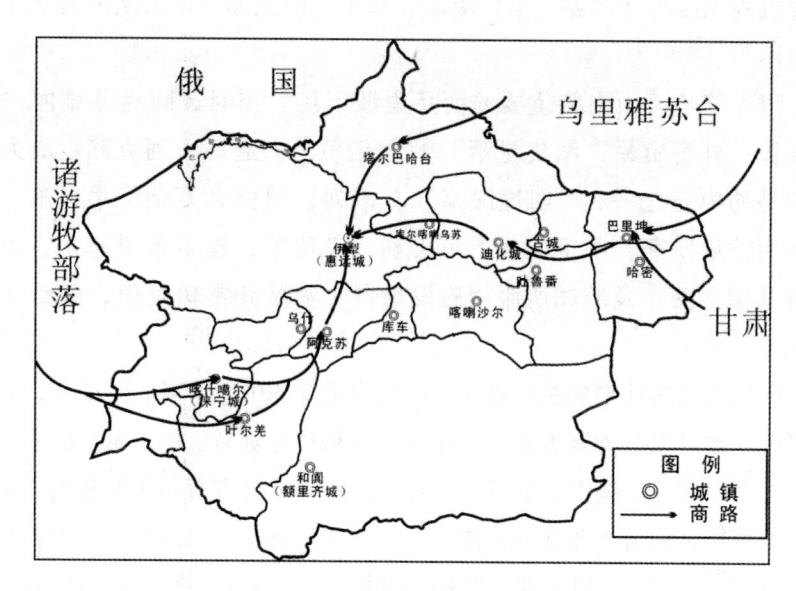

图 5—4 清前期主要市场及商路图

城镇，此项贸易所必需的茶叶、绸缎由官方从内地运来巴里坤贮藏，再参加乌鲁木齐、伊犁等地的贸易。这种交易，一般在每年的三月至九月进行，清政府垄断了茶和绸缎的贸易，但又指示"不必显露官办形迹"，怕的是"官办后仍必招商，将来恐成色略减，致烦言论"。为了避免上述麻烦，巩固发展这种贸易，后来，清政府特指令江宁、苏州、杭州三个专业丝绸厂为新疆生产绸缎。嘉庆年间，马和绸缎的贸易一度升级，巴里坤设有官铺，专门筹备"马茶""马绸"贸易所需的绸缎和茶叶，据《三州辑略》记载巴里坤官铺委派官员赴西安、兰州、凉州等府采购布匹、绒褐等物，又赴山西蒲州府采买茶叶二万斤，共需银一万二千两，在陕甘两藩库支领。[①]

巴里坤还是羊的主要转运市场，从乾隆二十年（1755）起，清政府开始在巴里坤采买喀尔喀蒙古部落的羊，并准许准噶尔部的蒙古族牧民也参加巴里坤的贸易，采买喀尔喀和准噶尔部落牧民的羊较宁夏等地的羊价格便宜。从乾隆二十六年（1761）起，清政府在巴里坤的官办

---

① （清）和瑛：《三州辑略》卷3《库藏》，成文出版社有限公司1968年版，第85页。

商业机构先后为叶尔羌、喀什噶尔、库车、阿克苏等地采买并转运了大批肉用羊。

阿克苏是天山南路重要的商品集散市场。当时,阿克苏城内"内地商民,外番贸易,鳞集星萃"。① 对俄贸易兴起后,阿克苏也成为对外贸易的中心之一,"回城殷富,有市列,缠民九万余,牛、羊、马之革西输俄罗斯,羊毛西南贸英吉利,染毡毛、旄斿东贾迪化,而俄商自其国运藻布及缠民所服用磁发杂器一岁所获常倍其值,南疆一大市场也"。②

叶尔羌和喀什噶尔是南疆西南部最为重要的中心市场。清前期,其贸易形式大致可以分为官方贸易、民间贸易和对外贸易三种。贸易的主要商品有牲畜、皮毛、绸缎、茶叶、大黄、玉石等。官方贸易主要有绢马贸易和回布贸易,前者主要在北疆推行,而后者主要在南疆推行。但两者并不是孤立的,叶尔羌、喀什噶尔等南疆城镇借助回布贸易介入清政府与哈萨克间的绢马交易。为了解决军马的供应,清政府由内地调运棉布用于与哈萨克交易马匹,但新疆离内地遥远,这种远程转运极不合算,而南疆地区自古就是棉花的重要产区,在清前期该地区商品经济又不甚发达,随着南疆社会经济的恢复,棉花产销过剩,乾隆二十七年(1762),乾隆皇帝发布诏令,实行"征粮折布"并开铸新钱。这样既解决了与北疆哈萨克绢马贸易中棉布短缺的问题,又解决了内地向新疆调运的交通不便问题,新钱的流通,也在一定程度上促进了当地的商品市场发展。这项政策得到了当地人民尤其统治上层的拥护,"众伯克等均谓,多纳布匹,甚属方便,无不欣慰"。③ 以后这项政策推及到包括喀什噶尔的南疆各城镇,南疆回布通过"回部贸易"转运至北疆,每年都在两万匹上下,内地向新疆的棉布输出基本停止,这样南疆就通过"回布贸易"介入清政府官方与北疆哈萨克的绢马贸易之中,南北疆商贸交流逐渐增强。虽然清政府在绢马贸易和回布贸易中获得一定的利益,但这些政策的初衷只是为了节约转运

---

① (清)椿园:《西域闻见录》卷2,日本早稻田大学图书馆藏古籍。
② 宋伯鲁:《新疆建置志》卷3《温宿府阿克苏》,《丛书集成续编》第51册,第678页。
③ 档案满文月折档,《为奏闻预筹办理事》(乾隆二十七年三月三日),新柱等奏。转引自王熹、林永匡《清乾隆年间新疆的"回布"贸易问题》,《新疆社会科学》1987年第5期。

成本，实际上也起到了节省新疆军政和开发建设费用的作用，并且在一定程度上维持了南、北疆的平衡发展和稳定。①

除此此外，官方还垄断着像丝绸、茶叶、牲畜等重要大宗商品的贸易。就丝绸而言，重要的目的之一是为了防止白银流失，所谓"内地所有银两，携至外藩，有拨无回，将来恐致耗散，请将绸缎多为解送，较原价酌增运费，此银两亦可渐次收回"。② 对象不仅仅是维吾尔人，还包括中亚的安集廷、浩罕等外番商人，其中喀什噶尔是重要的转运地。内地输往喀什噶尔丝绸贸易品种数量的详情见表5—4所示。

表5—4　　　　　　内地输入喀什噶尔各类丝绸简表

丝绸品种	价格（两/丈）	销量（匹）	
		乾隆四十三年（1778）	嘉庆四年（1799）
衣里绸	0.45	50	120
濮院绸	0.55	40	60
花绫	0.60	20	35
仿丝绸	0.73	30	60
串绸	0.93	—	60
线缎	1.20	—	—
实地纱	1.40	—	30
闪缎	1.43	—	30
彭缎	1.60	—	30
杨缎	1.65	—	—
苏缎	1.65	50	30
宁绸	2.31	—	50
宫绸	2.31	—	50

---

① 王熹、林永匡：《清乾隆年间新疆的"回布"贸易问题》，《新疆社会科学》1987年第5期。

② （清）傅恒撰：《平定准噶尔方略》（续编）卷5，《文渊阁四库全书》第359册，台湾商务印书馆1983年版，第565页。

续表

丝绸品种	价格（两/丈）	销量（匹）	
		乾隆四十三年（1778）	嘉庆四年（1799）
贡缎	3.25	—	15
摹本大缎	3.25	—	20
倭缎	3.50—3.70	—	—
金缎	5.25	—	—
泽绸、茧绸	—	150	100
合计	—	400	700

资料来源：据林永匡、王熹著《清代内地与新疆丝绸贸易研究》整理，《西域史论丛》第三辑，新疆人民出版社1990年版。

据此表，喀什噶尔丝绸贸易数量明显上升，从乾隆四十三年（1778）至嘉庆四年（1799）不到二十年间增长了将近一倍，各价位的绸缎品种的输入都有不同程度的增长，其中价位较高的宁绸、宫绸、贡绸更是从无到有，输入增长较快。官方丝绸贸易和绢马贸易、回布贸易一样，所得利润不投入商品流通领域，也不参与商业再生产，而是全部划归驻兵开支。

民间贸易分为内地商人和维吾尔族商人贸易。内地商人方面，清政府最初对内地商人进入新疆是不反对的，所谓"回部既已平定，内地商贩，自应流通"。[①] 到了乾隆三十年（1765），清政府认为汉人与维吾尔人杂居是酿成"乌什事变"的原因，遂对内地商人进入南疆经商做了一些限制，如严格路票制度、内地商人与维吾尔人分城居住，不得携带家眷等等，这些举措造成直到道光年间内地商人在包括喀什噶尔在内的南疆地区难以开展正常贸易活动。不过，这一时期，内地商人并没有因此而止步南疆，甚至在乾隆后期至嘉庆年间，南疆的内地商人人数有所增加。统计显示，从乾隆二十八年（1763）至嘉庆十五年（1810）不到五十年间，内地商人在喀什噶尔的店铺从33处增加到96处，增加了63处之多。[②] 喀什噶尔所

---

① 《清高宗实录》卷656，乾隆二十七年三月甲午，第338页。
② 华立：《乾嘉时期新疆南八城的内地商民》，《西域考察与研究》，新疆人民出版社1994年版，第377页。

属英吉沙尔,乾隆年间内地商人就在此出售绸缎,到道光八年(1828),英吉沙尔建铺面房等500余间。就是说,内地商人在喀什噶尔等地的商贸活动还是缓慢发展的。维吾尔商人方面,虽然维吾尔族自古有经商的传统,但市场发育不健全,商品货物流通有限,市场经济主要还是其农业经济的补充。乾隆三十一年(1766)"有喀什噶尔、阿克苏、和阗等处商人携带货物赴叶尔羌贸易,并不购买别物,带钱而回者甚多"。[1] 并且维吾尔人喜好聚揽财富,[2] 不注重资本投资和再生产,聚揽的财富不能及时进入再生产领域,这就不利于商业贸易的扩大。居住在喀什噶尔的维吾尔商人也进行对外贸易,他们的足迹遍及安集延、阿富汗、塔什干、克什米尔等中亚各地,甚至与哈萨克部进行马匹贸易。自由贸易触犯了清政府的利益,[3] 所以乾隆三十二年(1767)和乾隆五十九年(1794),分别出台政策,禁止喀什噶尔等城商人与哈萨克部直接贸易,清政府制定《回民出卡贸易章程》,对维吾尔商人的对外贸易进行限制。[4] 此后维吾尔商人对外商贸活动基本停滞。

　　喀什噶尔是外商集聚的重要城镇。布鲁特、安集延、浩罕商人多来喀什噶尔贸易。主要商路二条:一是托允多拜道。即由喀什噶尔北上,经图舒克塔什卡伦、恰克马克,出托允多拜,越图鲁噶尔特山口及阿尔帕各地,再转西经乌支根入费尔干纳之安集延;二是铁叶尔哩叶克达坂道。即由喀什噶尔西行,经明约洛卡伦、喀浪圭卡伦、堪朱千、鄂克苏鲁尔、伊根,在托海巴什转西北越铁叶尔哩叶克达坂,经鄂什、安集延入费尔干纳。[5] 外商贩运的主要商品有丝绸、瓷器、药材、茶叶、牲畜、布匹等。在税收上,最初清政府是按照准噶尔时期的旧例征税,即二十分取一,但这个税率只执行了很短时间,从乾隆二十五年(1760)起,降到四十分取一。这个税率是极低的,但浩罕方面还是要求免税,被清政府拒绝后,他们唆使、支持流亡在中亚的和卓余党侵扰喀什噶尔。清政府在

---

[1]《清高宗实录》卷757,乾隆三十一年三月,第333页。
[2] 王树枏等纂:《新疆图志》卷28《实业一》,文海出版社有限公司1965年版,第1135页。
[3]《清高宗实录》卷778,乾隆三十二年二月,第570、511页。
[4]《清高宗实录》卷1464,乾隆五十九年十一月,第557页。
[5] 潘志平、王熹:《清前期喀什噶尔及叶尔羌的对外贸易》,《历史档案》1992年第7期。

平定和卓叛乱后禁止浩罕商人在南疆进行贸易,但这并没有使浩罕屈服。道光十年(1830),浩罕打着玉素普和卓的旗号出兵侵扰喀什噶尔,清政府与浩罕讲和,之前限制贸易的诏令基本被废除,包括浩罕在内的外番商人的商税也被取消。自此以后,浩罕等外番商人在南疆的商业活动更加频繁。

清朝晚期,特别是新疆建省以后,社会稳定,加上全国范围的工商业发展环境,相当多的内地商人结帮而行,络绎进入迪化(省会),驻地经商。这些商人按地域逐渐形成津、晋、燕、湘、鄂、豫、秦、陇八个帮派,其中以津帮最大,其先民多是天津杨柳青或天津卫人,是跟随清军来迪化的挑担商贩(当时称"赶大营"),后来大多成为坐商,经营的津广百货、绸缎呢绒,品种繁多。津帮中资本额较大、较有信誉的商号主要有"同盛和""永裕德""升聚永""聚兴永""公聚成""德恒泰""新盛和"与经营酱园的"复泉涌"八家,时称"津帮八大家"。[①]"同盛和"于光绪十一年(1885)开业,由天津籍东家周玉丰及其子周跃亭经营,资本为2.5万元左右(银元),商店开设在迪化南大街明德路,并在北京、上海、奇台、伊犁、吐鲁番设有分号,主要经营京广百货。清光绪十二年(1886),"复泉涌"商号开业,由周姓父子经营,种菜起家,以酱醋酿制为主。民国初年,其二子周保定在迪化大十字路口开设店铺经营糕点、醋酱、海味、茶叶,兼营百货,资本约为银元2万元。[②] 而山西、陕西等地商人也不少,其中最为典型的就是商业会馆的设立。据相关研究,当时乌鲁木齐、奇台、巴里坤、伊犁、塔尔巴哈台、焉耆等城,都设有"晋陕会馆""山陕会馆"或者"山西会馆"。[③] 乌鲁木齐逐渐取代伊犁,成为新疆地区最为繁盛的区域中心市场。

古城市场。同治以后,因巴里坤没有遭到破坏,"巴里坤聚居内地商旅,咸趋古城"。古城东有山路经哈密通内地,西有北庭古道通伊犁、中亚,南越天山通吐鲁番、南疆各地,北越草地经古回鹘路可达蒙古科布多,一时成为北疆著名的贸易集散地。"古城商务,于新疆为中枢,南北

---

① 王树枏等纂:《新疆图志》卷29《实业二》,第1170页。
② 乌鲁木齐县志编撰委员会编:《乌鲁木齐县志》,新疆人民出版社2000年版,第368页。
③ 张韶梅、张华君:《论清代新疆山西会馆》,《新疆职业大学学报》2002年第3期。

商货均至此转运，厘市之盛，为边塞第一。"① 古城发展为北疆的商品集散中心。古城的首批行商也是来自内地"赶大营"出身的商人们。光绪二年（1876），清政府派遣左宗棠出师新疆，因路途遥远，军需运转艰难，天津杨柳青一带200多名货郎商贩，随大军西征。此时，由于长期商路堵塞，军民物资需求量大，并且"商随兵以无恐，兵有商以无缺，两相为利"，后来两湖、陕、晋商人也加入"赶大营"行列。这些商人在古城由摆摊设点到开设商号，多以此而起家。天津商人在古城"商肆林立，百货咸备，装潢精丽，有津京风"，凡新奇日用品应有尽有。晋商以经营茶叶为主，同时经营绸缎、斜纹布和小百货，也收购畜产品如皮张、羊毛等。每年由绥远进货两次，往返驮运，年运销量达4.5万斤，有十多家每月贸易额在十几万以上。除天津、陕西商人以外，湘、鄂、蜀、豫、秦、陇等各地商人群体，虽属小商小贩之类，但亦在促成古城商业市场的发展中具有不可忽视的作用。当时古城大小贸易商号六七百家，工坊店铺达到300余户。②

喀什噶尔市场。清初以来，这里本是南疆西南部最为重要的商品集散中心和中心市场之一。清军收复新疆后，清政府积极开发当地蚕丝资源，不但从内地招募相关行业的熟练技工进入新疆，而且在喀什噶尔等地设立桑蚕局。③ 光绪三十三年（1907）绍兴养蚕技人赵贵华再次进入新疆传授技艺，这次在和阗等地推广较为成功，南疆的蚕丝产量增长很快，光绪三十二年（1906）产茧丝将近一万五千吨，三十三年（1907）达四万余吨。皮山县"比户业桑，桑荫遍野"。三十二年（1906）皮山县产蚕茧4118吨，三十三年（1907）为12516吨，三十四年（1908）达到20913吨。和田1908年产蚕茧16115吨，缫丝4718吨，织绸的机户有1200余家，每年可织夏夷绸3万多尺。④ 另外，在农业方面，伴随着玉米的引种和发展，粮食市场发展至为迅速。加上棉花种植的进一步推广，以及烟叶、大

---

① 王树枏等纂：《新疆图志》卷29《实业二》，第1162页。
② 蔡家艺：《清代新疆社会经济史纲》，人民出版社2006年版，第326页。
③ 左宗棠：《左文襄公全集》卷56，《近代中国史料丛刊》第二辑，文海出版社有限公司1966年版，第337页。
④ 陈延琪、胡祖元等编：《新疆近代经济技术开发》，新疆科技卫生出版社1993年版，第98页。

麻、蚕丝、亚麻、罂粟、胡麻等的发展，棉纺织品、皮制品、皮毛等众多种产品相继进入市场，一定程度上推动了市场的进一步扩大和繁荣。外销和转运商品方面较前一个时期有了明显的变化。具体参见《清后期各县商品、物资出入情况简表》（见表5—5）。

需要说明的是，在清后期，由于沙皇俄国的不断侵入和拓展新疆市场的影响，自咸丰元年（1851）以后，沙俄凭借其武力威胁，强迫清政府签订了一系列不平等条约，如《中俄伊宁条约》（1851）、《中俄天津条约》（1858）、《中俄北京条约》（1860）、《中俄伊犁改定条约》（1881）等，强迫清政府开放伊犁、塔尔巴哈台、喀什噶尔、吐鲁番、乌鲁木齐等城市与俄国通商，并相继设立领事。并规定："准俄民在伊犁、塔尔巴哈台、喀什噶尔、乌鲁木齐及关外之天山南北两路各城贸易，暂不纳税。"[1] 英国亦曾通过与阿古柏伪政权的"通商"条约，获得在南疆经商的一系列特权。尽管清政府后来收复了南疆，但与英国的商贸仍在进行。因此，沙皇俄国和英国与新疆地区的商业贸易，尽管伴随着不平等条约的影响，客观上却成为影响新疆地区城镇市场发展的重要力量之一。

同治十年（1871），沙俄侵占伊犁后，将"金顶寺（宁远城）辟为贸易商场，营造市厂，宏敞富庶，鳞次栉比，号称繁盛，为名城冠"，[2] 俄国领事馆也迁驻于此。俄商大量涌入宁远城，把宁远城作为俄国在新疆的商业贸易中心，商品进出口交易额每年约70万卢布。此后十年间，从宁远等伊犁各城输往俄国的商品，主要是以粮食、木材为主，另外也有贝母、鹿茸等药材。光绪七年（1881）二月，中俄签订《中俄伊犁改定条约》，清政府收回伊犁九城，但将宁远定为自由商埠。当时，宁远"商务最称兴盛，富商大贾麇集于市"。由于政府对俄商实行免税政策，俄商纷纷进入这些城镇，甚至有些市面的商权也掌握在俄国人手中，宁远城的"商场用器……皆俄器也。账簿算盘、银钱货单皆俄式也。发售俄国商

---

[1] 褚德新、梁德主编：《中外约章汇要1689—1949》，黑龙江人民出版社1991年版，第105、171、208—209页。

[2] 王树枏等纂：《新疆图志》卷29《实业二》，第1156页。

品，沿用俄国习惯，求之形式，无一有类华商"。①

乌鲁木齐开辟商埠后，俄商直接进入开商行从事贸易，据1910年迪化西大桥通商卡记载，进口的货物有70多种，从生铁到机器，从麻绳到洋布，从镜子到自行车、缝纫机，从蜡烛到石油，从糖、烟、酒到鞋帽，应有尽有。② 到清代末年，乌鲁木齐对内和对外贸易发展到顶峰。城内大十字"字号商店，鳞次栉比，迪化之富庶甲于西域，故四方商贾云集"。③ 至此，迪化也取代伊犁城，成为西北地区最为繁盛的国际性区域中心市场和贸易中心。

塔尔巴哈台在咸丰二年（1852）后成为俄商重要的贸易场所之一。俄商在当地汉城西北隅划占贸易圈，盖房五十余间，用来驻足俄国领事官和俄商从事商贸场所。贸易圈内除俄商外，还有德国、美国商人开办的洋行。到这年年底，居住在塔尔巴哈台贸易的俄商有92人。咸丰五年（1855），俄国贸易圈被雅尔噶图金矿工人焚烧。咸丰九年（1859），俄国贸易圈重新修建。同治五年（1866），塔尔巴哈台回族、哈萨克族人民起义，攻入城内，将俄商住宅及仓库烧毁。之后，俄国政府鼓动俄商乘机涌进塔尔巴哈台，扩占地盘，第三次修建贸易圈。光绪九年（1883）双方议定：俄属商人贸易地址在塔尔巴哈台旧城东北，东面长194丈，南面133丈，西面241丈，北面288丈。俄国商人在圈内圈外随意修建洋行货栈、店铺，操纵市场，在一定程度上控制了塔城的进出口贸易和商业。

喀什噶尔本是南疆地区重要的区域性市场。随着俄国殖民势力的侵入，喀什噶尔成为俄国在南疆重要的商品转运市场。俄国输入南疆的商品先运到喀什噶尔，然后再转运至南疆的其他城镇。同时，本地区一些土产品也主要经过喀什噶尔转运至俄国。当时喀什噶尔住着不少俄国商人。他们向喀什噶尔输入的商品主要有印花布、大红布、波利斯绒、黑色呢子、

---

① 谢彬：《新疆游记》，新疆人民出版社2010年版，第141页。
② 厉声：《新疆对苏（俄）贸易史（1600—1900）》，新疆人民出版社1993年版，第155页。
③ 王树枏等纂：《新疆图志》卷29《实业二》，第1173页。

灰色呢子、铁制品、胡椒、皮带、马鞍、胶、人造珊瑚等等。①另一方面，英国在19世纪中期以后在南疆地区扶植阿古柏伪政权，从而获得了在喀什噶尔的种种特权。同治十三年（1874）二月二日，英国在喀什噶尔城与阿古柏伪政权订立了《喀什噶尔通商条约》。通过该条约，英国商人攫取了进入南疆各地通商、自由选择进入南疆的商路、在喀什噶尔设置领事馆，以及在南疆享有商贸投资的优先权和领事裁判权等。② 并由此取代俄国成为喀什噶尔乃至南疆最大的贸易国。虽然，清政府后来铲除了阿古柏伪政权，收复了南疆地区的领土和主权，但英国与喀什噶尔及英属印度的贸易依旧在发展。在此背景下，喀什噶尔就成为中、英、俄三国贸易的重要的"国际化"商业都市。

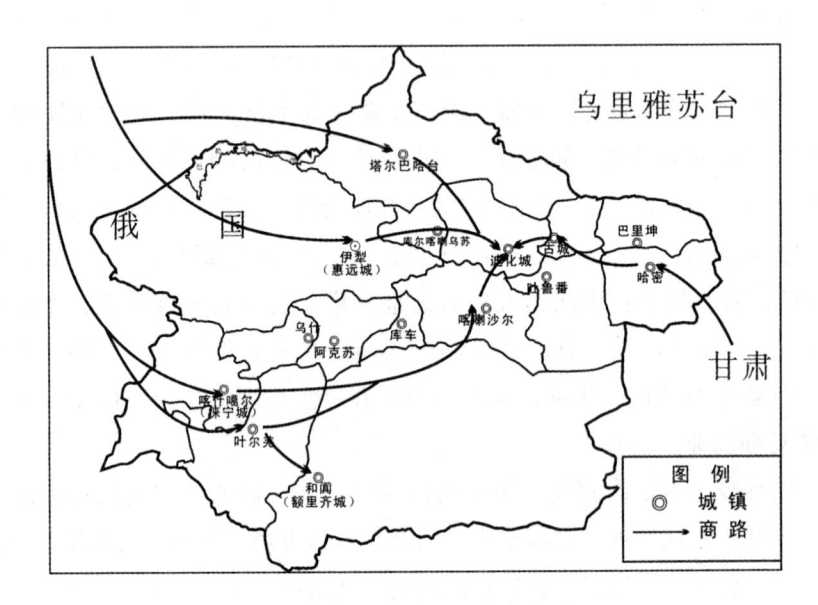

图5—5 清后期市场及商路图

---

① ［俄］A. N. 库罗帕特金著：《喀什噶利亚》，凌颂纯、王嘉琳译，新疆人民出版社1980年版，第17页。
② 朱新光：《英国的精明无为政策与1874年喀什噶尔通商条约》，《新疆大学学报》（社会科学版）2001年第2期。

表5—5　　　　　　清后期新疆各县商品、物资出入情况简表

道名	县名	商品、物资出入情况
镇迪道	迪化	内销：岚炭一千八百九十万零九十一斤；烟炭二十一万九千九百一十斤；头煤十五万斤；石油一万斤；马牛皮三千张；羊毛一千斤
	阜康	内销：油，无几 外销：西运于省，东运古城，出东境有酒二万余斤；炭一千车。转运至哈萨克坎巨提布数十板
	奇台	内销：胡麻籽油二十余万斤；罂粟籽油四五千斤；烧酒六七万斤；烟土四五万斤；甜酒五六千斤；麦面十余万斤；鹿茸四五十架；羚羊角二三十对；狐狼皮四五十张；羊皮一二千张，羊毛数百斤；牛皮一千余张，驼毛四五千斤；枸杞数百斤；烟煤一百四五十万斤 外销：科布多、乌里雅苏台，烧酒七八万斤，灰面五十余万斤；省城南路，烟土十五六万斤；内地，羚羊角七八十对；归化、内地，鹿茸八九十架；俄国，狐、狼皮六七千张；伊塔等地，羊皮、驼皮八九千张；驼毛、羊毛四五万斤；归化、内地，枸杞五千斤，红花、贝母有零星出售 转运：吐鲁番，棉花一二千余捆；京城、四川、内地，绸缎数百匹，药材二三千担；内地，官茶二三千箱；阜康，岚炭二千余斤；伊塔，羊皮二三千捆
	昌吉	内销：皮褥四五十铺；皮袍、皮袄百数十件；皮裤百余件；羊毛毡百十铺；毡帽、毡鞋六七十双；牛马皮六七百斤；蓖麻油、菜油三万七千余斤；烧酒一万二千五百余斤；糖六七千斤；粉条五六千斤；醋六七千斤；豆腐六七千斤；黄酒一千数百斤；甜酒二千余斤 外销：山西，黏米四百余石，糯米四十余石，小麦二千七八百石，豌豆一千五六百石，黄豆百数十石，扁豆三百余石，高粱一千九百数十石，胡麻一千二百数十石，菜籽二三十石，烟叶四万余斤，西瓜四万五六千枚，甜瓜二万六七千枚；省城，葡萄一百余石，桃二百余石，苹果二百数十石，大黄一千数百斤，苏梗、薄荷六七百斤，玉竹六百斤，甘草五六百斤，川芎一千数百斤，贝母六七百斤，黄芪八九百斤，知母四五百斤，胡麻三百余斤，羌活三百余斤，柴胡二三百斤，党参三百余斤，羊一二百只，猪五六百只，狐皮二百余张，牛皮三百余张，马皮三十余张，羊羔皮七百余张，羊毛三四千斤；鸡五六百只，鸭一千余只，野鸡六七百只；孚远、奇台，胡麻油、菜油二万余斤；俄国，野兔二百五十余只，鹿茸十数架，虎豹皮二三张；呼必图煤三百六十余万斤，绥来煤八十余万斤

续表

道名	县名	商品、物资出入情况
镇迪道	昌吉	转运：省城，酱油二千余斤，鲜百合二千余斤，山药二三千斤，芝麻油一千五六百斤，长短袄百数十件；阜康、奇台、绥来、迪化、吐鲁番、库车等，皮裤百十件，白盐八九千斤，烧酒一万余斤，砖茶七八百块，酱菜一千余斤，棉花一万余斤，干果一千余斤，皮袄二三十件，马褂二三十件，红毡六七十铺，皮靴一百余双；和阗，香梨三十余箱，杏仁四五百斤，绸二三十匹，大布六七百匹；北亚等，皮纸千数百合，绒毯十数铺，马鞭二三十片，鲜鱼二三千斤
	绥来	内销：油二十余万斤，烧酒数千余斤，鹿茸数十架，牛羊皮数百张，牛羊毛五六千斤，烟土十万数千两，大米、小麦八九千石 外销：省城、塔城、古城、山西、四川、关内等，毛四万斤，皮八九千张，大米、小麦数千余斤，杂粮三四百石，鹿茸百余架，贝母、紫草千余斤，烟土十数万两 转运：省城、古城、吐鲁番、关内、昌吉等，棉花千数百包，川菜三百余箱，药材二千余担，布匹一千余百余捆，细菜百余箱，生炭十余万斤，煤十余万斤，岚炭二十余万斤
	呼图壁	内销：米、麦 外销：省城，米、麦，数额不多 转运：无
	镇西	内销：无记载 外销：库伦、茶、木 转运：库伦、吐鲁番、葡萄、杏干
	吐鲁番	内销：牛羊马，葡萄二十余斤，棉花三十余斤，烟煤，棉布 外销：俄国棉花一百八十余斤，葡萄一百二十万斤；归化、内地，棉花九十余斤，葡萄六十万斤 转运：焉耆马牛羊半数自吐鲁番转运
	鄯善	内销：毡毯一千余条，绳索一千余斤 外销：本省、省城、关内、俄国等地，葡萄、棉麻、芝麻、辣末等，其中葡萄、棉麻各一万余斤 转运：省城、于阗、关内、俄国等，大米一百余石，桂皮、鸦缎、洋呢、洋布、绒毡、瓷器、绸缎，值银数千两

续表

道名	县名	商品、物资出入情况
镇迪道	哈密	内销：煤、西瓜、桑、羊毛等七八万斤 外销：俄国、瓜干、原物料等 转运：内地，斜纹布；俄国，洋布、钢铁
	库尔喀喇乌苏	内销：鹿茸数十架 外销：塔城、伊犁等，酥油一万余斤，大米二百余石，羊毛三万余斤，牛羊皮一千余张 转运：精河、绥来、奇台、塔城等地，酒五十余担，胡麻油六七十担，官茶六千余块，棉花、布匹甚少
伊塔道	伊犁	内销：动植物、铁、铅、铜 外销：无著录 转运：无著录
	绥定	内销：动植物 外销：无 转运：吐鲁番、关内、俄国等地，棉花、葡萄、茶叶、洋布、桂皮
	宁远	内销：牲畜、皮毛、土药 外销：俄国等其他地方，牲畜税银三百两，皮毛一百六十五万斤，土药二十余万斤 转运：俄国洋货
	塔城	内销：马五百余匹，牛三百余头，羊二万余只，煤炭二百六十万斤，清油、烧酒自足 外销：俄国，马二千余匹，牛二千余头，羊七万余只，牛羊皮一百万张，羊、驼毛一百一十余万斤 转运：北京、天津、张家口、归化、等地，京广洋货值银七千余两，杂货值银六千余两；陕甘新兔土杂值银三千余两，湖北官茶一十余万块，湖北商茶四五万块，山西、绥来大米二百余石，乌苏及俄国洋货值银四十五万两
	精河	内销：鹿茸十余架 外销：喀喇乌苏烧酒一万余斤；伊犁，盐一千余担，羊毛一万余斤，牛羊皮一千余张，大米七八十石 转运：省城、古城、奇台、伊犁等地，官茶三千余块，胡麻油二十余担，棉花少量

续表

道名	县名	商品、物资出入情况
阿克苏道	温宿	内销：鹿茸四五架，布数千匹，绒毯数十铺 外销：俄国牛皮五千三百张，马皮一千五百张，羊毛五万九百斤；英国羊毛六万四千斤；省内布五千四百三十匹，毡子三千五百条 转运：喀什、内地等，洋布数十百匹，官茶数百块，南货不多
	拜城	内销：土产，自产自销 外销：无记载 转运：喀什、内地等，洋布、杂货、布棉
	柯坪	内销：杏干五六十石，稀布数千匹，粗毡数千匹 外销：无记载 转运：喀什，洋布、雅尔缎无多
	焉耆	内销：土产，自销，数额不详 外销：无记载 转运：湖南官茶二十余票，山茶八九票
	新平	地瘠民贫、尚无商务
	轮台	内销：羊一万余只，牛一千余头，马三百余匹，驴四百余头，毛毡三千余条，线毯一千余条，马苫二百余条，毛口袋四千余条，皮帽二千余顶，皮靴二千余双，毛绳二千余斤，小麦一万余吨，包谷一万二千余吨，葡萄二千余斤，棉花二万余斤，稀布二千余匹，褡连布八百余匹，印花布三百余匹，棉花毯二百余条，胡麻油五千余斤，菜籽油六千余斤，杂粮二千余斤，干果二千余斤 外销：省城、阿克苏、库车、焉耆等，羊四千余只，羊毛六万余斤，羊皮五千余张，棉花二万余斤，稀布一万余匹，棉线花毯五百余条 转运：甘肃、省城、阿克苏、库车、吐鲁番、焉耆、喀什、内地等，南茶二千余块，大米二千余石，葡萄干五千余斤，杏干五千余斤，皮帽一千余顶，皮靴一千余双，褡连布一千余匹，菜籽油二千余斤，杂粮六千余斤，羊绒值银一千余两，绸缎值银七百余两，杂货值银一千余两，洋铁三千余斤，红铜五百余斤
	若羌	内销：土产，自销 外销：库尔勒，土产，少量 转运：无载

续表

道名	县名	商品、物资出入情况
阿克苏道	库车	内销：土产，自销 外销：俄国，牛皮七千九百斤，马皮一千四百斤，老羊皮五万九千斤，羊羔皮五千四百斤，羊羔袍三百一十五件；英国，羊毛九万七千斤 转运：洋布较多，洋铁、洋漆、洋瓷不多
	沙雅	内销：土产，自销 外销：俄国、库车，牛羊毛五十万斤，牛羊皮不多 转运：无载
	乌什	内销：铜器，自销 外销：阿克苏、喀什噶尔毡、马皮、牛皮、羊皮、布、胡麻油；阿克苏，烟土、小麦、包谷 转运：安集延，洋布、洋毡、桂皮、哈萨缎、洋糖、洋蜡、洋瓷；关内，绸缎、海菜、药材、纸张、笔墨；拜城，茶叶、铜、铁
	和阗	内销：羊一万二千头，牛二千二三百头，马一千余匹，毛毡三四千铺，毛毯数百铺，布四五万匹，丝三万两，绸六七千匹，棉花一十三万斤，皮纸一千余万张，羊毛八九千斤，皮货四百余件 外销：阿克苏、喀什、莎车等地，毛毡六七千铺，毛毯一千余铺，棉布七八万匹，棉花一十八万斤，绸七八千匹，皮纸七百余件，丝四万余两，皮货七百余件 转运：无载
	洛浦	内销：谷麦、蚕丝、棉花、青油、玉，不足自销 外销：俄国，蚕茧、棉花，约产量的三分之二外销 转运：于阗、皮山，粮食
	于阗	内销：羊六万只，牛一万余头，马一千余匹，驴五千余头，牦牛二千余头，骆驼一千余只，粗毛毡二万余条，毛口袋三万余条，皮帽三万余顶，皮袍袄三万余套，皮靴四万余双，丝绸八百余匹，小麦八万余石，包谷九万余石，葡萄一十五万斤，棉花一十八万余斤，土布一万余匹，胡麻油二十万斤，杏仁四万余斤，烟叶二万余斤，杂粮二万四千余石，干果四万余斤，皮纸七千余万张 外销：俄国、和阗、若羌、喀什、省城、敦煌、京城等地，羊五万余只，小麦一万五千余石，包谷二万余石，羊毛一百余斤，丝六百余匹，羊三万余张，牛马皮四千余张，烟草三万余斤，绸六百余匹，土布一万余匹，葡萄十余万斤，杏仁三万余斤，干果一万五千余斤，礞子石五万余斤 转运：甘肃南茶五千余块；和阗大米一千余石；俄国，洋绒呢、绸布值银七千余两，洋油、洋蜡值银一千余两，洋铁一千余万斤；内地绸缎值银二千余两；阿克苏红铜七千余斤

续表

道名	县名	商品、物资出入情况
阿克苏道	英吉沙尔	内销：牛羊、小麦、包谷、扇、牛皮箱、皮靴、铁锅、瓢刀、剑钢 外销：无载 转运：无载
喀什噶尔道	薄犁	内销：粮食 外销：喀什，牦牛三四百头，羊四万余只，羊毛二千余斤；英吉沙尔，牦牛二百余头，羊七八千只，羊毛一千数百斤；莎车，牦牛三百余头，羊二万只，羊毛二千斤，俄国，牦牛二三百头，羊二万数千只；喀什、英吉沙尔、莎车、坎巨提，羊毛二千余斤，牦牛皮二三百张，羊皮三四千张，羊毛一千余斤 转运：喀什、莎车、英吉沙尔，土布棉袷祥五六千件，皮帽三四千顶，皮靴三四千双，土布四五千匹，羊布汗褂五六千件，土布裤三四千条
	巴楚	内销：牛皮靴鞋二万双，毡帽二万二千顶，土布三万五千匹，粗羊毛毡二万五千条，羊毛六万斤，棉花五万斤，芦苇席十万张 外销：喀什噶尔，羊毛、棉花、芦苇 转运：无载
	叶城	内销：羊八九千头，牛一千余头，马二百余匹，驴三四百头，茧一千余秤，羊毛毡三四千铺，毛绳一万余根，羊皮袍四五千件，皮靴一万余双，缠头帽二万余顶，棉花二千余秤，棉布二千余匹，棉袷祥二千余件 外销：英国，羊毛毡二千余铺，麻烟三四千秤；俄国，羊毛八千余秤，毛腰带二万五六千条，毛毡八千余铺，羊皮袍二千余件，山羊皮八九千张，棉花三千余铺；喀什、阿克苏、伊犁，蚕丝二万余两，棉布二万余匹，棉花二千余秤，干果五六千秤，粮食二千余万秤 转运：英国，丝缎一百余匹，香羊皮一千余张，回绒二百余匹，洋纱七八百匹，洋布手巾二三千条，柳条洋布一千余匹，粗洋布三四百匹；俄国，雅尔缎一千六七百匹，桂皮布四五百匹，南布一百余匹，洋布三千余匹，花洋布七千余匹，糖一万二三千斤，蜜糖一千余斤，铁器一万二三千斤，煤油三千余斤，洋蜡三十余箱，瓷碗七八千只，瓷壶二千余只，洋线一百余捆
	皮山	内销：蚕茧、木器、皮纸、牛羊皮、毛，大部分自销 外销：无载 转运：无载

续表

道名	县名	商品、物资出入情况
喀什噶尔道	疏勒	内销：大布五六万匹 外销：俄国，大布三四万匹 转运：沙雅、乌什、莎车、犁铺、库车、阿克苏、莎车，羊万余只，牛千余头，皮衣一二百件，梨二三百箱，青油三四万斤，粮食二三千石；英国、俄国，洋布四五万丈，羊油二三千斤
喀什噶尔道	伽师	内销：皮帽四千余顶，皮靴三千余双，毛毡一万五千条，棉花二十五六万斤，粗土布四五万匹 外销：俄国，棉花八万余斤，土布十一二万匹，沙枣一万五六千斤 转运：阿克苏、库车、莎车，羊一万只，牛一千只，粮食二万四五千石，大米一万六千余斤，青油一万斤；英国、俄国，洋布一万四千丈，洋火六百箱，洋碗六千个，洋油一千斤，洋糖八千斤，洋蜜糖八百斤，洋线二千斤，洋铁三万斤，洋铁盘子六千个，洋钉四千斤
喀什噶尔道	莎车	内销：丝、毯、马皮、牛皮、羊皮、皮靴、皮鞋、胰油、布、胡麻油、铜器、铁器 外销：省城、喀什、伊犁，小麦、包谷、布；安集延，羊皮、羊毛毡、棉花、布、羊油；印度，丝、麻烟、羊毛、毯、布 转运：关内，杏仁、藏枣、靛、绸缎、海菜、药材；安集延，洋布、洋毯、桂皮、哈萨缎、洋蜡、洋糖；印度，洋瓷、洋绒、洋布、洋毯、药材、金丝绒、呢、珊瑚、獭皮；拜城、英吉沙尔，纸张、笔墨、茶叶、铜、铁

资料来源：数据来源于《新疆乡土志稿》，其中孚远、吐鲁番、温宿、新平、薄犁、英吉沙尔乡土志成书于光绪三十三年（1907），阜康、奇台、昌吉、呼图壁、镇西、鄯善、哈密、伊犁、绥定、宁远、精河、拜城、柯坪、焉耆、轮台、库车、沙雅、乌什、伽师、莎车、巴楚、皮山、和阗、洛浦乡土志成书于光绪三十四年（1908），若羌乡土志成书于宣统二年（1910），迪化、绥来、库尔喀喇乌苏、塔城、疏勒、叶城、于阗乡土志没有成书年代的记载，估计其成书于光绪至宣统年间。

第六章

晚清时期西北城镇与市场发展的转型性特征

19世纪后期至20世纪初,以欧美为代表的世界范围内的资本主义处于高速发展时期。在此背景下,满清帝国以往那种自在自为的闭关锁国的运行模式,被迫与世界资本市场的强力冲击相遇。面对这样的情形,在国人尚没有思考清楚并采取合理的应对措施的情况下,中国的国门被帝国主义的坚船利炮所打开,古老的中国封建帝国被迫卷入了"现代化"发展的历史进程。在随后的历史过程中,清政府被迫与西方列强签订了一系列不平等条约。这些条约中重要的一项内容就是清政府被迫"开埠通商",由此,外国殖民势力攫取了在中国沿海及内地经商的各种权利。这一力量成为影响商业市场发展的因素之一。在这一过程中,清政府内部亦被迫应对,从"洋务运动""维新变法"到晚清"新政",虽然各有利弊和短长,但都不同程度地影响了国内的政治、经济等的发展,特别是晚清时期实行的"新政",更是深刻地影响着国内城镇和市场的发展。这内、外两种力量的不同程度的作用,共同促成了这一时期市场的转型性发展。

一 域外力量驱动下西北城镇与市场的发展

(一) 开埠城镇与市场影响圈的扩张

所谓开埠城镇,是指19世纪50年代以后,在英俄等外国势力强迫下,清政府于西北地区给予外国人开放的通商城镇。早在"开埠通商"以前,西北地区与国外的贸易不是没有,但还很微弱。一方面,清朝政府严格控制国内商人与境外商人组织的贸易活动,另一方面,前来这里(主要是新疆地区)的外国商人,主要是以商队的形式,并且主要是传统东西贸易通道上的中亚商队。"新疆各城市与邻近的俄国居民点之间的直接贸易往来,开始于18世纪末。"① 但直到19世纪40年代,由于主要通过商队贸易的形式进行,并且涉及的主要城市仅有伊犁、塔尔巴哈台和喀什噶尔等有限的几个城市。就是这样,按照清政府的规定,外国商队尚不得直接自由进入这些城市,而是通过政府批准后才可从事交易,因此,当时的贸易对城镇本身的影响实际上是很微弱的。咸丰元年(1851)七月,清政府被迫与俄国签订了《伊犁塔尔巴哈台通商章程》,第一次向俄国开放伊犁、塔尔巴哈台两座城市。随后又通过《中俄北京条约》(1860年)、《中俄伊犁改定条约》(1881年)等,强迫清政府开放喀什噶尔、吐鲁番、乌鲁木齐等城市与俄国通商,这些在第五章已经有所论述,此不赘言。需要说明的是,光绪七年(1881)《中俄伊犁改定条约》规定,"准(俄国)在肃州(即嘉峪关)及吐鲁番两城设立领事"。这样就将开埠通商城市扩展至河西走廊入口的嘉峪关,这在西北开埠通商史上是一件大事。自此,俄国人不但在这些主要城市设立领事馆、领事、开辟商贸区、居住地等,而且于"天山南北两路各城贸易,暂不纳税"。既然如此,以这五个城市为中心的商贸市场就由过去单一的地区和国内市场,转变为有俄国商人驻扎并享有一系列特权的"国际化"市场。如果说俄国人在"天山南北两路各城贸易"也享有免税特权的话,那么,新疆的大部分地区和城镇市场几乎都参与到这种"国际化"商业贸易的运动中。虽然这一过程伴随着诸多的不平等和具有显著的被迫性,但客观上,实际的情况是造成了甘肃省肃州以西到新疆境内大部分地区城镇市场影响的"国际化"扩张。这里再引述几条材料,以进一步说明这些市场当时的情况。

1906年至1907年,日本人日野强前往新疆地区考察,其所著《伊犁纪行》记述相关市场如下:

---

① [苏联]米·约·斯拉德科夫斯基:《俄国各民族与中国贸易经济关系史(1917年以前)》,宿丰林译,徐昌翰审校,社会科学文献出版社2008年版,第234页。

宁远城位于熙春城南约一里,伊犁河的右岸上,俄国人呼其地为固尔扎,清人又称金顶寺。城墙高一丈六尺,周围长二十余町,设东、西、南、北四个门,城内有伊犁道台、宁远县、都司等衙门,还有通商局、电报局等。城外驻扎俄国总领事馆、该国的电信局、俄清银行支行等,人家总计约五千户,大部分为俄国籍。城内商店六百余家,大者多为塔什干、浩罕、安集延、喀什噶尔等地的商人所开,输入俄国的印花布、罗纱、铁具等,买进家畜、羊毛、兽皮等物。城盘子和该城之间树木密集,中间分布着若干民居,还可以见到俄国人的别墅及几处制毛、制皮革以及制造面粉的工场。

……此地原来只是清朝商人同游牧民交易的场所,随着近来与俄国通商,商业气氛日益活跃。至于聚集在市场上的诸多种族,固然还比不上喀什噶尔,但也有汉人、满人、汉回、缠回以及锡伯、索伦、额鲁特、蒙古、哈萨克、敖盖意(俄国喀山州的回教徒)、吉尔吉斯、安集延、塔什干、浩罕、犹太欧洲的俄罗斯人等诸多区分。这些人容貌不同,服装冠帽互异,操各种语言交谈,在那里你卖我买,步骑混合,东西往来的情景,实乃天下一大奇观。①

可以看出,伊犁城(宁远城)中聚集着俄国人、中亚人和当地各族等众多商人。另有材料表明,伊犁惠远城有俄国人51户。宁远城有俄国人1163户(男2062人,女1263人),其中1户天主教堂人员是法国人,成员2人。土耳其人42户。绥定城有俄国人46户,霍尔果斯城有俄国人45户,塔勒奇城有俄国人164户。②

塔尔巴哈台的情况,咸丰八年(1858)后,"俄罗斯匡苏勒,住房二十一间,苏克哩塔拉住房十三间,商人住房二十六间,存货房二十六间,耳房四间,更房一间,马棚七间,共盖九十八间;又盖楼房一间,货圈内外门户七间"。③ 在随后的同治回民起义中,这些房屋被毁,光绪九年

---

① [日]日野强:《伊犁纪行》,华立译,黑龙江出版社2006年版,第148—149页。
② (清)王树枬等纂:《新疆图志》卷58《交涉六》,甘肃省古籍文献整理编译中心编《中国西北文献丛书·二编》(1),线装书局2006年版,第522页。
③ 故宫博物院明清档案部编:《清代中俄关系档案史料选编》(第三编),中华书局1929年版,第862页。

(1883)俄国政府"更于城东北陬,辟新贸易圈",①除俄驻塔城领事外,还配有"俄帮办领事官一员、俄翻译官一员、俄书记官一员、俄医官一员、俄护卫马队武官一员(兵一百名)",②并建立俄国领事馆和礼拜寺。贸易圈地坐落于汉、满两城之北,周围8里有余。大致范围为:"东界财神庙,西界龙王宫,南抵汉城濠边,北界刘猛将军祠。"③其中俄国人291户(往年调查男丁2487人,女1356人),④多为俄属安集延人、回民和哈萨克人。所谓"洋楼历历,市街整洁……向来塔城商权,握于俄商。俄商之中,又以老盖依人为首出。其著名富商三家,曰塔斯曼,曰免能麻争,曰排勒希满"。⑤

喀什噶尔,光绪年间住有"俄属突厥人、阿富汗人、克什米尔人等"。⑥其中,喀什噶尔汉城2户,是俄籍安集延人,男丁5人。英籍阿富汗人14户,男丁35人。喀什噶尔回城住俄籍安集延浩罕人112户,男195人,女107人。英属印度阿富汗人24户,男44人,女29人。瑞典人1户,属教士,男5人,女4人,另有医生2人。⑦据当时英国的外交官夫人回忆:

> 喀什噶尔回城的街道狭窄,肮脏不堪,地面坑坑洼洼,而且由于每天毛驴驮的水桶和运水车把水洒落在地面上,使其泥泞难行。街道两旁布满了阴暗的店铺,在有些街段,人们把苇席搭在街道上空,形成凉棚遮挡阳光,这样的街道和店铺就显得更阴暗了。店主们蹲在货物中间,似乎并不因为有顾客光临他们的店铺而特别在意。就在城门内,以及通往主要巴扎的街头,挤满了乞丐,他们中的许多人形容凄

---

① (清)钟镛:《西疆交涉志要》,《中国西北文献丛书·二编》(11),第163页。
② (清)王树枬等纂:《新疆图志》卷43《民政四》,《中国西北文献丛书·二编》(1),第521页。
③ 《塔城直隶厅乡土志》,《中国西北文献丛书·二编》(7),第609页。
④ (清)王树枬等纂:《新疆图志》卷43《民政四》,《中国西北文献丛书·二编》(1),第522页。
⑤ 谢彬:《新疆游记》,第364页。
⑥ [日]日野强:《伊犁纪行》,华立译,黑龙江出版社2006年版,第187页。
⑦ (清)王树枬等纂:《新疆图志》卷43《民政四》,《中国西北文献丛书·二编》(1),第523页。

惨,让人看了很不舒服,原因是某些可怕的疾病或是使他们失去了四肢,或是使他们面容被毁,或是使他们变了形。那些狭窄的巴扎街道上总是人来人往,非常拥挤,特别是在星期四这一天,更是人山人海,拥挤不堪,因为这一天是巴扎天(Bazaar—kun)。①

就是在这样的城里,汇聚了"欧洲人特征的男男女女,身材高大,英俊俏丽,相貌颇有贵族风度;柯尔克孜人两颊通红,面部扁平;阿富汗人,从侧面看,轮廓修长分明;这里还有印度人,他们中有印度教徒和印度穆斯林;还有汉族人"。② 除了来自俄国、英国和中亚等人的经商者外,这座城市正在被迫成为具有广泛的区域和国际影响的商贸中心之一,这和过去以丝绸之路中心点为特征的市场是很不一样的。

乌鲁木齐,光绪二十一年(1895)俄国在此建立总领事馆,设立总领事,构成人员包括"俄总领事官一员,俄帮办领事官一员,俄医官一员,俄兽医一员,俄护卫马队武官一员(兵三十六名)"。③ 其贸易圈地分布在该城市南关,当地人称作洋街,大致范围在"二道桥到三屯碑,西至西河坝(现河滩公路),东到八户梁"一带,"俄商在此开设不少商行"。④ 到1907年"俄商店铺已达30多家,俄商民增加至800余人。1905年夏,乌鲁木齐俄领事要求扩展贸易圈地,巡抚潘效苏擅许拨划60亩地段。至宣统末年,乌鲁木齐贸易圈又向南北延伸多处"。⑤

肃州及其所属嘉峪关虽然没有设立领事馆,也没有外国人定居,"但法、荷、德、俄等国商人及传教士等常往返此地者甚多"。⑥ 旧志称,"中俄条约开嘉峪关为商埠,而贸易实在肃州,税关在北门外。近因俄国政变,工厂停工,无货输出,税收锐减"。⑦ 就是说,到了民国初年外商逐

---

① [英]凯瑟琳·马嘎特尼、戴安娜·西普顿:《外交官夫人的回忆》,王卫平、崔延虎译,新疆人民出版社1997年版,第53页。
② 同上书,第55页。
③ (清)袁大化修,王树枏等纂:《新疆图志》卷58《交涉六》,《中国西北文献丛书·二编》(1),第521页。
④ 《乌鲁木齐晚报》,http://news.timedg.com/2012-03/16/content_9058055.htm。
⑤ 厉声:《新疆对苏(俄)贸易史》(1600—1990),第135页。
⑥ [日]日野强:《伊犁纪行》,华立译,第81页。
⑦ 《甘肃全省新通志》,《中国西北文献丛书·西北稀见方志文献》第23卷,第566页。

渐衰落了。

无论怎么说，晚清时期西北地区诸城镇这样的市场景观是以前所没有的。不过，就整个西北地区而言，它们只是分布于肃州、嘉峪关及其以西以新疆为主的主要城市中，显示了近代列强侵迫下西北"国际化"商贸城镇发展的特殊性和不均衡性。大概由于这样的原因，客观上使得肃州及其嘉峪关以西的西北地区一些重要城镇成为晚清时期"对外开放"的城市。由此也在客观上增强了这里市场对内地商人的吸引力。晚清时期，北京、天津、陕西、山西、河南、四川等不少地区商人相继前往这里，甚至一度出现内地商品"西北流"的商业潮流，这在一定程度上促进了西北市场尤其是这一带新型市场的发展。

（二）内地洋行城镇与地区市场的新变化

除了新疆境内"开埠城镇"及其"洋行"商贸的发展外，由于晚清时期沿海天津港的对外开放以及外国商人可以在中国内地自由经商"条约"的制定，外籍商人及其"洋行"相继深入西北内陆，并大量收购以羊毛、羊皮为主的土畜产资源，这在一定程度上加速了西北内陆市场与外部的联系。在这一过程中一些外商洋行相继进入内陆诸府州县城镇，并成为近代城镇与市场变化的一股力量。这些城镇主要集中于甘肃、宁夏、青海等地，陕西省虽然也有，但其数量总体上是有限的。

宁夏的石嘴子，在清代是平罗县的一个市镇，有"市集一处，每逢初一、初十、二十日交易。有税"。① 乾隆时期，这里就是一处汉蒙贸易的重要市场。乾隆二十五年（1760）所立碑文记载："蒙古一二月出卖皮张，三四月卖绒毛，五六月羊，七八月马牛，九月茶马毕，岁以为常。近有回匪，借名勒索，抽收用钱，宜悬为厉禁。"② 随后继续发展，历久未衰。到了晚清时期，由于皮毛贸易与外商采购的推动，商贸业相当活跃，城镇在此基础上也得到进一步的发展。民国初年，这里"居民七百余家，多来自秦、晋。……商店大小二十余家，有巨商三四家，专营蒙古贸易，同于磴口"。为了转运皮毛，外国人在此设立洋行，其"洋行计三家：曰

---

① （清）张金城、杨浣雨修纂：《乾隆宁夏府志》卷6《建置二》，陈明猷点校，第205页。
② 林竞：《蒙新甘宁考察记》，第49页。

仁记、平和、新泰。旧有高林、朱利、瑞记三家,已停闭矣。各行专在甘、青一带收买皮毛,集中于此,待梳净后,包装,以骆驼或木船载赴包头。岁约皮张百万张,毛三千万斤左右"。①本地居民除了从事畜牧业外,还给洋行打工。就是从事黄河水运的木船就有700余只,往来于包头、中卫、兰州和西宁之间。②又有人称,"石嘴山的兴起似乎主要归因于羊毛贸易。……天津的羊毛出口洋商在本地的代理人构成了石嘴山的一大团体,他们把通过船只和骆驼从甘肃西部经水旱两路运来的羊毛烘干,再重新包装,也收购来自蒙古的土特产品"。③这些虽然是民国初年的情况,但距清末不远,应该与清末的实际相差不多。足见此处洋商和羊毛贸易的兴盛。

西宁府也是洋行分布较多的地区,有湟源、贵德、俄博、西宁等30家洋行,属于英、俄、德、美等国商人或机构。洋行及其所带动的西北皮毛贸易的盛行,加速了羊毛、羊皮等皮毛集散中心城镇的形成,一时间,以北路黄河一线为中心,辐射到陕甘宁诸省诸多地区,相继形成一批不同层级的皮毛集散中心。其中青海西宁、丹噶尔,宁夏中卫、石嘴子,甘肃兰州和陕北榆林等是其显著者,至于州县一级城镇及部分交通沿线的主要市镇也有所发展。民国初年,行经西北的英国人台克满说:"丹噶尔和西宁是青海大宗羊毛贸易的大本营。这种羊毛贸易已经持续了二十多年,当前的交易规模极其巨大。羊毛产自青海大草原,用筏子和船只沿着黄河运往下游,也由骆驼队穿越沙漠运达天津,再由此出口到美国。……收购羊毛的中心城镇包括青海的西宁、丹噶尔、贵德、河州、循化、大通、永安和鄂博等。……还有一种类似的羊毛贸易,规模较小,是在青海北部与内蒙古交界地带的中卫、宁夏、石嘴子、五方寺以及花马池等采购中心进行的,但是蒙古羊毛在品质上要逊色于青海羊毛。"④ 在此背景下,从光绪二十六年(1900)到光绪三十一年(1905),在西宁城内观门街、石坡街一带,先后分布有英商仁记、新泰、瑞记、聚立、平和、礼和等多家洋

---

① 林竞:《蒙新甘宁考察记》,第49页。
② 同上。
③ [英]台克满:《领事官在中国西北的旅行》,史红帅译,上海科技文献出版社2013年版,第168页。
④ [英]台克满:《领事官在中国西北的旅行》,史红帅译,第154页。

行，丹噶尔也有十余家洋行。① 至于甘肃省的河州，其地理位置沟通了青海和甘肃的商业联系，在这一时期成为区域性茶叶、皮毛等各种商品的集散地。天津开埠后，河州建立了连接港口商埠的长途贩运交通线。光绪二十六年（1900）这里相继设立一些洋行。如"英国商人在河州开设'新泰兴'、'高林'等 6 座洋行，德国商人设'世昌'洋行，专门收购羊毛等畜产品，羊毛每百斤以 1.8 两银等收购，运至天津等口岸，转手以每斤 50 两至 70 两银售往国外"。② 在随后的发展中，英国商人的洋行数量还有所增长，有资料显示，除了新泰兴、高林洋行外，英国商人还设有"聚利、仁记、天长仁、平和、瑞记、普伦"等洋行，可以证明这一点。河州洋行商业运作的基本情况是："以拉卜楞和循化为两个集中地。两地收购的羊毛，全部由驴骡驮运到河州城集中，再转运到永靖黄河沿岸，装筏水运内蒙包头……沿黄河一带税局查卡，不敢过问，任其通行。"③ 这种情况一直延续到民国时期。以这样的运行方式，河州地区的皮毛生意年交易在 75 万公斤左右。④

陕西榆林很早以来就是联系陕北、内蒙古鄂尔多斯和京津地区的"皮毛之路"上的重要据点。清人杨蕴《镇北台春望》诗云，"关门直向大荒开，日日牛羊作市来"。清楚地说明了这一点。康熙以后，以榆林为中心每年举办 6 次骡马大会，吸引了来自内蒙古、宁夏、甘肃和山西、河南和陕西关中地区的商旅，进一步促进了其地区性商品集散和贸易中心的发展。因此，当地的边商相当活跃。解放前榆林全县边商 1500 多家，运输工具骆驼最多时达到 20000 多峰。经营皮毛加工业的皮坊 70 多家，挽具坊 20 多家，毡、毯坊各 30 多家，毛织业 30 多家。⑤

伴随着洋行的出现，西北市场成为外国势力攫取以皮毛为主的各种土畜产资源的重要市场。与此同时，分布于各级城镇的市场也将城镇、市场以往以区域和内地为中心的商贸格局破坏，并日益和沿海乃至国外市场联

---

① 青海省志编纂委员会：《青海历史纪要》，青海人民出版社 1980 年版，第 89 页。
② 临夏州志编纂委员会：《临夏回族自治州志》，甘肃人民出版社 1993 年版，第 34 页。
③ 甘肃省临夏市委员会文史资料委员会编：《临夏市文史资料》1990 年第 8 辑。
④ 临夏州志编纂委员会：《临夏回族自治州志》，第 743 页。
⑤ 李永清：《话说"皮毛之路"》，萧乾主编《秦中旧事》，上海书店出版社 1992 年版，第 114—115 页。

系起来。在这一过程中，在内外多种力量的推动下，城镇和市场迅速地发生着新的变化。

二 晚清新政与西北城镇、市场的新变革

晚清新政有广义和狭义之分。广义的新政，是指19世纪60年代以后清政府被迫所进行的包括"洋务运动""维新变法"到晚清"新政"的一系列变革。狭义的新政，是指1901年1月清政府发布新政谕令以后所进行的新的改制。虽然这些革新各有利弊和短长，并且在各地的响应差异极大，但还是不同程度地影响了国内的政治、经济等的发展。特别是晚清时期实行的"新政"，制度性、政策性较强，对地方社会的影响，特别是对这里所讲的城镇和市场发展的影响与以前相比更为显著。这里所讲的新政与城镇、市场变革，实际上指的是广义的新政，也就是19世纪60年代到清朝灭亡期间约50年的时间里，由于这些不同的改制及其不同程度的影响，西北地区城镇与市场所经历的总体的转型性变化。

（一）新政及其基本精神

晚清新政的总体精神是向西方学习，在政治、经济、军事、文化和社会管理等诸多方面实现有限的变革，以改变当时中国封建体制下积贫积弱的社会现状，巩固和维系满清帝国的统治。这其中，发生于19世纪60—90年代的"洋务运动"，旨在引进西方的军事装备、机器生产和科学技术，以图实现封建统治框架下的"自强"和"求富"。维新变法，是指1898年6月至9月以康有为、梁启超为主要领导人物的资产阶级改良主义者通过光绪帝进行倡导学习西方，提倡科学文化，改革政治、教育制度，发展农、工、商业等的政治改良运动。90年代以后的"新政"是这一总体精神的继续，并通过政府颁布的"新政谕令"在一定程度上得以实行。尤其是1905年的"废除科举制度"和随后的"预备立宪"的《立宪大纲》，标志着一个新的变革的开始。如《立宪大纲》关于城镇乡自治事宜的条款所示：

一、本城镇乡之学务：中小学堂、蒙养院、教育会、劝学所、宣

讲所、图书馆、阅报社，其他关于本城镇乡学务之事；二、本城镇乡之卫生：清洁道路、刈除污秽、施医药局、医院、医学堂、公园、戒烟会，其他关于本城镇乡卫生之事；三、本城镇乡之道路工程：改正道路、修缮道路、建筑桥梁、疏通沟渠、建筑公用房屋、路灯，其他关于本城镇乡道路工程之事；四、本城镇乡之农工商务：改良种植畜牧及渔业、工艺厂、工业学堂、劝工厂、改良工艺、整理商业、开设市场、防护青苗、筹办水利、整理田地，其他关于本城镇乡农工商务之事；五、本城镇乡之善举：救贫事业、恤嫠、保节、育婴、施衣、放粥、义仓积谷、贫民工厂、救生会、救火会、救荒、义棺义冢、保存古迹，其他关于本城镇乡善举之事；六、本城镇乡之公共营业：电车、电灯、自来水，其他关于本城镇乡公共营业之事。①

这样的改制浸透着鲜明的近代精神，其具体实践就是新的近代化实践，由此城镇职能和景观发生了前所未有的变化。

（二）官营或官商合办的近代工业在一些主要城镇日渐产生

这一时期的城镇发展，不是主要表现在城池的修建，商业集市的增长及其布局的构建，而是在城镇职能上的总体转化，即由原来的消费中心向生产中心转化，特别是官营或官商合办的企业性质的工商业经营，在本质上改变了城镇旧的以政治管理和税收为职能的官府的职能性质，官府日渐成为组织工商业和发展工商业的重要力量。除了这一重大转变之外，在生产方面，顺应时代发展的潮流，传统手工业作坊或新建工业都在积极地实现向现代意义上的机器化或者半机器化工厂转变，由此造成近代工业在各级城镇不同程度的出现，以及城镇生产职能的重大转变。拿甘肃省兰州府城来说，同治十一年（1872）左宗棠由西安进驻兰州期间，将原设在西安的"西安机器局"迁往兰州，改名"兰州机器局"。这是兰州最早的官办性质的新式工厂。光绪二年（1876）左宗棠又在兰州创设"织呢局"，引进德国机器从事织造。光绪三十二年（1906）陕甘总督升允在此创设

---

① 故宫博物院明清档案部编：《清末筹备立宪档案史料》上册，中华书局1979年版，第741页。

"劝工厂",地点在袖川门外的贡院内。从其名称看,这是规劝人们从事实业、做工的一个厂子。就其性质而言,则是一个集学习和生产为一体的工业组织,也是一个由地方政府官办的官营性质的"工业集团"。工厂设有:"总办、提调、坐办,综核全厂事宜。文案、收支、监厂、督工,稽核委员,体操教习,课读、算学教习,采买、簿记、司事,各有专司,分任其事。"工人来源,采用自主培养的形式。"学徒"收取年龄在十五岁以上到三十五岁以下的人员,由父兄、亲友担保,经审核合格者即可进入厂子学习。然后经过培训,或者几个月卒业,或者几年不等。劝业厂下设9个分厂,分别是:(1)制革厂,有工匠、学徒;(2)卤漆厂;(3)洋木小木厂;(4)铜器、铁器厂;(5)纸笺、纸盒厂;(6)织布厂;(7)裁绒厂;(8)玻璃厂;(9)绸缎厂。① 各厂制造货品如表6—1所示。

表6—1　　　　　　兰州劝工厂制造产品一览

分类	制造品
制革类	二六明漆牛皮箱,二四明漆牛皮箱,二二明漆牛皮箱,二尺明漆牛皮箱,一尺明漆朝衣箱,广式明漆长枕箱,广式明漆小端箱,豆栗色花牛皮,淡青花牛皮,黑色花牛皮,铁青花牛皮,青竹花牛皮,藕荷花牛皮,本色压花牛皮,豆栗色花羊皮,淡青花羊皮,黑色花羊皮,铁青花羊皮,青竹花羊皮,藕荷花羊皮,本色压花羊皮
制鞍类	带毛皮鞍,漆毛皮鞍,洋式扣带,忠孝带匣,洋式枪带,洋式弹子带,指挥刀带,洋式头号提鞍,洋式二号提鞍,洋式三号提鞍,洋式四号提鞍,头号广式衣鞍,二号广式衣鞍,三号广式衣鞍,压花皮炕枕垫,压花皮椅垫,压花皮夹层方椁面,压花皮夹层圆方面,压花皮快抢套,洋式头号护书,洋式二号护书,洋式三号护书,洋式四号护书,头号花五折护书,二号花四折护书,三号花三折护书,四号小花三折护书,常行五折护书,常行四折护书,常行三折护书,常行小三折护书,两层羊皮信插,三层羊皮信插,四层羊皮信插,二四压花牛皮箱

---

① 《甘肃新通志》卷24《实业》,《中国西北文献丛书·西北稀见方志文献》第24卷,第77页。

第六章 晚清时期西北城镇与市场发展的转型性特征 / 203

续表

分类	制造品
制靴类	洋式马靴，洋式兵靴，长扣皮靴，短扣皮靴，新样水靴，青布皮底马靴，半绒皮底马靴，全绒皮底马靴，洋底皮鞋，洋式兵鞋，新样雨鞋，羊皮漆朝元鞋，牛皮漆朝元鞋
皮盒类	九格食盒，五格食盒，梅花食盒，如意食盒，广式菜盒，七巧菜盒，扇式菜盒，荷花菜盒，描金菜盒，描金茶垫，朱漆皮小帽盒，朱漆皮朝帽盒，头号瓜式捧盒，二号瓜式捧盒，三号瓜式捧盒，头号四方捧盒，二号四方捧盒，三号四方捧盒，头号描金茶罈，二号描金茶罈
卤漆类	嵌花圆式彩屏，嵌花方式彩屏，嵌花七巧圆棹，嵌花连四茶棹，嵌花文具行棹，嵌花殿试小棹，嵌花中式炕棹，嵌花中柱小圆棹，嵌花中柱小方棹，嵌花方式印箱，嵌花文具行匣，开门五抽镜妆，嵌花七层书架，嵌花广式提匣，嵌花广式笔匣，六方捧盒，四方套盒，七巧图盒，东洋菜盒，东洋茶盒，九格攒盒，五格攒盒，纸卷烟盒，腰圆手镜，连三镜妆，大三抽镜妆，小四抽镜妆，嵌花镜妆，八寸花粉妆，六寸花粉妆，方格捧匣，嵌花翎筒，钱式帽架，八方帽筒，六方帽筒，空花帽筒，菊花帽筒，圆式帽筒，无抽诸陈盘，两抽诸陈盘，三抽诸陈盘，连三元盘，连五元盘，长方套盘，三方亮钟盒
洋木类	大餐洋棹，象骸方棹，如意座椅，洋式酒棹，通柱藤椅，洋式睡椅，四方茶棹，藤心洋棹，七星洋床，腰圆洋棹，洋式气椅，洋式信箱，腰圆洋椅，藤心方凳，铁胎冰桶
彝器类	定时日晷，三角线板，密达分尺，直线木板，曲线木板，云行定规，指南针盘，打线新机，花形定规，指北针盘
铜器类	叫人铜钟，洋式烛台，洋式痰盂，腰式茶垫，圆式茶垫，荷叶茶垫，錾花帐钩，空花香盒，寿字香炉，盒子灯台，学服徽章，双龙扣带头，蝴蝶明锁，水磨明锁，錾花脸盆，时款烛台，时款手照，各种火锅，各种什件，各种盆盂，各种瓢勺，各种锁钥，各种环扣，各种架链，各种炉壶
铁器类	折花宝刀，折花宝剑，日式指挥刀，德式指挥刀，水磨马镫，洋床铁机，头号剪刀，二号剪刀，三号剪刀，四号剪刀
织布类	八寸宽白大布，尺二各种花布，二二双沙机器布，什锦整幅被面，双沙头号毛巾，双沙二号毛巾，各种花素葛巾
裁绒类	时花马褥，时花炕毡，时花椅披垫，时花炕枕垫，时花加丝绒毡，时花加宽地毡，时花五彩鞍鞴

续表

分类	制造品
线毡类	时花方棹面，时花条棹面，五彩椅垫面，头号炕毡面，五色提花绒氎，五彩提花披巾
玻璃类	六方油画挂灯，四方油画挂灯，扇式油画挂灯，六方油画棹灯，四方油画棹灯，洋铁斗式警灯，三方油画壁灯，四方广式手照，四寸双料片，六寸双料片，八寸双料片，一尺双料片，尺二双料片，尺四双料片，尺六双料片，尺八双料片，二尺双料片，二尺二双料片，二尺四双料片，头号金鱼缸，二号金鱼缸，三号金鱼缸，四号金鱼缸，巡警路灯片
绸缎类	二二时花宁绸，二六时花宁绸，各色时花漳缎，各色闪花漳缎，各色时花陇缎，各色加重陇缎，各色闪花天锦缎，各色时花天锦缎，各色时花铁线沙，二八素宁绸，各色经丝绒，加重金貂绒，各色净甘绸，各色珍珠绒，寸二开花栏杆，寸二挦花栏杆，二分时花栏杆，寸二鬈头骰带，八分绸底骰带，六分绸底骰带，寸宽绸底骰带，寸二绸底腰带，花釉鬈头腰带

资料来源：《甘肃新通志》卷24《实业》，《中国西北文献丛书·西北稀见方志文献》第24卷，第77—79页。

这里之所以不厌其烦地罗列出兰州"劝工厂"生产的产品种类及其主要的产品，是因为在此以前绝没有一个官办性质的工业组织有如此庞大的规模和翔实的产品名录。不但如此，与此相应的是，在兰州西大街还设有专门的销售场所"商品陈列所"，设有专人负责管理和销售，"所内陈列货品系劝工厂制成，各件均贴有定价图记，以杜欺饰而重畅销。意在工制商售，与劝工厂联为一气"。与此同时，政府还设立有"商务总会"，将"土商""客商"以及各行各业的"首脑"联合起来。至于"官铁厂"，也是同期设立的机构，分厂与劝工厂的分厂在一起。[①] 可以看出，这是一个官方组建的庞大的工商业组织系统。

劝工厂分厂分类、产品分类和产品名录以及销售场所，清晰地显示了近代工业企业的组织、管理和生产的精神和特征。标志着官方开始以城镇

[①] 《甘肃新通志》卷24《实业》，《中国西北文献丛书·西北稀见方志文献》第24卷，第79页。

为中心来组织兴建、管理和经营工商业的新的开始,显示了由传统农业社会的经营和管理模式向商业社会转型的新特点。

西安机器工业产生于同治年间。同治六年(1867),左宗棠督办陕西军务期间,在西安城内创办西安机器局,购置机器,招募宁波工人从事军火等生产。同治十一年(1872),该机器局随左宗棠迁往兰州,改名兰州机器局。光绪二十年(1894),经清政府批准,兰州机器局迁回西安城内,改名陕西机器局。二十二年(1896),魏光焘在咸宁县路南修建军装总局。至于西安电报局、陕西官钱局、武备学堂、食盐督销局、陕西洋务局等也在这一时期相继设立。① 而近代学堂、报纸、学会等商办或民办组织不一而足,此不详述。相比于西安、兰州两个城市,宁夏和西宁的近代工业发展较为滞后,没有出现像上述两个城市那样的显著情况。这主要是其在当时的城镇地位决定的,当然,就此也可以看出,这一时期城镇在转型发展过程中,政治中心因素的影响依然起着相当重要的作用。这在一定程度上也是转型过程中的重要特点之一。

总体来说,城镇的近代转型是一个巨大的系统工程,涉及社会制度、思想观念和建立在此基础上的一系列体制、法律、法规等的变革,绝非简单的这样一些具体的事件所能够改变的。但这样的改变毕竟出现了,并且人们开始有了相应的一些有限的实践。虽然还相当的微弱和有限,却也显示了这一过程的开启及其早期的特征。在此过程中,城镇的发展以一种全新的要素在萌发着。

以上论述表明,兰州和西安两个省城工商业的新的发展比较显著,其他诸城包括各州县城以及一些主要市镇,虽然这里没有逐一论述,但其近代工商业也都不同程度地有所发展,只是规模小,数量少,并且主要还是集中在半手工业或手工业的发展状态。而这些其实都不同程度地体现了近代工商业意识,经营的总体精神和理念,这从各县《乡土志》的"实业"中均有不同程度的体现,这里就不再一一列举了。

---

① 西安市档案局、西安市档案馆编:《西安古今大事记》,西安出版社1993年版,第172—181页。

第 七 章

西北鸦片种植与城镇、市场的畸形变化

在传统农业社会，商品性经济作物的规模化种植和经营，无疑是促进社会商业活动活跃的重要条件。明清以来，随着我国社会商品经济的日益发展，农业领域的商品性经济作物的种植在物产种类、种植规模和因此而投入的人力、物力等诸多方面，都有不同程度的发展。进入近代（1840年以后）社会，由于世界性商业资本主义的发展以及由此带来的冲击，我国社会在经历了紧张、徘徊和因战争的阵痛和反思之后，在农工商业等领域逐步出现了初步的自觉和改变，社会在艰难的曲折中开始了不同程度的转型性发展。在这一过程中，"鸦片"的作用无疑是最为深刻的影响着这一时期社会发展的重要因素。我国学术界关注"鸦片""鸦片种植"与社会关系的问题甚早，除了晚清、民国时期的调查、记述和禁毒等的论述以外，解放以后的研究，尤其是20世纪80年代以来的学术性研究非常活跃，取得了诸多重要的研究成果。这些研究成果主要围绕毒品危害和禁毒（包括禁毒史）这两个密切相连的主题来进行，这固然是非常重要的社会问题，但对鸦片种植、运销等商品性经济活动的影响关注甚少。[①] 虽然这种影响是社会转型过程中一种不正常的现象，但确实是一种客观存在的事实，因此有必要对此问题进行研究。而通过对这一问题的研究，既有助于拓展相关研究的视野，也有助于全面、客观地认识鸦片种植与经营对中国

---

① 邵雍《烟苗禁种与反禁种的历史考察》（《史林》2007年第6期）一文，从农民反禁种的角度，指出了种植鸦片与农民利益的关系，在一定程度上客观地反映了这一商品性经济作物对农民的另一层意义。这是一种认识上的突破，也是客观历史的反映。

社会的影响这一问题。

一 鸦片的种植与分布

（一）晚清时期鸦片种植与分布的渐次发展

关于西北地区鸦片出现及其种植的时间问题，学术界存在不同的看法。有学者认为明代陕甘两省就"种植有罂粟"，[①] 大部分学者则认为晚清以后，特别是咸丰、同治（1851—1874）年间日渐发展起来。笔者总体上同意后者的意见，并且特别强调鸦片吸食、种植和1840年前后中国社会大环境的变化有着密切的关系。如果离开这一背景，单纯考证它的源头与演变，对本研究并无多大意义。从已有的研究来看，在洋烟进入中国和消费市场逐步蔓延的大背景下，鸦片开始从沿海主要城市经商人贩运进入西北地区，这在逻辑关系上是不可逾越的一个阶段。其次才是本地种植及其规模化发展的问题。关于前者，学术界也有一些不同的认识，如一些学者引用《甘宁青史略》正编第27卷的一段资料说："咸丰以后，鸦片由广东贩运入甘，吸者日多，种者亦日众，利厚工省，又不择土之肥瘠，故趋若鹜焉。取液煮膏，既谙其法，遂自吸食，而沿及妻孥，久之厮丐亦然，其倾家而致死者不可屈指数。"[②] 并据此断定，"咸丰（1851—1861年）以后"鸦片从广东"贩运"入甘，并在此后种植和发展起来。[③] 一些学者根据清《宣宗圣训》有陕西"多有私贩鸦片"和"吸食鸦片"，以及鸦片"由海陆运至天津……山陕等处商贾来津销货，即带贩烟土回籍"的记载，断定"道光十一年（1831）前鸦片已经流入陕西"。[④] 这些论断表面上看都不错，实际上都不准确。其原因是，这些论断所依据的资料，或者是学者的一般性说明，或者是一种现象的记述，都不是基于全面的收集资料和研究基础上所得出的认识，因而尚不能作为研究性结论的最

[①] 苏智良：《中国毒品史》，上海人民出版社1997年版，第36页。

[②] 慕寿祺：《甘宁青史略》卷27，《中国西北文献丛书·西北史地文献》第22卷，第200页。

[③] 邵雍：《烟苗禁种与反禁种的历史考察》，《史林》2007年第6期；冼波：《烟毒的历史》，中国文史出版社2005年版，第59页。

[④] 陈陵江、赵汝城：《陕西鸦片烟祸概述》，《古今农业》1994年第1期。

终依据。另有学者认为，陕西种植罂粟的时间"至迟应在嘉庆十九年（1814）以前，……其基本目的是作为花供观赏的"。① 这一判断的依据来源于严如熤等编纂的嘉庆《汉中续修府志》之《物产·花之属》，其中对"罂粟"的描述很具体，说明陕西汉中确实在嘉庆十九年（1814）以前就有罂粟种植了。但说种植罂粟是作为花来观赏的，这未免太拘泥于志书的表面文章了。以严如熤的知府身份，在洋烟流入中国已经有了一定规模的背景下，② 他不会不知道罂粟就是鸦片的来源，志书之所以这样做（指将其编入花属目下），可能是为了掩人耳目而已。其实这样的情况，就是到了现代，有些人种了一些鸦片，被发现后依然故作"无知"地说是觉得花好看，用来观赏的。谁相信这样的鬼话！根据这样的情况，我们推断，"私贩鸦片"至迟在嘉庆十九年（1814）以前已经流入陕西等西北地区，少量的鸦片种植在这一时期就有了。

道光（1814—1850 年）以后，鸦片种植逐渐增多，在地域分布上也开始形成一定的规模。据相关资料，这一时期，陕西汉中、关中，甘肃秦州、河西地区偏东，宁夏部分地区，以及新疆局部地方等，都不同程度地种植有鸦片。如甘肃秦州，"自道光末年始有种者。至咸丰以后，吸者日多，种者亦日众，利厚工省，又不择土之肥瘠，故趋若鹜焉"。③ 又，道光时期"凉州武威，古浪所属大靖"也都有不少种植。④ 甘肃省的总体情况是，在道光十一年已有"成段地亩栽种罂粟"，⑤ 道光末年"罂粟花遍地栽植，五六月间，灿如锦绣，妇孺老稚，用铜罐竹刀，刮浆熬炼，江浙客贩，挟资云集"。⑥ 新疆的情况，道光十九年（1839）清政府连续几个

---

① 陈陵江、赵汝城：《陕西鸦片烟祸概述》，《古今农业》1994 年第 1 期。

② 郑观应说：洋烟"自嘉庆季年以迄于今，每岁有增而无减，顾烟之为害深矣"（《盛世危言》，北方妇女儿童出版社 2001 年版，第 128 页）。1820 年包世臣《庚辰杂著》记载：鸦片"始盛于闽粤，近则无处不有，即以苏州一城计，吃鸦片者不下十数万人"（见《安吴四种》第 26 卷，文海出版社有限公司 1984 年版）。

③ （清）余泽春修，王权、任其昌纂：《秦州直隶州新志》卷 3《食货》，光绪十五年刊，陇南书院藏版，第 13 页。

④ 慕寿祺：《甘宁青史略》（正编）卷 24，《中国西北文献丛书·西北史地文献》第 22 卷，第 126 页。

⑤ 《清宣宗实录》卷 189，道光十一年五月，第 986 页。

⑥ （清）张集馨：《道咸宦海见闻录》，中华书局 1981 年版，第 214 页。

月发布三道上谕,一方面要求当地禁止鸦片贩运、吸食;另一方面要求当地稽查"私行栽种"事宜。[1] 同年,政府又于喀什噶尔、叶尔羌、和阗三地分别查获烟土3536两、60000两和570两。[2] 说明以南疆为主要分布地的新疆地区也有一定的鸦片种植了。陕西在嘉庆中后期就有零星栽种,19世纪二三十年代种植已经较多了。[3] 因此,道光以前,西北五省区,除了青海没有明确的记载外,都已有不同程度的鸦片种植。不但有种植,而且在一些地方已经产生了重要的影响,如宁夏的"江浙客贩,挟资云集"即是。清政府于道光十年至二十二年(1830—1842)在全国范围内实行第一次禁烟运动,[4] 这些地方包括今西北地区,也说明当时本地区已经形成有一定规模的种植和贩运了。当然,这些种植的规模还不是很大,还谈不到对当地社会生活产生广泛而深刻的影响。

咸丰以后至同治初年,西北地区鸦片种植在原来的基础上继续扩大,特别是咸、同之交,鸦片种植迅速扩张,规模越来越大。但同治年间十余年的回民起义严重地影响了鸦片种植的规模化发展。关于咸丰以后至同治初年鸦片种植的迅速扩张,不少学者具有基本一致的认识。这其中政府层面的背景是:(1)清政府在全国范围实施的第一次禁烟运动因鸦片战争的失败而逐渐失去效力;(2)西北地区在禁烟方面没有给予应有的重视。所以当时有人说,"自咸、同以后,烟禁已宽,各省种罂粟者,连阡接畛,农家习为故常,官吏亦以倍利也而听之"。[5] 同治十一年(1872)陕甘总督左宗棠奏请严禁陕西、甘肃种植罂粟以前,西北地区的禁烟措施一直没有发挥作用,这就导致了鸦片种植规模逐渐扩大。兹录一些相关记述和研究性认识,然后再作分析。

甘肃:秦州"咸丰以后,吸者日多,种者亦日众,利厚工省,又不

---

[1] 三道上谕:《著新疆各城都统大臣等查禁鸦片兴贩吸食事上谕》《著新疆各城都统大臣等实力查禁鸦片有犯必惩事上谕》《著惠吉等随时查拿新疆各地鸦片吸食并栽种罂粟事上谕》。
[2] 王金香:《中国禁毒史》,上海人民出版社2005年版,第46页。
[3] 陈陵江、赵汝城:《陕西鸦片烟祸概述》,《古今农业》1994年第1期。
[4] 王金香:《中国禁毒史》,上海人民出版社2005年版,第36页。
[5] 中国史学会编:《鸦片战争》(一),中国近代史料丛刊,上海人民出版社1957年版,第300页。

择土之肥瘠，故趋若鹜焉"；① "咸丰时各县皆种矣"；② "1937年《民国日报》载，清咸丰时期，罂粟花满布于陕甘各县，产量日多，……1872年，有一德国人至甘肃，发现甘肃省鸦片大量输入东、西邻省，而未见其他地方输入的鸦片，这表明甘肃省已是一个产烟毒的大省。该年甘肃全省鸦片产量约为5000担"。③

陕西："19世纪60年代（咸丰十年至同治九年）陕西关中的渭南、泾阳、凤翔，陕北的宜川、延川和陕南的汉中等县，已成为著名的鸦片产区。"④ 至咸丰同治之交，罂粟花已遍布陕西各县，产量日多，质品亦佳。⑤ "自回匪（指同治年间的陕甘回民起义）削平以后，种烟者多。秦川八百里，渭水贯其中央，渭南地尤肥饶，近亦遍地罂粟。"⑥

上引资料或研究性叙述，除了《秦州直隶州新志》和曾国荃《疏》属于光绪时期的记述外，其他，或为民国时期的一般性记述，或者是根据光绪时期资料的推测性叙述，或者是沿袭前人成说的一般性说法，几乎都没有直接的种植资料依据。因此，关于这一时期鸦片种植的具体情况就难以确知，对这些说法也不能全然轻信。就总的情况而言，根据当时人的认识："自咸、同以后，烟禁已宽，各省种罂粟者，连阡接畛，农家习为故常，官吏亦以倍利也而听之。"⑦ 我们推测，这一时期西北地区鸦片种植的规模确实在原有基础上有所扩大。《秦州直隶州新志》和曾国荃《疏》，以及同治十一年（1872）陕甘总督左宗棠奏请严禁陕西、甘肃种植罂粟事，也可以在一定程度上加以直接或间接性的证明。不过，这样的增长或扩大可能没有维持多久，陕甘回民起义就发生了。此次起义历时十余年，

---

① （清）余泽春修，王权、任其昌纂：《秦州直隶州新志》卷3《食货》，光绪十五年刊，陇南书院藏版，第13页。
② 慕寿祺：《甘宁青史略》（正编）卷24，《中国西北文献丛书·西北史地文献》第22卷，第126页。
③ 冼波：《烟毒的历史》，中国文史出版社2005年版，第59页。
④ 李庆东：《解放前烟毒祸害陕概况及其原因》，《近代中国烟毒写真》下卷，河北人民出版社1997年版，第476页。
⑤ 邵雍：《烟苗禁种与反禁种的历史考察》，《史林》2007年第6期。
⑥ （清）曾国荃：《申明栽种罂粟旧禁疏》，《曾忠襄公奏议》卷8，中国近代史料丛刊第四十四辑，文海出版社有限公司1966年版，第735页。
⑦ 中国史学会编：《鸦片战争》（一），中国近代史料丛刊，第300页。

战场波及西北五省区，尤以陕甘宁青四省区影响最大。这一点，黄正林教授在《同治回民事变后黄河上游区域的人口与社会经济》一文中有过比较详细的论述。① 如果仅就甘肃人口一项而言，同治乱后，甘肃人口由嘉庆末年的1500余万人减少到只有350万人左右，净损耗了1100多万人，也就是说有77%的人口在这次大动荡中损失了。② 至于陕西，虽不比甘肃破坏的那么严重，但从陕北、关中到陕南实际上都遭到了极大的重创。特别是关中地区，同治元年（1862）十二月初三夜，泾阳县城被回民义军攻克，"绅商民勇十万余，逃出者二三百名，余尽殉城死，城中火光，五日始息"。③ 当时，东自同州府，西到凤翔府，几乎所有府州县都遭到了不同程度的打击，人口大量死亡，有的地方人口逃亡严重，社会经济遭到极大的重创。在这样的背景下，西北地区的鸦片种植不能说没有，但如何能有较大规模性的发展？上引曾国荃奏疏中说，"自回匪（指同治年间的陕甘回民起义）削平以后，种烟者多"，应该是符合客观实际的认识。顺着这样的情况，大约至同治末年以后，鸦片种植才又比较普遍地发展起来，到光绪年间及其以后才开始形成较为普遍的规模性发展。

关于光绪以后鸦片种植的规模性发展，资料记述相对而言比较具体。如上文引曾国荃于光绪四年（1878）《疏》中说，陕西关中"秦川八百里，渭水贯其中央，渭南地尤肥饶，近亦遍地罂粟"。其他如扶风县："扶人近日狃于烟土之利，罂粟之种几于比户皆然。流及邑中，老幼男女皆陷溺于毒涎，是可悲矣。"④ "近时乃有烟土，长夏之初，北直大贾辇金西来，且置庄收买，岁抽釐金钱二万缗，即附近旁县，亦或趁此以销其货。"⑤ 华州："罂粟之利视蓝、棉、烟草尤厚。"⑥ "雅片（鸦片）一宗，远及山西、河南、直隶、山东，每岁以巨万计。" "大率以鸦片辗转相贸，

---

① 黄正林：《同治回民事变后黄河上游区域的人口与社会经济》，《史学月刊》2008年第10期。
② 石志新：《清末甘肃地区经济凋敝和人口锐减》，《中国经济史研究》2000年第2期。
③ 《续修陕西通志稿》卷173《纪事七》，《中国西北文献丛书·西北稀见方志文献》第10卷，第48页。
④ 《扶风县乡土志》卷2《物产》，光绪三十二年抄本影印本。
⑤ 《扶风县乡土志》卷2《商务》，光绪三十二年抄本影印本。。
⑥ 《华州乡土志·物产》，民国燕京大学图书馆重印铅字本。

然则华之民仰食于鸦片者，殆十室而五六。"① 武功：物产"鸦片为大宗"。"所产之物，鸦片一宗由客商转运，在本省、河南、山西、直隶等处，每岁销行约壹百伍陆拾万两。"② 兴平："土药，本地所出，自用外销售于山东、河南、直隶诸省约三百万两。"③ 留坝厅："鸦片，自甘肃秦州暨凤翔、汉中各府属输入厅属各区，每年一千余斤。"④ 南郑："本境输出天然货物以土药为大宗。""土药岁约数百万斤。由水运行销湖北、江西等省；由陆运行销四川、重庆、保宁等处。"⑤ 另有清人记述说，陕南地区以汉中所产鸦片为最多，兴安较少，年销售山西、河南、湖北等地，光绪二十九年（1903）十月至三十年（1904）九月为753448两，三十年十月至三十一年（1905）九月为1098071两，三十一年十月至三十二年（1906）八月为620499两。⑥ 而陕西全省至光绪三十二年（1906）种植鸦片已经达到"五十三万一千九百九十余亩"。⑦ 据此，可以说光绪时期陕西关中、陕南地区鸦片种植比较普遍，并在各自地域形成相当规模化的种植了。宣统二年（1910）陕西巡抚恩寿在一份奏折中说："陕省种烟地亩约在五十三万余亩，自奉禁令，按年递减，至元年（1909）春间，调查烟民，已减种二十万亩有余。"⑧ 则直到宣统末年，陕西地区鸦片种植大概还有30多万亩，而这些地方主要分布在关中和陕南一带。

甘肃地区：鸦片种植亦遍及各地，尤以兰州、河西、甘南等地为多。光绪末年芬兰籍人马达汉说："在贫穷、农耕面积小的甘肃省，……鸦片和水烟是全省主要输出商品，而且按价值计算，鸦片大概占全部输出商品的一半。全省每年的税收总额约为250万—350万两，而鸦片一项每年进

---

① 《华州乡土志·商务》，民国燕京大学图书馆重印铅字本。
② 《武功县乡土志》，《陕西省图书馆藏稀见方志丛刊》第5册，第654、656页。
③ 《兴平县乡土志·商务》，成文出版社有限公司1969年版。
④ 《留坝乡土志·商务》，《陕西省图书馆藏稀见方志丛刊》第15册，第175页。
⑤ 《南郑乡土志·商务》，《陕西省图书馆藏稀见方志丛刊》第14册，第551页。
⑥ （清）仇继恒：《陕境汉江流域贸易稽核表》卷下《出境货物表》，《中国西北文献丛书·西北稀见丛书文献》第9卷，第40—41页。
⑦ 《续修陕西通志稿》卷35《征榷》，《中国西北文献丛书·西北稀见方志文献》第7卷，第132页。
⑧ 《宣统政纪》卷41，宣统二年八月庚子，《近代中国史料丛刊》（三编）第18辑，台北文海出版社1985年版，第33—34页。

项就达 70 万—100 万两"。……许多地方，大片土地用来种植罂粟，居民每年不得不购买粮食"。兰州"主要输出皮革、鸦片和水烟。""兰州最肥沃的土地种植罂粟和水烟。由于这两种植物的收入很高，种植面积不断扩大，这就损害了其他粮食作物的耕种，造成粮食生产不能满足居民生活所需。"凉州"贸易活跃。当地特产中，靛蓝和鸦片输往外地"。① 有学者根据光绪二十七年（1901）档册以为，当时兰州、巩昌、平凉、庆阳、甘州、凉州、宁夏和西宁八府，以及秦、阶、泾、肃、安西和固原六直隶州，共种植鸦片 305866 亩。② 宣统元年（1909）宁夏将军台布上奏说，"该省种烟最多，尚无禁种消息，官员、百姓家家烟火，彻夜开灯"。③ 这里所说的"该省"，指的就是甘肃省，所谓"种烟最多"，并不是就统计意义上说的，而是一种直觉意义上说的，实际上并非如此。因为据当时禁烟调查资料，陕西鸦片产额是 10779 担，甘肃 6403 担，新疆 166 担。④ 那么在当时的西北地区，陕西省是鸦片种植和税收最多的省份，甘肃省位居其次。虽然如此，我们依然可以断定：至光绪、宣统二朝，甘肃鸦片种植已经有了较大规模的发展，鸦片种植基本上覆盖全省，并且已经形成了规模化的种植和经营。

新疆地区：也已经形成区域性和规模性种植。据新疆巡抚联魁讲："本省产烟之区，南路喀什道属较少，阿克苏道属库车、乌什、轮台、柯坪为多。北路伊塔道属之塔城、宁远、绥定、精河俱有烟地，而以镇迪道属之奇台、孚远、绥来、昌吉、呼图壁为最多。各属种户多系土著，奇台、绥来则多关内客民租种，来去无定。"⑤ 若此，南部种植主要分布于天山北路喀什以东塔里木河沿岸的一些地区；北部种植则主要分布于塔城、伊犁河谷地和乌鲁木齐周边地带。另外，北至阿尔泰，南至喀什一些汉人居住的地方也有少量种植。

---

① ［芬兰］马达汉：《马达汉中国西部考察调研报告合集》，阿拉腾奥其尔、王家骥译，新疆人民出版社 2009 年版，第 143、48、49、45 页。
② 尚季芳：《民国时期甘肃毒品危害与禁毒研究》，人民出版社 2010 年版，第 16 页。
③ 《清朝续文献通考》卷 52《征榷二十四》，浙江古籍出版社 2000 年版，第 8071 页。
④ 《清朝续文献通考》卷 55《征榷二十七》，第 8104 页。
⑤ 同上书，第 8100 页。

（二）民国时期鸦片种植的延续和发展

1912年大清王朝灭亡以后，中国社会进入历史学家所称的民国时期（1912—1949年）。这一时期虽然前后仅有38年时间，却是中国历史时期以来最后一个非常动荡和"分裂"的时期，同时也是古代社会向近代社会转型的重要时期。其主要特征：（1）政治秩序无定，社会动荡起伏。先有北洋政府执政（1912—1928年），后有国民政府执政（1928—1948年）；地方军阀势力割据称雄，诸种势力之间力量分散、聚合不已，战争连绵不断。（2）工农革命力量迅猛兴起，并在中国共产党领导下如火如荼的发展。（3）日本发动全面侵华战争，中国全民抗战运动兴起（1937—1945年）。（4）抗战胜利后，国、共两党于各条战线展开三年内战（1946—1949年）。（5）社会经济发展极不平衡，发展水平也极其落后。有的地方，如在共产党领导下的"根据地"或"边区"有较好的发展，有的地方社会生产力极其低下，民生凋敝，官匪横行，人民生活极其艰难困苦。顾颉刚先生于1931年春天游历了河北、河南、陕西、山东四省，谈其观感说："这次旅行，所见的古迹残毁的情状，固然大可伤心，但真正最伤心的倒不是这些，而是国计民生的愁惨暗淡的实况。……内地民众则还过着纪元前20世纪的生活，除了一把切菜刀是铁器时代的东西之外，其他差不多全是石器时代的。……"① 这些话语虽然说的有些动情和夸张，但绝不是随意乱说，亦可见当时中原地区民生凋敝的状况确实非常严重。而西北地区与之相比，总体上只能说是有过之而无不及。（6）进入民国以来，政府即继晚清以来禁烟活动的主流，大力倡导并通过各种法令严禁鸦片种植，但因地方势力的利益和需求，禁烟活动时断时续，或明禁而暗驰，甚至还有地方军阀的支持或强迫，所以鸦片种植和贩运并没有停止，不但没有停止，有的地方种植规模还不断扩大。

在此政治、社会背景下，西北地区的鸦片种植总体上延续了晚清时期的发展趋势。当然，从时间上来说，则主要集中于抗日战争爆发（1937）以前。1935年以后，政府实行"六年禁烟计划"，鸦片种植大幅度减少，甚至在一些地方被禁绝。这一时期，甘肃省的鸦片种植规模已经赶上陕

---

① 顾颉刚：《顾颉刚自传》，北京大学出版社2012年版，第70页。

第七章 西北鸦片种植与城镇、市场的畸形变化 / 215

西，并发展成为西北地区与陕西省种植面积相当的省份。关于甘肃省鸦片种植的情况，尚季芳有过相当全面、深入的研究，根据他所依据的《甘肃省种烟亩数及产烟额统计表》（1934年1月）提供的数据，1934年以前，甘肃鸦片种植分布于皋兰、榆中、会宁、景泰、靖远、临夏、永靖、临洮、洮沙、陇西、漳县、岷县、定西、通渭、渭源、天水、秦安、清水、礼县、西和、两当、武山、甘谷、化平、泾川、灵台、华亭、崇信、宁县、正宁、静宁、庄浪、隆德、固原、海原、庆阳、镇原、武威、张掖、永昌、民勤、古浪、永登、高台、临泽、民乐、山丹、徽县、成县、文县、武都、平凉、酒泉、金塔、安西、玉门、敦煌57个县，其余宁定、和政、临潭、合水、环县、西固、鼎新7个县属于鸦片种植"禁绝区域"。这样，鸦片种植县约占全部县份的89%，种植面积达493315亩。① 这一数字较光绪二十七年（1901）种植鸦片305866亩多出187449亩，亦即多出几乎19万亩。由于有7个县属于鸦片种植"禁绝区域"，则在此以前它们也属于鸦片种植县。因此我们估计二三十年代某个时期甘肃全省每个县都有鸦片种植，种植面积远大于50万亩。如果按每县种植面积的多少分为四个等级的话，5万亩以上或接近5万亩的县有武威（83333亩）、张掖（46666亩）、靖远（53333亩）三县，属于第一等级，其种植面积分别是以下三个等级诸县的2倍、3倍以至数十倍。因此，这里是县域种植最密集的地区。第二个等级是2万亩以上3万亩以下的县，分别有皋兰、榆中、陇西、永登、徽县、成县6个县。而1万亩以上的县有洮沙、秦安、武山、甘谷、古浪5个县。其余43个县种植面积都在1万亩以下，总体上属于稀疏种植区。另外，从1934年《北平晨报》提供的数据来看，"甘省年产烟土一千五百二十余万两，产烟土地方共五十五县，不种烟土者仅九县"。② 这和尚季芳根据《甘肃省种烟亩数及产烟额统计表》（1934年1月）提供的年产烟土14800000两，以及根据1934年4月《甘肃民国日报》提供的17236575两，③ 虽然略有出入，但差距不太大，因而总体上能够反映当时甘肃鸦片种植产量程度。

---

① 尚季芳：《民国时期甘肃毒品危害与禁毒研究》，第29—30页"表"。
② 《甘肃鸦片产量惊人》，《西北春秋》1934年第4期。
③ 尚季芳：《民国时期甘肃毒品危害与禁毒研究》，第31页"表"。

陕西地区在民国第一个十年的后期鸦片种植日渐普遍，在一定程度上日渐恢复到晚清时期的状况。据陈陵江、赵汝城20世纪90年代的研究，二三十年代，关中、陕南、陕北主要县地都有大量的鸦片种植，种烟亩数最高者占地90%，最低者占地30%。全省种烟亩数，1935年许涤新估计约为175万亩，1936年徐正学估计为56000亩，这些估计都不是建立在统计数字基础上的科学估计，而是人为因素或者依据不合理的烟税征款估算的结果，因而或者太大，或者太小，总体上都不可信。① 又据褚宸舸研究，1933年邵力子主政陕西（1933—1936年）后大力实行禁烟，第一期计划有57个县，第二期有16个县，第三期缓禁县有19个。② 则陕西全省各县地都不同程度地种植有鸦片。其种植面积，据1935年禁烟专员统计，全省烟田面积55万亩。③ 如果这一统计数字比较可信的话，那么，当时陕西省鸦片种植的绝对面积要略高于甘肃省，实际上这一数字也较清末陕西种植鸦片面积53万多亩要略高，所以有学者称"罂粟种植面积在民国时期还是比清朝末年多"，④ 这种说法应该是对的。这种变化体现了民国时期陕西省的鸦片种植比晚清时期还是略有发展。

不论是甘肃省的50万亩，还是陕西省的55万亩，实际上所占各自省份田亩的百分比都是很有限的，因而不宜较多地夸大这方面的内容。按1934年3月21日上海《申报》发表的西北田亩数据，甘肃省田亩数是13510000亩，陕西省田亩数是33496000亩。⑤ 则鸦片种植田亩数分别占到各自田亩数的3.7%和1.64%，这和当时有些人认为陕西省"植烟区为全省耕地面积的75%"⑥ 相差有46倍之多。对此，我们认为，后者是一个记者针对其沿途旅行的观察和估计，带有很大的主观性和某种意义上的夸张，也和交通沿线一带鸦片种植分布较为密集的现实情况有关，所以他

---

① 陈陵江、赵汝城：《陕西鸦片烟祸概述》，《古今农业》1994年第1期。
② 褚宸舸：《中华民国时期西北地区的禁烟与禁政》，《福建公安高等专科学校学报》2000年第5期。
③ 转引自褚宸舸《中华民国时期西北地区的禁烟与禁政》，《福建公安高等专科学校学报》2000年第5期。
④ 陈陵江、赵汝城：《陕西鸦片烟祸概述》，《古今农业》1994年第1期。
⑤ 《西北田亩农民统计》（三月二十一日上海《申报》发表），《西北春秋》1934年第4期。
⑥ 范长江：《中国的西北角》，新华出版社1980年版，第67页。

可能以偏概全,遂有此离谱的错误估计。如果结合二十年代陕西地区农民运动的资料看,虽然也有"严禁烟赌决议案",但在这方面的资料涉及极少,或者它只是日常生活中不大受关注的一部分。① 这种情况亦可反证当时鸦片种植区面积不可能占到全省耕地面积的75%。至于有些书上说,"陕西各县种烟亩数,最高者占地百分之九十,最低者百分之三十"。② 也是就个别地方的以偏概全的说法,实际上全省的情况并非如此。宁夏的情况,有统计说民国二十二年(1934)出口烟土额为"三百万两,价值二百四十万元",③ 又有说当时宁夏是"十万亩大烟,十万支(烟)枪"。即便按10万亩算,当时宁夏田亩数是2004000亩,④ 那么10万亩也仅占到全部田亩数的4.99%。因此,对当时的考察资料要做科学的分析和利用,不要因为鸦片是毒品,就对因禁毒宣传的迫切要求而片面或夸大性描述或就估计的资料不加分析的信以为真。新疆和青海在民国时期的鸦片种植分别主要分布于湟水流域和南北疆传统的种植区域,由于地方政府着力禁烟,种烟面积和规模都有限,此处不再赘述。

总之,晚清以降的鸦片贸易和种植虽然是在西方资本主义殖民和开拓国外市场背景下催生的,实际上也是一千多年来中国社会直到晚清社会转型过程中才首次发现的商品性"经济作物"。由于它需求量大,又能赚钱,一时间农民、商人等趋之若鹜,很快地形成了大面积的种植和贩运。从商品经济本身的发展和要求看,这是一种正常的选择,所以也曾得到林则徐、李鸿章等的认同,甚至政府一度在税收原则下加以认同和支持。但从国家、国民社会发展的层面看,因为它是毒品,是从根本上损害国民的健康,所以这又是一种错误的选择,对此,国家、国民被损害而付出了巨大的代价。正是这种两重性,导致了一百多年间中央政府、地方政府和农民种植之间在禁种、弛禁、税收、强迫等方面矛盾、妥协、怂恿等现状,

---

① 参见中共陕西省委党史资料征集研究委员会编《大革命时期的陕西地区农民运动》,1985年印制。
② 许涤新:《捐税繁重与农村经济之没落》,载钱亦石等编《中国农村问题》,新中华丛书·社会科学集刊之一,上海中华书局印行1935年版,第60页。
③ 胡平生:《民国时期的宁夏省》(1929—1949),台湾学生书局1988年版,第263页。
④ 《西北田亩农民统计》(三月二十一日上海《申报》发表),《西北春秋》1934年第4期。

以至于鸦片种植在扑朔迷离中持续了一百多年。鸦片的规模性种植和贸易对地方社会产生了多方面的影响。

二 鸦片种植区城镇的畸形变化

在传统农业社会，每一种重要的商品性经济作物的发现和大面积种植、利用、运销都对各级集散城镇产生着重大的影响。如元明清以来的蚕桑业、植棉业等，都直接或间接地影响了区域城镇商贸经济的发展，在一定程度上促进了城市经济活动的兴盛和繁荣。在近代，作为西北地区重要的商品性经济作物，鸦片种植持续了一百余年，如上文所述，在清末和民国中前期规模化种植的面积又如此之大，自然在贸易、消费等方面造成城镇一定程度的繁荣。

最初，鸦片是以外部输入的方式进入西北地区的。主要来自四个方向：一是南部印度、云南，分别通过南疆进入新疆，通过四川进入甘肃、陕西汉中、关中等地；二是广州等东南沿海一带洋烟通过武汉沿汉江北上进入陕西；三是东南沿海诸城市洋烟通过黄河一线西上进入陕西等西北地区；四是通过天津、北京等地，经北路京西大道进入大同、宁夏，以至西北其他地方。或通过河北、山西，沿传统官道进入陕西等西部地区。后来，随着当地鸦片种植业的兴起，本地烟土很快占据了当地市场的主体地位，虽然还有一些外烟的贸贩没有停止，甚至俄国的洋烟也曾进入北疆市场。不论是输入还是后来的输出，作为一种新兴的商品或商品资源，通过这一过程必然激活相对沉闷的传统市场，增强城镇的流动性和消费性增长，进而促进城镇与市场的活跃。

（1）大面积的鸦片种植吸引了不少外域贩运商进入西北地区，进而带动了本地贩运商的发展，在一定程度上促进了社会成员的流动和商品的流通。如前文引述的光绪时期陕西扶风县，"长夏之初，北直大贾辇金西来，且置庄收买，岁抽釐金钱二万缗，即附近旁县，亦或趁此以销其货"。[①] 道光末年，宁夏"罂粟花遍地栽植，五六月间，灿如锦绣，妇孺

[①] 《扶风县乡土志》卷2《商务》，光绪三十二年抄本影印本。

老稚，用铜罐竹刀，刮浆熬炼，江浙客贩，挟资云集"。① 这里所说的"北直大贾"，就是北京、直隶省一带的富商大贾，他们带着大量的现金西来，于当地"置庄收买"鸦片。"江浙客贩，挟资云集"，自然是江浙一带的富商大贾。这些外商一般以"置庄"的形式在当地收购，也有一些依托和通过当地的"烟行"来收购。不论是"烟庄"还是"烟行"，一般都设在县城，也有一些设在市镇，这就促进了大量鸦片向地方城镇的集聚，并通过这些集聚中心再向外流通。文献记载：陕西华州"雅片（鸦片）一宗，远及山西、河南、直隶、山东，每岁以巨万计"。② 武功"所产之物，鸦片一宗由客商转运，在本省、河南、山西、直隶等处，每岁销行约壹百伍陆拾万两"。③ 兴平"自用外，销售于山东、河南、直隶诸省约三百万两"。④ 不论是域外商还是本地商，不论是收烟还是贩烟，大多数商人一开始运作都不同程度地要经过这一过程。如果说当时一些地方是"罂粟之种几于比户皆然"的话，那么，这就意味着几乎所有的民户都不同程度地参与到鸦片这种商品的交换和流通当中。这一现象是几千年来中国古代社会所不曾有过的，其影响于社会的最重要的恐怕是商品性经济种植意识的唤醒，特别是对几千年来一直以种粮纳税为主导意识的传统农民来讲，似乎显得尤为重要。难怪在长期的禁烟运动中，有相当一部分农民是不愿意放弃鸦片种植，甚至还与政府发生一定的反抗性冲突。⑤

（2）社会成员的城镇流动是城镇经济发展的重要条件。这一时期，因鸦片而造成的域内外商人及其相关人员的社会流动，特别是向各级城镇鸦片市场的流动，必然增强城镇的消费需求，从而带动相关行业的增长。外商来了要居住，增加了旅店业的需求。内、外商人都要吃饭，增加了饮食业的需求。鸦片种植农户要入城销售烟土，除了吃饭以外，还要购买或

---

① （清）张集馨：《道咸宦海见闻录》，第 214 页。
② 《华州乡土志·商务》，民国燕京大学图书馆重印铅字本。
③ 《武功县乡土志》，《陕西省图书馆藏稀见方志丛刊》第 5 册，第 654、656 页。
④ 《兴平县乡土志·商务》，成文出版社有限公司 1969 年版。
⑤ 参见邵雍《清末烟苗禁种与反禁种的历史考察》，《史林》2007 年第 6 期。

消费一些其他的生活用品。这样,传统城镇主要以服务于城镇官僚、士绅[1]和手工业、商业住户外,也扩大到对这些流动人口的服务。事实上,每年收烟季节(农历约八九月),鸦片种植区的各级城镇会向较为繁盛的一些市镇的集市一样,人山人海,分外的热闹,从而使这里的城镇季节性地呈现出一派繁荣的景观。如靖远县,在鸦片收割季节,"因收割时间紧迫,多有雇短工者,农村出现了临时的人市。远来的劳力,清早集中在桥头或庙门,地户需要短工的到那里去叫。工资是有行市的,不用商量,用几个人就叫几个人。大的地户种百八十亩的要叫几十人短工,除管饭外,工资是付钱,无钱也可以大烟支付"。大烟收割时,"远近土客接踵而来,东路来客最多,兑来大批现金,坐地收购。庄客多半集中在县城西关,小贩和农民以烟求售,有牙纪行,名曰'土店'。这样的土店不知有多少家,每一庄客,起码都收购万八千两。西关大街拥挤得摩肩接踵。有很多巨商在靖远作汇兑,兰州的万顺成就在靖远设有分号。"[2] 古浪县,"全县山川曾广种鸦片,每当收烟季节,商户云集近千家,或坐地收购,或长途贩运,鼎盛一时"。[3]

(3)鸦片的种植与贸易,在一定程度上增加了鸦片种植户的现金收入,进而在一定程度上提高了农民的市场购买力,促进了区域性消费市场的活跃。与传统市场的情况相比较,过去剩余粮食、农副土特产和家庭副业(牛、羊、猪、鸡等)是农民通过市场换取金钱的基本形式和内容,在长期的社会运行过程中,这样的收入往往是有限的,也是较为稳定的。由此决定其市场购买力较为低下,除个别交通中心城镇外,大部分县级以下城镇市场局限于这种结构性制约之中,甚至在市场交易中,还有相当一部分商品是通过以物易物的形式实现的,农民的现金收入相当有限。鸦片种植及其销售,因为消费者、贩运者多是官僚、士绅和商人等有钱阶级,这就使得农民通过该商品而从他们那里"挣得"一些金钱,从而使得高度集中的金钱占有在一定程度上实现了重新分配,并因此而有限地转移一

---

[1] 费孝通:《中国士绅》,赵旭东、秦志杰译,生活·读书·新知三联书店 2009 年版,第 79—84 页。
[2] 张慎微:《靖远的烟场》,载《近代中国烟毒写真》下卷,第 574—575 页。
[3] 古浪县志编纂委员会:《古浪县志》,甘肃文化出版社 1996 年版,第 561 页。

些到更需要它的农民手里。据说：当地人讲，"'听说种烟，满街银元都多了'……西至甘、凉，东至平、固，南至徽、成，北至沙漠，甚至天津、上海、西安、成都，都有商人兑到大批现金到这里投资。当然银元会多起来"。① 因为鸦片种植较为普遍，大量的外来资金投入这里，有一部分转化为种植农户的收入，农民们又将这些收入的一部分不同程度地投向市场。由此在内外两种资金力量的推动下，自然会促进市场的发展。这种情况和以往相比，显然是一个很大的变化。

（4）鸦片的种植和贸易促进了地方城镇和社会的畸形繁荣和发展。"社会繁荣"是一个很模糊的概念，也是一个相对的概念。一般而言，它相对于农业结构背景下常态化的城乡经济活动和社会文化活动的表现而言，并且是由于某些特殊的时间如集期、年关，或因为某些特殊的影响因素而造成。这些特殊的影响因素可以是长期的和平环境，也可以是某项相关的经济改革，也可以是某些重要的商品贸易活动。在近代的西北地区，鸦片作为一种大规模种植的商品性经济作物，自然就是促进城镇繁荣的重要因素。围绕鸦片的征收、贸易和消费等活动，实际上就形成了促进地方城镇和社会繁荣的重要动力。

就城镇而言，鸦片消费造成不少城镇兴起了数量可观的"烟馆""膏店"或"烟土行"。据尚季芳根据当时档案材料所提供的甘肃省的数据，1939年的时候，兰州城有营业执照的土膏店就有275家，另外尚有45家没有执照的土膏店，二者合计有320家。而其他各县的土膏店：靖远5家，陇西108家，张掖90家，天水烟土行店4家、膏店133家，泾川40家，平凉3家。② 又有说，民国前期天水城有烟馆二十七八家，民国十九年（1930）川军进入天水后，又增加了三四十家烟馆，③ 总共合计有60余家烟馆。1931年顾颉刚先生谈其考察河北、河南、陕西和山东四省的感想时曾说，"鸦片、白面的流行，普遍的像水银泻地一样。我到一个小县城里，只有200家铺子，烟馆倒占了40家，其数量远超过米店"。④ 由

---

① 魏晋：《兰州春秋》，甘肃人民出版社2002年版，第127页。
② 尚季芳：《民国时期甘肃毒品危害与禁毒研究》，第139、136—137页。
③ 窦建孝：《天水鸦片流毒见闻》，载《近代中国烟毒写真》下卷，第567页。
④ 顾颉刚：《顾颉刚自传》，第71页。

此可见，甘肃如此，其他各省区也与此差相仿佛。不过，从店面增长的绝对意义上讲，这是城镇发展和繁荣的基本表现。与此相应，在收割鸦片、收购鸦片、贩运鸦片、消费鸦片等众多活动环节的共同作用下，各种行业都在发展。如靖远县：酒馆子增添了不少家，各地口味齐全；邮政代办所业务增加了，并改为三等邮局；电报业务增加了；出租房屋增加了；三原大布、京广洋货、陇南山货，有的堆积如山，应有尽有。其他各种割烟工具——刀子、扳子、收烟罐子、大碗小碗、大缸小缸，无所不有。不少行业的小手工业者从事或改作从事与此有关的制作，如铜匠、铁匠，棺材匠、家用木匠改做装运大烟的大木箱。各地烟具云集，像广东灯罩子，太谷大烟灯、灰盅、挖刀、钢钎、对口、杆子、烟斗、葫芦、熬烟锅子、过烟笆子，等等一应俱全。① 又有记载说："靖远从前是全省的五等县，烟禁一开，变成一等县了。县城过去仅有一个小邮局提升成三等邮局了，因为天津、北京的京货邮包、信件汇兑大量增加。为了需要，还成立了一个电报局，百货税局的税也大为增多了。兰州的戏班子三五联袂而来，最多的时候有七班子戏在上演，经常满座；妓女由无而有，由少而多，有一个时期听说增到几十家，妓女竟在100人以上；大小酒馆林立，卖油茶、卤鸡、烧饼、油条等小吃的，夜半灯烛照耀。当割烟的时候，和尚、道士不远千里而来化缘。卖武、耍猴、马戏团络绎不绝。当时最时兴的日用品，例如化妆品、生发油、花露水、丝织袜子、天津礼服呢的妇女尖脚鞋等都是普通货。城镇街道上京货摊子排比拥挤，五光十色。印花布、细布、斜布、绸绸缎缎、零星玩艺，应有尽有。"②

这时因为鸦片种植收割与贸贩，竟然还因此而形成有"烟会"，或者叫"烟场"。本来在西北各地传统上有"集会""庙会"，但在这一特殊环境下，竟也形成了"烟会"。它一般在市镇、集市等商贸中心进行，届时（收烟季节），"城市大量无业贫民和苦力劳动者，都到农村赶烟会打短工。小商小贩也备齐农村所需各样货物，到乡下烟场换烟土。城里唱戏的、说书的、算卦的、装水烟的、打'泥娃倒'的、'打砧扳子'的等等，也都纷纷下乡赶烟场。尤其唱秦腔的鸿盛社戏班子，这时也下乡演

---

① 参见魏晋《兰州春秋》，第130—131页。
② 张慎微：《靖远的烟场》，载《近代中国烟毒写真》下卷，第574页。

出,他们晚上演大戏,白天化整为零深入田间地头,吹吹拉拉,清唱几段讨点烟吃。县政府的官差衙役也趁此下乡,勒收亩捐借机发财,真是五花八门无奇不有"。①

总之,由于商品性经济作物鸦片的大量种植及其销售、贩运等活动,晚清至民国时期西北地区城乡普遍出现商业经济活动的活跃,并进而带动了其他相关行业包括社会娱乐行业的兴盛。但由于商品比较单一,且每年一度的收烟、售烟和集中消费的季节性较强,这样的兴盛带有很强的季节性。随着烟商的大规模离开和各种与割烟有关的劳动力的撤离,各级城镇又往往恢复到往日的平静。有人认为这种现象是城镇的萧条或"冷落",其实这是一种正常的现象,不能因此并带着强烈的价值观倾向错误地认为这是鸦片种植带来的祸害。实际上,这是这一商品性经济作物所带来的社会改变,是改变了或正在改变着西北地方城乡社会转型和变化的重要推动力量。所以各种力量在屡屡禁止鸦片种植的情况下,鸦片却屡禁不止,而老百姓也多对此趋之若鹜。但鸦片毕竟是一种毒品,不论其主要的消费群体是本地人还是外地人,不论是有钱阶级还是普通的民众,实际上从长远的利益来讲,对国民,对社会,乃至于对整个国家的长远发展都造成了巨大的损害。所以,不论是政府层面的"开禁"、征税,还是老百姓的积极从事种植,实际上都是一种被历史所证明的错误选择。这种选择是中国社会转型过程中的一种错误选择,是中国社会在由传统农业经济转向商品经济过程中,为追求利益最大化,而又没有一个很好的选择目标的前提下而做出的错误选择和实践,为此国人付出了巨大而沉重的代价。假如我们的国家和政府能够沿着这个思路,在社会近代化转型过程中自觉地实现农业结构调整,正确地引导农民、农村参与到商品经济的发展中去,那么,我国农业的商品经济化进程或可提前七八十年,我们的社会也将是另一种样子。但不幸的是,我们遇到并选择了这样一个"怪物",我们因此而得到了两方面的回报,而后者从长远来讲似乎更为可怕,它使我们背上了"东亚病夫"的恶号,也伴随着广阔的社会变革而被总体上遗弃,特别是它所反映的符合历史潮流的转型精神和经济商品化精神的被遗弃,则又是一种被延

---

① 窦建孝:《天水鸦片流毒见闻》,载《近代中国烟毒写真》下卷,第565页。

缓的历史认识上的可悲！我们应当汲取这一教训，我们应当客观地看待这段历史，看到鸦片种植及其贩运、消费背后所反映的商品性经营的意识及其意义，这才符合历史的辩证法。

第 八 章

同治"回变"与陕甘城镇、市场的衰变

历史上的每一次战乱都不同程度地影响了所在地区社会经济和文化的发展,尤其是一些持续时间较长、波及范围广的战乱,对区域人口、社会经济的消极影响更为深重。这其中除了对人力资源和社会劳动生产力的破坏以外,战乱对长期以来地方社会所积累的物质文明成果的破坏更是难以估量的。我们且不论其交战双方的道义与否,也不论各自的是与非,满目疮痍,十室九空的社会"现实"总是屡屡见诸时人记载,这样的现象确是客观存在的。同治年间发生的陕甘回民起义,从同治元年(1862)到光绪三年(1877),历时十五年之久,战乱所波及的地方包括今陕西、甘肃、青海、宁夏、新疆等西北五省的不少地区。在这一过程中,不少地方固有的社会经济秩序被打破,地方人口、经济和文化发展遭受了二百年来前所未有的巨大影响。而城镇和市场作为"回变"中重点的打击对象之一,更是多遭重创,甚至完全改变。有鉴于此,下面就陕西和甘肃两省城镇和市场在这一时期的破坏情况加以说明,借以明了西北城镇艰难发展过程中的一段曲折。

一 "回变"过程中的人口损耗

同治元年(1862)五月"回变"发生,最初由华州、渭南、大荔等州县而起,随后波及渭河南北大部分州县,至八月,除陕北榆林、延安和凤翔府外,关中中东部几乎所有州县都不同程度地发生有流血杀戮事件。

当年六月的一份奏折称,"渭河以北汉村二百有余被回民焚杀几尽,死者十余万人","渭河一带村镇俱成焦土"。①七月都察院的一份奏折说,"西安府之临潼、富平、醴泉、耀州、高陵、三原、咸阳、泾阳、咸宁、长安,同州府属之华州、华阳、朝邑、澄城、蒲城等州县,均遭蹂躏,惨杀数十万之多"。②这些杀戮、焚烧之词虽然不乏夸大之嫌,但也在很大程度上说明"回变"的影响巨大。到了同治三年(1864),回民主要力量陆续转入甘肃、宁夏,进而向西,至光绪初年方告平定。由于变乱以回、汉"仇杀"而起,在随后的过程中"仇杀"的特征也甚为显著,所以人口损耗严重。

关于此次"回变"中的人口损失,学界早有关注和研究,有人据官方统计认为,咸丰十一年(1861)陕西在籍人口为1197.3万人。③也有人认为,这一年陕西人口为1366.2万人。在同治初年开始的回、汉冲突及以后的回民与清政府军队的战争中,关中人口损失了大约45.8%,关中以西地区大约为23.3%,陕南地区大约为26%,陕北地区情况不明。④其中损失最大的是关中中东部地区,人口损失近乎一半,而关中西部和陕南地区损失四分之一左右。

表8—1　　　　同治陕甘"回变"前后陕西府、州人口　　　　单位:万

府　州	1861年	1867年	1876年
西安府	335.7	144.4	150.3
同州府	204.1	143.0	150.0
鄜　州	32.0	22.4	23.5
凤翔府	145.6	120.8	124.1
邠　州	29.1	17.5	19.1
乾　州	37.4	24.3	26.6

---

① 《续修陕西通志》卷173《纪事七》,《中国西北文献丛书·西北稀见方志文献》第10卷,第272、273页。

② 《平定陕甘回匪方略》卷17,《中国西北文献丛书·西北史地文献》第11卷,第216页。

③ 薛平拴:《陕西历史人口地理》,人民出版社2001年版,第293页。

④ 曹树基:《中国人口史》(清时期),复旦大学出版社2000年版,第600页。

续表

府　州	1861 年	1867 年	1876 年
绥德州	35.7	32.1	34.5
榆林府	62.2		
延安府	70.6		
兴安府	134.6	99.0	103.5
商　州	95.1	71.3	74.6
汉中府	184.1	138.9	138.9
合　计	1366.2		

资料来源：曹树基：《中国人口史》（清时期），复旦大学出版社2000年版，第600页。

当然，这些数据只是一般统计意义上的反映，具体在各州县及其所辖村镇，则又各有差异。因为本章论述诸城镇的衰变，这里不妨再做一些具体的说明。首先，就回村、回民的损失而言，"回变"以前关中渭河流域号称"八百余坊"，"回变"后这些景观几乎荡然无存，如表8—1所示，回民人口几尽损失。如华州回民，同治元年（1862）四月二十四日，地主团练到"秦家滩"，以"秦家滩"回民造反为由，焚烧村庄，大肆杀戮回民，回民死伤惨重。华州城北渭河南岸的"匕家滩"等回村也遭到焚毁。同州府城西关本是回民集中居住的地区，"回变"初起，汉民遂因王阁村事件，将西关回民屠杀殆尽。府城以西不远处的羌白镇，本是大荔县第一大镇，长期以来又是大荔县县丞的驻地，回民人口众多，手工业商业繁荣，尤以皮毛、皮货闻名当时。"回变"发生后，羌白镇一度作为回民的重要据点和指挥中心，同治二年（1863）正月二十八日，清军进攻羌白镇、王阁村，"擒斩千名"，[①] 二十九日又"擒斩两千有奇"。[②] 清军攻克羌白镇后，"堡中老弱妇女哭声震天，尽屠杀无遗"。[③] 随着时间的推移，战乱和杀戮向关中中西部蔓延。元年（1862）五月十二日，西安城郊回民被地主团练疯狂洗杀，东留村、米家崖、新庄、刘家寨等回村几乎

[①] （清）周铭旂修，李志复纂：《大荔县续志》足征录卷一《事征》，清光绪十一年（1885）冯翊书院刻本。

[②] 同上。

[③] 杨毓秀：《平回志》，见《回民起义》Ⅳ，神州国光社1953年版，第68页。

都被屠村。十六日，东留村回民被团练杀光，只有一人逃出。十七日，灞桥河一带村庄及米家崖、新庄等回村"俱被团练烧杀"，[1] 刘家寨回民被窑头人"烧杀殆尽"。[2] 十八日，"西铺上、皂河村、北石桥、老鸦寨、曹里村、八家滩、河湾里、叶塚等二三十处回村被梅五（锦堂）、石仓乡团烧杀，鲜有免者"。[3] 至于沣河以西的回民，先后多被柏景伟、梁翼之的乡勇团练杀害，而海家村、麋家桥、张子华庄等数处回村也未能逃脱被烧杀的厄运。三原县"城内回民数百家"，[4] "回变"发生后，"团目宋成金等带团入城，守备马成基、武举方恒等，先杀城内之回，以除内患。回民知觉，用命相敌，巷战四时，回势不支，惟武举刚鞭鸣逃脱，其余搜杀净尽，三原县令余庚阳不及救护，惟留回民安九成一家"。[5] 泾阳县，先是拔贡徐正谊率乡勇团练将泾阳城内北极宫一带的百余家回民杀尽，随后"武生靳殿魁率城乡团勇，搜杀城内回民，仅留廪生铁果"。[6] 凤翔府，此前"回二十八坊，共六万三千余名口，散居东关马家崖等处。城内二坊最小，共四十八家"。[7] 同治元年（1862）八月初回民起事，民团先将城内回民杀尽，接着又围剿了麻家崖等处回村，回民被杀者甚多。[8] 岐山县"当同治以前，人类惟有回民，自经煽乱，虔刘迁徙，荡然无存矣。今所存者，饼家小贩三数人而已，时去时来，不著籍，无户口可稽焉"。[9] 这里所说该县在同治"回变"以前所有人口都是回民固然不全为实，但回民人数众多自是无可怀疑，"回变"后这些人口几乎损失殆尽。这里所列举的仅是其中较为显著的例子，其余各县城乡诸村落在此背景中都有不同程度的损失。

---

[1] （清）东阿居士：《秦难见闻记》，载《西北回族革命简史》，东方书社1951年版，第96页。

[2] 同上。

[3] 同上。

[4] （清）焦云龙修，贺瑞麟纂：《三原县新志》卷6《人物》上，清光绪六年刻本。

[5] （清）王生吉辑：《关陇思危录》卷一，光绪三十四年印。

[6] （清）刘懋官修，周斯亿纂：《泾阳县志》卷7《兵事志》，清宣统三年（1910）天津华新印刷局铅印本。

[7] （清）张兆栋：《守岐纪事》，载《回民起义》IV，第273页。

[8] 韩敏：《清代同治年间陕西回民起义史》，陕西人民出版社2006年版，第53页。

[9] 《岐山县乡土志》，民国二十六年铅印本。

就汉族人口而言，地志记载，"近来逆回势益蔓延，西安府属之临潼、富平、醴泉、耀州、高陵、三原、咸阳、泾阳、咸宁、长安，同州府属之华阳、朝邑、澄城、蒲城等州县均蹂躏，惨杀至数十万之多"。① 陕西巡抚瑛棨有一份奏折称："自本年（同治元年）三四月后，回匪蜂起西、同、凤、邠、乾五府州属膏腴之地，悉被焚烧，一片焦土，小民荡析离居，商贾又复裹足。"② 西安府城北郊有一个六村堡，"回变"前居民有一万余人，是一个人口众多的汉族村庄。同治元年六月二十五日晚，回民军攻破该村，致使"堡中万余人，屠戮殆尽"。③ 类似的例子还有不少，下面就一些主要州县的记述于列表8—2，以见一斑。

表8—2　　同治"回变"期间陕西部分州县汉民伤亡情况

州县	地志等文献的记述	资料来源
三原县	旧隶五百余村，俱遭残破，仅存东里莱王二堡，乡城及难民共被害二万六千三百八名	《三原县新志》卷8《杂记》，光绪六年刻本
泾阳县	同治元年（1862）十二月初四日，泾阳县城陷，"绅民男妇死者七万余人"。"焚衙署屋舍，火光彻数里，贼昼来夜去，城中阒无一人"	《重修泾阳县志》卷7《兵事志》，宣统三年铅印本
蓝田县	同治元年（1862）九月回民军进入蓝田县境内，"西寨、大梁、黑沟、草坪、咀头等村回民一时并叛，贼踪飘忽来往无常，烧毁各乡，房屋殆尽，乡民老弱妇稚杀害无算，惨不可言"	《蓝田县志》卷3《纪事沿革表》，清光绪元年刻本
鄠县	"同治初元（1862）以至六年（1867），前后五、六年间，……吾民之死于水火及毙于锋刃者，不可胜数。即逃难县城，幸而不与贼遇，又往往死于疫焉"	《重修鄠县县志》卷9《纪事》，民国二十二年西安酉山书局铅印本

---

① 《续修陕西通志稿》，《中国西北文献丛·西北稀见方志文献》第10卷，第279页。
② 同上书，第273页。
③ （清）杨毓秀：《平回志》，见《回民起义》Ⅳ，神州国光社1953年版，第63页。

续表

州县	地志等文献的记述	资料来源
醴泉县	同治元年（1862）七月，回民军破南晏村，"凡客主男女击回阵亡、骂回遇害及老稚死者约六百余人"；诗云："此夜天桥填就否，人间屋舍半成灰"	《续修醴泉县志稿》卷11《兵事》，民国二十四年铅印本
临潼县	回民军进攻姚家堡，"围七昼夜不克，会城陷，男妇闻变坠崖投井死者千余人，无一生降者"	《临潼县续志》上卷《人物》，清光绪十六年刻本
咸阳县	"贼遂肆无所忌，任意焚杀所过之处，村尽邱虚，户多灭绝"	《重修咸阳县志》卷8《杂记志》，民国二十一年铅印本
兴平县	"丁壮练团致毙与妇女骂贼而殒者，逾两千人，其他仓猝遇贼聚而歼殪者，有数千人，呜呼惨已"	《重修兴平县志》卷8《兵事》，民国二十一年铅印本
乾州	士民妇女死者5569人	《乾州志稿》卷14《人物志》
永寿县	同治元年（1862）十一月十一日，回民军攻破监军镇"杀掠甚惨，男妇计有二千有奇，房屋焚毁殆尽"	《永寿县重修新志》卷10《兵纪》，清光绪十四年刻本
邠州	"蹂躏邠境，四乡民房荡然一空，而北区为尤甚"	《邠县新志稿》卷7《户口》，民国十八年铅印本
凤翔县	"十万生灵，肝脑涂地，惨何忍言"	余澍畴《秦陇回务纪略》，《回民起义》Ⅳ，第239页
大荔县	"同治元年回劫后，沙苑之中汉民，子遗寥寥，村落皆瓦砾场"；九年二月十一日，又有回民军三四千人，自东向西，"经北原下至羌白四围数十里，焚杀甚惨"	《大荔县续志》足征录卷一《事征》，清光绪十一年冯翊书院刻本
华州	同治元年（1862）五月初九日，回民军击败在渭河南岸防守的民团，渡过渭河，焚杀惨烈"一日之间，延烧三十余里，男妇老幼积尸遍野"；"到处搜杀，原下一带庙宇、民房，尽成焦土，无一椽留者"	《三续华州志》卷4《增纪事》，清光绪八年合刻华州志本

续表

州县	地志等文献的记述	资料来源
安塞县	同治六年（1867年）四月二十日，"回贼陷塞邑城池，四乡多被蹂躏，人民逃亡净尽，焚掠一空，死伤过半"；"发匪寇安塞县境，城内居民无一存者，衙署仓廒焚毁净尽，民房庙宇，概成焦土"	《安塞县志》卷10《纪事志》，民国十四年铅印本

"回变"以前的甘肃省，是回族人口分布较为集中的省份，当时有"回七汉三"①之说，可见回民人数众多。他们分布于甘肃省（包括今宁夏回族自治区）境内各地，其中甘肃东部、宁夏至平凉千里之间尽系回庄，而秦安、天水、临夏、通渭、临洮以及河西地区居住的回民聚落也不少。"回变"发生后，随着陕西境内回回军民向甘肃境内撤退，一时间，"甘肃之平凉、静宁、隆德、安定，省南之巩昌、秦州、伏羌、清水，省北之宁夏、平罗、灵州、固原，莫不揭竿而起，蜂屯蚁聚，滋蔓难图，绵延地方数千里"。②在随后的战事进程中，以甘肃为中心，逐渐形成西宁、肃州、宁夏和河州四个中心，西宁以马桂源为首，宁夏以马化龙为首，肃州以马文禄为首，河州以马占鳌为首。由这四个中心组织抵抗、反扑，回民军民与清政府军队和地方民团进行了大小数百次战斗，期间回汉民众死亡相当惨重。有学者研究，"回变"前的咸丰十一年（1861）甘肃全省人口为1945.9万人，变后的光绪六年（1880）人口仅存495.5万人，人口损失1455.5万人，损失比例高达74.5%。③难怪当年负责平定西北"回变"的左宗棠会有如此记述："甘肃频兴兵燹，孑遗仅存，往往百数十里人烟断绝。"④而这样的人口损失和社会状况自然会影响这一带城镇和市场的发展，从而在一定程度上延缓了传统社会结构下社会经济发展的进程。

---

① （清）杨毓秀：《平回志》，载《回民起义》Ⅲ，神州国光社1953年版，第114页。

② （清）奕䜣：《钦定平定陕甘新疆回匪方略》卷54，《中国西北文献丛书·西北史地文献》第11卷，第640页。

③ 曹树基：《中国人口史》（清时期），第635页。

④ 甘肃省地方史志编纂委员会编：《甘肃省志》第二卷《大事记》，甘肃人民出版社1989年版，第198页。

表8—3　　　　　同治陕甘"回变"前后甘肃府、州人口　　　　　单位：万

府州	1861年	1880年	人口减少
泾州	92.8	23.5	69.3
平凉府	281.2	32.1	249.1
庆阳府	141.0	12.3	128.7
宁夏府	166.9	17.0	149.9
巩昌府	420.4	75.9	344.5
秦州	96.3	93.3	3.0
阶州	42.0	47.1	
兰州府	298.6	88.1	210.5
西宁府	81.5	26.4	55.1
凉州府	166.6	45.8	120.8
甘州府	100.0	18.8	81.2
肃州	50.0	11.6	38.4
安西州	8.6	3.6	5.0
合计	1945.9	495.5	1455.5

资料来源：曹树基：《中国人口史》（清时期），复旦大学出版社2001年版，第600页。

与陕西相比，甘肃、宁夏地区的人口损失是极为惨重的。如果说表8—3还只是一些具体的统计数字的话，那么，"回变"期间各州县的一些具体状况，更清晰地显示了毁灭的惨象以及由此造成的巨大破坏状况。下面列举一些主要州县的情况，以见一斑（见表8—4）。

表8—4　　　　同治"回变"期间甘宁省部分州县民众伤亡情况

州县	地志等文献的记述	资料来源
宁夏	清初宁夏户口最为繁盛，道、咸以降，迭遭兵燹，同治之变，十室九空；"回变"中宁夏城陷，汉民十余万被屠殆尽	《朔方道志》卷9《贡赋志下》；《甘肃新通志》卷47《兵防志·戎事下》
灵州	城陷，城中民人死者二万余	《甘肃新通志》卷47《兵防志·戎事下》

第八章 同治"回变"与陕甘城镇、市场的衰变 / 233

续表

州县	地志等文献的记述	资料来源
泾州	泾境惟东乡间有居民,其余各村庄率如前逃亡矣	《泾州采访新志》《兵防》
崇信县	土著凋零,客籍居十分之三,结草为屋,陶穴为居,朝来暮去,求一般实人家而不可得;西乡十村九空,田园荒芜,平地蒿长数尺,如入无人之境	《重修崇信县志》卷4《艺文志》
河州	城陷,死者逾万	《甘肃新通志》卷47《兵防志·戎事下》
平凉府	城陷,官员死节者百余,士民死者十数万	《甘肃新通志》卷47《兵防志·戎事下》
隆德县	经同治杀劫后,全县十庄九空;官逃庄浪,城空无主者五年,人民杀毙饿死十之八九,老弱逃尽,全县无二三十人家,后平复时,荒林满目,村村焦土,招集离散,十庄九空。百年以内,难复元气	《重修隆德县志》卷1《民族》,卷4《拾遗》
华亭县	陕回入境,焚杀惨于土回十倍,华亭从此邱虚;乱前后十年,城堡屡陷,田荒粮尽,四境人烟完全断绝,原熟地变成茂林,男女老幼死亡数万,为流贼后罕有之浩劫	《华亭县志》卷7《大事记》
固原州	城内官民男妇共死者二十余万人	慕寿祺《甘宁青史略》正编卷21
靖远县	十室九空,村多废墟,余户不满千,口只五六千人	《靖远县新志》卷5《户口略》
渭源县	城陷,屠毒生灵以数万计,满城官员皆死之;乡关居民因乱搬入者,拥满各庙街衢廊檐,贼残杀一日,辄死人民数万,血流成渠,尸积如山;十年(1871),设官分制,广招徕,辟荒田,稽查土著,存者仅十余家,自外来归亦渐有十一	民国《创修渭源县志》卷6《武备志》
巩昌府	城内回民二千余人,俱为汉民杀尽	张集馨《道咸宦海见闻录》第336页
合水县	七年四月城陷,人民杀毙饿死者十有六七,七月城又陷,人民逃尽,止余空城;事后多方招集,城内止有二三十家	慕寿祺《甘宁青史略》正编卷21

续表

州县	地志等文献的记述	资料来源
通渭县	同治初，回变蜂起，县三面近贼巢，频年不解，西北被害尤惨。加以刚匪、逆兵接踵攻掠，堡寨存者仅十之二，蒿目绣壤，尽为灰尘	光绪《重修通渭县志》卷3《地域》

当然，不论是陕西还是甘宁地区，这里列举的只是一些记述较著者，至于"回变"所经州县，死亡人数从数十人到数百人、数千人者可能还有不少，由于没有具体的统计数字，难以有个精确的呈现。但不论是回民还是汉民，经过此次"回变"以后，陕西渭河流域的回民绝大部分死亡或者迁徙而去。至于陕南、陕北受"回变"的影响虽然总体上较关中地区为轻，但也受到一定的冲击，回、汉民死亡人数也不少。甘宁青一带是此次"回变"的重灾区，死亡人数虽然不完全平衡，但绝大多数地区损失的人口数量巨大，不少地区达到70%左右（见前引曹树基说）。这样的事实，对各自所在地区社会经济的发展是一次沉重的打击。这种打击，表现在城镇和市场方面，一是造成了一些传统工商业中心的衰落，一是一些以回民为主要经营者或经营特色的城镇行业彻底衰落或者消亡。

二 城镇与市场的衰变

（一）部分传统经济中心——县城——遭到重创或衰落

陕西泾阳县城，如前所述，道光时期这里是陕西关中乃至西北地区最为重要的商贸中心之一，是著名的皮毛加工中心、贸易中心、茶叶加工中心和东南—西北地区商品转运的中转站。"县城内百货云集，商贾络绎，藉泾水以熟皮张，故皮行甲于他邑。每于二三月起至八九月止，皮工齐聚其间者不下万人。"[①]"咸丰之季，民物殷阜，商贾辐辏"。"官茶进关，运至（泾阳）茶店，另行检做，转运西行，检茶之人亦万有余人。"[②] 明

---

① （清）卢坤：《秦疆治略》，第29—30页。
② 同上书，第30页。

第八章 同治"回变"与陕甘城镇、市场的衰变 / 235

朝末年,兰州"五泉烟自泾阳发者,岁约金三万两",到清咸丰时期"五泉烟自泾发者,岁约金三百万",相比增长了百倍。① 就金融业而言,"回变"前"有票号十余家,钱店二十余家,每月起解金标除西安、三原外,均以其间为周转调拨之柜址"。② "回变"之后,县城被攻破,一夜之间死亡九万余人。③ 工商业遭到毁灭性打击,许多皮货加工作坊被毁,皮货加工业急剧衰落。之后的工商业虽然略有一定的恢复,但正如有些记载所言,许多大商号及其他商业活动转移到了三原、咸阳、西安等地,"嗣以兵燹,农业破产,商业凋敝,几无市面,……烟、茶、棉三种商业,又移于三原"。④ 三原县城,也是明清以来关中地区重要的工商业中心,所谓"三原为关中要邑,集四方商贾重货,昏晓贸易",⑤ 有"小长安"的美誉。经过此次"回变"以后,北关城被攻破,"焚掠备极惨毒",南关无城,"东西通衢,旧市廛店舍相连百余家,亦邑南面之屏障,回乱焚毁殆尽"。⑥ 按此,三原县城也受到较为严重的破坏。除此而外,大荔县、华阴县、华州、渭南县、临潼县、高陵县等不少县城都在此次"回变"中被攻破或遭不同程度的焚毁。当然,随着"回变"的结束,一些城镇工商业逐渐得以恢复,如三原县南关,"今商贾渐集,不异昔时"。⑦ 不过,直到民国时期还有不少城镇没有完全恢复过来,至于泾阳县,自此衰落以后,就再也没有恢复到昔日的繁华了。

甘肃的情况比陕西有过之而无不及,不但所受重创的城镇数量多,而且损伤程度更为严重。如肃州城,"回变"以前,"城内居民客商不下数万人,亦赫赫巨镇也",⑧ "市之鬻贩不拘时,黎明交易,日暮咸休,市法

---

① 参见郭琦、史念海、张岂之主编,田培栋著《陕西通史·经济卷》,陕西师范大学出版社1997年版,第265页。
② 原玉印:《陕西泾阳县概况调查》,《农业半月刊》1941年第46期。
③ 《续修陕西通志编》卷173《纪事七·平定回匪》,《中国西北文献丛书·西北稀见方志文献》第10卷,第292页。
④ 原玉印:《陕西泾阳县概况调查》,《农业半月刊》1941年第46期,第20页。
⑤ (清)焦云龙修,贺瑞麟纂:《三原县新志》卷2《建置志》,《中国地方志集成·陕西府县志辑》(8),第528页。
⑥ 同上书,第528、529页。
⑦ 同上书,第529页。
⑧ 徐家瑞:《高台县志》卷8《艺文下》,民国十四年铅印本。

平价，众庶群集，以此极边之地，而又如此之富庶"。① "回变"中，东关街市"民舍房屋尽毁于火，败墙颓垣，惨然满目"，与此前"贩鬻不拘时辰，朝市暮散，富庶与城内埒"的繁盛情形俨然是两个世界。

（二）不少经济市镇遭到重大打击，相当长的时期一蹶不振，有的甚至消亡了

大荔县羌白镇，明清时期是大荔县最大的市镇，也是著名的皮毛生产和销售中心。这里皮货加工业与销售业历史悠久且十分发达，尤其硝制的皮货最为独特，故地方志称道说，"羌白镇聚各色生皮熟皮，四方商多来售者"，②"每岁春夏之交，万贾云集"。③ "回变"期间，羌白镇一度是回民军的主要据点之一，战火不断。同治二年（1863）二月一日清军攻陷羌白镇，"堡中老弱妇女，哭声震天，尽屠杀无遗"，④后又将镇内建筑烧毁殆尽。由此羌白镇似再没有恢复到往日的繁盛与辉煌了。民国时期这里虽然尚有硝皮作坊二十余家，但市镇贸易萧条，"不过小作集会，无大起色者"。⑤ 时至今日，这里仅剩下一个数户人家的村落而已。三原县"同治以前，……许多的乡镇都是商业中心。例如县四周的林堡、秦堡、张村、线马堡，商业都十分繁华。此外由北门到泾阳县的鲁桥镇一带，沿途各村市场亦相当发达。但经'回变'以后，各个村落都变成一片瓦砾了"。⑥

其中重要的市镇包括陂西镇、酉阳镇、王店镇、大程镇、长坳镇、楼底镇、陵前镇、洪水镇、马额镇等，商业都有一定发展，集市每月6集或9集，商贸繁荣。"回变"以后，上述诸镇"俱被毁"。⑦ 华阴县重要市镇有岳庙镇、敷水镇、泉店镇。"回变"前，岳庙镇商业繁盛，

---

① （清）黄文炜、沈青崖修纂：《重修肃州新志》，清乾隆二年刻本。
② （清）贺云宏纂修：《大荔县志》卷15《食货》，清乾隆五十一年刻本。
③ （清）熊兆麟：《大荔县志》卷6《土地志》，清道光三十年刻本。
④ （清）杨毓秀：《平回志》，《回民起义》Ⅲ，神州国光社1953年版，第68页。
⑤ 聂雨润修：《续修大荔县旧志存稿》卷4《土地志》，民国二十五年铅印本。
⑥ 马长寿：《同治年间陕西回民起义历史调查记录》，《马长寿民族史研究著作选》，上海人民出版社2009年版，第333页。
⑦ （清）焦云龙修，贺瑞麟纂：光绪《三原县新志》卷2《建置志》，《中国地方志集成·陕西府县志辑》（8），第532页。

"即古运衢也,华岳庙居中,左右商民环列段分三街,户约二百余,广袤三里许,曰店城、曰江西庄、曰山西会馆,皆其最著者也。经常市集以旬之四八为期,每当季春仲冬之月,有特别大会二,商贾如云,毂击肩摩,月余不解"。① "回变"期间,岳庙镇遭到焚毁,同治七年(1868),为了恢复和发展县城商业,将岳镇数十家商户和四、八集市迁入县城,市镇商业遂告衰落。敷水镇,在华阴县县城西三十里,地域广阔,人烟稠密。乾隆年间,这里已经是县西一带的商业巨镇,同治五年(1866),敷水镇各商号、银号毁于战火,市场由此衰落。就是到民国时期,市况"仍萧然,惟材木一项尚有起色"。② 至于泉店镇,"回变"以后,"仅设零星小铺、客店数家,虽沿大道,而行旅往来不过为息车暂歇之处,久已不成市肆矣"。鄠县为关中富县,旧有"金盩屋银鄠县"美誉。"回变"中,回民军"渡渭而南,横刀跃马,所向披靡,男妇老幼无留者,而尸横蔽野,村舍成墟矣"。③ 邑中大镇秦渡镇,明代以来有"秦渡集,贸易者多山西、河南客商,较县集为盛"。④ 雍正时期,"邑之四关,乡之四镇,惟秦渡一镇为商贾辐辏之区"。⑤ 此次"回变"背景下,有太平天国军中蓝二顺一部于同治三年(1864)四月"由楚入陕,陡至秦渡镇,时届农忙,促不及避,被害尤甚"。⑥ 只是秦渡镇毕竟是历史名镇,且主要为汉民经营,所以在"回变"中损失不大,但经此浩劫以后,还是经历了短暂的恢复,到民国时期再次兴盛起来,已然成为鄠县境内商贸最为繁盛的市镇,地志所谓"秦渡、涝店、大王、庞光四镇,每月朔二日始,而集之盛者莫如秦渡镇焉",⑦ 正说明了这一点。又有涝店镇,在鄠县西北境,西接盩屋,北临兴平,交通便利,四通八达,客商络绎不绝,街市亦颇繁荣。"回变"中,涝店镇被毁成为一片焦土。后来逐渐恢复,先是摆摊设点惨淡经营,逐渐变为小商

---

① 米登岳修,张崇善、王之彦纂:《华阴县续志》卷1《地理志》,民国二十一年铅印本。
② 同上。
③ 张云程、赵葆真修,吴继祖纂:《鄠县志》卷9《纪事》,《中国地方志集成·陕西府县志辑》(4),第287页。
④ (明)刘璞:《鄠县志》卷1《建置志》,明万历年间刻本。
⑤ (清)鲁一佐修,周梦熊纂:《鄠县重续志》卷2《建置志》,清雍正十年刻本。
⑥ 段光世:《鄠县志》卷9《纪事》,《中国地方志集成·陕西府县志辑》(4),第287页。
⑦ 段光世:《鄠县志》卷2《乡村》,《中国地方志集成·陕西府县志辑》(4),第147页。

户，街边房屋建筑也逐渐增多，涝河桥东西两边的商户、作坊又开始逐渐恢复起来。至光绪年间，"涝河桥两头，京广杂货、药铺、钱庄、饭店、茶馆……各行各业，应有尽有"。① 至此，该镇商业活动才得以重新恢复。《乡土志》云，"道咸间（县）城内街市尚称繁盛，兵燹之余，市井萧索，至今元气未复，惟秦镇各商尚有起色"。② 此为当地人的深切感受，亦可见此次"回变"影响的深广和严重。

临潼县雨金镇，咸丰年间已发展为该县境内一个比较大的市镇，后来回、汉民之间不和，汉人拒绝回民上集，回民遂在十三村成立了自己的新集市，新集市成立后日益繁荣。"回变"期间，这些集市和回商均受到重大打击，原来的街市也多焚毁殆尽，如"北堡，原来相当繁盛。北堡的北街有许多商号，但自回乱以后，荡然无存了"。③ 渭南县是此次"回变"的重灾区之一，县内不少市镇遭到重创，其中孝义镇，地处渭南、华州、同州三地交界处，有"鸡鸣一声听三县"之称。早在明代，这里就是全县24个市镇之一，经过明清时期的发展，俨然发展为县东一个重要的商业重镇。特别是，这里是东来的山西煤盐、西来的四川盐茶和南来的江浙海鲜集散地，商业贸易繁荣，街市店铺林立，商贾云集。时有"居民万余家，巨室富户甲于全省，赵、严两姓，家资数百万"④ 的美称。经此"回变"以后，市井萧索，损失惨重。光绪时期有记载说："孝义镇为渭南河北要区，大华（指大荔和华州）临前，卤泊临后，沙苑包其东，金陂峙其西。树林葱茏，人烟稠密。百货聚积其间者，极晦明风雨之无阻，人语喧哗之遥闹。城市之繁庶，它属莫能与并，而饥民栖止亦多于它属万倍。兵燹（指同治"回变"）后重以极灾，尸横遍野，骨积如山，理固宜然。"⑤

甘肃市镇破坏的程度也极为严重。肃州东关街市遭致破坏上文已述，

---

① 陕西省户县文史编纂委员会：《鄠县文史资料》第3辑，第63页。
② 《鄠县乡土志》"商务"，成文出版社有限公司1969年版，第68页。
③ 马长寿：《同治年间陕西回民起义历史调查记录》，《马长寿民族史研究著作选》，第276页。
④ 余澍畴：《秦陇回务纪略》，《回民起义》Ⅳ，第217页。
⑤ （清）焦联甲：《新建白骨塔记》。转引自《同治年间陕西回民起义历史调查记录》，《马长寿民族史研究著作选》，第216页。

而临水街市,"回变"前"为过往宦商歇跻之处,客民千余家,贸贩亦盛","回变"后"惟余焦土一片,今虽复业日众,而旷尚多,欲如曩时之盛,非数年休养不能"。嘉峪关街市,此前是"凡仕宦、商旅出口入关,必宿于此,铺户、栈房、茶寮、酒肆、旅店、牙行约千余户","回变"后,"庐舍零落,仅存十余椽。近来关门已启,客路畅通,西域行旅络绎不绝,列肆陈货者亦渐来集,但未能如旧耳"。金塔街市,回民事变前"凡北草地大库伦以及包头、归化城等处远贩入内,必以此为住栈,故货殖充□,生意畅旺,权子母操其赢者不下千余家",回民事变后,"城虽幸保,而关厢荡为平地,惟存颓墙数堵而已,近来有兵戈已息,招聚者只有流民三四余家,以败堵寄寓,作小贸贩,元气大丧,一时难望兴复矣"。清水街市,回民事变前,"商民数十家,平时南山番民多以牲畜易粮布",回民事变后,"番口梗塞,牲畜亦少,近虽平定,寥落数家,不似从前矣"。天仓市,回民事变前,"蒙商入内落跻于此,无街道与居民交易,经商者二十余家",回民事变后,北面交通阻绝,"本地商贩亦各星散,间有北商惟藉通事奔走传译焉"。河西壩市,回民事变前,铺户十余家,番民出山以牛马羊只与居民交易",回民事变战乱使交易受阻,光绪年间,生意渐通,但未能恢复到此前的繁荣。红崖市,回民事变前,"有南北街市一条,番商以牧畜易粮布,太平时往往百十成群",回民事变的战乱导致商路阻隔,从事贩贸的人甚少,直到光绪年间才稍有好转。毛目市,回民事变前,"有商民二十余家,北商在此落跻,回民事变后,"仅剩七八家"。[1] 青海的丹噶尔城,"嘉庆道光之际,以丹地商业特盛,青海、西藏、番货云集,内地各省,商客辐辏,每年进口货价至百二十万两之多"。城中有粮食市、柴草市、青盐市、牛羊骡马市、羊毛市,等等。至咸丰、同治年间,"久经戎马,番货委积,顾问无人,丹地商业之衰,未有甚于当时者也"。[2] 漳县盐井镇,"在城南五里,唐宋时建县城于此,后为镇,因盐井产盐,运贩踵至,每日为集市交易,麦豆杂货而以盐与薪为大宗"。"同治兵燹后"与县中青瓦寺、滂沙镇、黄家河等集市

---

[1] 以上俱见光绪《肃州新志》之《名胜·街市》,清光绪二十三年修抄本。
[2] (清)张廷武修,杨景升纂:《丹噶尔厅志》卷5《商业》,宣统二年甘肃官报书局排印本。

"皆废"。① 固原州在咸丰五年（1855）时有乡间集市17处，日常商业繁盛，"回变"后，不少地方十室九空，里社为墟。至光绪三十四年（1908），全城仅有785户，商民数仅相当于"回变"前的十分之一，昔日繁荣，由此消失。②

这里列举的还仅是一些资料记述中较为显著者，还有更多的市镇、集市在这场变乱中遭受了不同程度的损毁，很大程度上反映了损毁的广泛性。这样的损毁虽然没有从根本上改变原有的地区市场分布，却在绝大程度上改变了市场的构成格局，一些富有特色的回民市场在很多地方荡然无存，就是在经济恢复中恢复和逐渐成长起来的新市场，也多经历了数十年乃至长达近半个世纪的艰难之路。而有的市场则结束了自己的命运，并在此次残酷的蹂躏和践踏中永远地消失了。这不能不说是西北历史上的又一次悲剧。

三 物质文明与文化遗产的劫难

城镇是物质文明的重要载体之一。此次"回变"一个显著的特点是破坏性强，不论是回汉双方都带有一定的民族"仇杀"成分，因此攻城略地多较为惨烈。历史时期以来特别是明清时期兴建的诸多人类文明成果与文化遗产惨遭焚毁，由此造成巨大的，有些甚至是无法挽回的"遗产"损失。

（一）书院

明清时期由于书院的官学化发展，大多数书院进入城镇，并与儒学等一起成为城镇文化和文明的中心之一。此次"回变"中，相当一部分城镇书院遭到焚毁，有的则因战乱而停办，城镇文明与文化因此而遭受重大损失。下面择其部分列表如下，以见一斑。

---

① 韩世英：《重修漳县志》卷2《建置志》，民国二十三年铅印本。
② 杨树德、张中伦、杨鹏里：《宁夏商业志》，宁夏人民出版社1993年版，第445页。

表 8—5　　　　　　"回变"中陕西部分书院毁坏情况

府/州	县	书院名称	具体情况
西安府	泾阳县	瀛洲书院	同治元年，城陷被焚，仅余讲堂
	醴泉县	饮凤书院	同治军兴，易为行台
	兴平县	槐里书院	回乱时，地址荒芜，弦诵辍
	富平县	南湖书院	同治元年回变，屋宇咸烬
	孝义厅	义川书院	同治元年，毁于兵燹
	渭南县	五凤书院	同治元年遭战火破坏，房地租课等散亡殆尽
乾州	武功县	绿野书院	同治初年，毁于兵，惟余横渠祠堂
	永寿县	翠屏书院	同治二年，兵燹之后，书院经费无存
邠州	三水县	石门书院	同治元年毁于兵
	淳化县	云阳书院	咸同之际屡遭兵燹，光绪初官绅合力经营，规模始立
凤翔府	岐山县	凤鸣书院	同治元年，回民起义，书院毁于兵火
同州府	华州	少华书院	同治元年，尽成榛墟
	大荔县	丰登书院	同治壬戌之乱，难民杂处，号舍遂多倾圮
	朝邑县	华原书院	同治初年毁
	白水县	彭衙书院	同治十三年，以其毁于兵燹而重建，恢复旧观
商州	山阳县	丰阳书院	同治元年毁于战乱
延安府	延川县	登峰书院	同治六年，因战乱荒废过半
	保安县	永康书院	同治六年，书院毁废
	甘泉县	定汤书院	回变后荡然无存
	安塞县	苹笙书院	同治中，毁于兵火
汉中府	洋县	定淳书院	同治元年，书院毁于战火
	佛坪县	迎秀书院	兵燹后，倾塌无存
	宁羌州	振文书院	以匪乱倾圮，同治十年重修
榆林府	怀远县	岩绿书院	同治七年城陷，旧有岩绿书院，学舍书籍，概付回禄

续表

府/州	县	书院名称	具体情况
鄜州	中部县	桥山书院	同治六年，毁于战火
	宜君县	文兴书院	同治回变，悉成灰烬
绥德州	吴堡县	兴文书院	咸同兵燹中废

资料来源：宣统《重修泾阳县志》；光绪《武功县续志》；光绪《富平县志稿》；光绪《孝义厅志》；光绪《岐山县志》；光绪《永寿县志》；光绪《新续渭南县志》；光绪《三续华州志》；光绪《大荔县续志》；光绪《同州府续志》；民国《续修陕西通志稿》"学校"；光绪《保安县志》；光绪《洋县志》；民国《延川县新志》；民国《安塞县志》；民国《重纂兴平县志》；民国《佛坪县志》；民国《横山县志》；民国《中部县志》。

表8—6   "回变"中甘肃部分书院毁坏情况

府/州	州/县	书院名称	具体情况
兰州府	金县	增秀书院	同治间毁于回乱
	狄道州	超然书院	同治初被焚
	河州	凤林书院	清乾隆四十四年（1779），河州知州周植捐资创设凤林书院，后毁于同治变乱
庆阳府	府城内	凤城书院	同治七年（1868），遭战乱毁坏后，仅余破房数间
平凉府	庄浪县	道南书院	因同治战乱停办
	华亭县	仪山书院	同治时，兵燹连年，书院废弛
	平凉县	柳湖书院	同治二年，柳湖书院毁于兵燹
	隆德县	临泉书院	同治间毁于回乱
巩昌府	岷州	文昌书院	旧在岷州道署之侧，自同治三年载回逆扰岷，道署书院并毁于火
泾州	州城	阮陵书院	旧名麓城书院，道光初年移建于东门外名曰阮陵，回变毁于兵
	崇信县	凤鸣书院	同治年间遭毁
	灵台县	金台书院	同治二年被毁
秦州	秦安县	景权书院	同治初因乱废
肃州	州城	酒泉书院	同治四年，逆回焚毁无存
甘州府	山丹县	天山书院	同治初毁于回乱
	抚彝厅	蓼泉书院	同治时毁

续表

府/州	州/县	书院名称	具体情况
西宁府	大通县	崇山书院	毁于回乱
	贵德厅	河阴书院	同治六年，遭回乱毁

资料来源：光绪《甘肃新通志》；光绪《金县新志》；光绪《肃州新志》；光绪《重纂秦州直隶州新志》；宣统《狄道州续志》；民国《增修华亭县志》《泾州采访新志》；庆阳县志编纂委员会编：《庆阳县志》（甘肃人民出版社1993年版，第389页）；甘成福编：《平凉史话》（甘肃文化出版社2010年版，第49页）；《临夏市文史资料选》（1987年第3辑，第101页）；《青海方志资料类编》，第894页。

这些书院中，有一些初建于元代，更多地则是清代乾隆时期兴建起来的，还有一些兴建时间较晚。不论是前者还是后两者，实际上都承载着不同时代文化的文明与精神，而伴随着时间的流逝，时间愈久它们所承载和保存的物质文明和精神文明的成果愈有价值。如华州的"少华书院"，初建于明代正德七年（1512），明末可能在兵燹中毁坏。清乾隆时期，州人史芝继承了这一精神，"于城西南隅里许施地一区，倡捐千金，建上房讲堂各五楹，廊房斋房数十间。花卉竹木，四面环列，额曰少华书院，一时称盛举焉。洎同治壬戌毁于兵，人咸惜之"。① 同州府"丰登书院"，在大荔县县治东，乾隆二十三年（1758）建。② 书院建成后，购置有相当数量的藏书，置于书院内藏书阁。藏书阁在书院东偏，藏《图书集成》，计六汇编：一历象，二方舆，三明伦，四博物，五理学，六经济，共六千一百九部。《三礼义疏》一十二函，史书五十一函。丰登阁在书院偏西。树椿记《丰登阁事》云："郡城惟此阁为胜地，惜具高犹未出城也。本府城隍庙旧址，乾隆间郡守彭城李公创置书院，以此阁属焉，因以阁之名书院。夫教士必先养民，丰登者，盖取政和岁丰与民共乐，太守之事也。《丰乐亭记》其明征矣。李公守同六载，三设文燕于此，集十属官师，与新领

---

① （清）吴炳南修，刘域纂：《三续华州志》卷7《人物志上二》，光绪八年合刻华州本。
② 书院建置时间，《地志》记载有异：道光《大荔县志》卷9云"乾隆二十五年建"，同《志》卷9《足徵录》卷2云"乾隆二十三年建"，咸丰《同州府志》卷15云"乾隆二十二年建"，又引《大荔县册》云"二十五年建"，熊兆麟《新建大荔冯翊书院记》云"乾隆二十三年建"（咸丰《同州府志》之《文徵录卷中》）。

乡荐者酬唱赋诗，以道扬科名得人之盛。自壬戌（同治元年）寇乱以来师生率不居，院中往往值警，为四乡流民托庇风雨之所，亦可悲矣！"[1]可见，该书院除了书院学舍外，尚有当时书院流行的一整套设施和建置，包括藏书阁、丰登阁等，与书院一起构成当时书院和文人学士生活的盛况。只可惜此次"回变"中，也就是"军兴以来，书院鞠为园蔬"。[2] 渭南县"五凤书院"，顺治五年（1648）兴建，道光年间增修号舍50余间，旧街房100余间，有地1顷50余亩。同治年间"房地租课暨发商生息各款散亡殆尽"。[3] 另外，不同时代不同书院的学术取向不尽相同，由此造成书院文化也表现出多元化的性征。经此次破坏以后，虽然不少书院在后来得以重新修建和恢复，但有些东西就消失了。拿教学内容来说，当时书院教学主要立足于四书五经，并以此教育和培养人才。但各书院由于所聘"山长"或"院长"的学术取向有差异，有的重科举，有的重经世致用的人才培养，有的重"朴学"，有的重"理学"，后者中又有朱、陆、王学等学派的差异，还有个别书院比较重视"诗赋"等古典时代的追求。这些都不同程度地表现在书院景观中，并成为书院不可分割的组成部分。此次"回变"不只是严重地破坏了相当多的城镇书院景观问题，而是在很大程度上破坏了清代以来日益繁盛的书院文化教育，在一个阶段斩断了长期以来形成的城镇文化、区域文化发展的文脉，延缓并且在一定程度上改变了城镇文化的发展。这对本来发展就较为薄弱的西北地区文化教育的发展是一次重大的重创。虽然，几年后乃至十几年后一些书院相继得到恢复，但相当一部分却难以重回到往日的盛况。至于书院自身的毁坏损失涉及文化、建筑、艺术、文献和相关精神各领域，在不少方面又是永远难以"恢复"的悲伤。且不论它们的实际存在从我们现在的立场来看，其中有多少需要我们甄别、批判和反思的价值，只是就现代开发过程中至为珍惜的完整的明清建筑的极其珍贵和凤毛麟角的状况而言，我们怎能不悲叹这样一场"劫难"所带给我们的惋惜！

---

[1] （清）饶应祺修，马先登、王守恭纂：《同州府续志》卷8，光绪七年刊本。
[2] 同上。
[3] （清）严书麟修，焦联甲纂：《新续渭南县志》卷3《建置志》，成文出版社有限公司，第261—263页。

（二）寺庙、道观等

以儒释道文化发展为特征的中国古代文化，在历史上经历了很长的时间，到了明清时期，虽然佛教总体上衰落了，但这三种信仰及其相应的祠祀庙馆依然很普遍地流行于基层社会，以至于寺庙、道观和其他民间信仰的祠祀景观大量充斥于各级城镇和乡野之间，并成为中华帝国晚期重要的文化景观。它们既是历史文化的集中表现之一，也凝结着中国古代文明在诸多方面的成就。当然，无可置疑的是，大大小小各种类型的文化景观的全境域覆盖也成为中华帝国沉重的物质的、精神的负担，就像国人拖着一条长长的辫子，在一个相当长的时间里难以甩掉，事实上也不可能都甩掉那样。但通过战争的手段不加区别地毁坏却不是一种明智的做法，这种毁灭，不只是毁灭了我们祖先千百年来文明发展的成果，给在艰难成长过程中的各级城镇及其文明发展造成了难以估量的损失，而且也毁灭了我们赖以自豪、赖以改造，甚至是赖以开发的基础。晚清时期发生在西北地区的"回变"，正是在这一时期所遭遇的"战争"，其间对寺庙景观所造成的毁坏足以惊人和令人痛惜！以下是我们根据相关记述和研究而做的一个简表，虽说不全，但亦可以看出其中的破坏是相当严重的。

表8—7　　同治"回变"中陕西部分寺庙、祠宫毁坏情况

府/州	县	寺、祠、庙、庵名称	具体情况
西安府	府城	大兴善寺	同治年间因回民起兵，寺院建筑多遭焚毁，仅存钟、鼓楼及前门尚完好
	渭南县	节孝祠	同治元年，捻回之乱，殿宇悉毁
	鄠县	城隍庙	同治元年，捻回之乱，庙址全毁
		武庙	同治元年，捻回之乱，殿宇悉毁
		文昌宫	同治元年，捻回之乱，庙址全毁
		土神祠	同治元年，捻回之乱，庙址悉毁
		马神祠	同治元年，捻回之乱，庙址全毁
		狱神祠	同治元年，捻回之乱，庙址被毁

续表

府/州	县	寺、祠、庙、庵名称	具体情况
西安府	鄠县	草堂寺	同治元年,回汉冲突,殿宇全毁于火
		宝林寺	同治元年回民焚毁,仅紫阁山上宝塔一座,保存至今
		新兴寺	同治二年回民焚毁
	咸宁县 长安县	兴教寺	清同治年间,除三座砖塔外,寺内全部建筑均遭兵火
		普济庵	同治初毁于火,唯一塔存
		章敬寺	同治回乱寺毁
		资圣寺	同治兵燹后,寺宇全毁,仅存明弘治七年殿仲容题额
		兴真庵	同治二年,毁于兵火
		太安寺	同治初毁
		药王洞	同治回乱,付之一炬
		观音堂	同治时毁
		兴国寺	同治回乱,寺毁
		大道庵	回乱庵毁
		菩萨庙	回乱被毁
		福胜寺	回乱寺毁
		云兴观	同治时,正殿被焚,余多倾欹
		披云观	回乱焚毁
		显圣庙	同治回乱,庙毁
		广惠宫	同治回乱后,仅余大殿三楹,道房数间
		五圣宫	回乱焚毁
		玉皇阁	回乱俱毁
		关壮缪庙	回乱尽毁
		三圣庙	同治初毁于火
		药王洞	回乱毁
	泾阳县	太壹寺	房屋幸存者仅太壹寺大殿一座

第八章 同治"回变"与陕甘城镇、市场的衰变 / 247

续表

府/州	县	寺、祠、庙、庵名称	具体情况
凤翔府	岐山县	周太王庙	同治初，发回焚毁
		三王庙	同治初，发回焚毁
		周公庙	同治二年四月，被焚
		法门寺	清同治年间寺庙毁于战火
	汧阳县	三义庙	同治六年，为逆回焚毁
		龙王庙	同治六年，被毁
		火神庙	
	麟游县	文昌宫	同治初，毁于回变
同州府	大荔县	后土庙	同治元年，毁于兵燹
		崔府君庙	同治元年，毁于兵火
		太白庙	同治元年，毁于贼火
	华阴县	华岳庙	焚颢灵殿及五凤楼、万寿阁
延安府	安塞县	崇圣祠	同治六年兵燹，焚毁
		乡贤名宦祠	
		忠义节孝祠	
鄜州	洛川县	凤棲寺	同治回变，被焚

资料来源：光绪《新续渭南县志》；光绪《岐山县志》；光绪《大荔县续志》；光绪《麟游县新志》；光绪《增续汧阳县志》；民国《咸宁长安两县续志》；民国《洛川县志》；民国《华阴县续志》；民国《安塞县志》；《岐山县乡土志》；王生吉：《关陇思危录》（陕西省地方志编纂委员会编：《陕西回民起义资料》，1987年，第78页）；王兴林主编：《泾阳史话》（兴平市印刷厂印刷，1994年，第65页）；《户县文物志》（1995年）；户县委员会文史资料委员编：《户县文史资料》（1988年第4辑，第116页）；袁明仁等《三秦历史文化辞典》（陕西教育出版社1992年版，第895页）；王崇人：《古都西安》（陕西人民美术出版社1981年版，第134页）。

值得说明的是，有些千年古刹被毁，损失重大，影响深远。如西安城南的兴教寺，是大唐著名高僧玄奘圆寂后的改葬之地，寺院初建于唐高宗总章二年（669），名称"大唐护国兴教寺"，在当时是樊川八大寺中地位最高的寺院，是法相宗的祖庭。唐大和二年（828）、开成四年（839）加以修葺，到了宋代寺院尚可称道，但到元明时期历经沧桑，废毁严重，清代乾隆年间曾经修葺，据说到同治"回变"期间，寺院再遭劫难，仅余三塔。鄠县东南30里的草堂寺，至少在十六国时期已经存在，鸠摩罗什来到长安后曾入住草堂寺，译经布道。隋唐至宋元时期屡有修建，既有历史传承又有时代印记，明清时期，又多次修葺。自设立以来一直都是关中著名的寺院。此次"回变"中，寺院毁于战火。① 大兴善寺，始建于晋武帝时期，距今已有1600多年的历史，隋文帝时期更名为大兴善寺，并建为国寺。隋、唐时期，长安佛教盛行，曾有印度来的僧侣在大兴善寺内翻译佛教经典和传授密宗，成为了当时长安翻译佛经的三大译经场所之一，也是中国密宗的发源地，是中印佛教交流史上的一面旗帜。在随后的历史运动中，大兴善寺虽然历尽沧桑，甚至劫难，但都一再重建或修葺，顽强地存活下来。到了清代，顺治、康熙朝多次重修，规模宏敞。不但如此，寺内还收藏有明万历年间所刊藏经和清代雍正朝所刊藏经两部，包括宋代以来的殿阁僧房、佛像法器等。可惜，这些建筑、物品中的大部分在此次"回变"中被毁。②

陕西如此，甘肃等地因战乱持续时间长，对寺院的破坏比陕西有过之而无不及。此处不再详述，仅就其中主要者罗列如表8—8所示，以见一斑。

表8—8　　　　　同治"回变"甘肃部分寺庙毁坏情况

府/直隶州	县	寺庙	具体情况
兰州府	府城	崇庆寺	同治六年，复毁于贼
		嘛呢寺	同治六年毁
		老君洞	同治六年毁
		老君庵	同治六年毁
		地藏寺	同治六年毁
	打拉池堡	城隍庙	俱在堡城，同治时城陷焚毁
		关帝庙	
		火神庙	
		东岳庙	
		龙王庙	

---

① 陈景富：《草堂寺》，三秦出版社1989年版，第36页。
② 王亚荣：《大兴善寺》，三秦出版社1986年版，第31页。

第八章 同治"回变"与陕甘城镇、市场的衰变 / 249

续表

府/直隶州	县	寺庙	具体情况
兰州府	打拉池堡	雨官庙	俱在堡城，同治时城陷焚毁
		昭忠祠	
		送子娘娘庙	
	红水分县	财神阁	同治四年，回变焚毁
		圣母宫	同治四年，回变焚毁
		祖师殿	同治四年，回变焚毁
	渭源县	清凉寺	寺毁于回乱
		三家寺	同治焚毁
		石佛寺	毁于同治回变
		鸾林寺	建于明代，毁于清之回变
		鹿鸣寺	同治毁于回变
		马藏寺	同治七年，所有殿宇毁于兵燹
		文庙	明洪武四年建，毁于同治三年回匪之乱
		清圣祠	同治年间兵乱毁
		索陀龙王庙	同治年间，洮河东西兵燹，本庙被毁
		兴国寺	同治八年毁
		五竹寺	庙宇、佛殿全被焚毁，夷为平地
		王家寺	
	和政县	滴珠寺	同治变乱，寺宇被毁
		铁桦山寺	焚于同治之乱
		麻崖寺	毁于清同治之乱
		下营寺	焚于同治之乱
	皋兰县	崇庆寺	同治六年，复毁于贼
		嘛呢寺	同治六年毁
		地藏寺	同治六年毁
		千佛阁	同治六年毁
		老君洞	同治六年毁
		石空寺	同治六年毁
	狄道州	文庙	同治二年城陷，被毁
	河州	大报恩寺	同治年间，寺院被毁于兵乱

续表

府/直隶州	县	寺庙	具体情况
秦州	秦州	清真寺	北关回民旧有清真寺在上菴沟忠义巷，同治乱时以距西关太近，毁于兵火
		鸡头寺	同治中，毁于回匪
		青涧寺	同治中，毁于匪，今唯余一古钟存
	两当县	城隍庙	同治初，城陷全毁
	秦安县	女娲庙	同治初，回乱庙毁
		西番寺	同治初，回变庙尽毁
	礼县	泰山庙	清同治二年，毁于兵燹
	清水县	三台观	同治年间被毁
泾州	泾州	龙王庙	回变已废
		高峰寺	被毁
	泾川县	王母宫石窟寺	毁于清同治年
		回山王母宫	同治七年，兵燹大起，再遭浩劫，宏构俱毁，廊柱无存
		寨子洼清真寺	
	灵台县	城隍庙	同治初年，城陷复毁
	镇原县	关岳庙	同治回乱毁
		潜夫祠	同治乱，毁于火
	华亭县	观音楼	同治回乱后，仅存遗址
	固原州	城隍庙	同治兵燹已成荒墟
	隆德县	文昌祠	同治年间，城陷被焚
		惠泽祠	回乱被毁
	硝河城分州	白衣寺	同治军兴仅存基址
凉州府	在西郭外	雷祖坛	同治五年，被回焚毁
	武威	关帝庙	同治间被毁
庆阳府	府城	文庙	同治七年，毁于兵火
		城隍庙	同治兵燹毁

续表

府/直隶州	县	寺庙	具体情况
庆阳府	安化县	文庙	同治间毁
		东岳行祠	同治间毁
		毗庐寺	同治兵燹毁
		衍庆寺	同治兵燹毁,现存遗址
		觉照寺	
		东庆观	
巩昌府	府城	关帝庙	同治四年五月,毁于回兵燹
		文昌祠	同治五年毁于回
		城隍庙	同治五年毁于回
		真武庙	同治年间毁于战火
	陇西县	城隍庙	同治五年毁于回
	会宁县	文昌祠	同治八年毁于兵
	通渭县	泰山庙	同治间毁于兵
		文昌宫	同治间毁于兵
		神祇坛	同治间毁于兵
		先农坛	同治间毁于兵
		八蜡庙	同治四年毁于兵
	洮州厅	关圣庙	关圣庙有四,同治兵燹毁一
		城隍庙	同治癸亥毁
		小嘴庙	同治二年毁
		魁星阁	同治兵燹毁
		严公祠	同治二年兵燹毁
		城隍行宫	同治二年毁
		龙王行宫	同治二年毁
		文庙	同治五年,因回匪变乱毁于兵
	漳县	盐神庙	同治初毁于兵燹
		关帝庙	同治四年毁
		北沟寺	大殿于同治年间被毁,留有悬楼一座
		龙凤寺	同治四年焚毁
		盐场寺	同治初,盐场寺毁于兵火战乱

续表

府/直隶州	县	寺庙	具体情况
巩昌府	安定县	关帝庙	同治四年，毁于兵燹
		八蜡庙	同治年间，毁于兵
安西府	府城	庆祝宫	为回逆所毁
		永宁寺	同治十年，回匪变乱，寺焚毁
甘州府	东乐县	城隍庙	在县城东门，同治四年焚毁
		胜泉寺	同治四年焚毁
		龙王庙	在县城西关，同治四年焚毁
		西大寺	同治四年焚毁
		五圣宫	同治四年焚毁
		东岳庙	同治四年焚毁
		三官庙	同治四年焚毁
		小关帝庙	同治四年，焚毁无存
		玉皇楼	同治四年焚毁
		奎星楼	同治四年焚毁
		龙王庙	同治四年焚毁
		全神庙	同治四年焚毁
		三清庙	同治四年焚毁
		玉皇阁	同治五年焚毁
		城隍庙	在南古堡，同治五年焚毁
		普观寺	同治间焚毁
		圣天寺	同治间焚毁
		龙王庙	在洪水堡，同治间焚毁
		真武楼	同治间，焚毁
		土佛寺	同治间焚毁，惟有古塔一座，梵经数十部
	临泽县	积福寺	同治间焚毁
		火神庙	同治初毁
		牛王宫	同治初毁
		城隍行宫	同治初毁
		闪佛寺	同治四年，被贼匪毁于火

续表

府/直隶州	县	寺庙	具体情况
甘州府	临泽县	大佛寺	同治匪变毁于火
		云应寺	同治中，肃匪毁于火
	抚彝厅	龙王庙	同治七年，军兴折毁
肃州	府城	文庙	同治年间，复为回逆毁尽
		关帝庙	同治年间，被逆回毁
		城隍庙	同治年间，回乱被毁
		龙神祠	同治年间，毁于兵
		文昌阁	同治年间，毁于兵
		仙姑庙	同治五年，毁于回
		弥陀寺	同治年间，复为回毁，唯浮屠巍然尚存
		土主庙	在临水堡内，同治年间，毁于兵
		大赫寺	同治年间，毁于回
		金塔寺	同治年间兵乱，僧亡寺复残破，而塔尚无恙
	高台县	前山寺	庙宇竟成焦土
宁夏府	中卫县	关帝庙	同治初年，兵燹拆毁
西宁府	府城	厉坛	同治二年，回变焚毁
		都龙王庙	同治二年，回变焚毁
		关帝庙	同治二年焚毁
		真武庙	同治二年均焚毁
		兴龙寺	
		海神、河神、龙神、泉神祠庙	清同治二年，回毁
		南禅寺	同治二年焚毁
		寄骨寺	同治二年焚毁
	大通县	文庙	同治四年焚毁
		文昌宫	同治四年焚毁
		关帝庙	同治十一年焚毁
		城隍庙	同治四年焚毁
		火神庙	同治四年焚毁
		逊步寺	同治二年焚毁

续表

府/直隶州	县	寺庙	具体情况
西宁府	碾伯县	龙王庙	同治六年焚毁
		宏济寺	同治六年焚毁
	循化厅	文昌宫	同治三年城陷被焚
		文庙	同治三年城陷被毁
		城隍庙	同治三年城陷被毁
		文昌宫	同治三年城陷被毁
		关帝庙	同治三年城陷被毁
		火神庙	同治三年，回毁
		河源神庙	同治三年，回乱拆毁
		水神庙	同治三年，回毁
		百子宫	同治三年，回毁
	丹噶尔厅	水神庙	同治时，回乱毁于兵
		火祖庙	同治回乱，毁于兵
		龙王庙	在营盘东南湟水磨渠北，遭回乱焚毁
		龙王庙	同治二年焚毁
		龙王庙	同治二年被焚
		北极山庙	有文昌、真武、奎星、三清、三圣、土地、雹神各祠庙，创建于乾隆时，经同治回乱，全行焚毁
		北极山庙	回乱全行焚毁
	贵德厅	文庙	同治六年，毁于回乱
		文昌庙	同治六年，毁于回乱

资料来源：光绪《甘肃新通志》；光绪《洮州厅志》；光绪《重修皋兰县志》；光绪《肃州新志》；光绪《重修通渭县志》；光绪《安西採仿底本》；光绪《打拉池堡县丞志》；宣统《泾州采访新志》；民国《临泽县志》；民国《东乐县志》；民国《增修华亭县志》；民国《重修灵台县志》；民国《高台县志》；民国《天水县志》；民国《重修漳县志》；民国《渭源县志》；民国《和政县志》；镇原县志编纂委员会：《镇原县志》（1987年版，第816—817页）；平凉地区博物馆编：《平凉文物》（1982年，第130页）；庆阳县志编纂委员会编：《庆阳县志》（甘肃文化出版社2012年，第67页）；王家路、张西原编：《兰州文史资料选辑·23》（兰州大学出版社2004年版）；漳县文化研究协会筹委会编：《漳县文史·10》《漳县文史·11》（2007年）；漳县文史编委会编：《漳县文史·25》（2008年）；泾川县文史资料委员会编：《泾川文史资料选辑·4》（1997年）；临夏文史资料委员会编：《临夏文史资料·第5辑》；《渭源史话》（甘肃文化出版社2006年版，第215、221页）；李焰平等编：《甘肃窟塔寺庙》（甘肃教育出版社1999年版，第683页）。

第九章

抗战时期城镇与市场的特殊发展

陕甘"回变"以后，西北地区的社会经济在艰难的恢复中，大约到宣统时期，备受战乱影响的不少地区的不少城镇和市场逐渐恢复起来，有的甚至表现为一定的繁荣和兴盛。这样的成绩固然与各级政府恢复措施有关，更重要的还是广大民众生生不息的生存欲望和对美好生活努力追求的结果。在这一过程中，一方面，国家层面自光绪以来的近代化变革也在不同程度的推行中，政治、工商业、文化教育和城市建设都在不同程度的变化中，而大区域、大范围的长途贩运和不同地区之间的商品流通较以往更加活跃；另一方面，帝国的大厦却摇摇欲坠，并终于在1912年被推翻。随后的中国虽然进入中华民国时代，但在此后的二十多年里却又是一个极其动荡的时期，自然灾害接连发生，土匪活动遍及各处，而在政治层面，军阀割据、军阀战争、国民革命等政治活动也是此起彼伏，就是局部地区的"回汉"仇杀也不是没有出现。在这一过程中，中国共产党领导的新的政治革命也已悄然升起。并且，随着30年代日本帝国主义入侵并占领东北，以及向华北活动，又使得民族矛盾日益上升。在如此多变且复杂的政治背景下，西北地区社会经济发展在全国的地位日渐变化，最终演变成为中华民族全民抗战的大后方基地。这些因素成为影响不同时期城镇和市场自身运动中重要的因素。

一 抗战前城镇与市场的缓慢发展

从中华民国建立到抗战前夕的二十多年时间里，西北五省的城镇总体上延续过去以府、州、县和市镇为主体的基本格局，在缓慢的运行和发展中。大约到了20年代后期至抗战前，由于巨大的自然灾害深重的影响、政治动荡以及因此而导致的赋税沉重、匪患频仍，以及国际环境的变化等诸多因素的持续作用，自晚清以来经济持续发展的过程被打断，社会再次进入一个基本停滞甚至在一些区域表现出倒退的现象。在此背景下，城镇与市场的运行和发展自然难以避免衰落、萧条和困顿的现状。当然，就整个西北地区来讲，这样的情况并非都是千篇一律的，在比较普遍的这一情况下，部分城镇、部分地区由于一些特殊原因的作用，依然表现出"增长、发展乃至繁荣"的情况。比如，这一时期由于政府以及社会各界对西北地区战略地位认识的增强，30年代以后"西北大开发"的呼声愈来愈高，先后也有多人或组织前往西北考察或者调研，甚至在一些基础层面也进行了一些重要的建设，这其中交通道路的建设对促进部分城镇的发展以及城镇之间的交流都起到了非常重要的作用。就陕西省而言，这一时期陇海铁路已通到了宝鸡，30年代又整修了西兰公路，新建了西（安）汉（中）公路。陕西政府也相继建成了西安至凤翔、西安至朝邑、西安至周至、咸阳至榆林等十多条公路，公路里程达2775.8公里。[①] 这对城镇的发展起到了多方面的积极推动作用。像陇海铁路通车后，铁路沿线城镇之间的客流量迅速增加，不少城镇的人口数得到大幅度增长。西安城"1931年人口为不到12万人，到抗战前的1937年增至近20万人"。[②] 咸阳城"1931年仅有5万人，到1935年增加到8万人"。[③] 宝鸡地区在"1935年陇海铁路通车前人口仅73万人，随着陇海铁路的通车，到1937年人口迅速增加到了86万人"。[④] 临潼人口1935年不到14万人，到1937年为24万人。[⑤] 陇海铁路的通车也使得物流运输更为便捷，铁路沿线的

[①] 国民党中央党部国民经济计划委员会：《十年来之中国经济建设》，南京扶轮日报社1937年版，第14页。

[②] 西安市志编纂委员会：《西安市志》第1卷，西安出版社1996年版，第446页。林鹏侠1934年所著《西北行》称，"全城居民二万余户，人口二十万有奇"（走向大西北丛书，宁夏人民出版社2000年版，第12页）。

[③] 陕西省地方志编纂委员会编：《咸阳市志》，陕西人民出版社1996年版，第381页。

[④] 宝鸡市地方志编纂委员会编：《宝鸡市志》（上），三秦出版社1998年版，第283页。

[⑤] 陕西省临潼县地方志编纂委员会编：《临潼县志》，上海人民出版社1991年版，第157页。

咸阳、西安、渭南、潼关等城市进一步发展,陆续成为关中地区重要的商业中心。而铁路沿线一些小城镇人口的迅速增加,进一步凸显了交通在城镇中的意义。如耀县地处咸同支线必经之地,往来客商不断增加,城镇人口日渐增多,仅城中人口净增达万人之多。至于华县,1934年铁路过境后,迅速成为重要的物资集散地,棉花、木材及燃料每年外销以亿万斤计,同时,又从大荔、蒲城、孝义等地每年输入四五万斤粮食在当地市场上销售。① 这样的情形,在过去是很难做到的。

铁路沿线城镇人口数的增长,一定程度上扩大了城镇消费市场的需求,并因此而吸引和带动了城镇腹地广大乡村的商业性经营,在这种互动中自然会在一定程度上推动城镇商业的繁荣。而就城镇本身来说,随着人口的增长,部分城镇的规模也在不断增长中,如西安、咸阳、宝鸡、同官、渭南诸城镇,占地规模和人口规模都有一定的增加。与此相应,一些远离铁路的传统城镇却因此而走向衰落,这其中最为显著的就是三原和凤翔两座城镇。前者,亦如前文所述,曾经是明清以来关中地区最为繁华的商业重镇之一,商业繁荣状况曾经一度不亚于西安城。但在陇海铁路修至宝鸡后,商品运输线路纷纷改道,相当一部分货物运输不再经过三原,而是由潼关经西安直达宝鸡,再西运至甘、宁、青等地。这样,三原物资集散中心的地位就被陇海铁路沿线的咸阳所取代。后者曾经是关中地区的"关西都会",清前期有"山陕河南会馆",光绪中期有"过载行"二十余家,皮庄四十余家,影响所及包括甘肃、宁夏、西安、北京、天津、上海、汉口、山西、河南等众多地区,是关中西部地区作为重要的商业集散中心。陇海铁路通车后,商业重心南移,后被宝鸡取代。② 类似于此的市镇还有不少,我们曾在相关论文或著作中有所论述,此处不再赘述。

在这种背景下,西安的商业贸易和市场有了明显的发展。据调查,1914年西安的百货业有坐商30家,摊商30家,从业人员约200人,资本两万元左右。到1937年,西安仅百货商就有150家850人,资本达到41万元。另据1934年陕西省银行的调查统计资料,当时西安商户"虽有五千余家,但小户居多,自1934年陇海铁路修至西安后,西安商业日趋繁

---

① 华县地方志编纂委员会编:《华县志》,陕西人民出版社1992年版,第272页。
② 刘景纯:《清代黄土高原地区城镇地理研究》,中华书局2005年版,第109—110页。

荣，到 1935 年 9 月，西安市的商号比较有局面的多达三千余家，除成立的 39 个行业公会外，另有 45 个独立商号"。① 所谓"远见之士乃相率至西安、咸阳一带经营工商业"。② 清楚地反映了这一时期的快速发展。

安康、汉中一带虽然与铁路等建设没有直接关系，但由于公路交通有一定改善，市场和商贸也在原来基础上出现新的发展。由于本区境内多山，山货及地方手工也在原来基础上进一步发展。据称，陕南地区年产山货约值 700 万元，其中安康地区约占近 500 万元，汉中地区占 200 万元左右。安康地区山货特产居多，但是农产品却不及汉中，部分粮食还仰仗汉中供应。汉中到宝鸡、广元的公路未开通之前，陕南山货大多集中在安康经汉江转运至河南、两湖、汉口，年产值约四五百万元。进口货物以洋广货、红白糖、纸烟、官布为大宗，纸张、杂货、瓷器等次之，年约值 300 万元。安康为贸易出超区，有不少商户颇为殷实，资金有"至二三十万者"，但商户几乎全部为纯买卖，很少进行加工制造。③

陕北的榆林、神木、安边等地为陕北羊毛的传统集散地，每年输出羊毛约四五万担（一担 100 斤），年值约二三百万元。这其中，榆林是陕北羊毛的最大集散地，在此集中转运的羊毛，除了本地区的以外，还有内蒙等地所产的一部分羊毛也通过这里转运至其他地方。30 年代，榆林的羊毛商约 40 家，毛纺织作坊约 40 家，羊毛经初步加工后再销往各地。④ 与此同时，榆林还是关中地区粮食以及陕南茶叶向内蒙、陕北等地转运的重要基地。

当然，由于自然灾害多发，特别是民国十八年（1929）"年馑"的影响，陕西各地人口损失严重，加上这一时期土匪横行，民众生产生活均遭到极大影响，不少地区经济萧条，城乡市场也常不景气。如 30 年代初的潼关县，全县人口仅有 3 万多人，县城人口 18000 人，"泰半都是农民"。当时统计，"自灾荒以来，人口已减少十分之四"。醴泉县"人烟寥落，家家户户都是破垣败壁，大灾后的景象依然存在，令人为之感伤不止"。

---

① 许济航：《陕西省经济调查报告》，重庆：财政部直接税署经济研究室，1945 年，第 53 页。
② 同上书，第 52—53 页。
③ 萧紫鹤：《陕南商务调查》，《陕行汇刊》1937 年第 2 卷第 2 期。
④ 陕西省银行：《陕北羊毛调查》，《陕行汇刊》1938 年第 2 卷第 10 期。

至于"旧永寿城内,因遭着天灾和土匪的浩劫,所以成为一座八户之城,城外虽然还有三四十家,而景况也很凄凉"。而邠县县城,"城内约有商店四五十家,内以布匹杂货为多,皮货店只有一家,境况均颇萧条"。① 这样的情形自然是当时考察者于西兰公路沿途的目击所见或采访所得,所未见的其他诸城镇大概也与此相差不多。在这样的境况下,要谈城镇的繁盛,市场的繁荣,岂不是妄诞! 不过,这种情形也在逐步的改变中,就是在大灾过程中,陕北的榆林和西安城中的人口还是有了显著的增加。1929年地质学家杨钟健考察该城后讲,"城市也相当地繁荣,并有小公园,花木杂列。若与城外的一片荒沙相比,自有天渊之别,所以榆林也叫'小北京'"。② 这样的增加主要是难民逃入的结果,而不是常态情况下,由于商品经济的发展而造成的,也不是城镇人口自然增长的原因。

甘肃省于1935年修筑了西兰(西安到兰州公路)公路的华(家岭)双(石铺)公路华(家岭)天(水)段,甘川公路兰(州)会(川)段。一些地处交通道路沿线的重要城镇在原来基础上进一步发展。如省会城市兰州,同治"回变"以后虽然有一定程度的败落,但很快就得以恢复,特别是到了光绪、宣统时期再次繁荣起来。民国以来,在近代化背景下,城镇工商业生产中心的功能逐渐增强。到30年代中期,虽然说与中东部一些省会城市的相应功能仍难以比拟,但相较于过去,仍有一些值得称道的地方。据当时一些考察者言,这一时期兰州有8家工厂,分别是:甘肃织造局、甘肃造币厂、救济院附设工厂2处、学校附设工厂2处(一为工业学校附设工厂,二为女子职业学校实习工厂)、济生工厂、惟救工厂、同生火柴公司、光明火柴公司。这些工厂都是一些轻工业性质的工厂,其中以手工制造或半手工制造为主,现代机器工业非常有限。以甘肃制造局为例,这是省政府所经营和创办的工厂,但全厂仅有250人,厂内分木工、打铁、机器、修理、翻沙5个部门,专门制造农工用具、各种实用机器、五金用品,及修配汽车等零部件。③ 工厂规模不但不大,就是制

---

① 顾执中、陆诒:《到青海去》,《中国西北文献丛书·西北民俗文献》第10卷,第29、38、42、51页。
② 杨钟健:《西北的剖面》,甘肃人民出版社2003年版,第25页。
③ 高良佐:《西北随轺记》,甘肃人民出版社2003年版,第50—51页。

造也多是一般日用型产品。至于其他诸工厂就更不用说了,基本上都是服务于一般社会的日常所需罢了。

就商业市场而言,兰州是甘肃省的商业中心,商业规模大,市场交易活跃,绝非一般城市可比。当时有人记述说,兰州"城内极繁华,南方各货悉可购办,本地特产有产水烟、羊皮、西瓜及各种杂粮,故民颇丰,并通西藏,其货买卖甚大,藏货均由兰州而下"。① 民国前期,兰州市商业已经异常繁荣,东西南三个城关商业繁盛,城内商号鳞次栉比,有钱庄、绸缎庄、京杂货、皮货庄、海菜肆、军服庄等行业,经营杂货、棉花、布匹、食粮、水烟、皮毛等各种货物,金、银、铜器等手工业作坊,还有众多的旅馆、饭馆、澡堂、理发店、照相馆等社会生活服务设施,并建有新式的商业机构中山市场和国货陈列馆等,形成了"客商侨集、闾阎四达、肩摩毂击"②的景象。1932年甘肃省建设厅对兰州的市场商业做了调查,统计出兰州"商店有514家,其中比较大的行业有粮行、杂货行、皮货行、土布行、京货行、钱庄行等17种,从数量上看以粮行为最多有150家;其次为杂货行65家、京货行55家、钱庄行45家、茶商行35家"。③ 门类齐全,规模已经相当大了。到了30年代中期,"关以内街道纵横,商业繁盛,贸易之大,远非西安、开封所及。惟铺面多属旧式,街道尚未放宽,与他处之门面辉煌虚有其表者又自不同。据皋兰公安局本年(1935)8月的户口调查,共有19835户,96420人。以余所见,商店约十分之六,住户占十分之四,其市面状况可以想见"。④这里所说,其商业状况"远非西安、开封所及"恐怕不可尽信,但亦说明其商业是颇为繁荣的。

天水是甘肃省东部的古老城镇,清末以来市场就相当繁荣。到抗战前,继续保持其区位优势,成为一方重要的商业中心。据调查,"抗日战争前天水每年输入货物值四百余万元,输出仅值一百四十余万元,而过境货物约值千万元。全市重要商号350家,资本总额120余万元,全年营业

---

① 杨重琦主编:《兰州经济史》,兰州大学出版社1992年版,第173页。
② 刘郁芬修,杨思、张维等纂:《甘肃通志稿·建置一》,《中国西北文献丛书·西北稀见方志文献》第27卷,第289页。
③ 甘肃省建设厅编:《甘肃建设专刊》民国23年,甘肃省图书馆藏。
④ 萧梅性编著:《兰州商业调查》,郑州陇海铁路管理局1935年版,第1页。

总值 1500 余万元"。① 在天水经商的大多是山西、陕西籍商人，主要经营的是百货、药材、绸缎、布匹、糕点和京广杂货等。这些商号多在本地大城市驻扎，均派去人各地常驻，来往发运。本地商人除了资本稍微雄厚点的经营布匹、杂货、棉花、粮食外，小商小贩多经营零星小货和在市面摆摊设点。在抗战前，天水形成了一些专业市场和集散中心，其中最主要的就是皮毛市场。据文献记载，"天水出口货物以皮毛为主，本县年可出产牛皮二千张，羊皮二万张，羊毛五万斤，除一部分供本县人民销用外，其余大抵运销川陕一带"。② 据有人研究，"甘肃六大特产，按价值分析，皮张占第一位，毛类占第二位。皮张尤以羊皮产量最多。张家川、天水皮张数量及加工业为全省之冠"。③ 此外"天水早有皮毛作坊数十家，大部分系回民世代经营。其主要产品为老羊皮和二毛皮，同时还制作一些狐、猞猁、旱獭等皮毛成品，品质好，行销川陕及东南各省；天水制革作坊亦有数十家，集中在中城一个小巷内，故此巷名为皮巷子"。④ 因此，这里是甘肃省重要的皮毛产品集散和加工中心之一。

武威，过去称凉州，明清以来号称是甘肃的"粮仓"，农业经济较为发达，也是河西走廊的东大门，东西来往商贾必经之地。据 1935 年的考察者记述，商业状况是："以县城为中心，分山西帮、陕西帮、本地帮、冀鲁豫帮等。山西帮十八家，本地帮八十余家，冀鲁豫帮六家。外来货输入，以布匹、纸张为大宗，绸、呢、化妆品等，仅占少数，大半自绥远、包头输入。""输出货以烟土为大宗。……近三年来烟土滞销，农村破产，商货积滞不行，隔价赔累不堪，因之金融枯竭，衰落之象日著。"⑤

临夏县，这个以回民居多的城镇，先是同治"回变"时期遭到重创，民国十七年（1928）又发生"回汉仇杀"，"东关外原为回商麇集之所"，

---

① 铁道部业务司商务科编：《陇海铁路甘肃段经济调查报告书》，文海出版社有限公司 1998 年版，第 63 页。

② 甘肃省银行经济研究室编印：《甘肃省各县经济概况》第一集，甘肃省银行出版社 1941 年版，第 8 页。

③ 王来喜：《天水的皮毛加工业》，《天水文史资料》1992 年第 6 辑。

④ 马英豪、韩雨民：《解放前后天水城区私营工商业概述》，《天水文史资料》1986 年第 1 辑。

⑤ 高良佐：《西北随轺记》，甘肃人民出版社 2003 年版，第 102 页。

后"遭国民军焚杀殆尽"，①但至抗战前又得以恢复，城市人口甚至达到近3万人。地处甘肃西南"甘青走廊"上的拉卜楞寺（镇），旧属西宁道循化县，民国十六年（1927）曾设拉卜楞设治局，第二年改为夏河县县治。这里是甘、青、川边界地带藏传佛教活动的中心，也是各族人民经济活动的中心之一。据考察者讲，30年代初，"大小商店一百八十余家，大都是汉民、回民开设的，那里也有商会组织，最大的商店就是皮毛商。因'九·一八'事件发生以来，拉卜楞的皮毛运到天津的成本比较天津的市价还高些，所以拉卜楞的皮毛停滞，不能出售。全境赖以活动的皮毛商业既经停滞，全境经济情形也很枯竭"。考察者根据民国十九年（1930）税收估计，这里每年出口的羊毛"当为二十五万斤，熟皮每年约产二十五万张。每年出口羊毛约为一百四十万斤"。②因此，这里是甘肃西南部最为重要的皮毛商业集散地之一，其影响关乎整个甘肃西南部的经济发展。

宁夏于1929年元月从甘肃省分离出来，独立建省。③20年代京包铁路通车后，宁夏成为西北地区和京津一带商品贸易交流的重要渠道。建省后，由于经济、政治、军事各方面的需要，在30年代持续掀起了一个修建公路的小高潮。在整修（西）宁包（头）汽车公路的基础上，以宁夏为中心，同时向南北两个方向延伸修筑公路，截至1932年已建成"三大干线"，即宁夏银川至内蒙古包头的宁包线、宁夏银川至甘肃兰州的宁兰线、宁夏银川至甘肃平凉的宁平线三条省际干线；建成省内"四大支线"，④即宁夏—灵武、宁夏—盐池、宁夏—预旺、宁夏—巴彦浩特四条省内主要线路。在此基础上，城镇市场和贸易在原来的基础上继续发展。

宁夏建省前，城内工商业继清代以来的发展有相当的基础。20年代前后，全城人口"计二千三十户，共男女一万九千余口。回教徒约居三分之一，余均佛教及多神教。大小商店共三百二十五家，晋商居十之六，

---

① 顾执中、陆诒：《到青海去》，第86页。
② 同上书，第123、125页。
③ 《国民政府公报》第80号，1929年1月31日。
④ 国民党中央党部国民经济计划委员会：《十年来之中国经济建设》，南京扶轮日报社1937年版，第7—8页。

秦商居十之二，余则为天津、湖南、河南、四川以及本地者"。① 境内每年输出土产：甘草约 5000 担，枸杞 2000 担（以中卫、宁安堡所产为最佳），羊毛皮张约 1000 担（每担 360 张），羊毛 1000 余万斤，驼毛、羊绒 40 万斤。输入货物约 13000—14000 担，以洋布、斜纹、海菜、糖、火柴、洋烛为大宗，另有巨鹿县所出白大布，国内各工厂所出零星货物。作为交通中转站城市，每年通过这里的货物有 7000 余担，东来者以"津货"为大宗，西来者以"皮毛"为大宗。② 到抗战前夕，宁夏城内"大小商店有三四百家，资本较大的店铺有 8 家，资本合计 200.5 万元，中等商铺有 10 余家，资本合计 100.5 万元，小商铺 30 余家，资本合计 30 余万元"。③

在此背景下，一些中小城镇的商业市场也表现出一定的繁荣。如吴忠堡，"在灵武县东南四十里处，当金、灵两县之要冲，濒临黄河，乃水陆交通要道。商业胜过县城，仅次于省城，为本省第二大商埠"。④ "整个商界人数较多，资金雄厚"，⑤ "市场异常繁荣"。⑥ 考察者称，"吴中堡虽属一小小集镇，但商业之盛，甲于全省"。⑦ 而石嘴子，地处宁夏北部，"黄河纵贯南北，大山回抱东西，形势一束，成要隘也。居民 700 余户，多来自山、陕。……大小商店 20 多家，资本雄厚的大商户有三四家，专同蒙古人进行贸易，同于磴口。……洋行计三家，曰仁记、平和、新泰。旧有高林、朱利、瑞记三家，已停闭矣。各行专在甘、青一带收买皮毛，集中于此，待梳净后装包，以骆驼或木船载赴包头。岁约皮百万张，毛三千万斤左右。此间黄河有木船七百余只，往来包头、中卫之间。……其往来包头者，下水多运皮毛、甘草、枸杞、麻

---

① 林竞：《蒙新甘宁考察记》，刘满点校，甘肃人民出版社 2003 年版，第 56 页。
② 同上。
③ 《新修支那省别全志》，任德山译，北京燕山出版社 1995 年版，第 53 页。
④ 叶祖灏：《宁夏纪要》，正论出版社 1947 年版，第 29 页。
⑤ 陈洪勋、张山林：《吴忠地区的庙宇和会馆遗址及建筑格局》，《吴忠文史资料》1989年第 2 辑。
⑥ 李凤藻：《摧残吴中的民族工商业》，载《宁夏三马》，中国文史出版社 1988 年版，第 282 页。
⑦ 范长江：《中国的西北角》，《中国西北文献丛书·西北民俗文献》第 12 卷，第 195 页。

之类，上水则运洋货、糖、茶、土瓷等"。① 另有一些农村小镇、集市、庙市也在原来基础上继续发展。如考察者1918年所见，平罗县黄渠桥，三日一集，会期："卖煤炭者，卖骡马者，卖食盐者，各分类陈列。四乡男女麇集，拥挤异常。是地居民百余家，回民三分之二。商铺二十余家。"宁夏县李刚堡，"居民八十余家，有小学一所。商人十余家，多秦晋人。回民仅居三分之一"。② 至于寺庙市场，如宁夏县，每年三月二十八日"东门外的东岳庙会，庙会共计三日，届时市场陈百货云集，老幼男女晋香游观，道为之拥塞"。③ 凡此，都表明抗战前宁夏城镇及各级市场在原有的基础上继续发展。

青海地处高寒地区，长期以来人烟稀少。生产方面，除了湟水谷地为主要的农业区以外，畜牧业占有很大比重。正因为如此，青海成为西北地区重要的羊毛、牛羊皮生产和贸易基地。省会西宁既是当地商品的集散中心，也是皮毛的中转站。"据我国《贸易通志》上记载，青海西宁为中国西北羊毛之集散地，每岁出口者，占全国羊毛出口的百分之五十。"④ "回蒙藏族每年产销羊毛，集中湟源、贵德、鲁沙尔等地，而运往天津者，年约千余万斤。"⑤ 药材如大黄、麝香、鹿茸等传统出口产品，畅销天津、上海、陕西、甘肃等地。1933年设立的中山市场是西宁城最大的商贸市场。而各种商会和同业公会的相继组建，显示了西宁商业市场和城镇逐渐向近代城市的发展。

就湟源县而言，"该县民众，除少数耕作外，泰半均从事于畜牧事业。在此以前，差不多青海九属番地的羊毛，都集中到湟源来，是一个很繁盛的羊毛贸易市场，一时有'小北京'之称。好的年份，湟源一地每年产羊毛四百余万斤，前五年尚能产三百余万斤"。⑥ "湟源一地，每年出口之羊毛约二百二十万斤，大通、俄博、永安三处，合计每年约一百万斤，玉树年约一百五十余万斤，鲁沙尔及上五庄，每年约一百五

---

① 林竞：《蒙新甘宁考察记》，第49页。
② 同上书，第51页。
③ 马福祥、王之臣：《朔方道志》卷3《风俗》，天津华泰印书馆民国十六年铅印本。
④ 顾执中、陆诒：《到青海去》，第203页。
⑤ 马鹤天：《甘青藏边区考察记》，甘肃人民出版社2003年版，第216页。
⑥ 顾执中、陆诒：《到青海去》，第183页。

十余万斤,贵德年约一百余万斤,循化及隆武年约一百五十余万斤。其他各部落,或接连新疆南部,或邻近甘肃之北部,或毗连康、藏、川西一带,每年都有大量的出口。"① 但是由于"九·一八事变"以及国际商贸环境的影响,这样的市场却在迅速的衰落中,以至于"现在""每年仅产一百八十万斤"。"羊毛市场所以衰落的原因,是因为当地捐税过重,大凡经湟源的羊毛,须纳两重捐税:一种是土产税,每百斤须纳两元;一种是产销税,每百斤七元。一般番地的羊毛商,近年遂改道转运羊毛往他处销售。……大概现在从湟源运羊毛至天津,连捐税和运费,每斤约三十一元。运输的方法,从湟源到西宁,用骡车转运,再从西宁用皮筏溯湟水经黄河东下至兰州,再从兰州装皮筏溯黄河而运至包头,转平绥路、北宁路而至天津。羊毛售价现在为每百斤十六元,以前价格好的时候,每百斤要卖到二十元。羊毛售价之所以跌落的原因,是受世界贸易不景气的影响,而今华北发生战事,也不无相当的影响。"② 不管其具体原因如何,这样的衰落却是不争的事实。由此不仅影响到湟源县羊毛中心市场的繁盛,也必然影响到其腹地各级城镇羊毛市场及其商业的繁荣和发展,鲁沙尔镇就是一个显著的例子。鲁沙尔镇是距塔尔寺不远处的一个集镇,清末民初,鲁沙尔镇的洋行商业盛极一时,到"三十年代,洋行早已停业,居民只有200多户,仅有几条弯弯曲曲泥泞肮脏的小街道而已"。③ 这样的情况还有不少,下面是30年代初青海一些主要城镇及其商业的一个列表,从中可以进一步了解当时城镇及其商业存在和发展的状况,也有助于对这一时期青海城镇的较为全面地观察,见表9—1。

---

① 顾执中、陆诒:《到青海去》,第205页。
② 同上书,第184页。
③ 陈赓亚:《西北视察记》,甘肃人民出版社2002年版,第152页。

表 9—1   1930 年代初青海城镇及其商业的基本状况

城 镇	基本状况
西宁城	城周围 9 里余，面积 5 方里，7190 余户，32486 人。城中除福音堂、天主堂、第一中学、第一女子师范学校、回教促进会，各建有洋楼外，其余均是旧式房屋。职校附设有工厂。城中商品以杂货、布匹、绸缎、海菜、药材、瓷器等为大宗。国货、外货，外货以日货为多，输出品多为土产，主要销往天津、上海等地，近年商业极其萧条
亹源城	1929 年新设县。城内颇废不堪，有大街 4 条，只有西街较为宽阔。县城 343 户，2130 余人。县城原有商店八九处，自皮毛跌价后，仅剩三四处，且勉强维持
都兰城	城内街市围墙均未建筑。商人由内地来，商品多以茶、布、烟、酒、针线等，夏季来卖，冬季收购土产、皮毛等。贸易属流动性，无固定商铺
大通城	除部分政府部门为砖瓦建造外，其余都为土筑房屋，有两条大街及数条小巷，雨后泥泞不堪。全县大小商号三四十家，现在商业一蹶不振
湟源城	人口 6000 余人，街道狭小，主干道长约两里余，为青藏路的一段，以土筑成，久雨后常被冲毁。城内大小商店共五六十家，中以南货业占最多数，每年贸易额最大的是皮货，今年皮毛停滞，市面萧条
互助城	原为西宁县威远堡，1930 年设县，改名。县城内外共有居民 2000 人，仅有街道一条。输出商品烧酒、青油，有烧酒坊 5 家，多系秦晋商人经营。输入商品来自兰州、青海转运。本县大小商店 60 余家，买卖主要是以帛易粟，近年商业凋敝
贵德城	正方形，周长 4 里有余，全城 230 户，1965 人。民国十八年（1929）筑成城内连南门之干道，长 1.3 里，宽 1.5 丈。商品多来自天津、上海、北平和甘肃，大多为英、日、俄各国货，尤以日货店占多数
化隆城	正方形，面积 2 方里，土筑，城内外共 630 户，商号尚多。商品中块茶来自湖南，绸缎绫罗布匹杂货等，多来自湖北、陕西三原，药材来自四川、汉中，洋货多来自兰州、西宁转运，其中以日货为多。全城最发达商店为杂货店
循化城	城面积不及一方里，居民共 252 户，1469 人。城为土筑，破败不堪。大街道 2 条，小巷 13，均须步行，无代步工具。大部分商品来自天津、汉口，以国货为多，约占 67%，日货次之，约占 30%，最大商店为布店
乐都城	县城十分之四为国货，十分之六为外货，外货中日货最多，率由青岛、天津转运来，各商店以杂货为主

续表

城　镇	基本情况
共和城	1929 年后新设。县府为一村庄，人口 160 余人，待建设。商业主要是土产输出，有甘草、大黄、各种动物皮毛等，通过鲁沙尔、湟源转运天津、上海等，输入货来自俄制皮革及国货，全县主要是流动性行贾。现正筹建县城，兴修店铺，组织商民
享堂镇	属民和县。有 150 户，人口 1200 余人，商店共 40 家，内有 20 家是客店，10 余家为杂货小商店
老鸦镇	镇上共 120 户，商店十数家
高庙镇	有 300 户，商店 60 余家，大的商店 20 余家，小的 40 余家
川口镇	属民和县。本县以川口镇商业为盛，商品大都来自兰州，市场以布茶为主，布匹以洋布为多，每年产值约 30 万元
小峡口	小市镇，有十余家店铺

资料来源：根据顾执中、陆诒《到青海去》（《中国西北文献丛书·西北民俗文献》第 10 卷，第 148—398 页）制作。

以上我们看到，30 年代初以前，青海由于设省，相应地增加了一些县制设置，县级以上城镇数量有所增加。这主要是出于政治管理和经济开发需要的成绩。就城镇本身的建设而言，这一时期，各城镇在建设中成就有限，但城镇近代化的进程还是有一些明显的表现，这其中最为重要的是从行政、警政、学政、医学、商务和工业等方面，都建立了相应的组织和机构，尽管尚不完全。城镇商业继晚清以来，特别是受到国际环境和沿海开埠通商的影响，以羊毛和地方土产为主的商品输出贸易发展迅速，并形成一些地区性集散中心和转运中心。而外货特别是洋货，洋货中尤以日货为多，占据了外货输入的主要份额，商业一度发展较为兴盛。其兴盛程度，以规模而言，要数西宁城和湟源县城，其他城镇虽然各有差异，总体上人数有限，商业规模较小。不论怎么小，却都不同程度地进入全国性市场体系之中，甚至各级市场都不同程度地成为外货包括洋货的销售市场。这样的情形与晚清以前主要以本地区或者兼及邻省区的市场贸易的情况有了很大的不同。不幸的是，1931 年"九·一八事变"以后，当然包括国际市场总体衰变的影响，羊毛市场受到很大的影响，加上本地区"捐税"愈来愈加重，羊毛市场一落千丈，甚至停滞发展。由此，作为当时的支柱性产业的羊毛贸易受到沉重打击,商业开始出现普遍的衰落。这一过程大概持续到了抗战前夕,并随着抗战期间东部地区工商业和民众的战略性转移,才有了明显的改变。如前所述,1932 年西宁人口共计 7190 余户,32486 人,而到抗战时期短短的几年里,居民发展到 10 万人左右,① 其人口发展迅速可见一斑。

新疆在晚清以来工商业发展的基础上继续增长。进入民国以后,交通运输条件有了明显的改善。1928 年省城迪化至塔城并通往苏联的公路竣工通车,1935 年开始修筑的迪化至伊犁、迪化至哈密公路在 1937 年全县通车。另有迪化至奇台、迪化至喀什的简易公路成为省内重要的商贸交通支撑。截至抗战全面爆发前,新疆公路通车里程为 3929 公里,② 较以前有了一定的改善。在此情况下,基于传统东西大道上的一些重要城镇的商业还是有了明显的发展,如奇台"为新疆商业中枢,东西货物悉由此转输"。③ 甚至有人认为,奇台"实输入内地货物之总汇也,不特为全疆全省重心"。④ 不过,到了 30 年代初,由于甘新公路的开通,该条路穿过天山直达乌鲁木齐且不经过奇台,遂使这里的商业逐渐衰落。

新疆省会城市迪化,也就是乌鲁木齐,继续晚清以来的对外贸易,特别是苏联的对外贸易继续发展。30 年代初,这里有居民 50000 余人,除了本城内部及其与南北疆和内外蒙古地区的贸易外,该城主要从事对苏联的贸易出口。抗战前苏联的商品在本省内外贸易总额中占据"总贸易额的百分之八十以上",⑤ 基本上统治着新疆的各级市场的商品供给。"由于新疆距内地太远,且交通不便,因此极少的内地物资能运到新疆,一切日常用品无一不依赖于苏联供给。我们看当地人民吃的是苏联的糖,穿的是苏联的布,抽的是苏联的纸烟,用的是苏联的家具,大至现代设备,小至一个玻璃茶杯,无一不和苏联发生联系"。⑥

类此者尚有伊宁、塔城、库车、和田、于田、莎车等城镇,也都是对

---

① 胡序威:《西北地区经济地理》,科学出版社 1963 年版,第 162 页。
② 宋仲福主编:《西北通史》第五卷,兰州大学出版社 2005 年版,第 863 页。
③ 汪公亮:《西北地理》,正中书局 1935 年版。
④ 林竞:《西北丛编》,神州国光出版社 1933 年版,第 384 页。
⑤ 郑植昌:《归绥县志·归绥至新疆道里一览表》,民国二十三年北平文岚簃铅印本。
⑥ 张治中:《张治中回忆录》(上),文史资料出版社 1985 年版,第 443 页。

外贸易的重要口岸。出于地方开发和巩固边防的需要，1915年在杨增新统治新疆时期，新设立了沙湾县。1918年因额敏镇"户口繁庶，向称巨镇，东通阿尔泰大路、北与俄属斋桑接壤，商贾辐辏，络绎不绝，地方极为要冲"，[①] 新设为县。1919年布尔津设为县，1921年布伦托海设为县。这四个县的设置巩固了长期以来移民戍边和地方开发的成果，强化了政府对这些地方的开发和管理，促进了北疆地区城镇的新发展。这些县级城镇的设立，在一定程度上改变了长期以来北疆地区县级城镇稀少的分布格局，为北疆地区的经济社会发展奠定了良好的基础，同时也在一定程度上缩小了新疆城镇南北分布不均的局面。

与以前相比，这一时期，内地传统乡村集市市场的形式在这里得到普遍的发展。据相关文献，全省范围内，每个县都有几个到十多个集市。大约七天一次集会，农牧民和手工业者各自出售自己的产品，购买需要的商品。有些集市还保留以物易物的现象。不逢集的日子，一般集市的商店不开门营业。每个市集都联系着周围广大范围的农村，大体上构成一个自给自足的经济单元。[②] 另外，由于时代的变化和国外形势的改变，在一定时期，一些传统交通线上的节点城镇，发挥了重要的中转站的作用，吸引了内地乃至我国东部地区一些商品的出口贸易。如哈密城，在20年代，"俄境纷乱，百工停顿，货物缺乏，乃转由我国京津一带，运货至新疆，再至俄境，为数甚巨，哈密统税收入较平时增加八九倍"。[③] 这样的情形，不惟哈密一城，在不少出入通道上的城镇都不同程度地有所致力，并因此而有所发展。由此也在一定时期、一定程度上促进了内地对外贸易的发展。

二　抗战时期城镇与市场的特殊发展

1937年"卢沟桥事变"后，抗日战争全面爆发，中国进入全面抗战时期。随后，南京、上海相继沦陷，国民政府首都由南京迁往重庆。在这

---

① 杨增新：《补过斋文牍》丙集下，新疆驻京公寓刻本1921年版，第14页。
② 中共新疆分局宣传部：《南疆社会调查》，新疆人民出版社1953年版。
③ 同上。

样的政治背景下，以西南、西北为两个大后方，作为抗战的战略支撑。这样，自1931年东北沦陷以来日渐兴起的西部大开发的呼声愈来愈高。"为了使西北免为东北沦陷之续，因此应急从事开发建设，巩固西北国防；为收回东北失地，西北之开发为当务之急；今时非有丰富资源，不能进行持久抗战；而华北各省也因民穷财困，赖以供给饷需，实非易事；苟能开发西北，为今后粮库所在。"① 特别是在这一时期，东部、东南部一大批工业、商业、资本、工厂、学校相继紧急内迁西北、西南，从而为鼓噪多年的西部大开发准备了成熟的条件。也正是在这样的情况下，为了抗战的需要，国民政府实行"抗战与建国同时并进"的战时政策，进而推动了西北地区城镇和市场的前所未有的建设和发展。

（1）尽管各地城镇发展很不平衡，但各省会城市和主要交通干线沿途的一些重要城镇的人口规模多有迅速增长。如西安市，1930年有12.5万人，1937年有15.5万人，1939年有24.64万人。② 1946年8月12日《华北新闻》报道，西安市人口增至53.3183万人。③ 兰州城人口，1933年林鹏侠称，"居民约十五万，回汉各半"，④ 至1941年，虽然全市面积仅16平方公里，但全市人口已经发展至17.2万余人。⑤ 当然，这一时期应征参战或其他兵役的人数可能也不少。如有文献称，"抗战迄今，本省（甘肃）出征之壮丁数约近百万，然同时由沦陷区流入甘之人民为数亦复不少。且机关日增，人员随之亦益。数年以来尤以兰州市人口之增加最为迅速。据三十四年（1945）六月份统计，人口十七万有余。较之战前几增四倍以上。其他如天水、平凉、酒泉等较大城市，亦日有增加"。⑥ 这

---

① 周宪文：《东北与西北》，《新中华》1933年第1卷第11期。
② 西安市档案局、西安市档案馆：《陕西经济十年（1931—1941）》，西安出版社1997年版，第188页。
③ 西安市档案局、西安市档案馆编：《西安古今大事记》，西安出版社1993年版，第246页。
④ 林鹏侠：《西北行》，宁夏人民出版社2000年版，第57页。
⑤ 孙汝楠：《兰州设市后的施政概况（1941年7月1日~1949年8月25日）》，中国人民政治协商会议兰州市委员会文史资料委员会编：《兰州文史资料选辑》第2辑，兰州大学出版社1992年版，第48页。
⑥ 朱允明：《甘肃乡土志稿》，《中国西北文献丛书·西北稀见方志文献》第30卷，第410—411页。

里所说1945年人口17万余人，较战前几乎增加了四倍，则战前兰州市有人口5万左右。这与林鹏侠所谓15万人相差过远。但具体情况到底怎样，还待进一步考证。宁夏城（今银川），如前所说，在20年代前仅有19000多人，其中三分之一为回族人口。1939年统计，男23889人，女16606人，合计40495人。1940年统计，男15560人，女10600人，合计26160人。① 即便是1940年统计数字明显出现的损耗，也不影响这一组数字所显示这一时期外来人口迁入和增长幅度相当可观这一判断。再如宝鸡县，本是一普通县城，"1946年统计，城市人口猛增至91872人，为1936的14倍，1937年城区迁入人口占总人口的70%"。在新市区，外部移民人口比例超过了本籍人口，"宝鸡县城、新市、河滩三镇，寄居、暂居人口有35535人，为本籍人口5.85倍"。② 这些都是较为显著的例子，至于一般县城、市镇中这一时期也有不少有明显的增长，如宝鸡县虢镇、岐山县蔡家坡镇等，此处不必一一列举。

（2）城镇的工业生产职能和商贸中心功能迅速提升。由于内迁工业企业以及抗战自身需要两种力量的影响，这一时期西北地区不少城镇的职能发生了明显的变化。其中最为重要，也是最为显著的是：一些主要城镇由传统的消费型城镇和较为单一的手工业和商业集散中心向工业生产中心转变，特别是由传统的手工业生产向现代机器工业生产的急剧转变，造成了城镇工业生产中心功能的明显提升。固然，这样的转变有近代初年以来有限的发展基础，但在此之前，这样的发展是非常缓慢的，就是几个重要的省会城市的发展也相当有限。而在这一时期，由于东部地区工厂企业的西迁，以及适应抗战时期物资供应和民生需要，不少城镇在这方面发展较快。拿西安来说，这一时期轻工业发展尤为显著。如面粉业，在抗战开始后，"西北战时共三十余家机器面粉厂，其中陕省有二十五家，占80%以上，且大都集中于西安市"。③ 与此同时，西安的机器制造、制碱、制革、印刷、照相、餐饮、电力工业等行业也都有较快的发展。在1940年陕西

---

① 胡平生：《民国时期的宁夏省（1929—1949）》，台湾学生书局1988年版，第339—340页。
② 杨必栋：《宝鸡乡土志·艺文（上）》，宗盛成印书局民国三十五年印本。
③ 陈真、姚洛合编：《中国近代工业史资料》第4辑，生活·读书·新知三联书店1961年版，第408—410页。

省银行经济研究室编印的《西京工业调查》中，统计西安较有实力的企业 31 家，其中"机制面粉业 5 家、机器业 2 家、化学制药业 2 家、电气业 2 家、纺织业 3 家、化学工业 1 家、烛皂业 2 家、酒精业 2 家、颜料及染料工业 1 家、印刷业 2 家、制革业 2 家、洗染业 1 家、火柴业 1 家、玻璃业 3 家、猪鬃业 1 家、纸烟制造业 1 家、造纸业 2 家"。① 在商业方面，"1936 年西安商店总数为 5000 余家，1939 年为 6000 余家，至 1940 年西安商店总数达 6509 家，其中资本在 15 万元以上计 4 家，10 万元以上计 6 家，5 万元以上计 24 家，3 万元以上计 53 家，1 万元以上共 78 家，7000 元以上者 93 家，5000 元以上者 213 家"。② 下面是 1945 年西安商业行业调查表，从中可以看出商业整体的一个概况。

表 9—2　　　　　　1945 年西安商业业别单位统计表

行业	数量	行业	数量	行业	数量
买卖业	4620	堆栈业	35	浴室理发	96
电器业	1	证券业	1	制造业	1052
信托业	62	代理业	122	地产业	2
装潢业	34	照相业	26	饮食业	1483
修理业	281	娱乐业	20	包作业	7
镶牙	12	租赁业	2	运输业	6
旅社业	135	洗染织补	113	服装业	327
总计：8437						

资料来源：许济航：《陕西省经济调查报告》，财政部直接税署经济研究室，1945 年，第 70 页。

宝鸡是这一时期迅速发展起来的工商业城镇。如前所述，陇海铁路通车前，宝鸡只是西部一个小县城，城区周围面积不足 1 平方公里。1937 年陇海铁路通车宝鸡后，在车站近郊形成了新市区，市区面积扩展到 6.7 平方公里。1946 年统计，城市人口猛增至 91872 人。陇海铁路通车后，宝

---

① 西安市政府：《西安市政统计报告（1947 年 8 月—1948 年 6 月）》，1948 年。
② 西安市档案局、西安市档案馆：《陕西经济十年（1931—1941）》，西安出版社 1997 年版，第 187 页。

鸡代替了原来凤翔的交通中心地位，经济地位逐渐超越了凤翔，成为陕西关中西部首屈一指的政治经济重镇。"1937年陇海铁路西展宝鸡，号称'丝绸之路''关西经济都会'，商业繁荣达到鼎盛，凤翔城随着国民党凤翔行政专员公署和城区百余户过载行店以及著名的大商号相继迁宝，外埠厂商纷纷来宝营生。从此，自春秋、秦汉、隋唐、宋元明清诸代，在关中西部凤翔2600余年发展形成的经济、政治、文化中心被宝鸡取而代之，宝鸡逐步成为商业活动中心和商品集散地。"① 而与此相比，"昔日工商之盛，常与东部三原并称"的凤翔府城，"近年城内人口2万余"。② 在此基础上，伴随着抗战的爆发，一批新式工商企业相继迁入或新建，据不完全统计，这一时段宝鸡城区有工厂企业30余家，而作为一个传统市镇的虢镇，兴建有"31兵工厂"、"31兵工厂电厂"、协和新火柴厂、业精纺织公司、陕西省赈济会难民工厂、惠家湾纺织厂、弹毛生产合作社、烟草合作社等工厂企业。而一些县城，如郿县县城，以前几乎没有新式工厂，这一时期增加有民康公司、利民实业社、济生纺织厂、济生造纸厂、众益实业社等。岐山县蔡家坡镇有雍兴公司西北机器厂、雍兴公司动力酒精厂、雍兴公司电厂、雍兴公司纺织厂、大来烟厂、华胜烟厂等。③ 至于商业贸易，宝鸡的货物中转和集散功能较前迅速增强，"东路来货如布疋、化妆品、洋广杂货、面粉、五金器具、纸烟、棉纱等大多集中西安转运至宝鸡，再由汽车、胶轮大车、人力驮运至汉中或径直分销于关中各县。甘肃盐及药材也北集中于宝鸡，而以凤县之双石铺为过栈，故宝鸡今日在商务上，仅次于西安，过载行达四十八家之多，咸阳渭南皆不能及"。④ 凤县身处大山之中，明清以来虽然也有些许发展，但人口稀少，商业发展非常有限。到了抗战时期，由于大西南四川和陕西等西北地区交通贸易加强，距县城不远处的双石铺（镇）则大小商号约有"三百六十余家，殷实者

---

① 陕西省宝鸡市金台区文史资料委员会：《宝鸡城区的梗概》，《金台区文史资料》（内部发行），1993年，第33—37页。
② 杨必栋：《宝鸡乡土志·艺文上》，宗盛成印书局，民国三十五年。
③ 据宝鸡市志编纂委员会《宝鸡市志》"工业"整理，三秦出版社1998年版。
④ 西安市档案局、西安市档案馆：《陕西经济十年（1931—1941）》（内部印刷），1997年，第187—190页。

三四十家"。① 这也是个前所未有的变化。

关中中东部的咸阳、渭南、铜川等城的工商业，也在这一时期迅速发展。咸阳"人口在民国 26 年（1937）仅 8 万余口，至民国 29 年（1940）已增至 9.51 万口，两年之间增加 1 万余口，多乃系他处移居者"。商业状况，"据民国 30 年（1941）9 月调查，总计该县共分 32 业，商号 310 家，资本总额 1186880 元"。② 渭南"由于抗战，华北、山东棉区沦陷，大后方军需民用棉花供应有赖关中，因而渭南花行迅速增加，民国 27 年县城花业 83 家"。③ 新编地志称，"全面抗日战争爆发后，我国中东部地区一些工厂、企业、学校、政府机关相继紧急内迁，同时河南黄泛区难民西迁，陕西作为抗战大后方，一时涌入大量迁移人口，城镇面貌随之发生了显著变化，陇海铁路沿线原来偏僻小镇逐渐发展繁荣起来"。④ 这样的成绩，如果按照正常的经济社会发展来看，是不大可能实现的。

兰州是甘肃省会，又是西北交通要冲，也是抗战时期苏联援助中国的主要通道上的重要城镇。这一时期，出于抗战的需要，国民政府以兰州为中心整修、续修和新修了西兰、甘青、甘新、华双、甘川、平宁 6 条大干线公路，又陆续兴修省内各主要城镇之间的道路从而在很大程度上保障了对抗战物资的供给，至抗战胜利前夕，即"1945 年上半年，全省公路总里程已达 4411 公里，通车里程 2953 公里"。⑤ 这样的成就是各方力量促成的，既有抗战的总体需要的力量，也有东部工业、商业企业转移的需求所造成的合力。这些力量所打造的现实，在当时的条件下极大地促进了兰州城的吸引力和影响力。据资料显示，1945 年抗战胜利前，兰州现代工厂企业数量迅速增加。抗战以来，新兴的行业主要有"机器、毛织纺织业、纸烟、制药、化学、造纸、玻璃、印刷、肥皂等工厂共二百二十余

---

① 西安市档案局、西安市档案馆：《陕西经济十年（1931—1941）》（内部印刷），1997 年，第 192 页。

② 咸阳市地方志编纂委员会：《咸阳市志》，三秦出版社 2002 年版，第 504 页。

③ 《陕西省银行汇刊》1938 年第 2 期。

④ 陕西省地方志编纂委员会：《陕西省志·地理志》，陕西人民出版社 2000 年版，第 104 页。

⑤ 甘肃省政府统计室：《甘肃省统计资料》，1946 年。

家"。①

据史料统计,从 1938 年至 1944 年这 7 年之间,兰州的工厂数由 27 家猛增至 246 家,增加了 9 倍多;资金总额由战前的近一千五百万元上升到一亿多元,除了通货膨胀等因素带来的增长外,实际净增四千六百余万元,工人也从几百人增加到三千多人。②

在商业方面,"1941 年全市有商业 1110 家,1943 年增加到 1400 家,1944 年为 2071 家,1945 年为 2178 多家"。③ 商业发展明显地呈现上升趋势。商店的数量在增加的同时,产生了许多新的商业门类,形成了许多专营店,例如"布匹、百货和服装等,其中仅布商就有 114 家,百货商 98 家,服装商 63 家"。④ 在商店门类增多的同时,商店的规模也有所扩大,"1945 年市场营业总额达 13.12 亿元,商店 2095 家,从业人员 1.3 万人"。⑤ 随着人口的迁入,京津沪等地商业资本也转移到了兰州,"1945 年兰州商店总数的 2178 家,其中布店 114 家,百货店 98 家,杂货店 277 家,服装店 63 家"。⑥

在抗战期间,"随着山西、河南等省的一些中小工商业者和大批难民不断涌入,天水人口迅速增长,宝天铁路通车后人口增加了十余万人。因此,日用消费量日渐增大,工商业随之兴盛,出现一时的繁荣景象,其中以百货业、布匹业发展较快。在这期间,不仅原有行业逐渐扩大,经营品种也日渐增多,还相继兴起了一些过去没有的行业,如五金、电料、西药及汽车运输等"。⑦ "1938 年天水城区有大小商号 324 家,其中皮货、汾酒、漆货、点心、猪肉等行业多为自产自销,从业人员以农兼商或以商兼农。1942 年有商号 540 家,多为外省人经营。1945 年宝天铁路通车后,外来人口剧增,工商业户增多,原有行业逐渐扩大经营品种,五金、电

---

① 朱允明:《甘肃乡土志稿》,《中国西北文献丛书·西北稀见方志文献》第 30 卷,第 486 页。
② 王树基:《甘肃之工业》,甘肃省银行印刷,1944 年,第 208、210 页。
③ 全国图书馆文献缩微复制中心编:《中国西部开发文献》第 5 卷《西北商业概况》,第 154 页。
④ 《兰州市各种商店家数》(1943 年 4 月调查),《甘肃贸易季刊》1943 年第 4 期。
⑤ 陈鸿胪:《论甘肃的贸易》,《甘肃贸易季刊》1943 年第 4 期。
⑥ 《兰州市各种商店家数》(1943 年 4 月调查),《甘肃贸易季刊》1943 年第 4 期。
⑦ 马英豪、韩雨民:《解放前后天水城区私营工商业概述》,《天水文史资料》第 1 辑。

料、电磨、纺织、西药等行业相继兴起。"① 其市场交易额,"每年产出货物值约 400 余万元,而输出价值 140 余万元,过境货物值约 1000 余万元。全市重要商号 350 家,资本总额 120 余万元,全年营业总额近 1600 万元"。②

平凉在 1940 年以后,运输业迅速发展,过载商行、汽车商行、皮毛商行、车马店、骆驼店、肥皂厂、纸烟厂等屡有兴起。尤其是毛纺织工业,相继兴起有复兴、泰华、六盘磨、益民等毛纺织合作社。抗战前西兰公路通达时,该城已成为陇东物资集散地,商业云集,市场繁荣。抗战爆发后,"自西兰公路告成后,平凉商业已趋繁盛,又因为抗战关系,甘肃到新疆的军运频繁,平凉地当要冲,不但商业地位日趋重要,其他如军事、文化、教育、卫生、运输航空储藏盐务各机关都在平凉建立,商业也更加发达"。③ 铁道部业务司对陇海铁路沿线商业调查中认为,"平凉之商业情形,原与兰州、天水鼎足而三"。④ 据统计,1941 年"平凉县有大小商号 420 余家,其中杂货、京货、皮毛、染作坊、布庄、粮食行、饭店、药材行、过载行等是主要的行业"。⑤ 1945 年调查:"全市共有大小商号 1500 余家,杂货业 1000 家,布匹业 200 家,大小饭馆 80 家,皮店 50 家,银楼 40 家,纸烟批发业 38 家,旅馆 20 家,照相馆 10 家,盐店 10 家,药店 10 家,金店 3 家,酒坊 6 家,余为裁缝、木器、书店、理发等"。⑥ 四年时间商号数目增加了 3 倍多,可见其商业市场的迅速发展。1942 年,平凉商业中以皮毛业为最大,是陇东各县羊毛集散中心,每年可交易六百万斤,其次为布庄及杂货店。平凉的商人经常到西安、洛阳等地采办货物,在天津、上海、汉口等地往来的也有十分之一二。抗战以后,各商号除西安采办货物外,还到成都、汉中等地采买货物。晋、秦商人经营的布

---

① 天水市地方志编纂委员会编:《天水市志》第 24 编"商业外贸",方志出版社 2004 年版,第 1288 页。
② 铁道部业务司商务科编:《陇海铁路甘肃段经济调查报告书》,文海出版社 1998 年版,第 63 页。
③ 李琴芳选编:《经济部西北工业考察通讯(下)》,《民国档案》1996 年第 1 期。
④ 铁道部业务司商务科编:《陇海铁路甘肃段经济调查报告书》,第 63 页。
⑤ 甘肃省银行经济研究室编印:《甘肃省各县经济概况》,甘肃省银行经济研究室印,1942 年,第 75—76 页。
⑥ 平凉市志编纂委员会编:《平凉市志》,中华书局 1996 年版,第 289—290 页。

京杂等货业,"各商号的资本由一千元至一万元者约占10%,万元至五十万元者约占70%,万元至二百万元者约占20%"。① 其商业资本规模之大,是以前所没有的。

临夏本是甘肃省东南部的大型商业市镇,是甘肃最大的皮毛集散地之一。抗战时期皮毛加工业得到进一步发展,1946年统计,"皮货制革业约八九户,工匠30余人,从业者约600余人,约有资本21万余元"。② 著名企业如临夏纺织股份有限公司,所产白布、毛毯、棉、五角花呢、毛褐、毛袜等远销各地。振兴工业社也是一家以织粗毛呢、毛床单等为主的工业组织。至于临夏毛织厂,所产毛床单、绒毯、毛袜子、毛毡等也是声誉不俗。

碧口镇是甘、宁、青三省通往四川的水陆交通重镇。顺白龙江、嘉陵江而下可抵广元、重庆,陆路向西可通达四川青川、江油。这是甘肃水烟、药材输出的主要通道,同时也是茶、布、卷烟等物品输入的重要通道。据1940年秦安县调查知,皮毛年输出15000斤,猪鬃3000多斤,青盐150000斤。这些"皮毛大多由西宁、古浪、静远、海原、固原等地输入,售于四川成都、重庆等处;猪鬃大多来自邻近各县,而售于成都、重庆各地;青盐均由古浪一条山运来,售于西安、四川一带"。③ 在此背景下,碧口镇商贸往来大增,商贸中心功能迅速提升。据统计,"1942年该镇有各种铺面224户,进出口货物品类繁多,总值10536.9万法币,位居甘肃省的四大商镇之首。据1943年调查,1942年由碧口输出的药材、水烟、皮毛等共47474市担,约值5888万法币"。④

宁夏城,"1940年在省城东郊建成的宁夏省毛织工厂有职工600余名,主要生产地毯、毛毯、毛衣、毛袜、毛线等产品,这些产品不仅供应本省,还销往甘肃、陕西等地。由于市场需求较大,生产顺利,1941年

---

① 甘肃省银行经济研究室编印:《甘肃省各县经济概况》1942年,第75页。
② 石光弼:《解放前临夏的手工业和工业》,中国人民政治协商会议甘肃省临夏回族自治州委员会文史资料编:《临夏文史资料选辑》第7辑,1992年。
③ 甘肃省银行经济研究室编:《甘肃省各县经济概况》1942年,第137页。
④ 洪文翰:《谈谈甘肃的商港——碧口》,《甘肃贸易季刊》1943年第4期。

度盈利 3.4 万元"。① 另有光华陶瓷厂、宁夏造纸所、宁夏印刷局等企业工厂，而一些卷烟、火柴、碾米、制糖等工厂，虽然规模不大，却与其他企业共同构成这一时期兴起的重要生产行业，从而在很大程度上提升了宁夏城的生产中心职能。另有中卫县，本是传统的船运转运中心，又是羊毛集散中心，"本地产出羊毛颇多，每年出产总额达到百万斤以上"。② 抗战以来，华北沦陷，传统产盐区盐业供给中断，中卫盐业市场得以迅速发展，每年运销量超过了抗战前的 3 倍。而固原也因为宁夏花马池食盐通过这里运销各省，而盐运业异常繁荣，进而带动了城镇商业集散中心功能的提升。

青海省城西宁，抗战前主要是地区政治、商业中心，略有几处机器制造业和工矿企业。抗战时期，马步芳筹资 100 万元，陆续建起的三酸、玻璃、火柴、洗毛、纺织、皮革等工业企业，进一步提升了西宁工业生产中心的职能。1944 年西宁被国民政府定为建制市，这在西宁发展史上开启了新的一页。抗战时期，青海的对苏联国际贸易和对外省贸易有较大发展，但随着马氏家族对青海控制的加强，官僚资本的垄断性经营特点突出。抗战前马步芳控制的协和商栈和德兴海商号已基本控制了青海地区的贸易。抗战爆发后，马步芳借口防止"各种物资资敌"，协和商栈在乐都、民和、大通、互助、化隆、贵德等要冲地段设立分栈，在西宁总站内还设置了皮张仓库、羊毛仓库、宁西皮张作坊及青海羊肠公司，在湟源、贵德、同仁、共和、鲁沙尔等处也设有皮张、羊毛等分仓库。德兴海商号经营的范围，比协和商栈更为广泛，其总号设西宁东关大街，分支机构遍布于大通、湟源、都兰、结古、共和、加拉寺、贵德、循化、化隆、互助、湟中、乐都、民和等地，控制了全省广大农牧业区的市场。这些机构收购当地百货、土特产分别运往天津、重庆、四川北部、原西康南部、拉萨等地，甚至国外，换取美英等国的布匹、军火、百货。抗日战争期间，"青海每年进口湖南安化茶约一万一千市石、四川松安茶约八千市石、康南路

---

① 宁夏省政府秘书处编：《十年来宁夏省政述要》第 5 册 "建设篇"，宁夏省政府 1942 年印行，第 166 页。
② 自强：《中国羊毛之探讨（续）》，《新青海》1934 年第 11 期。

边茶约七千市石,合计二万六千市石左右,全部是德兴海垄断的"。① 中小私商在官僚垄断资本的冲击下逐渐走向下坡路,到1942年以后,"私商纷纷破产,青海物资的出入省贸易,便成为德兴海独家经营了"。② 1942年,李烛尘考察青海,谈及西宁商业情况说:"货物以皮毛为多,布来自西安……皮毛产在此间,然好者均运往成都,大概均归省府统制。实则一切均统制,不独皮毛为然,且价亦不廉,以硬币为标准,在硬币作价三十一元。"③ 也正因为如此,抗战时期青海一些州县的商业并不是自由发展的,甚至没有出现像其他省份那样的繁盛局面。

(3)新疆地区建置城镇迅速增加,与前苏联贸易形成特色。新疆地区独特的地理位置决定了它在抗日战争中独特的地位。一方面,这里是连接苏联和中国抗战后方的交通大动脉,苏联大批军火、物资、药品源源不断地从这里进入中国内地;另一方面,作为抗战大后方和一定数量的物资供应基地,这里因各种因素不断得到开发,从而形成不少的新兴建制城镇。如1937年设特克斯县,1938年设乌恰县,1939年设河南县(今察布查尔锡伯自治县),1941年设青河县、富蕴县,1942年设和丰县,1943年设库尔勒县等。除此而外,这一时期,又在阿图什各地增设设治局,升乌恰、巩哈(今尼勒克县)、青河等设治局为三等县,托克苏(今新和县)、鄯善由三等县升为二等县。据说,在盛世才统治时期,新疆县治城镇已发展到74个,专区增加到10个。一些外来移民相继被安置到省城迪化、绥来、昌吉、奇台、呼图壁等地,在一定程度上促进了城镇规模的迅速增长。④

抗战开始后,苏联的大批军火、物资、药品从苏联边境源源不断地进入新疆,又经过甘肃、陕西到达抗日前线,所以新疆主要交通沿线城镇市场在这一背景下有一定的发展。如"哈密,随处可见村落市镇;再至古城子、迪化等处均为商业辐辏之区,人口亦较他地为多"。⑤ 而哈密街市,

---

① 青海省志编纂委员会:《青海历史纪要》,青海人民出版社1980年版,第188页。
② 同上书,第189页。
③ 李烛尘:《西北历程》,杨晓斌点校,甘肃人民出版社2003年版,第33页。
④ 新疆社会科学院历史研究所:《新疆简史》第三册,新疆人民出版社1980年版,第253页。
⑤ 陈赓雅:《西北视察记》,甘肃人民出版社2002年版,第39页。

所谓"哈密镇藩街,街通新旧两城,素称繁盛,缠民约占十之六七,回、汉仅十之二三","平、津、绥、晋商帮以茶砖、纸张、绸缎等货换取缠民之羊皮、羊毛、驼毛、瓜干、葡萄干等"。①

表9—3　　　　1937—1945年新疆同苏联贸易统计表　　　单位:千卢布

年份	新疆对苏出口	苏联对新出口	贸易总额	新疆出入超
1937	25774	34753	60527	入超8979
1938	35197	43781	78978	入超8584
1939	41700	33107	74807	出超8593
1940	41700	缺	缺	缺
1941	43700	47097	90797	入超3397
1942	56400	21900	78300	出超34500
1943	3300	11600	14900	入超8300
1944	23200	3300	26500	出超19900
1945	22500	7700	30200	出超14800

资料来源:宋仲福主编:《西北通史》第五卷,兰州大学出版社2005年版,第612页。

抗日战争时期,西北地区一些主要城镇和市场的迅速发展是一个客观事实。不过,这样的现象及其形成明显地带有战时繁荣的烙印:一方面,国民政府出于战争的需要,在政策和资金方面有一定的投入和扶持,另一方面,全民抗战的热情和投入也在很大程度上促进了战时经济的发展。在此背景及其各方力量的综合作用下,相关城镇和市场遂迅速出现不同程度的繁荣和兴盛。伴随着抗日战争的结束,战时经济的特殊发展迅速结束,西北地区已经形成的城镇和市场发展逐渐衰落,繁荣一时的城镇与市场虽然没有回到战前的"常态"运行中,却在"现有"的基础上也没有若何发展,甚至伴随着有些工厂、人力的东迁而逐渐衰落、停滞或萧条。

---

① 同上书,第225、228页。

第十章

陕甘宁边区城镇与市场的发展

陕甘宁边区是在一个特殊的时期，在一个特定的地域所形成的特殊区域。从其历史来看，它源于中国共产党于20世纪30年代初在陕北等地所建立的工农武装根据地。最初，共产党人刘志丹、谢子长在陕甘边和陕北进行工农武装革命，先后建立了陕甘边根据地和陕北根据地，并成立了陕甘边苏维埃政府和陕北省苏维埃政府。1935年年初，两个根据地被统一到一起，并在1936年红军三大主力会师后，建立了陕甘宁革命根据地。随着抗日战争的爆发，国共合作形成，陕甘宁"苏区"遂改为陕甘宁边区政府，直属南京政府行政院。由此，旧的"苏区"在陕甘宁边区的名义下获得一个"合法"的地位和具有稳定行政区的行政建制。1937年9月，陕甘宁边区政府管辖靖边、定边、安定、安塞、保安、庆阳、合水、绥德、米脂、耀县、吴堡、清涧、葭县、神府、延川、延长、延安、甘泉、旬邑、淳化、镇原、宁县、正宁、环县、盐池、豫旺26个县区。它们分布于陕西、甘肃、宁夏交接处，地理范围：北起陕北府谷、宁夏盐池，南到陕西之宜川、富县，东接黄河，西临宁夏预旺、甘肃固原。自北向南约900里，自东至西约800里。[①] 1937年边区总面积129608平方公里。随后，国民政府以各种名义，先后占据淳化、旬邑、正宁、宁县、镇原、预旺6个县城及数千处村镇，至1944年，边区面积实际约为98960

---

① 陕甘宁边区财政经济史编写组、陕西省档案馆：《抗日战争时期陕甘宁边区财政经济史料摘编》（第一编），陕西人民出版社1981年版，第8页。

平方公里，人口约150万。①

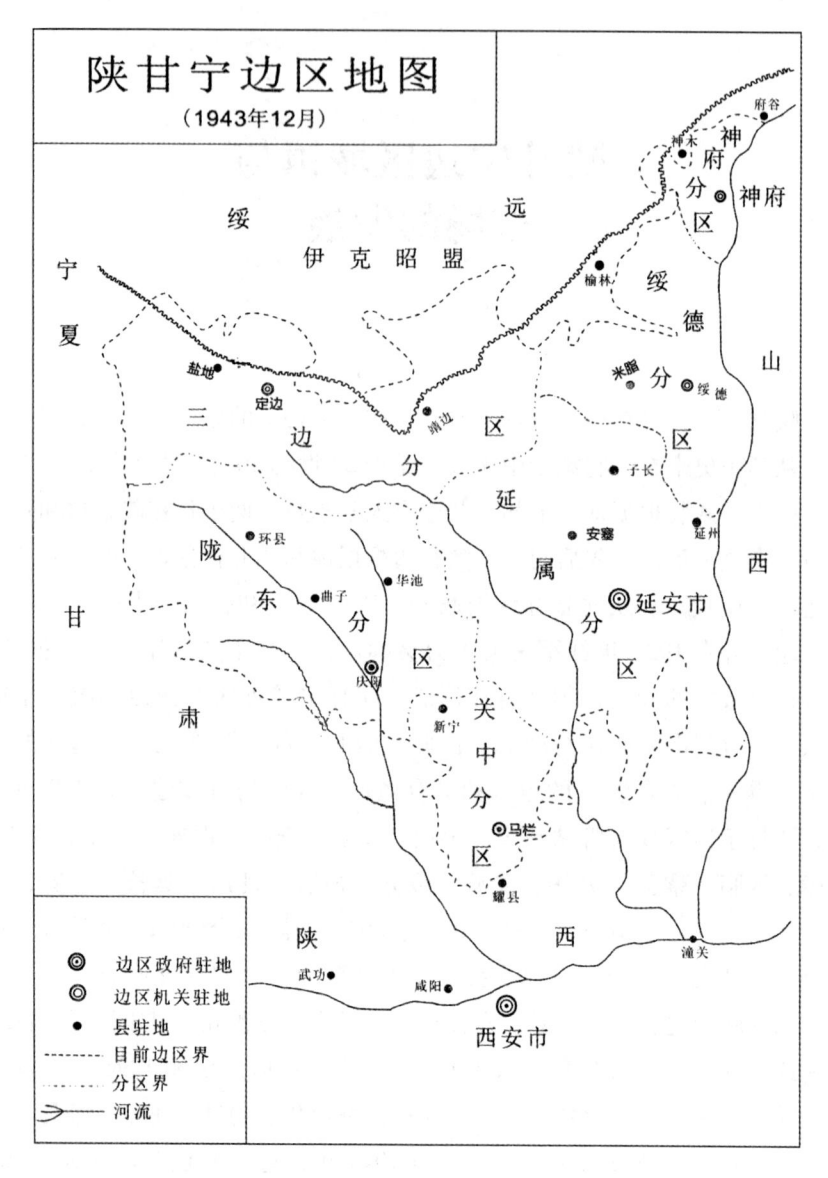

图10—1

资料来源：采自李顺民、赵阿利《陕甘宁边区行政区划变迁》，陕西人民出版社1994年版。

---

① 陕甘宁边区财政经济史编写组、陕西省档案馆：《抗日战争时期陕甘宁边区财政经济史料摘编》（第一编），第9—10页。

一 抗战前"陕甘宁边区"范围内的
城镇和市场的新发展

　　陕甘宁边区所属20个县地，除神府（神木、府谷县各一部分组成）外，各县都是历史时期延续下来的建制城镇，虽说它们的经济状况总体上要差一些，但也不是一点基础都没有。历史时期以来，它们都是各自所在县域的经济中心，具有程度不同的手工业和商贸店肆，生产和满足以县域为主的当地居民的基本生产、生活必需品。除此而外，不少地方的畜牧业较为普遍，皮毛生产较为普遍。清代以来不少州县都有不同程度的皮毛手工制作，皮子的来源也较为广泛，如牛皮、羊皮、驼皮、狐皮、獾皮、兔子皮、狼皮等，还有一些手工匠分散于民间，从事私人加工。稍具规模的皮货也远销至华北、江南各地。客观地来说，晚清以来，由于"同治回变"的深刻影响，不少城镇都不同程度地遭受了较为严重的毁坏和影响，至民国前期尚没有恢复到清代前期的水平。民国初年，政治环境不大稳定，政治、军事斗争接连不断，苛捐杂税众多，民生状况多比较艰难。在这种背景下，各级城镇虽然在大的方面依然保留着一定的手工业、商业和市集等形式，但总体上的表现却较为萧条。如庆阳府城，"城关人口旧有三千余户，乱后户口凋残，至今才五百余户，小商号三四十家而已"。"市镇以安化之西峰镇、宁州之早胜镇、环县之曲子镇、合水之西华池镇、正宁之山河镇为著。西峰镇在安化县南一百三十里，北通宁夏，东连陕西。宁夏食盐行销陕属，必经此地，故为各路运盐车辆总汇之区，商贩多设盐店于此，以食粮、杂货交易盐斤。其地又为重要的皮毛市场，附近各县所产皮毛多由此出口。故贸易甚盛，逐年发展为陇东第一大镇。"① 至于说市场交易，安化"县城人烟稀少，无过载粟店，粮市仅供居民食用。县城集市归一，月初南街，月中西街，月下北街。西峰镇同治兵燹后，附近六里合立集市，买卖粮食，后渐兴旺，分为六：北管、太平斗俱

---

① 杨景修编纂：《庆阳府志续编》，庆阳市地方志办公室整理，甘肃文化出版社2013年版，第23页。

在城东门内，六家斗在城西门内，张百户斗在城外南大街，高庄斗在西大街，彭原斗在北大街。……什社镇粮市一处，在北城门外。……驿马关粮市一处，在北城门内"。① 时人记述其商业状况："府城商号三十余家，规模狭小，不甚发达。西峰镇较为繁盛，商号百余家，货物购自西安、三原。各县城不过商号十余家，善经营者，以晋、陕人占优势。至如驿马关、曲子、洪德城、西华池、悦乐、邱家寨、早胜等镇，亦不过小商十余家或数家而已。各镇逢集之日，货物云集，籍资交流。寺观骡马赛会之期，外省商人亦运京、广杂货出售者。"② 因此，城镇和市场结构基本上沿袭清代以来的三级形式，即府县城市场、市镇、乡村市集或庙会市场，但商业规模普遍较小。日常市场中，粮食市场是最为重要的，也是最普遍的专业市场，说明温饱和基本的生存需求依然是当地经济的中心问题。

再如陕北保安县，"当同治以前，野无旷土，村舍相望。自兵燹后，庐舍皆毁，民靡孑遗。今承平四十年矣，犹往往行三四十里不见烟户"。光绪"二十二年清查户口，城乡共九百一十一户，五千二百四十一丁口，现增至一千一百四十六户，七千零一十四丁口"。"城内有小商铺四家，乡外八九家，大半系土人资本，余皆客商开设"。③ 甘泉县，"邑俗类皆以务农牧畜为本，读书者稀少，亦不知工艺商贾之业"。"本境兵燹后祠庙市镇皆残毁无存，土荒人稀，为五方杂处之区。""街市寂寥，商贾稀少。"④ 府谷县一部分在边区内，清末以来，"本境业士者寥寥，约计县城川及四乡五口外可五六百人；业农者甚多，约计县城川及四乡五口外可四万余人；业共者可千余人；业商者可六千余人"。⑤ 这样的情况基本上延续到民国时期，虽然所在居民和生产日渐恢复，但城镇和商业状况一时难有显著的变化。如靖边县在抗战前夕，"查县属向无里甲，旧分五堡一镇：曰镇靖，曰龙州，曰镇罗，曰新城，曰宁塞，曰宁条梁。镇旧治新城堡，今移镇靖，为县城，并无关厢。五堡均近边墙蜿蜒一带，错互不齐。

---

① 杨景修编纂：《庆阳府志续编》，第53页。
② 同上书，第67页。
③ 《保安县乡土志》，《陕西省图书馆藏稀见方志丛刊》第10卷，第343、352、380—381页。
④ 《甘泉县乡土志》，《陕西省图书馆藏稀见方志丛刊》第10卷，第412、415、427页。
⑤ 《府谷县乡土志》，《陕西省图书馆藏稀见方志丛刊》第12卷，第720页。

略分四乡，村少丁稀"。① 当时"保甲册民户数"，烟户只有3171户，男女大小18420丁口。难怪地志撰者感慨说，"嗟乎，一县之大，寥廓周数百里，核厥民数，竟不如南方一大村镇也，良可慨也！"② 延长县，同治以前城镇商业尚有一定发展，如县东北70里的交口镇，地处交通要道，"昔时商务繁盛，居民稠密。同治七年（1868），回匪蹂躏，荡然无存。宣统末，商民仅五十余户，较昔殆减十之八也"。③ 1930年前，不少市镇中，除了交口镇如上述外，安沟镇稍有贸易，但也只是"寥寥十余店，韩城人多贸易"，其他镇店"并无市集"。④ 至于户口，"今奉文查造，合城驿乡镇，除寄居客户不算外，本邑土著计五千二百三十六户，二万一千四十四口"。⑤ 虽较靖边县略好，但亦差相仿佛，没有明显的区别。

　　城镇和市场的普遍萧条，从根本上讲，是以农牧业为主的农牧业经济发展普遍落后所致，也与当时政治动荡和社会不安定的社会环境较差的形势密切相关。抗战前，封建地主经济在边区占据主导地位，"浓厚的封建残余，70%的土地集中在少数人的手里，苛捐杂税达80余种，1元的放债利息高到0.15元/月，广大的贫苦人民呻吟于封建势力的淫威之下，一年的收入尚不够温饱，若遇天灾人祸，则流亡失所，死于沟渠"。⑥ 当时有美国人来中国考察后说："愚昧和劳动，还不过是中国农民肩上重担的一部分；另一部分重担，是和他的思想及迷信一样古老的社会制度。农民和土地的关系，是由土地所有者来决定的。这个问题是中国最大的问题，但竟完全没有足够的统计材料，这是中国目前社会情况奇特的一例。有些人估计——粗略的估计——中国农民之中有30%是半佃半自耕农，30%是佃农和无地的雇农，40%是自耕农。这个分析是非常惊人的。"⑦ 这是当时中国社会较为普遍的状况，而处于封闭落后的陕甘宁地区的情况则更为糟糕。据调查，边区的"米脂县杨家沟大户马氏家族占有60%以上的

---

① 《靖边县志》卷1《户口志》，民国二十四年刊本。

② 同上。

③ 《延长县志》，成文出版社有限公司1970年版，第45页。

④ 同上书，第70页。

⑤ 同上书，第100页。

⑥ 陕甘宁边区财政经济史编写组、陕西省档案馆：《抗日战争时期陕甘宁边区财政经济史料摘编》（第七编），陕西人民出版社1981年版，第2页。

⑦ ［美］白修德、贾安娜：《中国的惊雷》，端纳译，新华出版社1988年版，第254页。

土地，而马氏家族以外的绝大多数小户占有土地仅为30%左右"。① "佃农和半自耕农的大量存在，使农村中的高利贷十分盛行。"② 地租每垧一斗至三斗，"荒年出不上租时，存在明年出，还要打利"。③ 农民还不上地租就得抵押土地，如陕西绥德县，农民押出土地数量逐年增加，"1928年押出的土地占所有土地的30%，1933年到66%"。④ 另外，边区所在地方，自然地理环境普遍不利于农业生产，不少地方三年两旱，降雨稀少，收成是靠天吃饭，粮食产量很低，平均每垧（三亩）产量140—150斤，荒年有时颗粒无收，农业产量低而不稳定。驴和牛是主要耕畜，也是主要运输力量，畜牧业中主要以羊和驼为主，骡马较少，山羊较多。

边区工业非常落后，不但没有机器工业，就是为数极少的手工业也很薄弱。"1935年10月中央红军长征到陕北时，仅有一个四十多名工人的修械厂。到抗战前，加上被服厂、印刷厂等，也不过二百七十多名职工。"⑤ "工业非常落后，民间仅有一些小手工作坊和盐池、炭窑，农村家庭纺织业也因为外来纱布的大量涌入而销声匿迹，可以说，一切日用品都是仰赖外间输入的。"⑥ "战前根本谈不到工业，一半以上的县份人民不懂纺织，除粮食、羊毛外，其他一切日用所需，从棉布到针线，甚至吃饭的碗，均靠外来。"⑦ 在红军到来之后边区的工业有了一定的发展，"苏区工业都是手工业，有保安和河连湾（甘肃）的织布厂、制鞋厂、被服厂、造纸厂、定边的制毯厂、永平的煤矿，所产的煤是中国最便宜的，还有其他几县的毛纺厂和纺纱厂——所有这些工厂都计划生产足够的商品供红色

---

① 延安农村工作团：《米脂县杨家沟调查》，人民出版社1980年版，第2页。
② 高岗：《抗战四年来陕甘宁边区的建设》，《解放》1941年第131期、132期合刊。
③ 中央档案馆、陕西省档案馆：《陕西革命历史文件汇集》（1933年4月—1936年），陕西人民出版社1992年版，第441页。
④ 丽水：《陕西绥德县鹅峁峪村的农贷》，《中国农村经济研究会年报》1934年第3期。
⑤ 西北五省区编纂领导小组、中央档案馆：《陕甘宁边区抗日民主根据地》回忆录卷，中共党史资料出版社1990年版，第231页。
⑥ 陕甘宁边区财政经济史编写组、陕西省档案馆：《抗日战争时期陕甘宁边区财政经济史料摘编》（第三编），陕西人民出版社1981年版，第3页。
⑦ 陕甘宁边区财政经济史编写组、陕西省档案馆：《抗日战争时期陕甘宁边区财政经济史料摘编》（第三编），第4页。

陕西和甘肃的四百家合作社销售"。① 就是说，在中央红军到达陕甘宁后，由于战时需要，边区的工业较以前有所发展。这一点，斯诺曾说："共产党在这里遇到的困难要比在南方大得多，因为在成立苏维埃之前，甚至连一个小规模的机器工业都几乎完全不存在。在整个西北，陕西、甘肃、青海、宁夏、绥远，这些面积总和几乎与俄国除外的整个欧洲相当的省份里，机器工业总投资额肯定大大低于——打个比方来说——福特汽车公司某一大装配线上的一个工厂。"②

农民生活水平普遍低下，他们"住的是土窑洞，吃没有菜的稀饭，穿褴褛的衣服，甚至冬天穿不上棉衣，一家人住在一个窑洞里，睡在一个炕上，全部家具财产有两个毛驴可以载完，有了病只能听天由命，一遇天灾人祸则流离饥饿，为匪为盗"。③ 在这样的情况下，经常发生农民难以生活下去而背井离乡的情况。所谓"沿途无不见陕人夫携妻、母携子，肩负其生活所必须之简单物品，离乡而去"，④ 正是当时这一带农民生活的生动写照。

边区文化教育非常落后，有的县甚至连一所学校都没有。李维汉回忆说："这儿简直可以说是一块文化教育的荒漠，反映在文化教育上，就是封建、迷信、文盲、不卫生。知识分子缺乏，文盲率达99%；学校教育，除城镇外，在分散的农村，方圆几十里找不到一所学校，穷人子弟入学无门；文化设施很缺，人民十分缺乏文化生活；卫生条件极差，缺医少药，人畜死亡率都很高，婴儿死亡率达60%，成人达3%；全区巫神多达2000人，招摇撞骗，危害甚烈。人民不仅备受封建经济的压迫，而且吃尽了文盲、不卫生、迷信的苦头，人民的健康和生命得不到保障。"⑤

总体而言，抗战前，陕甘宁边区主要的商业市场是由历史时期以来形成的以府县为中心的政治中心、部分市镇以及个别庙会市场。商户数量

---

① ［美］埃德加·斯诺：《西行漫记》，董乐山译，生活·读书·新知三联书店1979年版，第199页。

② 同上书，第198页。

③ 陕甘宁边区财政经济史编写组、陕西省档案馆：《抗日战争时期陕甘宁边区财政经济史料摘编》（第七编），第2页。

④ 何挺杰：《陕西农村之破产及趋势》，《中国经济》第1卷第4、5期，1933年8月。

⑤ 李维汉：《回忆与研究》（下），中共党史资料出版社1986年版，第566页。

少，资本极为有限，大部分商户资本仅有几百至几千元不等。商业经营范围也不大，主要集中在周边乡镇，商品交易种类单一，就是传统特产皮毛、食盐、甘草等，实际上也很少像以前那样成规模的销往外地。

二 边区政府成立后的经济改善和城镇的新发展

陕甘宁边区成立后，边区政府制定了一系列发展社会经济的措施，并得到成功实施，使得陕甘宁边区社会经济有所恢复并发展。（1）边区实行新的土地政策，使耕者有其田，提高了广大贫雇农的积极性。农业方面实行休养生息政策，粮食产量逐年上升，1937年为126万石，1944年达到了175万石。抗日战争进入相持阶段后，边区实行减租减息政策，在政治上配合"三三制"原则，团结了广大地主、农民和其他各种抗日力量，使抗战有了稳固的基础。为了解决边区粮食供应问题，政府开展的大生产运动，"自己动手，丰衣足食"，使部队、机关和学校的自给性增强，减轻了农民的负担，有利于农业的恢复与增长。（2）适应抗战的需要，由政府组织，建立起了一套比较完整的工业体系，其中包括机械、石油、纺织、造纸、化学和煤炭等工业企业，基本实现了工业品的自给。如边区以前用的纸张基本靠外部输入，在创办了自己的造纸工业后的1944年，用纸的自给率达到了近90%，1945年时几乎全部自给。在1939年至1945年共生产肥皂200多万条，向外输出60余万条，结余150余万条，除了自给以外还能向外输出以增加财政收入。（3）商业市场逐步改善，公营商业建立，私营商业得到保护并逐步发展，商户及其资本增加，进出口贸易额增长。例如，"延安是私营商户较多的地方，在1936年为123户，到了1944年达到473户，户数增加了近三倍，资本额则有300万元左右增加到10多亿元，消除物价膨胀而增长的因素，基本是以前的300多倍"。[①] 公营商业资本、规模都在扩大，如"边区所属的8家公司总资本

[①] 陕甘宁边区财政经济史编写组、陕西省档案馆：《抗日战争时期陕甘宁边区财政经济史料摘编》（第四编），陕西人民出版社1981年版，第25页。

即达 36 亿元"。① （4）交通道路建设有较大发展。在抗战全面开展以后，边区政府以建设公路、大车道为主，"1937 年边区公路、大车道为 221 公里，到了 1943 年达到 1680 公里"。② 同时因为驮运在边区、山区仍占有重要地位，政府组织人员对一些艰难危险的地段进行修整，并帮助沿途设置旅店、骡马店等。通过这些建设和发展，边区的社会秩序得以重新建立，社会经济有了明显的恢复和发展，在此基础上，伴随着公、私商业的发展，城镇和市场在原来的基础上有了新的发展，主要表现在：

（1）迁移重建或新设一批县级城镇。如前所述，陕甘宁边区范围内的城镇基本上是传统时代以来形成的各级城镇，军事和政治功能比较突出。随着社会经济的发展，一些山地城镇因面积狭小，发展余地有限，特别是有些城镇，地处大山深处，山高路陡，交通极为不便，从而影响了城镇自身的发展。同时有些城镇因为当时的政治环境变迁及其基础发生变化，所以边区政府成立后，有针对性的对其中一些城镇进行了迁移或重建，陕北的吴堡县、靖边县、子长县就是典型的例子。

吴堡县，宋代为砦，金时开始设县，元代因袭县治。"城建于山，依地势高下"，"东南以黄河为池，西北以石垩为堑"，明代以降多次重修。③ 因形势险要，历来是这里著名的军事重镇。伴随着人口的增长，原来仅有 1 里多大的城，城区面积狭小，没有发展的余地，且进出县城只有一条主要通道，很难适应城镇政治经济的新发展。1940 年 2 月当地军民在中国共产党的领导下，推翻了民国旧的县政府，在本县任家沟村建立了工农民主政府，1945 年县政府被迁至宋家川镇，隶属陕甘宁边区绥德分区。宋家川镇在原县城南 10 里，地处黄河谷地，是该县南部传统经济中心。清代后期，这里有"大集逢五、十日，小集逢二、七日，二月、八月、十一月二十日至二十二日为会期"。④ 县治迁徙既有政治因素，也有经济原

---

① 陕甘宁边区财政经济史编写组、陕西省档案馆：《抗日战争时期陕甘宁边区财政经济史料摘编》（第四编），第 21 页。
② 陕甘宁边区财政经济史编写组、陕西省档案馆：《抗日战争时期陕甘宁边区财政经济史料摘编》（第三编），第 713 页。
③ （清）谭瑀纂修：《吴堡县志》卷 2《建置》，《中国地方志集成·陕西府县志辑》（42），第 125 页。
④ 同上书，第 118 页。

因，特别是控制山陕河运通道是当时最为迫切的事情。清末以来，靖边县治一直在镇靖堡，1935年红军解放了靖边县，并在此设立新性质的靖边县。而原属国民政府的靖边县政府迁至柠条梁镇。1942年为了交通方便，新的靖边县迁至张家畔。初设县时，这里只有十几户人家，后来在边区政府的经营下日渐发展，政治、经济和社会服务机构相继成立，如医院、合作社、骡马交易大会等，在一定程度上促进了城镇的形成和发展。子长县城，本是宋庆历中所修筑的安定堡，元至元元年（1264）升为安定县，为县治，明清以来相沿袭，一直是安定县治所。"县城因山为城，周围五里三分，县东关城共九里七分。"最初城堡为土城，明洪武二年（1369）重修东西二门，至天顺年间，因"居民殷繁，迺分析城外。成化中，边烽告警，……相继城东关，抱锦屏、文峰两山，与内城连"。[①] 此后城池屡有废兴重建，但位置没有变动。1939年，为纪念谢子长烈士，改县名为子长县，并将县治迁移至瓦窑堡。瓦窑堡，旧为镇，民国以来是本县重要的商品集散地。1935年11月至1936年6月，这里是当时初到陕北的中共中央驻地。由于这样的经济和政治基础，所以在1939年成为子长县的新治所。

与当时的社会环境和政治环境相适应，边区根据形势的需要，先后设立了一些新的县、区等，如1938年9月于吴堡、绥德、清涧三县沿黄河一带地区设立河防县，后于1940年撤销；1944年5月成立中共南泥湾垦区委和南泥湾垦区政府；1942年8月在绥德、米脂、安定、清涧几个县交界地区设立西川县，后改成绥西县，机关驻地在双湖峪湾；1944年为了纪念李子洲烈士，边区政府将绥西县改为子洲县；1940年3月设立镇原县，县政府驻地在马渠镇；1942年8月设立吴旗县，县政府驻地在吴旗镇；设立神府县，机关驻地在贺家乡；设立固临县，机关驻地先后驻扎赵家河、固州村等地。[②] 这些县虽然多是出于政治管理的需要而产生的，但却在一定程度上改变了当地旧有的城镇格局，鲜明地体现了边区的特

[①] （清）姚国龄修，米毓章纂：《安定县志》卷2《城池》，《中国地方志集成·陕西府县志辑》（45），第24页。

[②] 李顺民、赵阿利编著：《陕甘宁边区行政区划变迁》，陕西人民出版社1994年版，第81—94页。

殊性。

（2）城镇工业生产职能的提升。像很多传统政治中心和经济中心城镇一样，陕甘宁边区大部分城镇继承民国初年以来传统的手工业、商业店铺等基本的经营形式，除了部分土产和特色产品有赖于商人的集中收购和外运外，大部分主要用于各城镇及其腹地的基本消费。陕甘宁边区建立以后，一方面出于自身建设和发展的需要，另一方面需要满足抗战期间所需要的各种工业品补给，开始大力发展公营工业生产，从而使得不少城镇的生产中心功能有了明显的提高。边区公营工业发展大约从1938年开始，据参与当时建设的相关人士回忆："1938年边区开始了公营工业建设，各种工厂要建立起来。印刷、造纸、皮革、玻璃、肥皂、兵工、化工厂以及纺织厂都要机器设备，怎么办？我们边区机器厂就是给他们制造和改造设备的。化学工厂要做火药，做火药要用三酸，就是硫酸、硝酸、盐酸。三酸边区没有，到外边买吧，敌人又封锁，得自己生产。做三酸得有机器呀，他们要机器，我们就做，做不了就想办法，非搞出来不可。最后我们做出来了，火药生产出来了，子弹、手榴弹、迫击炮做出来了。制造机器，生产手榴弹和迫击炮得有铁呀，到外边买吗，国民党和日本鬼子封锁，还是得自己生产。炼铁要有炼铁炉，建什么样的炉子，我也不懂嘛！可是组织上让我和徐驰同志去担任炼铁工程师，群策群力，我们还是把铁炼出来了。"① 正是这种艰苦卓绝和克服困难的精神，在极端困难情况下，边区人民在中国共产党的领导下，调动一切力量逐步建立起抗战所需要的工业体系。据研究，到1940年年底，当时的公营工业初具规模，包括机械工业、石油工业、纺织工业、造纸工业、化工工业、煤炭工业等。在这一过程中，适应抗战兵器的需要，边区逐步建设起一套军事工业，到1939年边区军工局下属工厂有：军工一厂、二厂、三厂、五厂、六厂、八厂、玻璃厂、陶瓷厂、修械所、紫芳沟化学工厂（火药厂）、制药厂和修理部等。② 这些工业多分布于当时的延安及周边一些县城。这是这一地区历史上前所未有的发展，如果没有这个特殊的"边区"，这样的城镇景

---

① 《陕甘宁边区抗日民主根据地》（回忆录卷），第239页。
② 黄正林：《陕甘宁边区社会经济史》（1937—1945），人民出版社2006年版，第146—153页。

观是难以想象的。

（3）城镇商业贸易功能的提升。如果说抗战前，边区的大部分城镇都不同程度地存在着民国以来延续下来的商业和集市的话，那么，边区时期，伴随着区域工商业的迅速发展和非农业人口的机械性增长，城镇商业在原来基础上有了明显的发展。像工业发展一样，在边区政府的各项积极政策的推动下，边区内一些重要城镇相继建立起一些公营商业组织和机构。另一方面，政府鼓励中小私营手工业、商业的发展，县级以上城镇各类私营商户人数不断增长，一些传统农贸集镇也重新焕发了生机，出现了新的发展。这些因素造成这一时期城镇商贸功能的提升。这一点将结合商业和市场的发展于下面较为详细的说明，此不赘述。

三 陕甘宁边区市场的发展

作为当时中国境内一个特别行政区，陕甘宁边区在抗战时期既承载着当时中国共产党领导的抗日民主根据地的职能，也是当时中国共产党及其所领导的抗日部队、抗日军民与敌人浴血奋战的大本营。在自身生存的同时，中国共产党又要领导边区军民积极开展农业、工业和商业等一系列生产经营活动，所以作为基本经济活动的市场发展、管理和运营，在很大程度上是保障边区生产、生活的重要组成部分。为此，在中国共产党领导下，各级政府坚决贯彻中央相关政策，在市场建设和贸易发展方面做出了积极的努力，从而促进了这一地区市场新的发展和繁荣。

（一）商业和市场的发展

延安是边区政治、经济和文化中心，又是边区土特产向外输出和工业品输入的重要节点城市。边区政府成立后，因社会稳定，人口增加，人民生活改善，消费水平提高等因素的影响，不但京货商和行商资本居全区首位，就是新的市场也有明显的增长，"1937年本区新建姚店子、青化砭等集市十余处"。[①] 1938年日军飞机轰炸延安城区，城内建筑遭到严重破坏，为了防空与安全，"城内各街市被迫关闭，在南关市场沟开辟新的交易市

[①] 延安市地方志编纂委员会：《延安地区志》，西安出版社2000年版，第462页。

场（称新市场）",① 1939年延安新市场落成，商贩基本迁移到了新市场。就市内本身而言，边区成立前，"延安市仅有数十家小商贩，到1941年发展至400余户，资本增加十倍以上"。② 至于土特产的输出量也较以前明显增长，如食盐输出，1938年输出量是7万驮，1939年19万驮，1940年23万驮，1941年30万驮。③ 仅三年时间，就增长了4倍多，这在该地区以往的历史上是不可能的。再就落户于市内的私营工商业户来说，商户及其商业资本在这几年明显增加，如表10—1所示，1936年以前，城内私营商户仅有168户，其中约96%的商户商业资本在1万元以下5000元以上，就是说，绝大多数商户都是小本经营。边区成立以后，私营商户总数逐年以近30户或35户以上的数字增加，到了1940年，私营商户达到297户，较1936年净增加了119家。这其中，10万元以上资本的商户，1938年以前没有，1939年出现2户，到第二年增加到7户，其他5万元以上商户，1万元以上商户均较以前明显增长。充分反映了边区时期城镇商业的迅速发展，商业市场需求明显增长。

表10—1　　　　1936年至1940年延安市私营商业户数变化

年份	商户数	10万以上资本	5万以上资本	1万以上资本	5000元以上资本
1936	168户	无	2户	5户	161户
1937	204户	无	7户	12户	185户
1938	233户	无	10户	18户	205户
1939	262户	2户	17户	29户	214户
1940	297户	7户	25户	38户	225户

资料来源：《抗日战争时期陕甘宁边区财政经济史料摘编》（第四编），第20页。

到1945年，也就是抗日战争末期，延安诸县的商业网点发展到630个，并形成以延安为中心，东经过清涧、绥德可达山西，南经西安、河南可到武汉，西至庆阳、西峰、平凉，北出定边、盐池可到银川等地的商业

---

① 延安市志编纂委员会：《延安市志》，陕西人民出版社1994年版，第321页。
② 陕甘宁边区财政经济史编写组、陕西省档案馆：《抗日战争时期陕甘宁边区财政经济史料摘编》（第四编），第19页。
③ 同上书，第17页。

网。这其中,"公营商业5个,公私合营102个,私营商业523个。分布在城内、市场沟(新市场)、七里铺的有476个。在李渠、姚店、甘谷驿、青化砭、柳林、二十里铺、临镇等地的有41个"。①

定边是边区重要的"口岸"城镇,是"食盐、皮毛、药材产地,抗战前全边区以及陇东药材、皮毛均由定边直接向天津或包头输出,药材年输出量约2万市担,约值200万元;皮子30万张,约值450万元;羊毛1万斤,约值400万元"。② 至1944年,其私营商业发展到:栏柜61个,资本3961万元;过载行栈23个,资本2894万元;脚夫店28个,资本492万元;暂时歇业未定者6家,资本650万元;流动商人14人,资本647万元;皮毛庄、油坊6家,资本267万元。总计185户,资本达到9651万元。③ 在这185个私营商户中,以经营杂货、布匹、点心、药铺等栏柜的有61家,占总数的33%,资本占41%。脚夫店数量较多,但多投资不大,资本较少。过载行资本占30%,应该说算是规模较大的。至于皮毛生意,这一时期相对减少,专搞皮毛业的只有万斗恒皮毛庄一家,这可能与皮毛的内需较大有一定的关系。

除此而外,定边的骡马市场较为兴盛,每年农历九月的骡马大会,远近八方的民众前来进行物资交流,"鄂尔多斯草原上的蒙古同胞,骑着快马跑着牲群,混杂在各地边客之间,纷纷前来。南路镇原等地脚户,亦赶来骡子,运来布匹,准备换买大批牛马及骆驼,以备扩展运输及发展农业。本县四乡农民中运来新收下之糜子、谷物、麻子拟以卖耕牛扩大生产者极多,并有附近友区商人赶来参加。在东关外旷野上临时搭建着布篷的饭店、杂货铺等紧紧相连,比比皆是。……据统计每日成交之牲口约百余头,交易额近千万元。边区南来客人多以布匹换买牛马,蒙古同胞卖了他们的马和牛,换得布匹、糖茶、铜器、白面、糜子面等,每日参加集会的人数在15000人以上,且交易异常发达"。④

吴旗镇,旧为地方性贸易市镇,街道长约一里有余,旧有铺面房六七

---

① 延安市志编纂委员会:《延安市志》,第320页。
② 《抗日战争时期陕甘宁边区财政经济史料摘编》(第四编),第18页。
③ 同上书,第381—382页。
④ 同上书,第405页。

十家。1942年8月在此新设吴起县，县政府驻地在吴起镇，不久改为吴旗县。为此，1943年这里设立定期集会，每年三月十五、七月十五为两季大会，每次会期均为七天，同时规定每月逢集三次。为了促进集会的繁荣，政府还邀请剧团公演戏剧，并在全县人民当中动员粮食5小石，边洋2万元，供剧团集会之用。为了加强对集市和市场的管理，县政府成立"集市筹备委员会"，专门负责街市建设、集会筹备、市场管理等工作。这些工作对促进商业贸易和市场发展起到了积极的推动作用。到了1943年，吴起镇已经建立起公营商店、毡坊、药铺、皮坊、理发店各1个，另有骡马店2个，饭馆2个，合作社、联社各1个。① 随着县政府的成立，对原来的街道进行了重新划分，将后街划为商业、粮食市场，前街至旧院划为牲畜市，杂货、食品、瓜果、小摊则分布在会场附近。经过整治，街道日渐繁荣，人数也逐日增多，仅"1943年农历七月大会上的市场交易达450多万元，每天平均70多万元，比会前每天平均二三万元多的多"。②

绥德在清代是直隶州，但自清代以来本境从事商贾的人并不多，直到晚清时期，虽然也有个别人从事一点长途贩运，但多从属于晋人，商业并不发达。地志记载："绥属货物来自东南，行货之商，半属晋人，亦有本境商人运往甘（肃）境贸易者。居货之贾，则易货于四乡，资本多不丰裕，或藉晋商资本四季周转，春买夏归，秋买冬归，故有春标、夏标、秋标、冬标各名目。境内利权半操自商贾，故居民艳羡逐末者渐多，习俗之趋避不古矣。"③ 民国以来，社会动荡，经济依然不很景气。边区时期，虽然政策向好，但因各种原因依然没有明显进展。表10—2是1937年至1941年商户状况，大致可以反映其进展的情况。

表10—2　　　　　　1937—1941年绥德商户简况

年份	商户总数	头行户	二行户	三行户	四行户	五行户
1937年	155户	9	19	28	51	48

---

① 《抗日战争时期陕甘宁边区财政经济史料摘编》（第四编），第400页。
② 同上书，第401页。
③ （清）孔繁朴修，高维岳纂：《绥德直隶州志》卷4《风俗》，《中国地方志集成·陕西府县志辑》（41），第388—389页。

续表

年份	商户总数	头行户	二行户	三行户	四行户	五行户
1938年	118户	11	9	15	38	45
1939年	141户	6	13	17	61	44
1940年上半年	74户	6	8	12	29	18
1940年下半年	146户	4	10	16	65	51
1941年	125户	4	9	13	51	48

资料来源：《抗日战争时期陕甘宁边区财政经济史料摘编》（第四编），第21页。

可以看出，从1938年到1941年，绥德商户总体上没有增长，反而是略有下降。1938年比1937年减少了23%，1939年虽然有所回升，但还是比不上1937年的基数，1940年上半年甚至减少了53%，下半年虽然有较大幅度增长，依然没有突破1937年的155户，到了第二年忽然又减少21户。商户的这种总体上的衰落，主要是因为1938年上半年以后日本攻陷山西，从而造成商品货源交通断绝所致。山西货源断绝后，一些商户转变职能或者难以维持，有些商店改而经营棉花、洋纱、土线等原料或半成品，而布匹和杂货店所占比重愈来愈小，一些商店只好歇业或停业。进入40年代，国民党当局对边区的经济封锁以及政治动荡也在一定程度上影响了当地商业的发展。尽管如此，在边区政府的努力下，多样化的商业活动和各级城乡市场在艰难中逐步恢复和艰难前行，到1944年，边区一些主要城镇多已建立了较为成熟的城乡市场，如县城、市镇、村集和骡马大会、牛羊大会等。表10—3是1944年一些主要市镇集市的分布情况，其在很大程度上反映了绥德分区市镇集市恢复状况。

表10—3　　　　1944年绥德分区市镇集期分布简表

城镇	集期
西峰镇	逢四、九为集期，逢集有八千人之多
石岔	逢二、五、七、十有集，人口三十户，每月进出口货物很多
米脂	逢五、十
桃镇	逢四、九
龙镇	逢三、八

续表

城镇	集期
义合	逢一、四、六、九
枣林坪	逢五、十
辛加沟	逢四、九
定仙墕	逢二、七
吉镇	逢二、七

资料来源：《抗日战争时期陕甘宁边区财政经济史料摘编》（第四编），第402页。

在其他各分区，农贸集市也都逐渐兴复或新建，在很大程度上加强和促进地方商品交易的发展。如关中分区，原有集市一处，新设一些县级政府后，又设立了一些新的集市："新正县新立集市三处，赤水县新立集市二处，宁县新立二处，共计八处。"① "马栏区人口由1940年的500户激增到1943年的1200户，群众购买力提高，仅马栏合作社一家每日销货在万元以上。马栏镇上在1940年仅有粗布出售。火柴等简单日用必需品的小店铺九家，在1943年公私商店共有18家，街上小摊贩也很多，购货群众往来不绝，集市日渐形成"。②

"1937年在陕甘宁边区所辖的湫坡头设立集市，1940—1944年，为冲破国民党对边区的经济封锁，发展革命根据地，陕甘宁边区关中分区在马栏、长舌头、风泉开辟市场，设生产贸易公司，放宽经济政策，鼓励和吸引国统区的商人、小贩自由来往于边区集市做生意。"③ 赤水县政府在1938年，"恢复和新设立了马家庄（今旬邑地区）、官庄、铁王、十里塬等地贸易集市"。④ 环县在人民民主政权建立前没有一处集市，由于群众对商品贸易交流的强烈愿望，政府为满足人民生产生活需要，繁荣市场，也相继建立几处集市。"近几年来，经济繁荣，人民生活上升，县政府遂发动人民成立集市。新宁沟集定阴历逢五逢十，南关集逢一逢六，洪德城集阴历逢四逢九。这三个集日中，以南关集最为繁荣。自开集以来，交易货

---

① 《抗日战争时期陕甘宁边区财政经济史料摘编》（第四编），第402页。
② 同上。
③ 旬邑县地方志编纂委员会：《旬邑县志》，三秦出版社2000年版，第286—287页。
④ 淳化县地方志编纂委员会：《淳化县志》，三秦出版社2000年版，第628页。

物增加很多，计粮二十石，牲口二百多头，布匹一千余丈。每集交易总额均在一千万元左右，群众莫不称便。"①

陇东分区的骡马大会自农历四月二十八日开始，至五月初七结束，会期为十日。届时，"万商云集、贸易鼎盛，参加骡马大会的不仅有边区各县群众，还有国统区人民，陕西、山西、甘肃、青海、宁夏、河南等地远道而来的客商，也纷纷加入到交易的队伍中。骡马大会期间，每天从早上到晚上，人们擦肩接踵，车马络绎不绝。大会上百货俱全，最多的是牛、马、骡等牲畜，当在 5000 匹以上，大多都被外地客商买去"。② 而西华池，"这里的商人除了由庆阳来的一些外，大部分是外来的三十二家布匹、杂货店，有十八家是由西峰、平凉、泾川一带搬来的，七十五个小贩有五十多个是友区的老百姓，他们都是从边区外各个地方搬来的，他们感到在这里容易谋生度日月。他们说边区税轻，做个啥生意都可以生活。的确税轻利厚是他们来到边区的主要原因，一九四一年来到这里的小商人，现在都成了大字号主人了。过去开小馆的张麻子，今天已盖了一层楼的两间大瓦房，变成了西华池第一家大饭馆了"。③

延属分区子长县的瓦窑堡镇自古以来就有"天下堡，瓦窑堡"的美誉，也是陕北一带进出口物资集散中心之一。地志记载，"陕甘宁边区时期，瓦窑堡为连接解放区与国统区市场的中枢，商业日渐繁荣，并于 1937 年始改三、八日集期为常街市。……子长县玉家湾集市，1935 年春由秀延县苏维埃政府创建，1936 年 6 月沦为国统区，国民党驻军欺行霸市，恣意勒索，集市一度萧条。1940 年 2 月再度解放，为边区安定县所辖，商业贸易渐趋恢复"。④ 1935 年到 1946 年子长县共发展了 6 个集市。类似这样的例子，在边区各分区都不同程度的存在。

（二）市场发展的原因

作为抗日战争的大后方，陕甘宁边区是在中国共产党领导下的一个特

---

① 马忠印：《环县三集市成立后畅销米布》，《解放日报》1946 年 2 月 20 日。
② 《抗日战争时期陕甘宁边区财政经济史料摘编》（第四编），第 406 页。
③ 平野：《西华池繁荣了》，《解放日报》1943 年 4 月 27 日。
④ 子长县志编纂委员会：《子长县志》，陕西人民出版社 1993 年版，第 361—363 页。

别行政区。为了保障民生和支持抗战,(1)中共中央和陕甘宁边区政府制定和实施了一系列有利于边区市场稳定与长足发展的政策。就在中国共产党领导所建立的苏维埃政府时期,这里就制定了"休养生息,与民休息"的政策,"苏区的大小商人有充分的营业自由,白区的商人可以自由来苏区贸易"。① 随着边区政府的建立,一方面继承和延续了最初的一些宽松的贸易政策,另一方面在国共合作的政治环境下,在很大程度上实现了政治、经济发展的宽松环境。1941年"皖南事变"后,国民党掀起了几次反共高潮,国共关系一度出现裂痕,国民党当局甚至停发了边区的经费,为此,边区政府开始实行征税政策。即便如此,当时的税收政策对土特产等一般货物征税较低,对奢侈品、迷信用品则征收高税,如"规定酒类入境税,从价征收20%,迷信品(香、表、烧纸、锡箔、冥币等)从价征收30%的高税收"。② 后来随着形势的发展,对商业税收条例和营业税收条例等税收政策进行不断修改,但因经营环境良好,税收额度总体上不高,还是吸引了不少国统区的商人,以至于各种商业团体相继出现,从而有力地促进了边区市场贸易的日益繁荣。

(2)积极发展公营商业和合作商业,借以推动商业和市场发展。如前所述,1937年国营光华商店在延安成立,随后各地相继成立了光华商店的分店,如定边分店、盐池分店、曲子分店、庆阳分店、绥德分店、甘泉分店、张家畔分店等,到"1942年,延安市公营商点已经发展到58家之多,原来才有数十家小商贩,较前已增加15倍之多"。③ 1944—1945年,公营盐业公司,资本有11万元,从业人员397人,管辖有123个骡马店;土产公司,资本21万元,从业人员300余人;南昌公司,资本2.8万元,从业人员248人,管辖12个分公司;联合公司,资本1.3万元。④ 公营商店规模大,影响广,像盐业公司,管辖有123个骡马店,几乎遍及边区各个地区,而土特产公司营业额最多,为21万边币,比其他三家营业额总数还多6万元。因此,它在促进市场和商业贸易发展方面的作用是显

---

① 沙兵:《目前只有苏区才是经营工商业最好的地方》,《红色中华》1935年12月1日。
② 陕甘宁革命根据地工商税收史编写组、陕西省档案馆:《陕甘宁革命根据地工商税收史料选编》第1册,陕西人民出版社1985年版,第245页。
③ 《抗日战争时期陕甘宁边区财政经济史料摘编》(第四编),第175页。
④ 同上书,第23页。

著的。

当然，各县镇中公、私营商店并存，相互补充，并不存在垄断经营等情况，而是各根据其自身的经营以满足市场的需求，其资本投入状况也互有高低。如三边之一的定边，1944 年"该市商号共 185 家，其中私营商业 173 家，公营 12 家，资本额总共为法币 9652 万元，其中私人资本为 8789 万元，占资本总额的 92%，公营资本为 862 万元，仅占 8%，是公小私大"。① 而绥德分区，1943 年"商号共 478 户，其中私商 438 户，占总数的 90% 以上，而公商仅 40 户，从数量上占不到 10%，但是资本总额上共 17973 万元，公商 11825 万元，占 65%，私商 6148 万元，占 35%"。② 就是说，有的地方公营商户总投资大一些，有的地方私营商总投资大一些，公私营商业并存，相互促进，相互补充，共同发展。这样的情况为生产力较为低下的历史环境下社会经济发展提供了一个比较成功的尝试。

公营商店除了积累资金以外，还有一个重要的职能，就是负责保障党政机关的商品和物资需要，这其中包括供给各种工厂原料和代工厂推销成品的任务。1941 年"皖南事变"后，国民党当局加紧封锁边区，断绝军饷，在此背景下，公营商店在很大程度上转变为以调剂市场、促进商业流通、刺激工商业发展为主要经营目的，而不是为积累资金和赚钱盈利了，这又是边区政治的特殊性所决定的。

（3）边区人口的显著增长和农业垦殖业发展所造成的农业稳定发展，在很大程度上保障了市场的消费性需求，进而促进了市场的繁荣。陕甘宁边区政府成立后，中共中央领导农民群众，首先确立农民的土地所有权，从而激发了农民参与劳动的热情。随后又相继颁布了一系列发展经济的政策和措施，如农贷优惠政策、垦荒政策等，发展生产，与民休息等。这些政策和措施极大地调动了人民生产的积极性，拿开荒来说，"1940 年开荒近 70 万亩，1942 年开荒 38 万亩，1943 年更是达到了近 100 万亩。同时边区的可耕地抛荒数目也在逐渐减少，耕地面积也由 1940 年的 1174.2 万亩增加到 1943 年的 1338.7 万亩"。③ 之所以能够取得这么大的成绩，与大

---

① 《抗日战争时期陕甘宁边区财政经济史料摘编》（第四编），第 23 页。
② 同上书，第 23 页。
③ 《抗日战争时期陕甘宁边区财政经济史料摘编》（第一编），第 227 页。

批的移民和难民通过各种途径来到边区落户，并参与到农业生产中是密切相关的。据统计，"1937年到1945年间，边区共安置移民六万余户，计二十六万余人"。① 这个数字还只是对农业移民的一个粗略统计。另有相当数量的知识分子、带有技术的工人、携带大量资本的商人，也在边区政治环境和积极的经济社会发展政策吸引下来到边区，他们勤奋刻苦、吃苦耐劳，为边区建设做出了积极的贡献。其中不少移民经过几年的努力，就从无地或少地的贫雇农转变为拥有一定资产的中农、富农了。随着大量移民的迁入、繁衍、生活和劳动，边区人口数量急剧增长，不但促进了社会经济的发展，同时也促进了消费市场的增长。这样，在有效的经济社会政策下，商贸市场获得了前所未有的活力，并形成了较为兴盛的活跃局面。

（4）边区政府的领导和促进。古代传统集市市场多是伴随着交换经济和商品交易需要而在一定的地点自然形成的，就是明清以来城乡市场的设立，也主要在城乡乡绅、士绅的组织下进行，带有鲜明的民间特征。陕甘宁边区时期，一方面出于政治经济发展的需要，设立了一些新的县级单位，另一方面为了促进地方经济中心的建立，政府也在这方面做了许多促成的工作。如在开辟新集市上，为了吸引民众前来进行商品交易，同时也为了宣传新生活，特地邀请一些剧团前来演出。如前文所述，吴旗县设立定期集会，"为使集会繁荣，邀请剧团公演"。另外，关中分区于马栏设立集市，"集市筹委会已聘定关中剧团演戏五日"。② 延安骡马大会期间，为使市面踊跃热烈，"每天均有杂耍，秧歌等活动，每天下午及晚上，有民众、延县、鲁艺平剧团分别演出节目，锣鼓喧天，观众异常拥挤"。③ "每日从早至暮，市集熙熙攘攘，车马络绎不绝，大会上百货俱全"。④ 就是说，边区政府在构建市场，建设市场和促进市场繁荣方面也起到了重要的作用。

---

① 《抗日战争时期陕甘宁边区财政经济史料摘编》（第九编），陕西人民出版社1981年版，第400页。
② 《抗日战争时期陕甘宁边区财政经济史料摘编》（第四编），第402页。
③ 同上书，第404页。
④ 同上书，第406页。

(三) 市场发展的特点

（1）抗战时期边区市场的发展分为前后两个阶段，"皖南事变"前为第一阶段。在这一阶段，边区政府实行"与民休息"的政治经济政策，发展生产，恢复经济，市场经济因此得以初步恢复并发展。当时，国共双方捐弃前嫌，合作抗日，政治环境良好。特别是边区内一时间有相当数量的军队、外来移民、机关学校等，使得边区人口较以前明显增加，很大程度上增加了商品和市场需求，由此造成边区商业发展的一个良好时期，所以国统区不少商人看准时机，相继进入。另外，边区本身在新时代、新政策激励下工农业生产也有明显的增长，商品交易需求和市场需求也较为迫切。内外两种因素都有利于商品市场的发展，所以这一时期各路商品输入、输出比较活跃，而边区首府延安成为区域最大的商品集散地之一。"皖南事变"后为第二阶段。这时国民党开始对边区进行经济封锁，来自边区以外的货源相继断绝。如延安的十大家主营京货行，主要靠在外面进货，其中有的在山西、陕西、甘肃、河南、天津、上海、重庆均有分号或客庄，后因法币制约和国民党政府在经济上的封锁而全部停业并撤离边区。米脂县有些地主兼商人所经营的商店，就把资金转移到三原、榆林等地。为了打破国民党对边区经济封锁，边区政府虽然也有针对性地进行了一些政策调整，如加强商业经营管理，实行对内自由对外调剂的政策，积极出口边区特产换回边区所需产品等，特别是广泛开展大生产运动，自力更生，保障供给，但商业和市场发展较第一阶段明显低迷。

（2）在大商户退出的同时，在政府支持下中小商户却得到进一步发展，成为市场贸易的主体。"皖南事变"前，边区政府为了克服困难局面就带领边区人民开展了生产自救运动，实行了"对外调剂，对内自由"的商业贸易政策，加强了对边区公私商业的指导和管理，使得市场秩序得到规范有效的发展。在"自己动手，丰衣足食"政策的号召下，边区的工农业生产继续发展，手工业产品和农副土特产品成为边区政府拉动经济的主要来源之一，生产兼销售的工商业行业逐渐增多，中小商户的生意范围也由小及大，商业贸易继续保障了市场的活跃和繁荣。与此同时，边区政府在"反对垄断，扶助中小商人"政策的引导下，对各种不同的商人采取了不同的政策。一方面鼓励私营商业合法经营、自由贸易，另一方面又限制其囤积居奇、垄断市场，由此保障了中小私营商业能够平稳顺利的存在和发展。对一些资本集中的大商人的垄断性经营的限制，是因为"私人商业资本在内部市场的囤积垄断行为，是用过高的商业利润来加重对中小商人和群众的剥削。我们反对这种垄断囤积行为，也就是帮助了中小商人，有利于广大群众"。[①] 正是由于这些正确的政策及其管控措施，使得私营商业在政府的支持下有了较快的发展。表10—4是1936年到1945年延安私营商户发展的统计，从中可以看出私营商户发展的情况。

表10—4　　　　　1936—1945年延安私营商户发展情况

年份	1936	1937	1938	1939	1940	1941	1942	1943	1945
数量（户）	168	204	233	262	297	355	37	456	473
备注	其中小商户占64%，资本总额占27%；中商户33%，资本总额占49.1%；大商户仅3%，资本总额占23.9%									

资料来源：陕甘宁边区财政经济史编写组、陕西省档案馆：《抗日战争时期陕甘宁边区财政经济史料摘编》（第四编），第24页。

表10—4表明，中小商户无论从户数还是资金方面都占绝对优势，中小商户资本占私营商业资本总额的76.1%，中小商户的经营活动在边区市场体系中影响巨大。由于中小商户经营方式灵活，且其经营范围广，盈利迅速，所以中小商户数量在发展上也大大超过了大商户。另外，政府对小商户、散户实行政策扶持，税收较少，只要这些商户辛勤努力，合法经营，一般都能够得到较好的发展。比如延安一家"自永强"小店，专售家庭日用品，1937年资金只有50元，1943年已发展到了99.5万元，这是一个典型的例子。

（3）民间集市成为抗战后期商业贸易的重要场所。1940年以后，边区的民间集市贸易繁荣兴旺，1941年重新恢复了延安停办20年的骡马大会，各级村镇市场也在此环境下进一步发展或重新恢复，到1943年各地市面普遍出现活跃景象。经过各方面的努力，城乡市场上货源比较充足，所卖物品比过去交易相对廉价，"购物者均极拥挤，最小的布匹杂货摊，

[①] 《抗日战争时期陕甘宁边区财政经济史料摘编》（第三编），第122页。

每日亦卖的款项在二三万元,水果及纸烟摊,多者日售八千五百元,最少亦在千元以上。小食品摊每天可售一万,中等的五千,少者亦达千元。又陶器摊二十余家,每日营业万余元。柴、炭、草、木板杂集,一天共售出三十一万八千元"。①

定边的骡马大会在当时也是非常出名的,大会期间,"鄂尔多斯草原上的蒙古同胞,骑着快马跑着牲群,混杂在各地边客之间,纷纷前来。南路镇原等地脚户,亦赶来骡子,运来布匹,准备换买大批牛马及骆驼,以备扩展运输及发展农业。本县四乡农民中运来新收下之糜子、谷物、麻子,拟以买卖耕牛(而)扩大生产者极多,并有附近友区商人赶来参加。在东关外旷野上临时搭建着布篷的饭店、杂货铺等,紧紧相连,比比皆是。……据统计,每日成交之牲口约百余头,交易额近千万元。边区南来客人多以布匹换买牛马,蒙古同胞卖了他们的马和牛,换得布匹、糖茶、铜器、白面、糜子面等。每日参加集会的人数在15000人以上,且交易异常发达"。②

(4) 边区市场发展不平衡,边区内部中心市场发展较快,沿边"口岸市场"南胜北衰。延安是抗战时期陕甘宁边区的政治、经济和文化中心,私营商户从"1937年的200多户发展到1940年的300来户,1944年为473户"。③ 发展势头可谓是蒸蒸日上,日新月异。在此背景下,私人资本总量不断增加,中小商户数量迅速增长,定期集市、骡马大会相继建立,呈现一片繁荣景象。而其他"口岸"市场的发展却表现出明显的差异。像北边的绥德市日趋衰落,而南边的庆阳、西华池、富县等因食盐出口却发展的较快。抗战爆发前,绥德的商业及其市场曾比较繁荣。这里曾是边区重要的对外贸易口岸,东与天津、太原等城市均有贸易往来。抗战爆发后,日本攻占了山西、天津,绥德的进货地区被日本占领,东路来货断绝。更为重要的是,绥德曾是以皮毛输出为主的集散中心市场,抗战前皮毛出口生意占进口总数的70%—80%,皮毛的大量出口大大地活跃了当地市场,并因此而提高了市场的吸纳能力。抗战开始后,向外出口的东

---

① 《抗日战争时期陕甘宁边区财政经济史料摘编》(第四编),第404页。
② 同上。
③ 延安地区商业局:《延安地区商业志》,延安日报社印刷厂1995年版,第14页。

路市场被迫中断，皮毛出口陷于停顿，从而导致了绥德商业市场的萧条，1940年以后，其职能也由对外贸易为主的"口岸"市场转变为地方内部消费市场。表10—5是1937年至1938年绥德市商户变动情况。

表10—5　　　　　　1937—1938年绥德商户变动情况

行次	项别	1937年户数	1938年户数	未变动户	增加 升出	增加 降落	增加 新增	减少 升出	减少 降落	减少 倒闭
头行		9	11	6	4		1			3
二行		19	9	8	1			4	5	2
三行		28	15	9		4	2	1	5	13
四行		51	38	17		6	15		4	30
五行		48	45	18		4	23			30
合计		155	118	58	5	14	41	5	14	78

资料来源：陕甘宁边区财政经济史编写组、陕西省档案馆：《抗日战争时期陕甘宁边区财政经济史料摘编》（第四编），第358页。

表10—5表明，1938年以后绥德城商户的总数是逐渐减少的，1938年比1937年减少23.9%，其中倒闭的商户数量为数不少。

与此相反的是，边区南边的富县、庆阳、西华池等地，抗战以前市场萧条，商业发展落后。随着抗战时期的到来以及边区政治、经济政策的实施，市场比以往有了显著的发展。拿西华池来说，1937年以前除了两三家连肉也找不到的小饭店外，整条街道找不到几家像样的店铺，通常这里还是土匪出没、人烟稀少的地方。随着抗战以来的发展，到1943年已是商店林立，市面繁荣，并发展成为"有30家卖布匹、毛巾等的杂货店，18家皮货店，5家木器铺，4家铁铺，3个理发店，大小饭店16个，3家扎面机，镶牙社1个，染房4个，中西医疗诊所1个，公私客栈18个，各种小贩75个，全市商店居民在两百户以上"[①]的规模性商业市场。西华池集市贸易是抗战时期陕甘宁边区农村集贸市场发展的一个缩影，从中可以看出，农村集市贸易在边区经济建设中所发挥的作用是不可低估的。

---

① 黄正林：《论抗战时期陕甘宁边区的社会变迁》，《抗日战争研究》2001年第2期。

参考资料

一、历史文献

1. 《周礼》，崔高维校点，辽宁教育出版社1997年版。
2. 《大元混一方舆胜览》，郭声波整理，四川人民出版社2003年版。
3. 冯承钧译：《马可波罗行纪》，上海书店出版社1999年版。
4. 《明实录》，台湾"中央研究院"历史语言研究所1962年校勘本。
5. 万斯同：《明史》，上海古籍出版社2008年版。
6. 张廷玉：《明史》，中华书局1974年版。
7. 陈子龙等编：《明经世文编》，中华书局1962年版。
8. 张瀚：《松窗梦语》，历代史料笔记丛刊·元明史料笔记，中华书局1985年版。
9. 赵廷瑞修，马理、吕柟纂：《陕西通志》，董健桥等校点，三秦出版社2006年版。
10. 顾祖禹：《读史方舆纪要》，贺次君、施和金点校，中华书局2005年版。
11. 杨建新主编：《古西行记选注》，宁夏人民出版社1996年版。
12. 田卫疆编：《〈明实录〉新疆资料辑录》，新疆人民出版社2002年版。
13. 《寰宇通志》，《玄览堂丛书续编》本。
14. 魏焕：《皇明九边考》，《中国西北文献丛书·西北史地文献》第4卷，甘肃古籍书店影印出版1990年版（以下同）。
15. 张雨：《边政考》，《中国西北文献丛书·西北史地文献》第3卷。

16. 许进：《平番始末》，《中国西北文献丛书·西北史地文献》第27卷。

17. 马文升：《兴复哈密国王记》，《中国西北文献丛书·西北史地文献》第27卷。

18. 沈德符：《万历野获编》，元明史料笔记丛刊，中华书局1997年版。

19. 杨一清：《杨一清集》，唐景绅、谢玉傑点校，中华书局2001年版。

20. 王继光：《陈诚西域资料校注》，新疆人民出版社2005年版。

21. 《清实录》，中华书局2008年版。

22. 《大清一统志》，上海古籍出版社2005年版。

23. 《清史稿》，中华书局1977年版。

24. 祁韵士：《西陲要略》，成文出版社有限公司1968年版。

25. 祁韵士：《西陲总统事略》，《中国西北文献丛书·西北史地文献》第27卷。

26. 傅恒：《平定准噶尔方略正编》，《文渊阁四库全书》第358册，台湾商务印书馆1983年版。

27. 《钦定八旗通志》，嘉庆元年刊本。

28. 王锡祺撰：《小方壶斋舆地丛抄》，杭州古籍书店1985年版。

29. 《西域图志校注》，钟兴麟、王豪、韩慧校注，新疆人民出版社2002年版。

30. 顾炎武：《肇域志》，上海古籍出版社2004年版。

31. 《续修陕西通志稿》，《中国西北文献丛书·西北稀见方志文献》第6卷。

32. 魏光焘编修：《陕西全省舆地图》，成文出版社有限公司1969年版。

33. 卢坤：《秦疆治略》，成文出版社有限公司1970年版。

34. 刘懋官修，周斯亿纂：《泾阳县志》，成文出版社有限公司1969年版。

35. 张道芷等修，曹骥观等纂：《续修醴泉县志稿》，西安酉山书局1935年版。

36. 梁善长辑修：《白水县志》，成文出版社有限公司 1976 年版。

37. 张信纂修：《嘉靖重修三原县志》，《中国地方志集成·陕西府县志辑》（8），凤凰出版社 2007 年版（以下同）。

38. 焦云龙修，贺瑞麟纂：《三原县新志》，成文出版社有限公司 1976 年版。

39. 刘绍攽纂修：《乾隆三原县志》，《中国地方志集成·陕西府县志辑》（8）。

40. 吕懋勋等修，袁廷俊等纂：《蓝田县志》，成文出版社有限公司 1969 年版。

41. 史传远纂修：《临潼县志》，成文出版社有限公司 1976 年版。

42. 万廷树修，洪亮吉纂：《淳化县志》，成文出版社有限公司 1976 年版。

43. 宋世荦纂修：《扶风县志》，成文出版社有限公司 1970 年版。

44. 张心境纂修：《蒲城县志》，成文出版社有限公司 1976 年版。

45. 罗彰彝纂修：《陇州志》，成文出版社有限公司 1970 年版。

46. 毕沅、傅应奎纂修：《韩城县志》，成文出版社有限公司 1976 年版。

47. 袁文观纂修：《同官县志》，成文出版社有限公司 1969 年版。

48. 强振志等编辑：《宝鸡县志》，成文出版社有限公司 1970 年版。

49. 刘璞修：《鄠县志》，明万历年间刻本。

50. 鲁一佐修，周梦熊纂：《鄠县重续志》，清雍正十年刻本。

51. 《鄠县乡土志》，成文出版社有限公司 1969 年版。

52. 赵葆真修，段光世等纂：《鄠县县志》，成文出版社有限公司 1969 年版。

53. 席奉乾修，孙景烈纂：《郃阳县志》，成文出版社有限公司 1970 年版。

54. 饶应祺修，马先登等纂：《光绪同州府续志》，中国地方志集成·陕西府州县志辑（19）。

55. 郭实修，王学谟纂：《万历续朝邑县志》，《中国地方志集成·陕西府县志辑》（21）。

56. 贺云宏纂修：《大荔县志》，清乾隆五十一年刻本。

57. 熊兆麟纂修：《大荔县志》，清道光三十年刻本。

58. 聂雨润修：《大荔县志稿》，成文出版社有限公司1970年版。

59. 陈少岩、聂雨润修，张树枟、李泰纂：《民国续修大荔县旧志存稿》，《中国地方志集成·陕西府县志辑》（20）。

60. 南大吉纂修：《嘉靖渭南县志》，《中国地方志集成·陕西府县志辑》（13）。

61. 严书麟修，焦联甲纂：《新续渭南县志》，成文出版社有限公司1969年版。

62. 吕柟纂修：《嘉靖高陵县志》，《中国地方志集成·陕西府县志辑》（6）。

63. 《耀州志》，《天一阁藏明代方志选刊续编》（72），上海书店出版社1990年版。

64. 石道立修纂：《澄城县志》，《中国西北文献丛书·西北稀见方志文献》第14卷。

65. 米登岳修，张崇善、王之彦纂：《民国华阴县续志》，《中国地方志集成·陕西府县志辑》（25）。

66. 罗延绣纂修：《隆庆淳化志》，《中国地方志集成·陕西府县志辑》（9）。

67. 刘泽远修，寇慎纂：《同官县志》，《陕西省图书馆藏稀见方志丛刊》第9册，北京图书馆出版社2006年版（以下同）。

68. 康海：《正德武功县志》，《中国地方志集成·陕西府县志辑》（36）。

69. 谭绍裘纂修：《扶风县乡土志》，光绪三十二年抄本影印本。

70. 李可久修，张光孝纂：《隆庆华州志》，《中国地方志集成·陕西府县志辑》（23）。

71. 吴炳南修、刘域纂：《光绪三续华州志》，《中国地方志集成·陕西府县志辑》（23）。

72. 《华州乡土志》，民国燕京大学图书馆重印铅字本。

73. 《武功县乡土志》，《陕西省图书馆藏稀见方志丛刊》第5册。

74. 顾声雷修，张垻纂：《乾隆兴平县志》，《中国地方志集成·陕西府县志辑》（6）。

75. 张道芷、胡铭荃修,曹骥观纂:《民国续修醴泉县志稿》,《中国地方志集成·陕西府县志辑》(10)。

76. 陈少岩、聂雨润修,张树枏、李泰纂:《民国续修大荔县旧志存稿》,《中国地方志集成·陕西府县志辑》(20)。

77. 《岐山县乡土志》,民国二十六年铅印本。

78. 杨必栋:《宝鸡乡土志》,宗盛成印书局,民国三十五年印本。

79. 李荣河修:《永济县志》,光绪十二年刻本。

80. 李延寿修,杨怀纂辑:《延安府志》,樊高林、曹树蓬校点,陕西人民出版社2012年版。

81. 郑汝璧等修:《延绥镇志》,上海古籍出版社2011年版。

82. 谭吉璁修纂:《延绥镇志》,上海古籍出版社2012年版。

83. 李熙龄纂修:《榆林府志》,《中国地方志集成·陕西府县志辑》(38)。

84. 钟章元修,陈第颂等纂:《道光清涧县志》,《中国地方志集成·陕西府县志辑》(42)。

85. 钟章元纂修:《清涧县志》,成文出版社有限公司1970年版。

86. 高珣修,龚玉麟纂:《嘉庆葭州志》,《中国地方志集成·陕西府县志辑》(40)。

87. 黄沛修,江廷球纂,宋谦增辑:《嘉庆定边县志》,《中国地方志集成·陕西府县志辑》(39)。

88. 吴鸣捷修,谭瑀等纂:《道光鄜州志》,《中国地方志集成·陕西府县志辑》(47)。

89. 佚名:《靖边县志》,康熙二十二年本。

90. 余正东修,黎锦西等纂:《民国洛川县志》,《中国地方志集成·陕西府县志辑》(48)。

91. 丁瀚修,张永清等纂:《嘉庆续修中部县志》,《中国地方志集成·陕西府县志辑》(49)。

92. 《保安县乡土志》,《陕西省图书馆藏稀见方志丛刊》第10册。

93. 《甘泉县乡土志》,《陕西省图书馆藏稀见方志丛刊》第10册。

94. 《府谷县乡土志》,《陕西省图书馆藏稀见方志丛刊》第12册。

95. 《靖边县志》,民国二十四年刊本。

参考资料 / 311

96. 王崇礼纂修：《延长县志》，成文出版社有限公司 1970 年版。

97. 谭俪纂修：《道光吴堡县志》，《中国地方志集成·陕西府县志辑》（42）。

98. 姚国龄修，米毓章纂：《道光安定县志》，《中国地方志集成·陕西府县志辑》（45）。

99. 孔繁朴修，高维岳纂：《光绪绥德直隶州志》，《中国地方志集成·陕西府县志辑》（41）。

100. 道钟章元修，陈第颂等纂：《光绪清涧县志》，《中国地方志集成·陕西府县志辑》（42）。

101. 谭瑀纂修：《道光吴堡县志》，《中国地方志集成·陕西府县志辑》（42）。

102. 严建章、高仲谦等修，高照初纂：《民国米脂县志》，《中国地方志集成·陕西府县志辑》（43）。

103. 姚国龄修、米毓章纂：《道光安定县志》，《中国地方志集成·陕西府县志辑》（45）。

104. 吴炳纂修：《乾隆宜川县志》，《中国地方志集成·陕西府县志辑》（45）。

105. 严一青纂：《嘉庆白河县志》，《中国地方志集成·陕西府县志辑》（55）。

106. 李国麒纂修：《乾隆兴安府志》，《中国地方志集成·陕西府县志辑》（54）。

107. 邓梦琴纂修：《乾隆洵阳县志》，《中国地方志集成·陕西府县志辑》（55）。

108. 陈僅、吴纯修，施鸣銮、张濂纂：《道光紫阳县志》，《中国地方志集成·陕西府县志辑》（56）。

109. 光朝魁纂修：《道光褒城县志》，《中国地方志集成·陕西府县志辑》（51）。

110. 谭瑀修，黎成德等纂：《道光重修略阳县志》，《中国地方志集成·陕西府县志辑》（52）。

111. 张廷槐纂修：道光《续修宁羌州志》，《中国地方志集成·陕西府县志辑》（52）。

112. 马毓华修，郑书香、曹良楷纂：《光绪宁羌州志》，《中国地方志集成·陕西府县志辑》（52）。

113. 光绪《宁羌州乡土志》，《陕西省图书馆藏稀见方志丛刊》第14册。

114. 舒钧纂修：《道光石泉县志》，《中国地方志集成·陕西府县志辑》（56）。

115. 《砖坪县志》，成文出版社有限公司1970年版。

116. 贺仲瑊修，蒋湘南纂：《道光留坝厅志》，《中国地方志集成·陕西府县志辑》（52）。

117. 林一铭修，焦世官、胡官清纂：《道光宁陕厅志》，《中国地方志集成·陕西府县志辑》（56）。

118. 余修凤等纂修：《定远厅志》，成文出版社有限公司1969年版。

119. 朱子春等纂修：《凤县志》，成文出版社有限公司1969年版。

120. 罗传铭修，路炳文纂：《商南县志》，成文出版社有限公司1976年版。

121. 常毓坤修，李开甲等纂：《孝义厅志》，成文出版社有限公司1969年版。

122. 张机高纂修：《佛坪县志》，成文出版社有限公司1969年版。

123. 《留坝乡土志》，《陕西省图书馆藏稀见方志丛刊》第15册。

124. 《南郑乡土志》，《陕西省图书馆藏稀见方志丛刊》第14册。

125. 王生吉：《关陇思危录》，光绪三十一年印。

126. 《近代中国史料丛刊》第2辑，文海出版社1966年版。

127. 《近代中国史料丛刊》（三编）第18辑，文海出版社1985年版。

128. 刘世纶等修：《重修通渭县志》，《中国西北文献丛书·西北稀见方志文献》第39卷。

129. 何大漳修，张志达纂：《乾隆通渭县志》，《中国地方志集成·甘肃府县志辑》（9）。

130. 苟廷诚：《光绪通渭县志》，《中国地方志集成·甘肃府县志辑》（9）。

131. 刘斗修，陈如稷纂：《康熙兰州志》，《中国地方志集成·甘肃府县志辑》（1）。

132. 陈士桢修，涂鸿仪纂：《兰州府志》，清道光十三年刊本。

133. 吴祯纂修：《河州志校刊》，马志勇校，甘肃文化出版社 2004 年版。

134. 杨恩纂修，纪元补辑：《康熙巩昌府志》，《中国地方志集成·甘肃府县志辑》（2）。

135. 陈之骥编次：《靖远县志》，成文出版社有限公司 1976 年版。

136. 张绍美修，曾钧纂：《乾隆武威县志》，《中国地方志集成·甘肃府县志辑》（39）。

137. 佚名纂：《万历甘镇志》，《中国地方志集成·甘肃府县志辑》（44）。

138. 李登瀛修，南济汉纂：《乾隆永昌县志》，《中国地方志集成·甘肃府县志辑》（38）。

139. 钟庚起纂修：《乾隆甘州府志》，《中国地方志集成·甘肃府县志辑》（44）。

140. 张玿美修，曾钧纂：《乾隆镇番县志》，《中国地方志集成·甘肃府县志辑》（43）。

141. 黄文炜、沈青崖修纂：《乾隆重修肃州新志》，《中国地方志集成·甘肃府县志辑》（48）。

142. 张玿美修，赵璘等纂：乾隆《古浪县志》，《中国地方志集成·甘肃府县志辑》（38）。

143. 王之采纂：《万历庄浪汇记》，《中国地方志集成·甘肃府县志辑》（6）。

144. 李应魁纂修：《万历肃镇志》，《中国地方志集成·甘肃府县志辑》（48）。

145. 梁明翰、傅学礼纂修：《庆阳府志》，甘肃人民出版社 2001 年版。

146. 胡赞宗：《秦安县志》，成文出版社有限公司 1976 年版。

147. 吴鼎新修，黄建中纂：《乾隆皋兰县志》，《中国地方志集成·甘肃府县志辑》（3）。

148. 张国常纂修：《光绪重修皋兰县志》，《中国地方志集成·甘肃府县志辑》(4)。

149. 毕光尧纂修：《道光会宁县志》，《中国地方志集成·甘肃府县志辑》(8)。

150. 徐家瑞：民国《高台县志》，民国十四年铅印本。

151. 林竞：《蒙新甘宁考察记》，甘肃人民出版社 2003 年版。

152. 《甘肃省乡土志稿》，《中国西北文献丛书·西北稀见方志文献》第 32 卷。

153. 陶奕曾纂修：《合水县志》，成文出版社有限公司 1970 年版。

154. 张兆钾修，陈鸿宝纂：《民国创修渭源县志》，《中国地方志集成·甘肃府县志辑》(14)。

155. 毕光尧纂修：《光绪陇西分县武阳志》，《中国地方志集成·甘肃府县志辑》(8)。

156. 张玿美修，曾钧等纂：《五凉全志》，成文出版社有限公司 1976 年版。

157. 黄璟、朱逊志等纂修：《山丹县志》，成文出版社有限公司 1970 年版。

158. 王钟鸣修，卢必培纂：《庄浪县志》，《中国西北文献丛书·西北稀见方志文献》第 43 卷。

159. 《古浪县志》，《中国西北文献丛书·西北稀见方志文献》第 48 卷。

160. 《嘉靖平凉府志》，《中国地方志集成·甘肃府县志辑》(13)。

161. 张廷武修，杨景升纂：《丹噶尔厅志》，宣统二年甘肃官报书局排印本。

162. 韩世英：《重修漳县志》，民国二十三年铅印本。

163. 杨守礼修，管律纂：《嘉靖宁夏新志》，陈明猷校勘，宁夏人民出版社 1985 年版。

164. 杨应聘、杨寿纂修：《朔方新志》，《中国西北文献丛书·西北稀见方志文献》第 50 卷。

165. 马福祥、王之臣修纂：《朔方道志》，天津华泰印书馆，民国十六年铅印本。

166. 王珣修，胡汝砺纂：《宁夏新志》，《天一阁藏明代方志选刊续编》（72），上海书店出版社1990年版。

167. 张金城、杨浣雨修纂：《乾隆宁夏府志》，宁夏人民出版社1992年版。

168. 徐保字：《平罗记略》，王亚勇校注，宁夏人民教育出版社2003年版。

169. 杨经等纂修：《嘉靖固原州志》，固原市地方志办公室编《明清固原州志》，宁夏回族自治区内部资料出版物准印2003年版。

170. 刘敏宽、董国光纂修：《万历固原州志》，固原市地方志办公室编《明清固原州志》，宁夏回族自治区内部资料出版物准印2003年版。

171. 杨金庚修，陈廷珍纂：光绪《海城县志》，刘华点校，宁夏人民出版社2007年版。

172. 王学伊修，锡麟纂：宣统《固原州志》，固原市地方志办公室编《明清固原州志》，宁夏回族自治区内部资料出版物准印2003年版。

173. 朱亨衍修，刘统纂：《乾隆盐茶厅志》，刘华点校，宁夏人民出版社2007年版。

174. 余泽春修：光绪《秦州直隶州新志》，光绪十五年刊，陇南书院藏版。

175. 苏铣：《重刊西宁志》，《中国西北文献丛书·西北稀见方志文献》第55卷。

176. 杨应琚纂修：《西宁府新志》，《中国西北文献丛书·西北稀见方志文献》第55卷。

177. 邓承伟修，来维礼纂：《西宁府续志》，青海人民出版社1985年版。

178. 兴肇等辑：《塔尔巴哈台事宜》，成文出版社有限公司1969年版。

179. 松筠等：《钦定新疆识略》，《续修四库全书》第485册，上海古籍出版社2002年版。

180. 佚名：《新疆四道志》，《中国西北文献丛书·西北稀见方志文献》第60卷。

181. 《近代中国史料丛刊》第24辑，文海出版社1966年版。

182. 钟方：《哈密志》，成文出版社有限公司1968年版。

183. 佚名：《西域地理图说》，日本早稻田大学图书馆馆藏古籍。

184. 傅恒等修：《钦定皇舆西域图志》，《中国西北文献丛书·西北稀见方志文献》第58卷。

185. 椿园：《西域闻见录》，日本早稻田大学图书馆馆藏古籍。

186. 永贵、苏尔德纂：《回疆志》，成文出版社有限公司1968年版。

187. 那彦成：《那文毅公奏议》，《续修四库全书》第497册，上海古籍出版社2002年版。

188. 宋伯鲁：《新疆建置志》，《丛书集成续编》第51册，上海书店出版社1994年版。

189. 《新疆乡土志稿》，新疆人民出版社2010年版。

190. 袁大化等：《新疆图志》，文海出版社1965年版。

191. 褚德新、梁德主编：《中外约章汇要1689—1949》，黑龙江人民出版社1991年版。

192. 谢彬：《新疆游记》，杨镰、张颐青整理，新疆人民出版社2010年版。

193. 宋伯鲁：《海棠仙馆诗集》，1924年印本。

194. 故宫博物院明清档案部编：《清代中俄关系档案史料选编》第三编，中华书局1929年版。

195. 钟镛：《西疆交涉志要》，甘肃古籍文献整理编译中心编《中国西北文献丛书·西北史地文献》（第二编）第4卷。

196. ［英］凯瑟琳·马嘎特尼、戴安娜·西普顿：《外交官夫人的回忆》，王卫平、崔延虎译，新疆人民出版社1997年版。

197. 《塔城直隶厅乡土志》，甘肃古籍文献整理编译中心编《中国西北文献丛书·西北稀见方志文献》（第二编）第7卷。

198. 《甘肃全省新通志》，《中国西北文献丛书·西北史地文献》第23卷。

199. ［英］台克满：《领事官在中国西北的旅行》，史红帅译，上海科技文献出版社2013年版。

200. 青海省志编纂委员会：《青海历史纪要》，青海人民出版社1980年版。

201. 升允修，安维峻等纂：宣统《甘肃新通志》，《中国西北文献丛书·西北稀见方志文献》第 24 卷。

202. 慕寿祺：《甘宁青史略》，《中国西北文献丛书·西北史地文献》第 22 卷。

203. 郑观应：《盛世危言》，北方妇女儿童出版社 2001 年版。

204. 包世臣：《安吴四种》，文海出版社 1984 年版。

205. 张集馨：《道咸宦海见闻录》，中华书局 1981 年版。

206. 《近代中国史料丛刊》第 44 辑，文海出版社 1966 年版。

207. [芬兰] 马达汉：《马达汉中国西部考察调研报告合集》，阿拉腾奥其尔、王家骥译，新疆人民出版社 2009 年版。

208. 《清朝续文献通考》，浙江古籍出版社 2000 年版。

209. 《平定陕甘新疆回匪方略》，《中国西北文献丛书·西北史地文献》第 11 卷。

210. 《中国近代史料丛刊·回民起义》，神州国光社 1953 年版。

211. 刘郁芬修，杨思、张维等纂：《甘肃通志稿》，《中国西北文献丛书·西北稀见方志文献》第 27 卷。

212. 朱允明：《甘肃省乡土志稿》，《中国西北文献丛书·西北稀见方志文献》第 30、32 卷。

213. 杨景修编纂：《庆阳府志续编》，甘肃文化出版社 2013 年版。

214. 杨增新：《补过斋文牍》丙集下，新疆驻京公寓刻本 1921 年版。

二、近现代著述

1. 西安市政府：《西安市政统计报告（1947 年 8 月—1948 年 6 月）》，1948 年。

2. 汪公亮：《西北地理》，正中书局 1935 年版。

3. 林竞：《西北丛编》，神州国光出版社 1933 年版。

4. 钱亦石等：《中国农村问题》，新中华丛书·社会科学集刊之一，上海中华书局 1935 年版。

5. 顾执中、陆诒：《到青海去》，《中国西北文献丛书·西北民俗文献》第 10 卷。

6. 杨钟健：《西北的剖面》，甘肃人民出版社 2003 年版。

7. 高良佐：《西北随轺记》，甘肃人民出版社 2003 年版。

8. 甘肃省建设厅编：《甘肃建设专刊》民国二十三年，甘肃省图书馆藏。

9. 萧梅性编著：《兰州商业调查》，郑州陇海铁路管理局1935年版。

10. 铁道部业务司商务科编：《陇海铁路甘肃段经济调查报告书》，文海出版社1998年版。

11. 甘肃省银行经济研究室编印：《甘肃省各县经济概况》，甘肃省银行经济研究室印刷，1942年。

12. 甘肃省政府统计室：《甘肃省统计资料》，1946年。

13. 王树基：《甘肃之工业》，甘肃省银行印刷，1944年。

14. 叶祖灏：《宁夏纪要》，正论出版社1947年版。

15. 宁夏省政府秘书处编：《十年来宁夏省政述要》，宁夏省政府1942年印行。

16. 陈赓雅：《西北视察记》，甘肃人民出版社2002年版。

17. 蒋经国：《伟大的西北》，宁夏人民出版社2001年版。

18. 曾问吾：《中国经营西域史》，上海，商务印书馆，中华民国二十五年。

19. 钱端升：《民国政制史》，上海人民出版社2008年版。

20. 丁少桓：《近代中国地理沿革志》，上海中华书局1935年版。

21. 刘迎胜：《明与帖木儿王朝关系史研究》，中华书局2006年版。

22. 李顺民、赵阿利编著：《陕甘宁边区行政区划变迁》，陕西人民出版社1994年版。

23. 李智勇：《陕甘宁边区政权形态与社会发展（1937—1945）》，中国社会科学出版社2001年版。

24. 齐清顺、田卫疆：《中国历代中央王朝治理新疆政策研究》，新疆人民出版社2004年版。

25. 娜拉：《清末民国时期新疆游牧社会研究》，社会科学文献出版社2010年版。

26. 韩茂莉：《中国历史农业地理》，北京大学出版社2012年版。

27. ［美］胡格韦尔特：《发展社会学》，白桦、丁一凡编译，四川人民出版社1987年版。

28. ［美］保罗·M. 霍恩伯格、林恩·霍伦·利斯著：《都市欧洲的形成：1000—1994 年》，阮岳湘译，商务印书馆 2009 年版。

29. 恩格斯：《家庭、私有制和国家的起源》，张仲实译，人民出版社 1954 年版。

30. 金景芳、吕绍纲：《周易全解》，吕绍纲修订，上海古籍出版社 2005 年版。

31. 吴慧：《中国古代商业》，中国国际广播出版社 2010 年版。

32. 蒙默编：《蒙文通学记》（增订本），生活·读书·新知三联书店 2006 年版。

33. 李治安、薛磊：《中国行政区划通史》元代卷，复旦大学出版社 2009 年版。

34. 张驭寰：《中国城池史》，百花文艺出版社 2003 年版。

35. 刘景纯：《清代黄土高原地区城镇地理研究》，中华书局 2005 年版。

36. 薛平拴：《陕西历史人口地理》，人民出版社 2001 年版。

37. 刘景纯：《明代九边史地研究》，中华书局 2014 年版。

38. 赵泉澄：《清代地理沿革表》，中华书局 1955 年版。

39. 王致中、魏丽英：《明清西北社会经济史研究》，三秦出版社 1989 年版。

40. 林永匡、王熹编著：《清代西北民族贸易史》，中央民族学院出版社 1991 年版。

41. ［日］内田吟风等：《北方民族史与蒙古史译文集》，余大钧译，云南人民出版社 2003 年版。

42. 吴宏岐：《元代农业地理》，西安地图出版社 1997 年版。

43. 邱树森主编：《中国回族大词典》，江苏古籍出版社 1992 年版。

44. ［英］包罗杰：《阿古柏伯克传》，商务印书馆翻译组译，商务印书馆 1976 年版。

45. 新疆社会科学院民族研究所编：《新疆简史》，新疆人民出版社 1980 年版。

46. ［俄］尼·维·鲍戈雅夫连斯基：《长城外的中国西部地区》，新疆大学外语教研室译，商务印书馆 1980 年版。

47. 马大正主编：《西域考察与研究》，新疆人民出版社1994年版。

48. 乌鲁木齐县志编撰委员会编：《乌鲁木齐县志》，新疆人民出版社2000年版。

49. 蔡家艺：《清代新疆社会经济史纲》，人民出版社2006年版。

50. 陈延琪、胡祖元等编：《新疆近代经济技术开发》，新疆科技卫生出版社1993年版。

51. 厉声：《新疆对苏（俄）贸易史（1600—1900）》，新疆人民出版社1993年版。

52. ［俄］A. N. 库罗帕特金：《喀什噶利亚》，凌颂纯、王嘉琳译，新疆人民出版社1980年版。

53. ［苏］米·约·斯拉德科夫斯基：《俄国各民族与中国贸易经济关系史（1917年以前)》，宿丰林译、徐昌翰审校，社会科学文献出版社2008年版。

54. ［日］日野强：《伊犁纪行》，华立译，黑龙江出版社2006年版。

55. 临夏州志编纂委员会：《临夏回族自治州志》，甘肃人民出版社1993年版。

56. 甘肃省临夏市委员会文史资料委员会编：《临夏市文史资料》1990年第8辑。

57. 萧乾主编：《秦中旧事》，上海书店出版社1992年版。

58. 故宫博物院明清档案部编：《清末筹备立宪档案史料》上册，中华书局1979年版。

59. 西安市档案局、西安市档案馆编：《西安古今大事记》，西安出版社1993年版。

60. 苏智良：《中国毒品史》，上海人民出版社1997年版。

61. 冼波：《烟毒的历史》，中国文史出版社2005年版。

62. 王金香：《中国禁毒史》，上海人民出版社2005年版。

63. 中国史学会编：《鸦片战争》，中国近代史料丛刊，上海人民出版社1957年版。

64. 《文史精华》编辑部编：《近代中国烟毒写真》，河北人民出版社1997年版。

65. 尚季芳：《民国时期甘肃毒品危害与禁毒研究》，人民出版社

2010年版。

66. 顾颉刚：《顾颉刚自传》，北京大学出版社2012年版。

67. 范长江：《中国的西北角》，北京新华出版社1980年版。

68. 中共陕西省委党史资料征集研究委员会编：《大革命时期的陕西地区农民运动》，1985年。

69. 胡平生：《民国时期的宁夏省》（1929—1949），台湾学生书局1988年版。

70. 费孝通：《中国士绅》，赵旭东、秦志杰译，生活·读书·新知三联书店2009年版。

71. 古浪县志编纂委员会：《古浪县志》，甘肃文化出版社1996年版。

72. 魏晋：《兰州春秋》，甘肃人民出版社2002年版。

73. 曹树基：《中国人口史》（清时期），复旦大学出版社2000年版。

74. 马宵石：《西北回族革命简史》，东方书社1951年版。

75. 韩敏：《清代同治年间陕西回民起义史》，陕西人民出版社2006年版。

76. 甘肃省地方史志编纂委员会编：《甘肃省志》，甘肃人民出版社1989年版。

77. 马长寿：《马长寿民族史研究著作选》，上海人民出版社2009年版。

78. 杨树德、张中伦、杨鹏里：《宁夏商业志》，宁夏人民出版社1988年版。

79. 陈景富：《草堂寺》，三秦出版社1989年版。

80. 王亚荣：《大兴善寺》，三秦出版社1986年版。

81. 西安市志编纂委员会：《西安市志》第1卷，西安出版社1996年版。

82. 林鹏侠：《西北行》，宁夏人民出版社2000年版。

83. 陕西省地方志编纂委员会编：《咸阳市志》，陕西人民出版社1996年版。

84. 宝鸡市地方志编纂委员会编：《宝鸡市志》（上），三秦出版社1998年版。

85. 陕西省临潼县地方志编纂委员会编：《临潼县志》，上海人民出版社 1991 年版。

86. 华县地方志编纂委员会编：《华县志》，陕西人民出版社 1992 年版。

87. 杨重琦主编：《兰州经济史》，兰州大学出版社 1992 年版。

88. 任德山译：《新修支那省别全志》，北京燕山出版社 1995 年版。

89. 胡序威：《西北地区经济地理》，科学出版社 1963 年版。

90. 宋仲福主编：《西北通史》第五卷，兰州大学出版社 2005 年版。

91. 张治中：《张治中回忆录》（上），文史资料出版社 1985 年版。

92. 中共新疆分局宣传部：《南疆社会调查》，新疆人民出版社 1953 年版。

93. 西安市档案局、西安市档案馆：《陕西经济十年（1931—1941）》，西安出版社 1997 年版。

94. 陈真、姚洛合编：《中国近代工业史资料》第 4 辑，生活·读书·新知三联书店 1961 年版。

95. 宝鸡市志编纂委员会：《宝鸡市志》，三秦出版社 1998 年版。

96. 咸阳市地方志编纂委员会：《咸阳市志》，三秦出版社 2002 年版。

97. 陕西省地方志编纂委员会：《陕西省志·地理志》，陕西人民出版社 2000 年版。

98. 天水市地方志编纂委员会编：《天水市志》，方志出版社 2004 年版。

99. 平凉市志编纂委员会编：《平凉市志》卷 9《商贸》，中华书局 1996 年版。

100. 新疆社会科学院历史研究所：《新疆简史》第三册，新疆人民出版社 1980 年版。

101. 陕甘宁边区财政经济史编写组：《抗日战争时期陕甘宁边区财政经济史料摘编》第一编、第三编、第四编、第七编、第九编，陕西人民出版社 1981 年版。

102. ［美］白修德、贾安娜：《中国的惊雷》，端纳译，新华出版社 1988 年版。

103. 延安农村工作团：《米脂县杨家沟调查》，人民出版社 1980 年版。

104. 中央档案馆、陕西省档案馆：《陕西革命历史文件汇集》（1933年4月—1936年），陕西人民出版社1992年版。

105. 西北五省区编纂领导小组、中央档案馆：《陕甘宁边区抗日民主根据地》回忆录卷，中共党史资料出版社1990年版。

106. ［美］埃德加·斯诺：《西行漫记》，董乐山译，生活·读书·新知三联书店1979年版。

107. 李维汉：《回忆与研究》（下），中共党史资料出版社1986年版。

108. 延安市地方志编纂委员会：《延安地区志》，西安出版社2000年版。

109. 延安市志编纂委员会：《延安市志》，陕西人民出版社1994年版。

110. 旬邑县地方志编纂委员会：《旬邑县志》，三秦出版社2000年版。

111. 淳化县地方志编纂委员会：《淳化县志》，三秦出版社2000年版。

112. 子长县志编纂委员会：《子长县志》，陕西人民出版社1993年版。

113. 陕甘宁革命根据地工商税收史编写组、陕西省档案馆：《陕甘宁革命根据地工商税收史料选编》第1册，陕西人民出版社1985年版。

114. 延安地区商业局：《延安地区商业志》，延安日报社印刷厂1995年版。

115. 李烛尘：《西北历程》，杨晓斌点校，甘肃人民出版社2003年版。

三、报刊文章与调查报告

1. 周宪文：《东北与西北》，《新中华》1933年第1卷第11期。

2. 国民党中央党部国民经济计划委员会：《十年来之中国经济建设》，南京扶轮日报社1937年版。

3. 许济航：《陕西省经济调查报告》，重庆财政部直接税署经济研究室，1945年。

4. 萧紫鹤：《陕南商务调查》，《陕行汇刊》1937年第2卷2期。

5. 陕西省银行：《陕北羊毛调查》，《陕行汇刊》1938 年第 2 卷第 10 期。

6. 《兰州市各种商店家数》（1943 年 4 月调查），《甘肃贸易季刊》1943 年第 4 期。

7. 陈鸿胪：《论甘肃的贸易》，《甘肃贸易季刊》1943 年第 4 期。

8. 自强：《中国羊毛之探讨（续）》，《新青海》1934 年第 2 卷第 11 期。

9. 高岗：《抗战四年来陕甘宁边区的建设》，《解放》1941 年第 131 期、132 期合刊。

10. 丽水：《陕西绥德县鹅峁峪村的农贷》，《中国农村经济研究会年报》1934 年第 3 期。

11. 何挺杰：《陕西农村至破产及趋势》，《中国经济》1933 年第 1 卷第 4、5 期。

12. 沙兵：《目前只有苏区才是经营工商业最好的地方》，《红色中华》1935 年 12 月 1 日。

13. 洪文翰：《谈谈甘肃的商港——碧口》，《甘肃贸易季刊》1943 年第 4 期。

14. 马忠印：《环县三集市成立后畅销米布》，《解放日报》1946 年 2 月 20 日。

15. 平野：《西华池繁荣了》，《解放日报》，1943 年 4 月 27 日。

16. 原玉印：《陕西泾阳县概况调查》，《农业半月刊》（1941）第 46—47 期。

17. 《甘肃鸦片产量惊人》，《西北春秋》1934 年第 4 期。

18. 何炼成、韦苇：《大西北开发与中国的工业化与现代化》，《陕西经贸学院学报》2000 年第 2 期。

19. 程利英：《明代关西七卫探源》，《内蒙古社会科学》（双文版）2006 年第 4 期。

20. 顾诚：《卫所制度在清代的变革》，《北京师范大学学报》1988 年第 2 期。

21. 金吉泰：《金崖：丝路古镇的商旅风情》，《兰州晨报》2010 年 3 月 24 日 B07 版。

22. 刘景纯：《历史时期宁夏居住形式的演变及其与环境的关系》，《西夏研究》2012年第3期。

23. 刘景纯：《明代九边官豪的私业经营与政府控制》，《陕西师范大学学报》（哲学社会科学版）2011年第3期。

24. 黄适远：《回城———一个王朝的背景》，《新疆日报》2004年9月15日。

25. 潘志平、王熹：《清前期喀什噶尔及叶尔羌的对外贸易》，《历史档案》1992年第7期。

26. 张韶梅、张华君：《论清代新疆山西会馆》，《新疆职业大学学报》2002年第3期。

27. 朱新光：《英国的精明无为政策与1874年喀什噶尔通商条约》，《新疆大学学报》（社会科学版）2001年第2期。

28. 邵雍：《烟苗禁种与反禁种的历史考察》，《史林》2007年第6期。

29. 陈陵江、赵汝城：《陕西鸦片烟祸概述》，《古今农业》1994年第1期。

30. 黄正林：《同治回民事变后黄河上游区域的人口与社会经济》，《史学月刊》2008年第10期。

31. 石志新：《清末甘肃地区经济凋敝和人口锐减》，《中国经济史研究》2000年第2期。

32. 褚宸舸：《中华民国时期西北地区的禁烟与禁政》，《福建公安高等专科学校学报》2000年第5期。

33. 陕西省户县文史编纂委员会：《鄠县文史资料》第3辑。

34. 王来喜：《天水的皮毛加工业》，《天水文史资料》第6辑。

35. 马英豪、韩雨民：《解放前后天水城区私营工商业概述》，《天水文史资料》第1辑。

36. 陈洪勋、张山林：《吴忠地区的庙宇和会馆遗址及建筑格局》，《吴忠文史资料》1989年第2辑。

37. 李琴芳选编：《经济部西北工业考察通讯（下）》，《民国档案》1996年第1期。

38. 石光弼：《解放前临夏的手工业和工业》，《临夏文史资料选辑》

1992年第7辑。

39. 黄正林:《论抗战时期陕甘宁边区的社会变迁》,《抗日战争研究》2001年第2期。

后　记

　　本书稿是我主持的教育部人文社会科学重点研究基地课题项目（项目编号：11JJD790034）的结项成果。该课题 2011 年 9 月 6 日立项，课题名称是《600 年来西北地区经济社会运行中的城镇发展与市场发育研究》，按《立项通知书》要求，2014 年 12 月 31 日完成该项目。但由于各种原因的影响，直到 2017 年 6 月才结项。其中的基本原因：一是我个人还主持有国家社科基金后期资助项目，需要在规定时间内结项；二是我与他人合作承担了几个陕西省、地的委托项目，都一一要求在规定的时间内完成；三是原邀请的合作人，有的出国访问，有的自身又有自己的课题需要结项。这些因素实际上都不同程度地影响了该课题的研究进度。课题原计划分上、中、下三篇，上篇主题是"传统城镇与市场发展的相对稳定"，中篇主题是"近代城镇与市场的转型发展"，下篇主题是"商品经济大潮下的城镇发展与市场扩张"。因为上述一些客观、主观原因的影响，课题的下篇没有按原计划实现，就是上、中篇的研究内容也没有完全实现最初的设想，这是我一直耿耿于怀的憾事。好在，经过这些年的努力，我们总体上还是按照上、中篇的基本框架和想法比较认真地完成了主要的研究工作。现在呈现在大家面前的这部书稿就是最后的结项成果。回过头来看，这其中虽然有不少问题和遗憾，但总体上反映了我们的愿望和浅见，因而也得到了结项专家的认可，对此我们是非常感念的。

　　在研究过程中，我深深地感到，明代以来至抗日战争结束的近六百年间，西北地区社会经济运行的主体，是传统农业社会结构下的农业、手工业和互通有无的地区性商业贸易的多元且是结构性的"稳定"发展。伴随着明清较长时期的政治稳定和经济增长，城镇与市场在这一基本结构中，顺应宋代以来商品经济的日渐发展而日益活跃，甚至出现了一定时代各级市场，包括部分交通城镇、市场，以及在一定时期特殊的政治、军事背景下的迅速而普遍的"繁荣"。但这些繁荣主要是一些"量"的变化，却不足以影响到城镇和市场总的结构及其性质的变化。在这一过程中，伴随着王朝的更迭、农民起义、政治动乱，乃至于各种社会力量的冲突事件的频频发生，西北地区社会经济、城镇和市场不断地经历着被破坏、废弃、迁移和重建的历史轨迹，至于基于一定政治环境影响的重建、扩建和不同功能加强的多重建设工作也时有发生。这样的历史是活生生的、丰富多样的，而每一点细微的变化都深深地打上了不同时代的历史印记，当然这些也都是历史运动本身的产物。晚清以来，伴随着世界资本主义各国开辟国外市场和殖民活动的开展，中国社会的政治、经济和社会环境都开始发生巨大的变化：一是国际间，鸦片战争、中法战争、中日甲午战争等频繁发生。各国殖民势力竞相瓜分世界势力范围，一浪高过一浪；二是清政府被迫开埠通商，内陆部分市场也被迫对外开放；三是国内各种社会矛盾激化，变法维新运动、洋务运动、太平天国起义、义和团运动、陕甘回民起义等等，此起彼伏；四是辛亥革命和中华民国的建立，北洋政府、国民政府、抗日战争等，争战不断。在这些历史运动中，中国社会经历着前所未有的各种力量的多重影响。在此背景下，西北地区城镇和市场也经历了巨大的变化，"繁荣"、毁灭、衰败，甚至畸形发展，无不一一展现在西北历史的长河中。就是日常结构下的多元运行和发展，虽然就性质而言没有多少实质性变化，但其中所经历的艰难和变迁却是其他地区少见的。鉴于这一基本主题，本书稿主标题定名为"稳定中的艰难与变迁"，而以"六百年西北城镇发展研究"作为副标题。

参与课题研究和撰写的人员除主持人以外，还有王亚绒、符晓洁、高超三位年轻同志。高超完成了第五章初稿的撰写工作，符晓洁完成了第八章初稿的撰写工作，王亚绒完成了第九章和第十章初稿的撰写工作，其余各章均由本课题主持人完成。对三位年轻同志撰写的初稿，主持人进行了比较系统的修改、改写和部分章节内容的重写工作。现于该书稿出版之际，谨向他们表示诚挚的谢意。

刘景纯　谨识

2018年5月11日